Auditing and Accounting Studies

Herausgegeben von
A. Köhler, Duisburg-Essen, Deutschland
K.-U. Marten, Ulm, Deutschland
R. Quick, Darmstadt, Deutschland
K. Ruhnke, Berlin, Deutschland
M. Wolz, Dortmund, Deutschland

Herausgegeben von
Prof. Dr. Annette Köhler
Universität Duisburg-Essen

Prof. Dr. Kai-Uwe Marten
Universität Ulm

Prof. Dr. Reiner Quick
Technische Universität Darmstadt

Prof. Dr. Klaus Ruhnke
Freie Universität Berlin

Prof. Dr. Matthias Wolz
Universität Dortmund

Johanna Souad Qandil

Wahrnehmung der Qualität der Abschlussprüfung

Eine theoretische und empirische Analyse für den deutschen Kapitalmarkt

Mit einem Geleitwort von Prof. Dr. Annette Köhler

Johanna Souad Qandil
Duisburg-Essen, Deutschland

Dissertation Universität Duisburg-Essen, 2013

ISBN 978-3-658-03938-7   ISBN 978-3-658-03939-4 (eBook)
DOI 10.1007/978-3-658-03939-4

Die Deutsche Nationalbibliothek verzeichnet diese Publikation in der Deutschen Nationalbibliografie; detaillierte bibliografische Daten sind im Internet über http://dnb.d-nb.de abrufbar.

Springer Gabler
© Springer Fachmedien Wiesbaden 2014
Das Werk einschließlich aller seiner Teile ist urheberrechtlich geschützt. Jede Verwertung, die nicht ausdrücklich vom Urheberrechtsgesetz zugelassen ist, bedarf der vorherigen Zustimmung des Verlags. Das gilt insbesondere für Vervielfältigungen, Bearbeitungen, Übersetzungen, Mikroverfilmungen und die Einspeicherung und Verarbeitung in elektronischen Systemen.

Die Wiedergabe von Gebrauchsnamen, Handelsnamen, Warenbezeichnungen usw. in diesem Werk berechtigt auch ohne besondere Kennzeichnung nicht zu der Annahme, dass solche Namen im Sinne der Warenzeichen- und Markenschutz-Gesetzgebung als frei zu betrachten wären und daher von jedermann benutzt werden dürften.

Gedruckt auf säurefreiem und chlorfrei gebleichtem Papier

Springer Gabler ist eine Marke von Springer DE. Springer DE ist Teil der Fachverlagsgruppe Springer Science+Business Media.
www.springer-gabler.de

Geleitwort

Die Qualität der Abschlussprüfung steht aufgrund ihrer erheblichen Bedeutung im Kontext guter Corporate Governance unverändert im Fokus zahlreicher regulatorischer Initiativen, berufsständischer Diskussionen und wissenschaftlicher Studien. Dies ist umso bemerkenswerter als sie selbst unbeobachtbar ist und über Indikatoren zu ihrer Approximation nach wie vor Uneinigkeit herrscht. Gleichwohl macht der mittlerweile durchaus interessenpolitisch und zuweilen emotional geprägte Duktus der aktuellen Debatte über die Veränderung der institutionellen Rahmenbedingungen der Abschlussprüfung zur Erhöhung der Prüfungsqualität deutlich, wie wichtig konzeptionell stringente und empirisch valide Studien sind. Von besonderer Bedeutung sind dabei die Differenzierung zwischen tatsächlicher und wahrgenommener Qualität, die theoriebasierte Ableitung von Qualitätsindikatoren, die von den Adressaten der Abschlussprüfung auch tatsächlich wahrgenommen werden können sowie die Identifikation relevanter Einflussgrößen.

Frau Qandil gelingt mit der vorliegenden Arbeit nicht nur die Entwicklung eines Bezugsrahmens zur Messung der wahrgenommenen Qualität der Abschlussprüfung, sondern auch die Analyse relevanter Dimensionen der Abschlussprüfung bezüglich ihrer Wirkung auf die Eigenkapitalkosten des geprüften Unternehmens. Frau Qandil zeigt damit in objektivierter und überzeugender Weise Ansatzpunkte zur Verbesserung der Qualität der Abschlussprüfung aus Sicht der Kapitalmarktteilnehmer auf und trägt maßgeblich zur Schließung einer nach wie vor erheblichen Forschungslücke bei. Der umfassend angelegte Erkenntnisgegenstand, ihr außerordentlich hoher Einsatz bei der Erhebung, Aufbereitung und Auswertung der Daten sowie ihr Durchhaltevermögen bei der Aufarbeitung der Entwicklungen des durchaus dynamischen wissenschaftlichen und politischen Umfelds machen die vorliegende Arbeit zu einem Musterbeispiel für monographisch angelegte Dissertationsschriften.

Ich danke Frau Qandil herzlich für ihre hervorragende Unterstützung in Lehre und Forschung während ihrer Tätigkeit an meinem Lehrstuhl und wünsche der Arbeit die verdiente positive Resonanz.

Univ.-Prof. Dr. Annette G. Köhler

Vorwort

Die vorliegende Arbeit ist während meiner Tätigkeit als wissenschaftliche Mitarbeiterin am Lehrstuhl für Rechnungswesen, Wirtschaftsprüfung und Controlling der Universität Duisburg Essen, Campus Duisburg, entstanden. Sie wurde im Juli 2013 von der Mercator School of Management – Fakultät für Betriebswirtschaftslehre – der Universität Duisburg-Essen als Dissertation angenommen.

Für die Möglichkeit zur Promotion danke ich herzlich meiner Doktormutter, Frau Prof. Dr. Annette G. Köhler. Sie hat zum einen die fachlichen und organisatorischen Rahmenbedingungen für meine Promotion geschaffen. Zum anderen hat sie mit Ausdauer und Verständnis wichtige Impulse, die für die Anfertigung einer Dissertation notwendig sind, gesendet. Für ihr diesbezügliches Engagement danke ich ihr ganz besonders. Herrn Associate Professor Dr. Jörg Henseler danke ich für die Übernahme des Korreferats sowie die aufschlussreichen und zugleich interessanten Seminare zur PLS-Strukturgleichungsmodellierung. Bedanken möchte ich mich auch bei Herrn Prof. Dr. Volker Breithecker und Herrn Prof. Dr. Jens Südekum für ihre Mitwirkung in der Prüfungskommission.

Großer Dank gilt ebenso meinen ehemaligen Kolleginnen und Kollegen – Jun. Prof. Dr. Marc Eulerich, Dr. Britta van den Eynden, Andrea Gantzhorn, Christian Hanke, Thilo Helpenstein, Meike Herbers, Dr. Jens Jany, Dr. Lars Junc, Dr. Katharina Köhler-Braun, Yu-Hui Liu, Dr. Mirko Mertenskötter, Jan Michael, Dr. Miriam Rokitta, Monika Schmock, Jochen Theis, Markus Urban, Kristina Yankova – sowie den wissenschaftlichen und studentischen Hilfskräften des Lehrstuhls. An meinen Arbeitsplatz bin ich täglich gerne zurückgekehrt. Dies kann nur gelingen, wenn man sich persönlich in seinem Arbeitsumfeld wohl fühlt. Für die schöne Arbeitsatmosphäre danke ich den Kolleginnen und Kollegen sowie den Hilfskräften, die mich auf meinem Weg begleitet haben, und wünsche den Doktoranden, die ihren Weg noch vor sich haben, gutes Gelingen für ihre eigenen Promotionsvorhaben.

Gleichzeitig möchte ich mich – auch über die Grenzen der Universität Duisburg-Essen hinaus – bei all jenen bedanken, die mich durch ihre stete Bereitschaft zur fachlichen Diskussion oder andere Hilfestellungen unterstützten und den Dissertationsalltag belebten. Besonders hervorheben möchte ich die kritischen Anmerkungen zur abschließenden Manuskripterstellung durch Herrn Dr. Martin Berg, Frau Dr. Ruth Berg, Frau Meike Herbers, Herrn Dr. Jens Jany, Herrn Yu-Hui Liu, Frau Kristina Yankova, Frau Valerie Welter sowie meine Geschwister Mariam, Carmen und Said Qandil. Mein Dank gilt weiterhin Frau Dr. Nicole V. S. Ratzinger-Sakel sowie Herrn Daniel Zieling für ihre Hinweise in Bezug auf empirische und mathematische Fragestellungen.

Mein größter Dank gilt jedoch – einige davon wurden bereits angesprochen – meinem privaten Umfeld mit Familie und Freunden. Zum Teil als Begleiter meines gesamten Lebens oder zumindest als Begleiter vieler Jahre tragen sie einen großen Teil zur Entwicklung meiner Persönlichkeit und schließlich auch dem, was daraus hervorgeht, bei. Insbesondere ihre feste Überzeugung in meine Person verbunden mit aufbauenden Worten bestärkte mich immer wieder, mein Projekt fortzuführen. Gleichwohl danke ich ihnen ebenso für die geleistete fachliche und interdisziplinäre Unterstützung. Für meine Eltern, Johanna und Khalil Qandil, ist Bildung per se erstrebenswert. Ihnen danke ich sehr für die Vermittlung dieser Einstellung, denn sie erlaubte mir guten Gewissens, mich durch eine Promotion persönlich wie auch fachlich weiterzuentwickeln. Meinen Geschwistern danke ich von ganzem Herzen für ihre fortwährende Unterstützungsbereitschaft, den starken Zusammenhalt und die vielen unvergesslichen Erlebnisse. Meiner Familie widme ich diese Arbeit.

Johanna Souad Qandil

Inhaltsverzeichnis

Geleitwort V
Vorwort VII
Inhaltsverzeichnis IX
Abkürzungsverzeichnis XV
Abbildungsverzeichnis XXI
Tabellenverzeichnis XXIII
Symbolverzeichnis XXV
1 Einleitung 1
   1.1 Problemdarstellung und Abgrenzung des Untersuchungsgegenstandes 1
   1.2 Gang der Untersuchung 4
2 Aspekte der gesetzlichen Abschlussprüfung in Deutschland 7
   2.1 Aktueller Normenkontext der Abschlussprüfung 7
   2.2 System der Unternehmensleitung und -überwachung in Deutschland 10
      2.2.1 Institutionen der Unternehmensleitung und -überwachung 10
      2.2.2 Gesetzlicher Abschlussprüfer 12
      2.2.3 Bestellung des Abschlussprüfers im Rahmen der gesetzlichen Abschlussprüfung 12
   2.3 Pflicht zur Abschlussprüfung 15
   2.4 Gegenstand der Abschlussprüfung 16
   2.5 Umfang der Abschlussprüfung 18
   2.6 Berichterstattung im Rahmen der Abschlussprüfung 23
      2.6.1 Bestätigungsvermerk 24
      2.6.2 Prüfungsbericht 27
      2.6.3 Weitere Berichterstattungselemente 29
   2.7 Berufspflichten des Abschlussprüfers 31
   2.8 Zwischenfazit und Implikationen 34
3 Qualität der Abschlussprüfung 36
   3.1 Fachspezifische Qualitätskonzepte 36
   3.2 Wahrnehmbarkeit der Qualität der Abschlussprüfung 43
      3.2.1 Abschlussprüfung als Kontraktgut 43
      3.2.2 Anforderungen an Qualitätsattribute hinsichtlich ihrer Wahrnehmbarkeit 46

3.3 Zwischenfazit und Implikationen für die Arbeit	48
4 Bedeutung der Abschlussprüfung für den Kapitalmarkt	50
4.1 Kapitalmarkt und seine Teilnehmer	50
4.1.1 Begründung und Kennzeichnung von Finanzierungsbeziehungen und Finanzmärkten	50
4.1.2 Kennzeichnung der Kapitalmarktteilnehmer	53
4.2 Eigenkapitalkosten als Maß der Risikovergütung	56
4.2.1 Definition und Bedeutung von Eigenkapitalkosten	57
4.2.2 Entscheidungssituation des Eigenkapitalgebers	60
4.2.3 Informationsrisiko als Faktor der Risikoprämie	61
4.2.4 Entscheidungsnützlichkeit von Informationen	64
4.2.4.1 Relevanz	64
4.2.4.2 Verlässlichkeit	67
4.2.5 Abschlussprüfung und Rechnungslegung	68
4.3 Zwischenfazit und Implikationen	70
5 Qualitätsindikatoren und die Dimensionen der Qualität der Abschlussprüfung	73
5.1 Vorbemerkungen	73
5.2 Konzeptualisierung der Qualität der Abschlussprüfung	76
5.2.1 Aspekte der Urteilsfreiheit	77
5.2.2 Aspekte der Urteilsfähigkeit	81
5.3 Theoretische Grundlagen	84
5.3.1 Abschlussprüfer als ökonomischer Agent	84
5.3.2 Quasirententheorie nach *DeAngelo* (1981a)	88
5.3.3 Einflussnahme des Managements	95
5.4 Gesetzgeberinduzierte Indikatoren basierend auf Prüferhonorarinformationen	97
5.4.1 Motivation des Gesetzgebers	97
5.4.2 Gesetzliche Publizität der Prüferhonorare	97
5.4.3 Beurteilung der gesetzlichen Honorarpublizität	104
5.4.4 Wirtschaftliche Bedeutung des Mandanten für den Abschlussprüfer	108
5.4.4.1 Grundsätzliche Anmerkungen	108
5.4.4.2 Normativer Kontext	111
5.4.4.3 Konsequenzen für die Prüfungsqualität	113
5.4.4.4 Relevante Forschungsergebnisse	117

5.4.4.5 Abschließende Würdigung und Operationalisierung 121
5.5 Weitere Indikatoren 125
    5.5.1 Reputation einer Prüfungsgesellschaft 125
        5.5.1.1 Normativer Kontext 126
        5.5.1.2 Konsequenzen für die Prüfungsqualität 126
        5.5.1.3 Relevante Forschungsergebnisse 131
        5.5.1.4 Abschließende Würdigung und Operationalisierung 133
    5.5.2 Dauer der Vertragsbeziehung zwischen Abschlussprüfer und Mandant 135
        5.5.2.1 Normativer Kontext 136
        5.5.2.2 Konsequenzen für die Prüfungsqualität 136
        5.5.2.3 Relevante Forschungsergebnisse 139
        5.5.2.4 Abschließende Würdigung und Operationalisierung 141
    5.5.3 Know-How des Abschlussprüfers 143
        5.5.3.1 Motive und Formen für die Spezialisierung einer Prüfungsgesellschaft 143
        5.5.3.2 Normativer Kontext 145
        5.5.3.3 Konsequenzen für die Prüfungsqualität 145
        5.5.3.4 Relevante Forschungsergebnisse 146
        5.5.3.5 Abschließende Würdigung und Operationalisierung 147
    5.5.4 Existenz eines Prüfungsausschusses 156
        5.5.4.1 Normativer Kontext 157
        5.5.4.2 Konsequenzen für die Prüfungsqualität 160
        5.5.4.3 Relevante Forschungsergebnisse 164
        5.5.4.4 Abschließende Würdigung und Operationalisierung 165
5.6 Zwischenfazit und Implikationen 166
6 Implizite Risikoprämie als Messinstrument der Wahrnehmung des Kapitalmarktes 169
6.1 Extraktion der Risikoprämie aus impliziten Eigenkapitalkosten 169
6.2 Risikofaktoren jenseits der Dimensionen der Prüfungsqualität 170
    6.2.1 Informationsumfeld und Liquidität 170
    6.2.2 Systematisches Risiko 174
    6.2.3 Unsystematisches Risiko 177
    6.2.4 Verschuldungsgrad 178
    6.2.5 Buchwert-Marktwert-Verhältnis 179

6.2.6 Unsicherheit über Erträge 180
6.2.7 Zusammenfassende Darstellung der Risikofaktoren 181
6.3 Schätzung impliziter Eigenkapitalkosten 182
   6.3.1 Grundlagen 182
   6.3.2 Modellüberblick 184
      6.3.2.1 Grundmodell 184
      6.3.2.2 Dividendendiskontierungsmodelle 185
         6.3.2.2.1 Grundmodell 186
         6.3.2.2.2 Modell nach *Gordon/Shapiro* (1956) 186
         6.3.2.2.3 Modell nach *Gordon/Gordon* (1997) 187
      6.3.2.3 Residualgewinnmodelle 189
         6.3.2.3.1 Grundmodell 189
         6.3.2.3.2 Modell nach *Claus/Thomas* (2001) 190
         6.3.2.3.3 Modell nach *Gebhardt/Lee/Swaminathan* (2001) 193
      6.3.2.4 Gewinnkapitalisierungsmodelle 195
         6.3.2.4.1 Grundmodell 195
         6.3.2.4.2 Modell nach *Gode/Mohanram* (2003) 196
         6.3.2.4.3 Modell nach *Easton* (2004) 198
   6.3.3 Kritische Würdigung der Bestimmung impliziter Eigenkapitalkosten 200
6.4 Zwischenfazit und Implikationen 202

7 Empirische Analyse 204
7.1 Methodenwahl und Spezifikation 204
7.2 Datenherkunft und Datenstruktur 208
   7.2.1 Auswahl der Stichprobe 208
   7.2.2 Zeitpunkt der Messung der Kapitalmarktparameter 212
   7.2.3 Datenherkunft 213
   7.2.4 Charakterisierung der Stichprobe 214
7.3 Überprüfung der theoretischen Wirkungsbeziehungen 216
   7.3.1 Vorbemerkungen 216
      7.3.1.1 Verwendung einer konsolidierten Größe der impliziten Risikoprämie 216
      7.3.1.2 Prüfung der Güte der Bestimmung der impliziten Risikoprämie 217
   7.3.2 Deskriptive Analyse der Modellparameter 220

7.3.2.1 Deskriptive Analyse der Indikatoren der endogenen Variablen 221
7.3.2.2 Deskriptive Analyse der Indikatoren der exogenen Variablen 223
7.3.3 Kollinearitätsdiagnostik 225
7.3.4 Strukturgleichungsanalyse 228
    7.3.4.1 Modellformulierung und Bestimmung der Modellparameter 228
    7.3.4.2 Beurteilung der Güte der Modellparameter 231
        7.3.4.2.1 Beurteilung der Güte formativer Messmodelle 231
            7.3.4.2.1.1 Darstellung der Gütekriterien formativer Messmodelle 232
            7.3.4.2.1.2 Prüfung der Gütekriterien der formativen Messmodelle 234
        7.3.4.2.2 Beurteilung der Güte reflektiver Messmodelle 236
            7.3.4.2.2.1 Darstellung der Gütekriterien reflektiver Messmodelle 237
            7.3.4.2.2.2 Prüfung der Gütekriterien reflektiver Messmodelle 238
        7.3.4.2.3 Beurteilung des Strukturmodells und Überprüfung der Forschungshypothesen 242
            7.3.4.2.3.1 Darstellung der Gütekriterien des Strukturmodells 242
            7.3.4.2.3.2 Überprüfung der Gütekriterien des Strukturmodells sowie der Hypothesen 244
        7.3.4.2.4 Beurteilung des Einflusses von Indikatoren auf die endogene Variable ... 248
        7.3.4.2.5 Behandlung von Ausreißern 249

8 Schlussbetrachtung 250
8.1 Zusammenfassung der Vorgehensweise 250
8.2 Würdigung der empirischen Resultate und Aufzeigen von Handlungsempfehlungen 253
8.3 Grenzen der Arbeit und Ausblick 256

Literaturverzeichnis 259
Verzeichnis sonstiger Quellen 291
Verzeichnis der Gesetze und sonstigen Normen 293

Abkürzungsverzeichnis

Abs.	Absatz
AEUV	Vertrag über die Arbeitsweise der Europäischen Union
AG	Aktiengesellschaft
AICPA	American Institute of Certified Public Accountants
AktG	Aktiengesetz
AM	arithmetischer Mittelwert
APT	Arbitrage Pricing Theory
Art.	Artikel
BARefG	Berufsaufsichtsreformgesetz
BGBl.	Bundesgesetzblatt
BilMoG	Bilanzrechtsmodernisierungsgesetz
BilReG	Bilanzrechtsreformgesetz
BilSt	Bilanzstichtag
BIP	Bruttoinlandsprodukt
BörsG	Börsengesetz
BS WP/vBP	Berufssatzung für Wirtschaftsprüfer/vereidigte Buchprüfer
BwSt	Bewertungsstichtag
bzw.	beziehungsweise
c.p.	ceteris paribus
ca.	circa
CAPM	Capital Asset Pricing Model
CAR	kumulierte abnormale Aktienrenditen
CDAX	Composite DAX Index
COSO	Committee of Sponsoring Organizations of the Treadway Commission
d.h.	das heißt
DAX30	Deutscher Aktienindex
DCGK	Deutscher Corporate Governance Kodex
DIN	Deutsche Industrie Norm
DrittelbG	Drittelbeteiligungsgesetz

eV	erwartetes Vorzeichen
EG	Europäische Gemeinschaft
EN	Europäische Norm
engl.	englisch
ERC	Earnings Response Coefficient
et al.	et alii
etc.	et cetera
EU	Europäische Union
EWR	Europäischer Wirtschaftsraum
Fn.	Fußnote
GAO	United States General Accounting Office
ggf.	gegebenenfalls
GICS	Global Industry Classification Standard
GmbH	Gesellschaft mit beschränkter Haftung
HGB	Handelsgesetzbuch
HGBEG	Einführungsgesetz zum Handelsgesetzbuch
HGrG	Haushaltsgrundsätzegesetz
Hrsg.	Herausgeber
H1	Hypothese 1
H2	Hypothese 2
H3	Hypothese 3
H4	Hypothese 4
i.d.F.	in der Fassung
i.S.d.	im Sinne des
i.V.m.	in Verbindung mit
IAASB	International Auditing and Assurance Standards Board
IASB	International Accounting Standards Board
IASCF	International Accounting Standards Committee Foundation
IBES	Institutional Brokers' Estimate System
IDW	Institut der Wirtschaftsprüfer
IDW PH	IDW Prüfungshinweis

IDW PS	IDW Prüfungsstandard
IDW RH HFA	IDW Rechnungslegungshinweis Hauptfachausschuss
IEIP	International Education Information Papers
IEPS	International Education Practice Statements
IES	International Education Standards
IESBA	International Ethics Standards Board for Accountants
IESPA	Framework for International Education Standards for Professional Accountants
IFAC	International Federation of Accountants
IFRS	International Financial Reporting Standards
IPO	Initial Public Offering
ISA	International Standards on Auditing
ISO	International Organization for Standardization
ISQC	International Standard on Quality Control
KGaA	Kommanditgesellschaft auf Aktien
KonTraG	Gesetz zur Kontrolle und Transparenz im Unternehmensbereich
KPMG	Klynveld Peat Marvick Goerdeler
KWG	Kreditwesengesetz
Lfg.	Lieferung
M. Sc.	Master of Science
MaBV	Makler- und Bauträgerverordnung
Max	Maximalwert
MDAX	Mid Cap Deutscher Aktienindex
MgVG	Das Gesetz über die Mitbestimmung der Arbeitnehmer bei grenzüberschreitenden Verschmelzungen
Min	Minimalwert
Mio.	Million
MitbestG	Mitbestimmungsgesetz
MontanMitbestErG	Montan-Mitbestimmungsergänzungsgesetz
MontanMitbestG	Montan-Mitbestimmungsgesetz
MSCI	Morgan Stanley Capital International

n.a.	nicht anwendbar
n.s.	nicht signifikant
n	Anzahl
Nr.	Nummer
OB	Objective
OLS	Ordinary Least Squares
p25	25-%-Perzentil
p50	50-%-Perzentil (Median)
p75	75-%-Perzentil
PCA	Hauptkomponentenanalyse
PEG	Price-Earning to Growth-Ratio
PG	Prüfungsgesellschaft
PKF	Pannell, Kerr, Forster
PLS	Partial Least Squares
PublG	Publizitätsgesetz
PwC	PricewaterhouseCoopers
QC	Qualitative Characteristics
RGBl.	Reichsgesetzblatt
REX	Rentenindex
Rz.	Randziffer
s.u.	siehe unten
SD	Standardabweichung
SDAX	Small Cap Deutscher Aktienindex
SMO	Statements of Membership Obligations
StBerG	Steuerberatungsgesetz
SWOT	Strengths, Weaknesses, Opportunities and Threats
TecDAX	Technologiewerte Deutschen Aktienindex
u.a.	unter anderem
UmwG	Umwandlungsgesetz

US	United States
USA	United States of America
US-GAAP	United States Generally Accepted Accounting Principles
VAG	Versicherungsaufsichtsgesetz
VBA	Visual Basic for Applications
vgl.	vergleiche
VIF	Varianzinflationsfaktor
VO	Verordnung
WpHG	Wertpapierhandelsgesetz
WPK	Wirtschaftsprüferkammer
WPO	Wirtschaftsprüferordnung
YDAX	Werte, die in einem der Auswahlindizes DAX30, MDAX, TecDAX oder SDAX notiert sind
z.B.	zum Beispiel
zugl.	zugleich

Abbildungsverzeichnis

Abbildung 1:	Geschäftsrisiko und das Prüfungsrisikomodell	22
Abbildung 2:	Kapitalmarkt und seine Teilnehmer	56
Abbildung 3:	Risikofaktoren und Risikoprämie	58
Abbildung 4:	Qualität der Abschlussprüfung und Risikoprämie	70
Abbildung 5:	Einordnung der Konzeptualisierung der Qualität der Abschlussprüfung in den Gesamtkontext	74
Abbildung 6:	Visualisierung der Beziehung zwischen Qualitätsindikatoren und Qualitätsdimensionen sowie deren Einfluss auf die Risikoprämie	168
Abbildung 7:	Risikofaktoren und Risikoprämie	170
Abbildung 8:	Zusammenhang zwischen Messung und Risikoprämie im Grundmodell	185
Abbildung 9:	Zusammenhang zwischen Messung und Risikoprämie bei Berücksichtigung der einzelnen Risikofaktoren	203

Tabellenverzeichnis

Tabelle 1:	Beurteilbarkeit von Gutseigenschaften	44
Tabelle 2:	Übertragung des Wahrnehmungsverständnisses von *Steenkamp* (1990)	48
Tabelle 3:	Branchenklassifikation nach GICS	152
Tabelle 4:	Spezifikation des Prüfungshonorarmodells nach *Köhler et al.* (2010): 18	154
Tabelle 5:	Regressionskoeffizienten des Honorarmodells nach *Köhler et al.* (2010): 19-20	155
Tabelle 6:	Anzahl der Merkmalsträger, die in die Berechnung der Branchenspezialisierung eingehen	156
Tabelle 7:	Zusammenfassung der Beziehung zwischen Qualitätsindikatoren und Qualitätsdimensionen sowie deren Einfluss auf die Risikoprämie	167
Tabelle 8:	Zusammenfassung der Hypothesen und Operationalisierung der Risikofaktoren	182
Tabelle 9:	Ermittlungssystematik der Indikatoren der impliziten Risikoprämie	202
Tabelle 10:	Kritische t-Werte für 999 Freiheitsgrade	207
Tabelle 11:	Ermittlungsmethodik der Stichprobe	212
Tabelle 12:	Informationen über Datenherkunft einzelner Variablen und Transformation	214
Tabelle 13:	Verteilung der GICS-Sektoren	215
Tabelle 14:	Verteilung der Auswahlindizes	216
Tabelle 15:	Aufteilung der Prüfungsmandate zwischen Big-Four- und Nicht-Big-Four-Prüfungsgesellschaften	216
Tabelle 16:	Korrelationen zwischen impliziten Risikoprämien und Risikofaktoren	219
Tabelle 17:	Durchschnittliche implizite Risikoprämien	221
Tabelle 18:	Deskriptive Statistik der impliziten Risikoprämien	222
Tabelle 19:	Deskriptive Statistik der Indikatoren der exogenen Kontrollvariablen	223
Tabelle 20:	Deskriptive Statistik der metrischen Indikatoren der exogenen Untersuchungsvariablen	223
Tabelle 21:	Deskriptive Statistik der dichotomen Indikatoren der exogenen Untersuchungsvariablen	224
Tabelle 22:	Korrelationen zwischen den Indikatoren der exogenen Modellvariablen	226
Tabelle 23:	VIF der exogenen Variablen	227

Tabelle 24:	Darstellung der in das Strukturgleichungsmodell einbezogenen Konstrukte und deren Operationalisierung	231
Tabelle 25:	Schätzergebnisse der latenten Variable *FREI*	234
Tabelle 26:	Korrelationsdiagnostik der Indikatorvariablen für *FREI*	234
Tabelle 27:	Schätzergebnisse der latenten Variable *FÄHIG*	235
Tabelle 28:	Korrelationsdiagnostik der Indikatorvariablen für *FÄHIG*	235
Tabelle 29:	Korrelationen *FREI* und *FÄHIG* mit allen weiteren Konstrukten zur Überprüfung der Diskriminanzvalidität	236
Tabelle 30:	Ergebnisse PLS-Schätzung *RPfaktor*	239
Tabelle 31:	Ergebnisse PCA-Schätzung *RPfaktor*	239
Tabelle 32:	Ergebnisse PLS-Schätzung *IUMfaktor*	239
Tabelle 33:	Ergebnisse PCA-Schätzung *IUMfaktor*	240
Tabelle 34:	Kennzahlen zur Beurteilung der Konvergenzreliabilität	240
Tabelle 35:	Beurteilung des Fornell-Larcker-Kriteriums	241
Tabelle 36:	Beurteilung der Cross-Loadings	241
Tabelle 37:	Ergebnisse des Pfadmodells	244
Tabelle 38:	VIF der endogenen Konstrukte	248
Tabelle 39:	Effekte der Indikatoren auf *RPfaktor*	248

Symbolverzeichnis

*	10-%-Signifikanzniveau
**	5-%-Signifikanzniveau
***	1-%-Signifikanzniveau
α_i	von Marktentwicklung unabhängiger, konstanter Renditebestandteil
β_i	Regressionskoeffizient des Parameters i
$\varepsilon_{(i)}$	Fehlerterm (des Indikators i)
$\varepsilon_{i,t}$	Störterm in Periode t im Marktmodell für Aktie i
$\varepsilon_{TENURELN}$	Residuum der orthogonalisierten Variablen $TENURELN$
λ_i	geschätzte Faktorladung des Indikators i
π_*	Barwert des Gewinns des Abschlussprüfers ab der Periode der Folgeprüfung
π	Barwert des Gewinns des Abschlussprüfers
ρ_C	Reliabilitätskoeffizient
$\sigma_{i,t}$	annualisierte Volatilität der Aktie i zum Zeitpunkt t
ω	zufällige Determinante
a_1	Anstrengungsniveau des Managers
a_2	Anstrengungsniveau des Abschlussprüfers
A_i	Kosten der Abschlussprüfung in Periode i
AC	Existenz eines Prüfungsausschusses (Indikator)
ACc	Existenz eines Prüfungsausschusses (Konstrukt)
$ACOVER$	Anzahl der Analysten, die das Unternehmen beobachten
AEG_t	abnormales Gewinnwachstum in Periode t
AF	Prüfungshonorare
AR	Risiko aus analytischen Prüfungshandlungen
$AUDCHG$	Vorliegen eines Wechsels der Prüfungsgesellschaft
AVE	durschnittlich erfasste Varianz
$BETA$	Beta-Faktor
$BIG4$	Vorliegen einer Big-Four-Prüfungsgesellschaft

bps_t	erwarteter Buchwert des Eigenkapitals je Aktie zum Zeitpunkt t
BUSSEG	Anzahl der Geschäftsfelder
BWMW	Buchwert-Marktwert-Verhältnis (Indikator)
BWMWc	Buchwert-Marktwert-Verhältnis (Konstrukt)
BWST	Bewertungsstichtag
C	Einarbeitungskosten des Abschlussprüfers in der ersten Prüfungsperiode
D	Abstand zwischen zwei nacheinander auszulassenden Fällen
DISP	Streuung der Gewinnprognosen von Finanzanalysten
dps_t	erwartete Dividende je Aktie zum Zeitpunkt t
E	Summe aller Quasirenten
E_D	Summe der quadrierten Fehlerterme der Modellschätzungen
E_{P+B}	Summe aller Quasirenten aus Prüfung und Beratung
$E[i]$	Erwartungswert von i
EBIT	Verhältnis vom Jahresüberschuss vor Finanzergebnis, Steuern sowie außerordentlichem Ergebnis und Bilanzsumme
ECDEP	Umsatzbedeutung
EK_{BW}	Buchwert des Eigenkapitals zum Ende des Geschäftsjahres
EK_{MW}	Marktwert des Eigenkapitals zum Ende des Geschäftsjahres
EM	Erhebungsmerkmal
eps_{2-n}	einjährige Einzelprognosen von zwei bis n Finanzanalysten für den Gewinn je Aktie
eps_t	erwarteter Gewinn je Aktie zum Zeitpunkt t
ER	Entdeckungsrisiko
f^2	Effektstärke
F_i	Prüfungshonorar zum Zeitpunkt i
FÄHIG	Urteilsfähigkeit des Abschlussprüfers
FR	Fehlerrisiko
FREI	Urteilsfreiheit des Abschlussprüfers
$FROE_t$	erwartete Eigenkapitalrendite zum Zeitpunkt t

g_{Div}	erwartete, langfristige Wachstumsrate der Dividenden
g_{kf}	erwartete, kurzfristige Gewinnwachstumsrate
$g_{kf,smooth}$	geglättete, erwartete, kurzfristige Gewinnwachstumsrate
g_{lf}	erwartete, langfristige Gewinnwachstumsrate (approximiert)
$g_{lf,FA}$	erwartete, langfristige Gewinnwachstumsrate (explizite Schätzung von Finanzanalysten
$GICS\_DIS$	Branche Nicht-Basiskonsumgüter
$GICS\_HEALTH$	Branche Gesundheitswesen
$GICS\_IND$	Branche Industrie
$GICS\_IT$	Branche Informationstechnologie
$GICS\_IT\_TELKOM$	Branche Informationstechnologie & Telekommunikation
$GICS\_MAT$	Branche Roh-, Hilfs- und Betriebsstoffe
$GICS\_STAP$	Branche Basiskonsumgüter
$GICS\_TELEKOM$	Branche Telekommunikationsdienste
$GICS\_UT$	Branche Versorgungsbetrieb
i	Diskontierungsfaktor
$INDUSTRY$	Industriezugehörigkeit
IR	inhärentes Risiko
$IUMfaktor$	Informationsumfeld
J	Anzahl der exogenen Variablen
K	Anzahl der Beobachtungen
KR	Kontrollrisiko
l	prozentualer Anteil der Quasirenten, die der Abschlussprüfer im Falle des Bekanntwerdens seines Fehlverhaltens verlieren würde
$ln(i)$	natürlicher Logarithmus von i
LEV	Verschuldungsgrad (Indikator)
$LEVc$	Verschuldungsgrad (Konstrukt)
m'	Berichterstattung des Managements

$MAM_{i,j}$	Branchenspezialisierung nach der Marktanteilsmethode, mit i = betrachtete Prüfungsgesellschaft und j = Index der Branche
$MCAP$	logarithmierte Marktkapitalisierung des Eigenkapitals
$MCap_{BWST}$	Marktkapitalisierung zum Bewertungsstichtag
NAF	Beratungshonorare
O_D	Summe der quadrierten Fehlerterme für den Mittelwert der Schätzung
p	Wahrscheinlichkeit, dass das Fehlverhalten des Abschlussprüfers aufgedeckt wird
P_t	Aktienkurs zum Zeitpunkt t
PEG_t	Kurs-Gewinn-Wachstums-Verhältnis zum Zeitpunkt t
$PM_{i,j}$	Branchenspezialisierung nach der Portfoliomethode, mit i = betrachtete Prüfungsgesellschaft und j = Index der Branche
PR	Prüfungsrisiko
q	Wahrscheinlichkeit, mit der der Abschlussprüfer ein bestimmtes Mandat verliert
Q	Quasirenten aus einem bestimmten Mandat
Q^2	Stone-Geisser-Kriterium
Q_{P+B}	Quasirenten aus Prüfung und Beratung
r	Zinssatz
r_{CT}	implizite Eigenkapitalkosten nach *Claus/Thomas* (2001)
r_E	implizite Eigenkapitalkosten nach *Easton* (2004)
r_{EK}	Eigenkapitalkosten
r_{GG}	implizite Eigenkapitalkosten nach *Gordon/Gordon* (1997)
r_{GLS}	implizite Eigenkapitalkosten nach *Gebhardt/Lee/Swaminathan* (2001)
r_{GM}	implizite Eigenkapitalkosten nach *Gode/Mohanram* (2003)
r_{GS}	implizite Eigenkapitalkosten nach *Gordon/Shapiro* (1956)
r_i	tägliche Aktienrenditen einer Aktie über n Handelstage
$r_{i,t}$	Rendite der Aktie i in Periode t

$r_{i,td}$	tägliche Rendite der Aktie i in Periode td
r_m	Rendite des Marktportfolios in Periode t
r_{rf}	risikofreier Zinssatz
$R^2_{(i)}$	Bestimmtheitsmaß (der abhängigen Variablen i)
R^2_{excl}	Bestimmtheitsmaß unter Ausschluss einer exogenen Variablen
R^2_{incl}	Bestimmtheitsmaß unter Einschluss einer exogenen Variablen
R^2_{korr}	korrigiertes Bestimmtheitsmaß
RE	Risiko aus Einzelfallprüfungen
$RECV$	Verhältnis von Forderungen aus Lieferungen und Leistungen und Bilanzsumme
$RELNAFAF$	Ausmaß der Beratungsintensität (eigenes Verständnis)
$RELNAFAF_{v1}$	Variante 1 des Ausmaßes der Beratungsintensität
$RELNAFAF_{v2}$	Variante 2 des Ausmaßes der Beratungsintensität
REP	Reputation einer Prüfungsgesellschaft
$reps_{1-5}$	Ergebnis je Aktie der letzten fünf Geschäftsjahre
RG_t	erwarteter Residualgewinn je Aktie zum Zeitpunkt t
rp	Risikoprämie
rp_{AM}	durchschnittliche Risikoprämie
rp_{CT}	implizite Risikoprämie nach *Claus/Thomas* (2001)
rp_E	implizite Risikoprämie nach *Easton* (2004)
rp_{GG}	implizite Risikoprämie nach *Gordon/Gordon* (1997)
rp_{GLS}	implizite Risikoprämie nach *Gebhardt/Lee/Swaminathan* (2001)
rp_{GM}	implizite Risikoprämie nach *Gode/Mohanram* (2003)
$RPfaktor$	implizite Risikoprämie
$rt(i)$	Rangtransformation von i
s	Entlohnungssystem für das Management
$SPEZ$	Grad der Branchenspezialisierung
$SQR(i)$	Quadratwurzel von i
$SYSRISK$	systematisches Risiko

XXX

t	Entlohnungssystem für den Abschlussprüfer
TA	Bilanzsumme
TC	Transaktionskosten
td	täglicher Zeitindex
$TENURE$	Mandatsdauer in Jahren
$TENURELIN$	Mandatsdauer in Jahren als lineare Funktion
$TENURELN$	Mandatsdauer in Jahren als logarithmische Funktion
$TENURELN\_RES$	Residuum der orthogonalisierten Variablen $TENURELN$
U_{NL}	Umsatz auf Niederlassungsebene
U_{PG}	Umsatz auf Gesamtgesellschaftsebene
$UNSERT$	Unsicherheit über Erträge
$UNSYSRISK$	unsystematisches Risiko
V_0	Wert eines Investitionsobjektes zum Zeitpunkt t = 0
$VAR[i]$	Varianz von i
$VARK$	Variationskoeffizient des Ergebnisses je Aktie der letzten fünf Geschäftsjahre
$Verb_{lt}$	Buchwert der langfristigen Verbindlichkeiten zum Ende des Geschäftsjahres
VIF_i	Varianzinflationsfaktor des Indikators i
$VOLA$	Volatilität der Aktienrenditen
y'	Berichterstattung über das Ergebnis der Prüfung
$YDAX$	Dummy-Variable belegt mit 1, wenn das kapitalmarktorientierte Mutterunternehmen im DAX30, MDAX, TecDAX oder SDAX notiert ist; ansonsten 0
$YEAR$	Variable für Jahreseffekte
$YEAR2005$	Vorliegen des Jahres 2005
$YEAR2006$	Vorliegen des Jahres 2006 (Indikator)
$YEAR2006c$	Vorliegen des Jahres 2006 (Konstrukt)
$YEAR2007$	Vorliegen des Jahres 2007 (Indikator)
$YEAR2007c$	Vorliegen des Jahres 2007 (Konstrukt)

z	Ergebnisgröße
Z_t	erwartete Zahlungszuflüsse zum Zeitpunkt t

1 Einleitung

1.1 Problemdarstellung und Abgrenzung des Untersuchungsgegenstandes

Maßnahmen zur Verbesserung der Qualität der Abschlussprüfung sind national und international vielfach Gegenstand von Forschung und Gesetzesinitiativen. Ausgehend von der Diskussion um die Vorschläge des Grünbuchs zur Abschlussprüfung[1] liegen derzeit zwei Entwürfe der Europäischen Kommission vor. So bilden die veröffentlichten Entwürfe einer Richtlinie zur „Novellierung" der Abschlussprüferrichtlinie[2] und einer Verordnung über die spezifischen Anforderungen an die Abschlussprüfung bei Unternehmen von öffentlichem Interesse[3] den Ausgangspunkt der aktuellen Diskussion auf europäischer Ebene. Gegenstand der Entwürfe sind vor allem Maßnahmen, die im Wesentlichen auf eine Ausgestaltung der Abschlussprüfung abzielen, die als qualitativ hochwertig anzusehen ist. Um nur einen Teil der vorgeschlagenen Regulierungsmaßnahmen anzuführen, seien jene in Bezug auf die Gleichzeitigkeit von Prüfung und Beratung, die Mandatsdauer sowie die Bedeutung von Prüfungsausschüssen genannt.[4] Die Zielsetzung dieser Maßnahmen liegt, wie unmittelbar in den einleitenden Worten des Grünbuchs der Europäischen Kommission deutlich wird, in der Stärkung des Vertrauens in die Kapitalmärkte: „Eine solide Abschlussprüfung ist wesentliche Voraussetzung dafür, Zuversicht und Marktvertrauen wiederherzustellen; sie trägt zum Anlegerschutz bei und verringert die Kapitalkosten für die Unternehmen."[5] Für das Funktionieren der Kapitalmärkte, dessen Sicherstellung eines der ordnungspolitischen Ziele der Regulatoren darstellt,[6] ist es insbesondere wichtig, dass nicht nur die Interessen der Kapitalmarktteilnehmer tatsächlich

---

[1] Der konkrete Titel des Grünbuchs lautet: „Weiteres Vorgehen im Bereich der Abschlussprüfung: Lehren aus der Krise". Vgl. *Europäische Kommission* (2010).

[2] Vgl. zum aktuellen Richtlinienentwurf *Europäische Kommission* (2011a) und zur Abschlussprüferrichtlinie als Gegenstand dieser Änderungsrichtlinie *Europäisches Parlament und Rat* (2006).

[3] Vgl. *Europäische Kommission* (2011b).

[4] Vgl. hierzu die Artikel 10 (zur Gleichzeitigkeit von Prüfung und Beratung), Artikel 23 und 31 (zur Bedeutung von Prüfungsausschüssen) sowie Artikel 33 (zur Mandatsdauer) des Verordnungsentwurfs *Europäische Kommission* (2011b).

[5] *Europäische Kommission* (2010): 3. Sehr ähnlich ist der Wortlaut auch im Entwurf der Verordnung und der Richtlinie: „Eine solide Abschlussprüfung ist wesentliche Voraussetzung dafür, Zuversicht und Marktvertrauen wiederherzustellen. Sie trägt zum Anlegerschutz bei, indem sie leicht zugängliche, kostenwirksame und vertrauenswürdige Informationen über die Abschlüsse von Unternehmen liefert. Indem sie die Transparenz und Verlässlichkeit der Abschlüsse erhöht, kann sie auch die Kapitalkosten für geprüfte Unternehmen potenziell verringern." *Europäische Kommission* (2011a): 2; *Europäische Kommission* (2011b): 2.

[6] Vgl. die Gesetzesbegründung zum Anlegerschutz- und Funktionsverbesserungsgesetz *Bundestag* (2010): 1. Siehe für die Funktionen des Kapitalmarktes z.B. *Kübler/Assmann* (2006): 469, *Merkt* (2001): 300-301, *Zimmer* (1996): 42-43.

geschützt werden, sondern vor allem auch, dass diese den Schutz als solchen wahrnehmen.[7] Durch ausreichendes Vertrauen der Marktteilnehmer in die Marktmechanismen, zu denen die geprüften Informationen der Rechnungslegung zählen, kann die Funktionsfähigkeit der Kapitalmärkte sichergestellt werden.[8]

Vor dem Hintergrund der Wahrnehmbarkeit einer Abschlussprüfungsleistung sind die Gutseigenschaften der Abschlussprüfung bedeutsam: Die Abschlussprüfung stellt aus Sicht externer Adressaten, unter welche die Kapitalmarktteilnehmer zu subsumieren sind, ein Vertrauensgut dar, d.h. für die Kapitalmarktteilnehmer ist die Qualität der Abschlussprüfung nicht direkt beobachtbar. Sie können jedoch über Ersatzgrößen, von denen auszugehen ist, dass sie in einem funktionalen Zusammenhang zur Qualität der Abschlussprüfung stehen, Rückschlüsse auf die Qualität der Abschlussprüfung oder Dimensionen dieser ziehen. Mit der Einführung der Regelpublizität über Prüferhonorare im Zuge des Bilanzrechtsreformgesetzes von 2004 (BilReG)[9] verfolgte der deutsche Gesetzgeber implizit die Intention, den Kapitalmarktteilnehmern Informationen zur Verfügung zu stellen, mit Hilfe derer sie zu einer Einschätzung der Qualität der Abschlussprüfung gelangen können.[10] Den Kapitalmarktteilnehmern stellt er auf diese Weise die informationelle Grundlage eines Indikators für die Einschätzung der Prüfungsqualität zur Verfügung.[11] Eine Analyse, ob Kapitalmarktteilnehmer tatsächlich auf die ausgewiesenen Prüferhonorare zur Bildung eines Indikators für eine Einschätzung der Prüfungsqualität zurückgreifen, blieb bislang für den deutschen Kapitalmarkt aus. Da es sich bei der Qualität der Abschlussprüfung um ein multifaktorielles Konstrukt handelt, stellt sich darüberhinaus die Frage, ob Kapitalmarktteilnehmer zu einer Einschätzung hinsichtlich der Prüfungsqualität wenn überhaupt lediglich über die publizierten Honorare kommen oder ob tatsächlich vielmehr andere Indikatoren[12] bei der Bildung eines Qualitätsurteils bedeutsam sind. Die Erörterung dieser Frage ist Gegenstand dieses Dissertationsprojektes. Die aus diesen Überlegungen abzuleitende *erste* Forschungsfrage lautet:

---

[7] In diesem Sinne lautet bereits die Empfehlung der Europäischen Kommission zur Unabhängigkeit des Abschlussprüfers in der EU, wo neben der Bedeutung der tatsächlichen Unabhängigkeit jene der wahrgenommenen betont wird. Vgl. *Europäische Kommission* (2002b): 24.

[8] Vgl. *Bahr* (2003): 2.

[9] Prüfungs- und Beratungshonorare wurden im Zuge der Gesetzesreform für deutsche kapitalmarktorientierte Unternehmen erstmalig für Geschäftsjahre, die nach dem 31.12.2004 beginnen, offenlegungspflichtig. Vgl. Artikel 58 Abs. 3 Satz 1 HGBEG.

[10] Vgl. *Bundestag* (2004b): 29. *Lenz/Ostrowski* (1999): 408 merkten bereits lange vor der Einführung der verpflichtenden Offenlegung von Prüferhonoraren, dass Indikatoren für die Beurteilung der Qualität der Abschlussprüfung für den Kapitalmarkt notwendig sind.

[11] Vgl. *Bischof* (2006): 706.

[12] *Velte* (2009b): 1233 kommuniziert ausdrücklich, dass es sich bei den publizierten Prüferhonoraren um einen von möglichen Indikatoren für eine Einschätzung des Kapitalmarktes hinsichtlich der Prüfungsqualität handelt.

Welche Bedeutung besitzen bestimmte im Schrifttum diskutierte Indikatoren für die Bildung eines Qualitätsurteils hinsichtlich der Abschlussprüfung aus Sicht der Kapitalmarktteilnehmer?

Aktuell befasst sich das IAASB – als Standardsetzungsgremium für internationale Prüfungsnormen – mit der Konzeption eines Rahmenkonzepts für Prüfungsqualität.[13] Die mittlerweile fortgeschrittenen Entwürfe des Rahmenkonzepts machen deutlich, dass es weniger darum geht, eine Definition für Prüfungsqualität zu formulieren. Vielmehr wird erörtert, welche Elemente die Qualität der Abschlussprüfung konstituieren und somit umfassen.[14] Die verfolgte Vorgehensweise des IAASB bekräftigt auch das eigene Vorgehen, denn ein übertragbarer Komponentenansatz wird auch im Rahmen dieser Arbeit verfolgt. So wird die Qualität der Abschlussprüfung in die grundlegenden Dimensionen – Urteilsfähigkeit und Urteilsfreiheit des Abschlussprüfers –, wie sie durch *DeAngelo* (1981b) formuliert wurden, konzeptualisiert. Anschließend wird empirisch überprüft, ob diese Dimensionen durch die Teilnehmer des deutschen Kapitalmarktes wahrgenommen werden. Ein Teil der vorliegenden Arbeit besteht somit in der Herausforderung, für die Dimensionen der Urteilsfähigkeit und Urteilsfreiheit Messmodelle durch Zuweisung von Indikatoren zu formulieren, um diese einer empirischen Prüfung der aufgestellten Hypothesen zu unterziehen.

Um die Sicht des Kapitalmarktes zu erfassen, bedarf es einer Größe, in welcher sich die Entscheidungen des Kapitalmarktes niederschlagen. Wie bereits dem angeführten Zitat aus dem Grünbuch der Europäischen Kommission zu entnehmen ist, wird einer qualitativ hochwertigen Abschlussprüfung das Potenzial zugesprochen, die Eigenkapitalkosten der Unternehmen zu senken.[15] Auch im wissenschaftlichen Schrifttum wird immer wieder auf den Effekt der Reduktion der Eigenkapitalkosten durch eine vertrauenswürdige Abschlussprüfung rekurriert.[16] Eine empirische Überprüfung dieser intuitiv nachvollziehbaren These blieb für den deutschen Kapitalmarkt jedoch bislang aus. Das Steuerungspotenzial auf Unternehmensführungsebene, welches sich durch nachweisliche Effekte der Qualität der Abschlussprüfung auf die Eigenkapitalkosten ergeben würde, unterstreicht an dieser Stelle die Motivation, Eigenkapitalkosten – als Ausdruck der Renditeerwartung der Eigenkapitalgeber – der empirischen Überprüfung der aufgestellten Hypothesen zu Grunde zu legen.

---

[13] Vgl. für den Entwurf des Rahmenkonzeptes *IAASB* (2013b).
[14] Vgl. für die Elemente der Qualität der Abschlussprüfung *IAASB* (2013b): 16-18.
[15] Weiterhin wird der Einfluss der Abschlussprüfung auf die Eigenkapitalkosten auch im Kontext jüngster Reformbestrebungen auf Europäischer Ebene betont: „Indem [die Abschlussprüfung] die Transparenz und Verlässlichkeit der Abschlüsse erhöht, kann sie auch die Kapitalkosten für geprüfte Unternehmen potenziell verringern. *Europäische Kommission* (2011a): 2.
[16] Vgl. *Velte* (2009b): 1233; *Quick/Warming-Rasmussen* (2007): 1008.

Die Beantwortung der ersten formulierten Forschungsfrage dürfte maßgeblich im Interesse von Gesetzgeber, Unternehmen und Abschlussprüfern liegen. Aus der Kenntnis über Indikatoren, die aus Sicht der Kapitalmarktteilnehmer relevant für die Einschätzung der Vertrauenswürdigkeit des Abschlussprüfers sind, werden Handlungsempfehlungen abgeleitet, welche zu einer verbesserten Funktionsfähigkeit der Kapitalmärkte und schließlich auf Unternehmensebene – im Sinne einer wertorientierten Unternehmensführung – zu einer Verringerung der Eigenkapitalkosten führen. Die aus diesem Erkenntnisinteresse abzuleitende *zweite* Forschungsfrage lautet:

Welche Ansatzpunkte existieren, um eine Verbesserung der Qualität der Abschlussprüfung aus Sicht der Kapitalmarktteilnehmer zu erzielen und somit die Eigenkapitalkosten zu senken?

Hinsichtlich des verfolgten wissenschaftstheoretischen Ansatzes geht die vorliegende Arbeit zweigeteilt vor. Die Beantwortung der ersten Forschungsfrage verfolgt einen *positiven* Ansatz. Ausgehend von den Erkenntnissen der ersten Forschungsfrage können schließlich *normative* Aussagen getroffen werden, die in Handlungsempfehlungen münden.[17] Den Bezugsrahmen für die Ableitung von Handlungsempfehlungen an den *Gesetzgeber* bildet dabei das vom Gesetzgeber gesetzte Ziel, mit einer Verbesserung der Qualität der Abschlussprüfung die Funktionsfähigkeit des Kapitalmarktes zu erhöhen. Die Ableitung von Handlungsempfehlungen an die Institutionen der *Unternehmensführung* orientiert sich am Bezugrahmen einer wertorientierten Unternehmensführung. Die Beantwortung der zweiten Forschungsfrage verfolgt somit einen normativen Ansatz.

1.2 Gang der Untersuchung

Zunächst werden in *Kapitel 2* relevante Aspekte der gesetzlichen Abschlussprüfung in Deutschland aufgegriffen, um Anknüpfungspunkte an die Qualität der Abschlussprüfung zu gewinnen. Nach einer einleitenden Darstellung des aktuellen Normenkontextes der Abschlussprüfung (Kapitel 2.1) schließt eine Darstellung des Systems der Unternehmensleitung und -überwachung in Deutschland an (Kapitel 2.2), in das die Abschlussprüfung ebenfalls einzuordnen ist. Weiterhin wird auf die Pflicht, den Gegenstand und den Umfang der Abschlussprüfung eingegangen (Kapitel 2.3-2.5). Unterschiedlichen Adressaten der Abschlussprüfung stehen unterschiedliche Berichterstattungselemente zur Verfügung. An wen sie sich richten und welche Informationen aus ihnen hervorgehen, wird ebenfalls überprüft (Kapitel 2.6). Zudem werden die Berufspflichten des Abschlussprüfers aufgezeigt, da sie in unmittel-

---

[17] Vgl. *Kornmeier* (2007): 26 und dort Abbildung 4 sowie 28-29.

barem Bezug zur Qualität der Abschlussprüfung stehen (Kapitel 2.7). Die Ausführungen schließen mit einem Zwischenfazit ab (Kapitel 2.8).

Kapitel 3 befasst sich mit der Qualität der Abschlussprüfung, die im primären Erkenntnisinteresse dieser Arbeit liegt. Zunächst erfolgt eine Aufarbeitung fachspezifischer Qualitätskonzepte mit der Zielsetzung, ein Qualitätsverständnis für eine spätere Konzeptualisierung der Qualität der Abschlussprüfung aus Sicht des Kapitalmarktes zu entwickeln (Kapitel 3.1). Die Wahrnehmbarkeit der Qualität der Abschlussprüfung ist Gegenstand der weiteren Ausführungen (Kapitel 3.2). Eine Betrachtung der Abschlussprüfung als Kontraktgut (Kapitel 3.2.1) macht deutlich, warum aus Sicht des Eigenkapitalgebers, dessen Wahrnehmung letztlich untersucht werden soll, eine Qualitätsbeurteilung unmittelbar jedoch nicht möglich ist. Nachdem diese Feststellung getroffen wurde, gilt es zu analysieren, welche Anforderungen an Qualitätsattribute hinsichtlich ihrer mittelbaren Wahrnehmbarkeit zu stellen sind (Kapitel 3.2.2). Abschließend wird ein kurzes Zwischenfazit gezogen und es werden Implikationen für das weitere Vorgehen aufgezeigt (Kapitel 3.3).

In *Kapitel 4* wird die Bedeutung der Abschlussprüfung für den Kapitalmarkt aufgezeigt. Zunächst erfolgt eine Skizzierung des Kapitalmarktes und seiner Teilnehmer (Kapitel 4.1). Auf diese Weise erfolgt eine konkrete Einordnung der im Rahmen dieser Arbeit verfolgten Analyse: Die Erfassung der Wahrnehmung der Eigenkapitalgeber bedarf einer Größe, welche die Wahrnehmung des Eigenkapitalgebers erfasst. Eigenkapitalkosten, als Maß der Vergütung von Risiken der Eigenkapitalgeber, bilden eine geeignete Grundlage (Kapitel 4.2). Nachdem Eigenkapitalkosten definiert und ihre Bedeutung aufgezeigt wurde (Kapitel 4.2.1) erfolgt eine Skizzierung der Entscheidungssituation des Eigenkapitalgebers (Kapitel 4.2.2). Eine unzureichende Informationsversorgung mit entscheidungsnützlichen Informationen stellt ein Risiko aus Sicht des Eigenkapitalgebers dar. Dieses Informationsrisiko beinhaltet Implikationen für die Risikoprämie, welche sich wiederum in den Eigenkapitalkosten niederschlagen (Kapitel 4.2.3). Die Entscheidungsnützlichkeit von Informationen wird explizit aufgegriffen, da hieran die Qualität der Abschlussprüfung anknüpft (Kapitel 4.2.4). Eine aggregierte Darstellung des Zusammenhangs zwischen Abschlussprüfung und Rechnungslegung, welche die Ausgangsbasis entscheidungsnützlicher Informationen bildet, erfolgt abschließend (Kapitel 4.2.5). Über die wesentlichen Resultate des Kapitels wird ein Zwischenfazit gezogen und es werden daraus abzuleitende Implikationen für das weitere Vorgehen aufgezeigt (Kapitel 4.3).

Nachdem aufgezeigt wurde, wie sich die Qualität der Abschlussprüfung grundsätzlich aus Sicht eines Eigenkapitalgebers konzeptualisiert und worin sie sich niederschlägt, folgt in *Kapitel 5* eine Analyse potenzieller Qualitätsindikatoren. Nach einleitenden Vorbemerkungen, die die Struktur des Kapitels verdeutlichen sollen (Kapitel 5.1), wird zu Beginn die zuvor erfolgte Konzeptualisierung der Qualität der Abschlussprüfung anhand der Dimensionen der

Urteilsfreiheit und Urteilsfähigkeit aufgegriffen und diese Dimensionen einer Konkretisierung unterzogen (Kapitel 5.2.1 und 5.2.2). Bevor auf die Qualitätsindikatoren Bezug genommen wird, erfolgt eine Darstellung theoretischer Grundlagen, die Eingang in die Beurteilung der Qualitätsindikatoren erhalten (Kapitel 5.3). Die daran anschließende Beurteilung der Qualitätsindikatoren erfolg auf Basis einer Unterscheidung in gesetzgeberinduzierte (Kapitel 5.4) und weitere Indikatoren (Kapitel 5.5). Diese Unterscheidung soll insbesondere die Motivation für das Aufgreifen der gestellten ersten Forschungsfrage widerspiegeln. Die Zielsetzung der Analyse der Qualitätsindikatoren besteht darin, Messmodelle für die Dimensionen der Qualität der Abschlussprüfung zu formulieren. Die Ergebnisse dieser Analyse werden abschließend in einem Zwischenfazit zusammengefasst und bilden die Implikation für das weitere Vorgehen (Kapitel 5.6).

Kapitel 6 greift nun konkret die implizite Risikoprämie auf, die als endogene Variable in die empirische Überprüfung der Wahrnehmung der Qualitätsdimensionen einfließen wird. Zu Beginn wird erläutert, wie die implizite Risikoprämie aus den impliziten Eigenkapitalkosten zu extrahieren ist (Kapitel 6.1). Das Schrifttum nennt weitere Risikofaktoren, die jenseits der Dimensionen der Qualität der Abschlussprüfung einen Einfluss auf die Risikoprämie aufweisen. Eine Beschreibung dieser Risikofaktoren erfolgt, um für das empirisch zu überprüfende Strukturmodell Kontrollvariablen zu identifizieren (Kapitel 6.2). Die Schätzung impliziter Eigenkapitalkosten dient der Operationalisierung der Risikoprämie. Es werden diverse Modelle zur Bestimmung impliziter Risikoprämien vorgestellt und abschließend einer knappen kritischen Würdigung unterzogen (Kapitel 6.3). Auch über die Resultate dieses Kapitels wird ein Zwischenfazit gezogen und es werden Implikationen für das weitere Vorgehen aufgezeigt (Kapitel 6.4).

Die empirische Analyse, welche der Beantwortung der formulierten Forschungsfragen dient, erfolgt in *Kapitel 7*. Neben einer Begründung und Beschreibung der Methodenwahl sowie einer knappen Darstellung einer Spezifikation der empirischen Analyse (Kapitel 7.1) erfolgt eine Beschreibung der Datenherkunft und der Datenstruktur (Kapitel 7.2). Die Prüfung der zuvor aufgestellten Hypothesen bildet den Hauptteil der empirischen Analyse (Kapitel 7.3).

Abschließend erfolgt in *Kapitel 8* eine Schlussbetrachtung. Dort wird die Vorgehensweise mit den wesentlichen Erkenntnissen zusammengefasst (Kapitel 8.1), die empirischen Resultate einer Würdigung unterzogen sowie darauf basierend Handlungsempfehlungen aufgezeigt (Kapitel 8.2). Während die Ergebnisse aus Kapitel 7 positiver Natur sind, werden an dieser Stelle – darauf aufbauend – normative Aussagen formuliert. In diesem Rahmen wird auch die zweite Forschungsfrage beantwortet. Schließlich werden Grenzen der Arbeit und insofern ein Ausblick auf mögliche zukünftige Forschungsarbeiten aufgezeigt (Kapitel 8.3).

2 Aspekte der gesetzlichen Abschlussprüfung in Deutschland

Die dieser Arbeit zugrunde liegende empirische Untersuchung bezieht sich auf Unternehmen in Deutschland, die der gesetzlichen Pflicht zur Abschlussprüfung nach deutschen Gesetzen unterliegen. Ziel der folgenden Ausführungen ist es daher, einige Eckpunkte der gesetzlichen Prüfungspflicht in Deutschland zu erläutern.

2.1 Aktueller Normenkontext der Abschlussprüfung

Das HGB sowie die WPO als *nationale Rechtsnormen* geben lediglich den rechtlichen Rahmen für die Durchführung einer Abschlussprüfung in Deutschland vor.[18] Eine Konkretisierung vorzunehmender Prüfungshandlungen liegt im Ermessen des Abschlussprüfers[19] und erfolgt in Deutschland im Wesentlichen durch berufsständische Verlautbarungen. Das IDW[20] erarbeitet Standards, wie die IDW PS und ergänzende IDW PH, die hinsichtlich ihres Verbindlichkeitsgrades zwar keinen Gesetzescharakter besitzen, jedoch vom Berufsstand als Maßstab einer guten und gewissenhaften Berufsausübung angesehen werden.[21] Zusätzlich verlautbart die WPK[22] eine Berufssatzung (BS WP/vBP), welche die WPO konkretisiert. Die Ermächtigung hierzu erlangen sie gemäß § 57 Abs. 3 WPO. Im Wesentlichen befasst sich die Berufssatzung mit der Konkretisierung der Berufspflichten des Abschlussprüfers.[23] Die VO 1/2006 dient als gemeinsame Stellungnahme des IDW und der WPK zu den Anforderungen an die Qualitätssicherung der Wirtschaftsprüferpraxis.

Auf *internationaler Ebene* bilden die von der IFAC verlautbarten Normen sowie EU-Verordnungen und EU-Richtlinien den relevanten Normenkontext. Zusätzlich können EU-Empfehlungen Impulse dazu leisten, dass Mitgliedsstaaten auf eine entsprechende Umsetzung

---

[18] Vgl. *Marten/Quick/Ruhnke* (2011): 88.

[19] § 320 Abs. 2 Satz 1 HGB stellt auf Aufklärungen und Nachweise ab, die der Abschlussprüfer von den gesetzlichen Vertretern verlangen kann, um eine sorgfältige Abschlussprüfung zu gewährleisten. In diesem Aspekt wird deutlich, dass der Gesetzgeber dem Abschlussprüfer die Vornahme geeigneter Prüfungshandlungen selbst überlässt. Vgl. *Marten/Quick/Ruhnke* (2011): 88.

[20] Wie auch die WPK (s.u.) zählt das IDW zu den berufsständischen Vereinigungen in Deutschland. Das IDW vertritt als privatrechtliche Organisation in der Rechtsform eines eingetragenen Vereins gemäß § 2 Abs. 1 IDW-Satzung die Interessen ihrer Mitglieder.

[21] So hat sich ein Abschlussprüfer bei einem Abweichen von den IDW PS gegebenenfalls in Regressfällen, in berufsaufsichtlichen oder strafrechtlichen Verfahren für seine alternativ gewählte Vorgehensweise zu verantworten. IDW PH besitzen dagegen nicht den gleichen Verbindlichkeitscharakter wie die IDW PS. Deren Beachtung ist vielmehr als Empfehlung anzusehen. Vgl. *Wysocki* (2003): 38.

[22] Der WPK kommen als Körperschaft des öffentlichen Rechts (§ 4 Abs. 2 Satz 1 WPO) gemäß § 4 Abs. 1 Satz 1 WPO die Aufgabe der beruflichen Selbstverwaltung zu. In der WPK sind gemäß § 58 Abs. 1 Satz 1 WPO unter anderem alle Wirtschaftsprüfer und Wirtschaftsprüfungsgesellschaften als Pflichtmitglieder vertreten.

[23] Vgl. *Marten/Quick/Ruhnke* (2011): 92.

von Maßnahmen hinwirken. Auch die von der EU-Kommission erarbeiteten Grünbücher[24], wie zuletzt das Grünbuch zur Abschlussprüfung,[25] stellen üblicherweise die Grundlage für zukünftige Empfehlungen oder gar Richtlinien und Verordnungen dar.[26]

Die von der IFAC verlautbarten ISA werden bislang durch die IDW PS transformiert.[27] Mit Verabschiedung des BilMoG wurde nun auch ein Verweis, wie er bereits in § 315a Abs. 1 HGB bezüglich der in EU-Recht übernommenen internationalen Rechnungslegungsstandards Gültigkeit besitzt, hinsichtlich der Übernahme internationaler Prüfungsnormen in § 317 Abs. 5 HGB aufgenommen. Die Übernahme, und somit die Umsetzung der ISA in europäisches Recht, vollzieht sich jedoch erst nach erfolgreich durchlaufenem Anerkennungsverfahren.[28] Entscheidungen hinsichtlich der ISA sind von einer zeitlichen Einschränkung ausgenommen. Insbesondere weil das Europäische Parlament durch eine derartige Erleichterung seine Bekenntnis zur Befürwortung der „Konvergenz internationaler Standardsetzung"[29] im Bereich der Abschlussprüfung auszudrücken vermag,[30] scheint es mittlerweile umso verwunderlicher, dass bislang nicht über die Übernahme der ISA beschlossen wurde.[31] Sollte das Anerkennungsverfahren erfolgreich durchlaufen werden, so werden die übernommenen ISA[32] für Abschlussprüfungen in Deutschland über den Verweis gemäß § 317 Abs. 5 HGB unmittelbar verpflichtend.

Neben den ISA verlautbart die IFAC hinsichtlich der Abschlussprüfung weitere Standards, welche die Ausgestaltung der Prüfung, der ethischen Anforderungen, der Ausbildung sowie

---

[24] Ein Grünbuch ist ein Instrument der Europäischen Kommission, welches der Befragung der Mitgliedstaaten der EU und darüber hinausgehender Interessengruppen dient. Es soll zur Diskussion anregen und schließlich die Öffentlichkeit dazu bewegen, ihre Meinung hinsichtlich der im Grünbuch thematisierten Probleme zu äußern und konkrete Vorschläge zu unterbreiten. Vgl. *Peemöller/Keller* (1997): 895; *Hulle* (1996): 279.

[25] Siehe hierzu *Europäische Kommission* (2010).

[26] Vgl. *Marten/Quick/Ruhnke* (2011): 91.

[27] Neben der reinen Transformation der ISA befassen sich die IDW PS darüber hinaus mit Regelungsbereichen, wie der Prüfung der Lageberichterstattung gemäß §§ 316 Abs. 1, 317 Abs. 2 HGB sowie der Prüfung des Risikofrüherkennungssystems einer AG (§ 91 Abs. 2 AktG) gemäß §§ 317 Abs. 4, 321 Abs. 4 HGB, die nach internationalen Normen, nicht als Gegenstand der Prüfung explizit thematisiert sind. Vgl. *Naumann/Feld* (2006): 883-884.

[28] Vgl. Artikel 48 der Abschlussprüferrichtlinie.

[29] *Tiedje* (2006): 603.

[30] Vgl. *Tiedje* (2006): 603.

[31] Die EU-Kommission gab 2007 eine von der Universität Duisburg-Essen bereits Mitte 2009 abgeschlossene und einem Konsultationsverfahren unterworfene Studie in Auftrag. Siehe *Köhler/Merkt/Böhm* (2009). Trotzdem warf sie die Frage der ISA-Adoption im aktuellen Grünbuch wieder auf. Siehe *Europäische Kommission* (2010).

[32] Das Ergebnis des Anerkennungsverfahrens kann durchaus sein, dass nicht alle vorhandenen ISA übernommen werden und sich der europäische Gesetzgeber auf einzelne ISA beschränkt. Vgl. *Naumann/Feld* (2006): 883.

der Qualität betreffen. Der Code of Ethics (IESBA Code) befasst sich mit ethischen Anforderungen, die an den Berufsstand der Abschlussprüfer[33] zu stellen sind. Er enthält letztlich internationale Berufsgrundsätze, nach denen sich Abschlussprüfer richten müssen.[34] Mit den Grundsätzen zur Ausbildung und Fortbildung des Abschlussprüfers befasst sich die IFAC im Framework for IESPA sowie in den IES und den IEPS, welche letztere interpretieren. Eine Stärkung der Auseinandersetzung mit Fragen der Aus- und Fortbildung soll schließlich durch die IEIP erfolgen.[35] Schließlich wirkt die IFAC auf eine Einhaltung der Qualitätsstandards ISQC hin.[36]

Eine Pflicht zum Hinwirken auf die Anwendung der Verlautbarungen der IFAC durch das IDW und die WPK ergibt sich aus der Mitgliedschaft beider Gremien bei der IFAC. Alle Mitglieder sind gemäß der Statements of Membership Obligations der IFAC dazu verpflichtet, to "notify their members of all new, proposed, and revised international standards and other pronouncements issued by the IAASB" (SMO 3.14). SMO 1.19 fordert von den Mitgliedsorganisationen, auf eine Einrichtung von Qualitätssicherungssystemen gemäß ISQC 1 hinzuwirken. Gleiches ergibt sich für die ethischen Standards und Ausbildungsstandards durch SMO 4 und SMO 2. Dabei kommt es in allen Fällen auf "best endeavors" an, sodass eine Umsetzung der Standards lediglich insoweit voranzutreiben ist wie nationale Besonderheiten z.B. im Gesellschaftsrecht eingehalten werden können.[37]

Während EU-Verordnungen gemäß Artikel 288 Abs. 2 AEUV einen unmittelbaren Verpflichtungsgrad[38] auf den Abschlussprüfer ausüben, entfalten EU-Richtlinien gemäß Artikel 288 Abs. 3 AEUV erst nach ihrer Transformation in nationales Recht ihre Bindungswirkung.[39] Als bedeutsam auf dem Gebiet der Abschlussprüfung für den derzeitigen Normenkontext ist die Abschlussprüferrichtlinie hervorzuheben.[40] Sie löst gemäß Artikel 50 der Abschlussprüferrichtlinie die Achte Richtlinie des Rates vom 10.04.1984[41] ab. Die Abschlussprüferrichtlinie verfolgt die Zielsetzung, die Abschlussprüfung auf hohem Mindestniveau europaweit zu har-

---

[33] Der IESBA Code nimmt Bezug auf "Professional Accountants". Vgl. IESBA Code.Preface. Unter den Personenkreis der Professional Accountants, fasst die IFAC alle Berufsangehörigen ihrer Mitgliedsorganisationen. Vgl. das Stichwort "Professional Accountant" im Glossary of Terms: 26. Siehe hierzu auch *Marten/Quick/Ruhnke* (2006): 15-16. Dies sind für Deutschland die Mitglieder des IDW und der WPK.
[34] Vgl. IESBA Code.100.1.
[35] Vgl. Framework of IESPA.33-39.
[36] Vgl. Preface.12.
[37] Vgl. Preface SMO.6-10.
[38] Vgl. *Schröder* (2012): Rz. 52; *Frenz* (2011): Rz. 15; *Ruffert* (2011): 19-20.
[39] Vgl. *Schröder* (2012): Rz. 66; *Frenz* (2011): Rz. 19; *Ruffert* (2011): 23.
[40] Sie trat am 29.06.2006, 20 Tage nach ihrer Veröffentlichung am 09.06.2006 gemäß Artikel 54 der Abschlussprüferrichtlinie, in Kraft.
[41] Vgl. für die Richtlinie *Rat der Europäischen Gemeinschaften* (1984).

monisieren.[42] Die Mitgliedstaaten der EU waren in einer zweijährigen Transformationsfrist[43] dazu angehalten, die Vorschriften der Richtlinie in nationales Recht umzusetzen.[44] Sie endete am 29.06.2008.[45] Derzeit bilden die in der Einleitung angesprochenen Entwürfe sowohl einer Richtlinie zur „Novellierung" der Abschlussprüferrichtlinie[46] als auch einer Verordnung über die spezifischen Anforderungen an die Abschlussprüfung bei Unternehmen von öffentlichem Interesse[47] die Ausgangsbasis für einen zukünftigen Normenkontext der Abschlussprüfung auf europäischer Ebene.

Auch der erstmalig zum 26.02.2002 gültige *DCGK* kann als Normenquelle für die Ausgestaltung von Belangen der Abschlussprüfung angesehen werden. Neben Regelungen zu anderen Aspekten einer verantwortungsvollen Unternehmensführung spricht der Kodex Empfehlungen und Anregungen, die über die gesetzlichen Anforderungen hinausgehen, aus. Kapitel 7.2 des Kodex befasst sich ausschließlich mit der „Abschlussprüfung". Weiterhin greift der Kodex mit der Empfehlung der Einrichtung von Prüfungsausschüssen in Ziffer 5.3.2 DCGK Mechanismen auf, welche die Qualität der Abschlussprüfung stärken sollen.

2.2 System der Unternehmensleitung und -überwachung in Deutschland

Die folgenden Ausführungen enthalten eine Beschreibung des Systems der Unternehmensleitung und -überwachung in Deutschland. Zunächst werden die Institutionen der Unternehmensleitung und -überwachung aufgezeigt. Auch die – für diese Arbeit im Fokus stehende – Abschlussprüfung bildet dabei eine der relevanten Institutionen. Auf den gesetzlichen Abschlussprüfer als Träger der Abschlussprüfung wird gesondert eingegangen, weil insbesondere in der Person des Abschlussprüfers bedeutende Determinanten der Qualität der Abschlussprüfung verankert sind.

2.2.1 Institutionen der Unternehmensleitung und -überwachung

Das System der Unternehmensleitung und -überwachung ist in Deutschland durch eine strikte Trennung dieser beiden Unternehmensfunktionen gekennzeichnet. Dem *Vorstand* obliegt gemäß § 76 Abs. 1 AktG die Führung der Gesellschaft sowie gemäß § 78 Abs. 1 AktG die gerichtliche und außergerichtliche Vertretung der Gesellschaft nach Außen. Er hat dabei die

---

[42] Vgl. Erwägungsgrund 5 der Abschlussprüferrichtlinie.
[43] Vgl. Artikel 48 Abs. 4 der Abschlussprüferrichtlinie.
[44] Vgl. *Naumann/Feld* (2006): 873.
[45] Die Transformationsfrist der Abschlussprüferrichtlinie beginnt am 30.06.2006, am Tag nach ihrem Inkrafttreten, und endet gemäß Artikel 53 Abs. 1 der Abschlussprüferrichtlinie am 29.06.2008.
[46] Vgl. zum aktuellen Richtlinienentwurf *Europäische Kommission* (2011a) und *Europäisches Parlament und Rat* (2006) zur Abschlussprüferrichtlinie als Gegenstand dieser Änderungsrichtlinie.
[47] Vgl. *Europäische Kommission* (2011b).

Sorgfalt eines ordentlichen und gewissenhaften Geschäftsleiters aufzuwenden.[48] Dem *Aufsichtsrat*[49] gebührt gemäß § 84 AktG die Bestellung und Abberufung der Mitglieder des Vorstandes sowie gemäß § 111 Abs. 1 AktG die Überwachung des Vorstandes bei der Leitung der Gesellschaft.[50] Hinsichtlich dieser institutionellen Trennung von Unternehmensleitung durch den Vorstand und Unternehmensüberwachung durch den Aufsichtsrat grenzt sich die deutsche dualistische Unternehmensleitungsstruktur von der vorwiegend im angloamerikanischen Raum vorherrschenden monistischen Leitungsstruktur ab.[51] Sowohl Vorstand als auch Aufsichtsrat handeln zum Wohle der Gesellschaft eng zusammen.[52]

Seine Überwachungsaufgabe nimmt der *Aufsichtsrat* über die vom Vorstand an ihn zu richtende Berichterstattung gemäß § 90 AktG wahr.[53] Unter die Pflichten des Aufsichtsrats fällt gemäß § 171 Abs. 1 AktG auch die Prüfung der vom Vorstand aufgestellten Einzelrechnungslegung sowie Konzernrechnungslegung.[54] Für diese Prüfung hat der Aufsichtsrat gemäß § 111 Abs. 2 Satz 3 AktG einen Abschlussprüfer zu beauftragen. Auf die Bestellung des Abschlussprüfers wird im folgenden Kapitel detaillierter eingegangen.

Der Aufsichtsrat wird von der *Hauptversammlung*[55] und zusätzlich in Gesellschaften, die der Mitbestimmung[56] unterliegen, von *Arbeitnehmern* gewählt und setzt sich entsprechend aus Vertretern der Anteilseigner und Vertretern der Arbeitgeber zusammen (paritätische Besetzung). Der Hauptversammlung kommt insofern eine maßgebliche Bedeutung im System der Unternehmensüberwachung zu.[57] Die Anzahl der Aufsichtsratsmitglieder ergibt sich nach

---

[48] Vgl. § 93 Abs. 1 Satz 1 AktG.

[49] Auf die Möglichkeit der Bildung von Ausschüssen aus dem Gesamtgremium, insbesondere der Bildung von Prüfungsausschüssen, wird im Rahmen der Implikationen für die Qualität der Abschlussprüfung eingegangen.

[50] Die strikte Trennung von Geschäftsführung und -überwachung wird in § 111 Abs. 4 Satz 1 AktG unterstrichen, wonach keine Maßnahmen der Geschäftsführung dem Aufsichtsrat übertragen werden dürfen. Allerdings können Satzung oder Aufsichtsrat gemäß § 111 Abs. 4 Satz 2 AktG zustimmungspflichtige Geschäfte bestimmen.

[51] Vgl. *Welge/Eulerich* (2012): 84.

[52] Vgl. Ziffer 3.1 DCGK und § 93 Abs. 1 Satz 2 AktG für die Pflicht des Vorstandes.

[53] Vgl. konkreter zu den Informationsbestandteilen gemäß § 90 AktG auch Kapitel 5.5.4.2.

[54] Vgl. *Welge/Eulerich* (2012): 87.

[55] In der Hauptversammlung üben die Aktionäre als Eigentümer ihre Rechte aus. Vgl. § 118 Abs. 1 Satz 1 AktG sowie die Kommentierung *Hüffer* (2012): 647; Rz. 5.

[56] Für die Mitbestimmung von Arbeitnehmer und weiteren Mitgliedern sind das Mitbestimmungsgesetz (MitbestG), das Montan-Mitbestimmungsgesetz (MontanMitbestG), das Montan-Mitbestimmungsergänzungsgesetz (MontanMitbestErgG), das Drittelbeteiligungsgesetz (DrittelbG) sowie das Gesetz über die Mitbestimmung der Arbeitnehmer bei einer grenzüberschreitenden Verschmelzung (MgVG) maßgeblich. Siehe für eine ausführliche Erläuterung der Implikationen für die Besetzung des Aufsichtsrates durch die genannten Gesetze *Hüffer* (2012): 524-527; Rz. 4-11b.

[57] Vgl. *IDW* (2012): 340.

Maßgabe des § 95 AktG aus mindestens drei Mitgliedern; eine maximale Anzahl der Aufsichtsratsmitglieder hängt weiterhin von der Höhe des Grundkapitals ab. Abweichungen können nen sich aus entsprechenden Mitbestimmungsgesetzen ergeben.

2.2.2 Gesetzlicher Abschlussprüfer

Abschlussprüfer sind gemäß § 319 Abs. 1 Satz 1 HGB Wirtschaftsprüfer und Wirtschaftsprüfungsgesellschaften. Für die Prüfung von Jahresabschlüssen und Lageberichten mittelgroßer GmbHs im Sinne des § 267 Abs. 2 HGB oder Personenhandelsgesellschaften i.S.d. § 264a HGB können gemäß § 319 Abs. 1 Satz 2 HGB auch vereidigte Buchprüfer und Buchprüfungsgesellschaften Abschlussprüfer sein.[58] Die WPO konkretisiert in § 1 WPO die Person des Wirtschaftsprüfers und Wirtschaftsprüfungsgesellschaften. Demnach sind gemäß § 1 Abs. 1 WPO Wirtschaftsprüfer und Wirtschaftsprüferinnen Berufsangehörige, die öffentlich bestellt sind. Gemäß § 1 Abs. 3 WPO wird eine Gesellschaft als Wirtschaftsprüfungsgesellschaft anerkannt, sofern sie von Wirtschaftsprüfern verantwortlich geführt wird.

Die genannten Abschlussprüfer sind gemäß § 319 Abs. 1 Satz 3 HGB dazu verpflichtet, sich einer Qualitätskontrolle gemäß § 57a WPO zu unterziehen. Die Durchführung der gesetzlichen Abschlussprüfung setzt voraus, dass sie eine Bescheinigung über die Teilnahme an dieser Qualitätskontrolle besitzen. Dies gilt nicht, sofern die Wirtschaftsprüferkammer eine Ausnahmegenehmigung über eine Teilnahme an der Qualitätskontrolle erteilt hat.[59] Das Vorliegen einer wirksamen Teilnahmebescheinigung oder eine Ausnahmegenehmigung muss spätestens zum Zeitpunkt der Annahme des Prüfungsauftrags erfolgen. Sollte die Teilnahmebescheinigung vor Beendigung der gesetzlichen Abschlussprüfung gemäß § 57e Abs. 2 Satz 3 oder Abs. 3 Satz 2 WPO widerrufen worden sein, so liegt gemäß § 318 Abs. 6 HGB ein wichtiger Grund für eine Kündigung des Prüfungsauftrags vor.[60]

2.2.3 Bestellung des Abschlussprüfers im Rahmen der gesetzlichen Abschlussprüfung

Wie aus den vorangehenden Ausführungen hervorgeht, kommt dem Aufsichtsrat gemäß § 111 Abs. 1 AktG die gesetzliche Aufgabe zu, die Geschäftsführung zu überwachen. Eine seiner Pflichten ist dabei auch, die vom Vorstand aufgestellte Einzelrechnungslegung sowie Konzernrechnungslegung gemäß § 171 Abs. 1 AktG zu prüfen. Für diese Prüfung hat der Auf-

---

[58] Vgl. *Schmidt* (2012a): 2058; Rz.8. Die Begriffe Abschlussprüfer und Wirtschaftsprüfer werden im Folgenden synonym verwendet, auch wenn unter den Begriff Abschlussprüfer streng genommen neben dem Wirtschaftsprüfer auch der vereidigte Buchprüfer zu fassen ist. Aufgrund der Abgrenzung des Untersuchungsgegenstandes auf kapitalmarktorientierte Unternehmen, spielen vereidigte Buchprüfer jedoch keine Rolle in den weiteren Ausführungen.

[59] Vgl. § 319 Abs. 1 Satz 3 HGB; *Schmidt* (2012a): 2059; Rz. 16.

[60] Vgl. § 57a WPO; *Schmidt* (2012a): 2059; Rz. 17.

sichtsrat gemäß § 111 Abs. 2 Satz 3 AktG einen Abschlussprüfer zu beauftragen.[61] Die im Prüfungsprozess gewonnenen und im Prüfungsbericht zusammengefassten Informationen sowie die während des Prüfungsprozesses fortwährende Kommunikation zwischen Aufsichtsrat und Abschlussprüfer ist bedeutend für die Erfüllung der Überwachungsfunktion des Aufsichtsrats.[62]

Der Gesetzgeber sieht für eine Aktiengesellschaft vor, dass die Anteilseigner den Abschlussprüfer wählen.[63] Dem Aufsichtsrat als Interessenvertretung der Anteilseigner, kommt dabei die Aufgabe zu, der Hauptversammlung, die die Zusammenkunft der Anteilseigner gemäß § 118 Abs. 1 AktG darstellt, einen Vorschlag für die Wahl zu unterbreiten.[64] Der Vorschlag des Aufsichtsrates für die Wahl des Abschlussprüfers ist dann vom Vorstand gemäß § 124 Abs. 3 Satz 1 AktG in die Tagesordnung für die Hauptversammlung aufzunehmen.[65] Auf der Hauptversammlung wählen die Anteilseigner schließlich den Abschlussprüfer. Er gilt hiermit gemäß § 318 Abs. 1 Satz 1 AktG i.V.m. § 119 Abs. 1 Nr. 4 AktG als bestellt. Nach der Bestellung durch die Hauptversammlung hat der Aufsichtsrat gemäß § 318 Abs. 1 Satz 4 HGB unverzüglich den Prüfungsauftrag an den Abschlussprüfer zu erteilen.[66] Möchte der Ab-

---

[61] Insofern besteht bei deutschen Aktiengesellschaften neben dem Dualismus der Unternehmensführung auch ein Dualismus der Überwachungsaufgabe. Vgl. *Stefani* (2002): 28. Die Gehilfenfunktion des Abschlussprüfers für den Aufsichtsrat im Rahmen seiner Prüfungspflicht gemäß § 171 Abs. 1 AktG macht auch deutlich, dass eine qualitativ hochwertige Abschlussprüfung das Haftungsrisiko des Aufsichtsrats senkt und somit in seinem Sinne sein sollte. Vgl. *Velte* (2009b): 1231.

[62] Siehe für die Kommunikation des Abschlussprüfers und des Aufsichtsrates Kapitel 2.6.2 und 2.6.3 sowie für die Rolle eines Prüfungsausschusses in dieser Beziehung Kapitel 5.5.4.2. Diese Unterstützungsfunktion der Abschlussprüfung ist schließlich mitunter ursächlich für die umfangreicheren Informationspflichten des Abschlussprüfers im Prüfungsbericht gegenüber dem Bestätigungsvermerk. Vgl. *Orth* (2000): 20-21.

[63] Für die Rechtsform der KGaA ist zu beachten, dass persönlich haftende Gesellschafter (Komplementäre) auf der Hauptversammlung über kein Stimmrecht für die Wahl des Abschlussprüfers verfügen, da sie für die Erstellung der Rechnungslegung verantwortlich sind und daher keinen Einfluss auf die Wahl des Abschlussprüfers besitzen sollen. Vgl. *Förschle/Heinz* (2012): 2032; Rz. 5. Die Intention dieser Regelungen ist ähnlich zu der des KonTraG, welches dazu geführt hat, dass nicht mehr der Vorstand, sondern der Aufsichtsrat als Kontrollorgan den Abschlussprüfer beauftragt. Der Gesetzgeber erklärte damals, dass durch diese Änderung die Unabhängigkeit des Abschlussprüfers vom Vorstand betont wird. Vgl. *Bundestag* (1998): 16.

[64] Diesen Vorschlag erarbeitet der Aufsichtsrat als Gesamtgremium oder er delegiert dies im Sinne der Empfehlung des § 124 Abs. 3 Satz 2 AktG für Gesellschaften im Sinne des § 264d HGB an einen Prüfungsausschuss. Daneben ist es möglich, dass die Anteilseigner selbst einen Vorschlag für die Wahl des Abschlussprüfers unterbreiten. Zu beachten sind die gesetzlichen Fristen für die Aufnahme eines Tagesordnungspunktes für die Hauptversammlung. Somit muss der Vorschlag der Anteilseigner mindestens zwei Wochen vor dem Tag der Hauptversammlung unterbreitet werden. Vgl. hierzu und zu weiteren Voraussetzungen *Baetge/Thiele* (2010): Rz. 7.

[65] Vgl. *Förschle/Heinz* (2012): 2031; Rz. 4.

[66] Vgl. *Baetge/Thiele* (2010): Rz. 53; *Habersack* (2008): Rz. 81-82. Die Möglichkeit der Delegation der Auftragserteilung an den Prüfungsausschuss ist strittig. Vgl. hierzu *Hüffer* (2012): 609; Rz. 12c; *Kremer* (2010d): 357; Fn. 52 mit weiteren Nachweisen und kritischen Stimmen. Zu den Befugnissen und Aufgaben eines Prüfungsausschusses in diesem Kontext siehe Kapitel 5.5.4.1.

schlussprüfer den Prüfungsauftrag nicht annehmen, so hat er dies gemäß § 51 Satz 1 WPO unverzüglich zu erklären.[67] Eine Annahme des Prüfungsauftrags erfolgt durch Übermittlung des Auftragsbestätigungsschreibens an den Aufsichtsrat.[68] Schließlich kommt zwischen dem Abschlussprüfer und der zu prüfenden Gesellschaft ein Prüfungsvertrag zustande, in dem Honorarvereinbarungen getroffen werden, Leistungspflichten des Abschlussprüfers sowie des prüfungspflichtigen Unternehmens beschrieben werden sowie Folgen bei Verletzung der vertraglichen Pflichten sowie die Haftung des Abschlussprüfers behandelt werden.[69]

Abschlussprüfer können sowohl für die Einzel- als auch für die Konzernrechnungslegung in der oben beschriebenen Weise durch die Anteilseigner der Gesellschaft gewählt und bestellt werden. Wird jedoch kein anderer Abschlussprüfer zum Prüfer der Konzernrechnungslegung bestellt, so gilt gemäß § 318 Abs. 2 Satz 1 HGB der Prüfer der Einzelrechnungslegung des Mutterunternehmens als Konzernabschlussprüfer.[70] Der Abschlussprüfer wird für die Dauer einer Prüfungsperiode gewählt und bestellt.[71] Die Bestellung des Abschlussprüfers über mehrere Jahre ist nur durch eine jährliche Wiederwahl möglich.[72]

Relativ selten trifft man in der Praxis solche Fälle an, in denen für die Abschlussprüfung gemeinschaftlich zwei Prüfungsgesellschaften bestellt wurden.[73] Diese sogenannten „Joint Audits" wurden z.B. für die Prüfung der Konzernrechnungslegung der Telekom AG für die Geschäftsjahre 2005 bis 2007, der Metro AG für das Geschäftsjahr 2005, sowie der Bilfinger +

---

[67] Im Regelfall nimmt der Abschlussprüfer den Auftrag an. Eine Ablehnung kann beispielsweise in einer möglichen Gefährdung der Unbefangenheit und Unabhängigkeit begründet liegen. Für diese Tatbestände sieht der Gesetzgeber gemäß der §§ 319, 319a und 319b HGB Ausschlussgründe vor.

[68] Die Einhaltung der Schriftform ist üblich, aber nicht zwingend erforderlich. Vgl. IDW PS 220.6 und IDW PS 220.15.

[69] Vgl. *Baetge/Thiele* (2010): Rz. 61.

[70] Vgl. *Förschle/Heinz* (2012): 2030; Rz. 1 und 2033; Rz. 10.

[71] Die Wahl und Bestellung für die Dauer von einem Jahr geht aus der Formulierung des § 318 Abs. 1 Satz 1 HGB. Dort wird auf die Prüfung „des Jahresabschlusses" bzw. „des Konzernabschlusses" abgestellt. Siehe auch *Förschle/Heinz* (2012): 2033-2034; Rz. 11; *Adler/Düring/Schmaltz* (2000): 147; Rz. 54.

[72] Vgl. *Bauer* (2004): 62. Wird in den folgenden Ausführungen auf die Beendigung der Mandatsbeziehung rekurriert, so ist damit nicht die vorzeitige Vertragskündigung, sondern eine nicht erfolgte Wiederwahl des Abschlussprüfers gemeint.

[73] Der Gesetzeswortlaut des § 316 Abs. 1 und 2 HGB bezieht sich zwar auf „einen" Abschlussprüfer. Es wird aber davon ausgegangen, dass es sich um eine Mindestvorgabe handelt und somit auch mehr als ein Abschlussprüfer zulässig ist. Vgl. *Förschle/Küster* (2012a): 1972; Rz. 2. Siehe auch IDW PS 208 zur Durchführung von Gemeinschaftsprüfungen (Joint Audit). Im aktuellen Grünbuch zum weiteren Vorgehen im Bereich der Abschlussprüfung diskutiert die Europäische Kommission eine generelle Einführung von Joint Audits in der EU. Die Europäische Kommission sieht hierdurch eine Möglichkeit, die hohe Marktkonzentration auf dem europäischen Prüfungsmarkt zu senken, sowie Risiken durch den Ausfall systemrelevanter Prüfungsgesellschaften zu verringern. Siehe hierzu *Europäische Kommission* (2010): 18.

Berger Bau-AG für die Geschäftsjahre 2005 bis 2007 durchgeführt.[74] Joint Audits wurden aus der Stichprobe der empirischen Analyse ausgeschlossen, da zum einen ein geringer Anteil von Joint Audits in der Stichprobe vorliegt und zum anderen sich eine Ermittlung der Ausprägungen bestimmter prüfungsgesellschaftsspezifischer Indikatoren, z.b. der Grad der Branchenspezialisierung oder das Ausmaß der wirtschaftlichen Bedeutung des Mandanten für den Abschlussprüfer, nicht eindeutig und vergleichbar bestimmen lassen.[75]

2.3 Pflicht zur Abschlussprüfung

Sowohl die Pflicht zur Prüfung der Einzel- als auch der Konzernrechnungslegung[76] ist in § 316 HGB kodifiziert. Bezüglich der Einzelrechnungslegung regelt § 316 Abs. 1 Satz 1 HGB, dass Kapitalgesellschaften, die nicht klein im Sinne des § 267 Abs. 1 HGB sind und keiner sonstigen Befreiungsvorschrift unterliegen, dazu verpflichtet sind, ihren Jahresabschluss und Lagebericht durch einen Abschlussprüfer testieren zu lassen.[77] Ist eine Kapitalgesellschaft verpflichtet, einen Konzernabschluss und -lagebericht zu erstellen, dann ist das Mutterunternehmen gemäß § 316 Abs. 2 Satz 1 HGB verpflichtet, diese Berichterstattungselemente durch einen Abschlussprüfer testieren zu lassen, sofern keine Befreiungstatbestände vorliegen.[78]

Neben Kapitalgesellschaften können weitere Unternehmen einer gesetzlichen Pflicht zur Abschlussprüfung sowohl auf Ebene der Einzelrechnungslegung als auch auf Ebene der Konzernrechnungslegung unterliegen. Darunter zu fassen sind z.b. Personenhandelsgesellschaften im Sinne des § 264a HGB gemäß § 264a Abs. 1 HGB sowie Unternehmen, die in bestimmten

---

[74] Im Falle der Finanzberichterstattung der Telekom AG und der Bilfinger + Berger Bau-AG prüften die Ernst & Young AG sowie die PricewaterhouseCoopers AG gemeinschaftlich. Die Prüfung der Finanzberichterstattung der Metro AG wurde gemeinschaftlich von der KPMG AG und der PKF Fasselt + Partner Wirtschaftsprüfungsgesellschaft durchgeführt.

[75] Für Ausführungen zu Joint Audits sei auf das Schrifttum verwiesen. Siehe z.B. für den deutschen Sprachraum den Beitrag von *Severus* (2007) und weiterhin *Francis/Richard/Vanstraelen* (2009) sowie *Thinggard/Kiertzner* (2008). Siehe für die Abgrenzung der Stichprobe Kapitel 7.2.1.

[76] Der Terminus Einzelrechnungslegung soll in dieser Arbeit alle Bestandteile der Rechnungslegung umfassen, die von einem Unternehmen aufzustellen und durch einen Abschlussprüfer zu prüfen sind. Dieser Begriff ist in Abgrenzung zu dem des Einzelabschlusses zu verwenden, da dieser gemäß § 264 Abs. 1 HGB lediglich die Bilanz, die Gewinn- und Verlustrechnung sowie den Anhang und gegebenenfalls weitere Erweiterungen umfasst, jedoch nicht den Lagebericht berücksichtigt. Vgl. zu den Bestandteilen des Einzelabschlusses *Winkeljohann/Schellhorn* (2012): 766; Rz. 8. Der Begriff der Konzernrechnungslegung wird analog gemäß § 290 Abs. 1 HGB i.V.m §§ 297 Abs. 1, § 315 HGB für die Bestandteile der konsolidierten und prüfungspflichtigen Rechnungslegung verwendet.

[77] Zu den Befreiungsvorschriften siehe im Detail siehe *Förschle/Küster* (2012a): 1973; Rz. 7.

[78] Vgl. *Förschle/Küster* (2012a): 1974; Rz. 15. Für eine detailliertere Beschreibung der prüfungspflichtigen Berichterstattungselemente siehe Kapitel 2.4.

Wirtschaftszweigen agieren, dem PublG unterliegen oder aufgrund anderer Gesetze einer Prüfungspflicht unterliegen.[79]

2.4 Gegenstand der Abschlussprüfung

Die *Rechnungslegungsbestandteile*, welche Gegenstand der Prüfung sind, bilden im Rahmen dieser Arbeit den Begriff der prüfungspflichtigen Regelpublizität ab. Diese werden im folgenden Kapital näher erläutert. Diese Bestandteile sind Gegenstand der Abschlussprüfung, deren Qualität im Rahmen dieser Arbeit untersucht wird.

Der gesetzlichen Prüfungspflicht auf Ebene der *Einzelrechnungslegung* unterliegen gemäß § 316 HGB der Jahresabschluss sowie der Lagebericht. Der handelsrechtliche Jahresabschluss umfasst gemäß § 242 Abs. 3 HGB eine Bilanz und eine Gewinn- und Verlustrechnung. Bei Kapitalgesellschaften ist der Jahresabschluss gemäß § 264 Abs. 1 Satz 1 HGB um einen Anhang zu erweitern. Der Lagebericht stellt gemäß § 264 Abs. 1 HGB ein zusätzlich zum Jahresabschluss aufzustellendes Berichtselement dar. Sofern eine kapitalmarktorientierte Kapitalgesellschaft nicht zur Aufstellung eines Konzernabschlusses verpflichtet ist, ist der Jahresabschluss gemäß § 264 Abs. 1 Satz 2 HGB um eine Kapitalflussrechnung und einen Eigenkapitalspiegel zu erweitern. Diese unterliegen dann auch der Prüfungspflicht. Freiwillig kann der Jahresabschluss um eine Segmentberichterstattung erweitert werden. Wurde eine Segmentberichterstattung freiwillig aufgestellt, ist diese prüfungspflichtig. Ebenfalls in die Prüfung einzubeziehen sind gemäß § 317 Abs. 1 Satz 1 HGB die Buchführung und das Inventar.[80]

Gemäß § 316 Abs. 2 Satz 1 HGB ist in Bezug auf die *Konzernrechnungslegung* der Konzernabschluss und -lagebericht durch einen Abschlussprüfer zu prüfen. Bestandteile des prüfungspflichtigen handelsrechtlichen Konzernabschlusses sind gemäß § 297 Abs. 1 HGB die Konzernbilanz, die Konzern-Gewinn- und Verlustrechnung, der Konzernanhang, die Konzernkapitalflussrechnung, der Konzerneigenkapitalspiegel und die gegebenenfalls freiwillig aufgestellte Segmentberichterstattung. Insofern gelten die Bestimmungen zum Gegenstand der Prüfung der Konzernrechnungslegung analog zur Einzelrechnungslegung.[81]

---

[79] Da die empirische Analyse lediglich kapitalmarktorientierte Kapitalgesellschaften und die Prüfung ihrer Konzernrechnungslegung umfasst, soll für detailliertere Ausführungen auf das Schrifttum verwiesen werden. Siehe hierzu z.B. *Förschle/Küster* (2012a): 1972-1973; Rz. 1-7 zur Einzelrechnungslegung sowie 1974-1975; Rz. 15-20 zur Konzernrechnungslegung sowie *Baetge/Fischer/Sickmann* (2009): Rz. 6-10 zur Einzelrechnungslegung und Rz. 13-15 zur Konzernrechnungslegung mit weiteren Nachweisen.

[80] Vgl. *Förschle/Almeling/Schmidt* (2012): 1983; Rz.5.

[81] Vgl. *Förschle/Almeling/Schmidt* (2012): 1987; Rz.30; *Baetge/Fischer/Sickmann* (2009): Rz. 1.

Erfolgt die Konzernrechnungslegung nicht nach handelsrechtlichen Vorschriften, sondern nach internationalen Rechnungslegungsgrundsätzen wie den IFRS,[82] ergibt sich aus den Bestandteilen der Rechnungslegung entsprechend der Gegenstand der Prüfung. Die Prüfung des nach IFRS aufgestellten Konzernabschlusses umfasst gemäß IAS 1.10 die Bestandteile der Konzernbilanz, der Konzern-Gewinn- und Verlustrechnung, der Konzerneigenkapitalveränderungsrechnung (IAS 1.106)[83], der Konzernkapitalflussrechnung (IAS 1.111 und IAS 7) sowie erläuternden Anhangangaben (IAS 1.112) inklusive einer gegebenenfalls freiwillig[84] aufgestellten Konzernsegmentberichterstattung (IFRS 8).[85] Die IFRS sehen nicht explizit die Erstellung eines Konzernlageberichts vor. Lediglich eine Berichterstattung über die Lage des Unternehmens durch das Management wird gemäß IAS 1.13 empfohlen. Allerdings sind Mutterunternehmen, die den Konzernabschluss nach IFRS erstellen, gemäß § 315a Abs. 1 HGB dazu verpflichtet, einen Konzernlagebericht gemäß § 315 HGB zu erstellen.[86] Die Regelungslücke durch die Anwendung der IFRS wird insofern geschlossen.

Für börsennotierte Aktiengesellschaften sieht der Gesetzgeber entsprechend § 317 Abs. 4 HGB zusätzlich eine Prüfung der Effektivität des durch den Vorstand zu implementierenden *Risikofrüherkennungssystems* gemäß § 91 Abs. 2 AktG vor.[87] Durch den Abschlussprüfer ist das konzernweite Risikofrüherkennungssystem in die Prüfung beim Mutterunternehmen einzubeziehen.[88]

---

[82] Siehe zur Pflicht der Aufstellung eines Konzernabschlusses nach internationalen Rechnungslegungsgrundsätzen kurz die Hinweise Kapitel 4.2.4.1.

[83] Die Eigenkapitalveränderungsrechnung kann gemäß IAS 1.107 in einer vollständigen oder in einer verkürzten Darstellung erfolgen. Die verkürzte Darstellung enthält keine Angabe von Transaktionen mit oder Ausschüttungen an Anteilseigner. Diese Angaben erfolgen dann im Anhang.

[84] Unternehmen, die Eigenkapitaltitel oder schuldrechtliche Wertpapiere öffentlich handeln, unterliegen gemäß IFRS 8.2 der Verpflichtung, den Konzernanhang um eine Konzernsegmentberichterstattung zu ergänzen. Für alle anderen Unternehmen stellt die Aufstellung einer Konzernberichterstattung ein Wahlrecht dar. Vgl. *Küting/Weber* (2012): 633-634.

[85] Vgl. *Förschle/Almeling/Schmidt* (2012): 1987; Rz.30; *Küting/Weber* (2012): 633-634. Die IFRS unterscheiden hinsichtlich der Bestandteile der Rechnungslegung nicht zwischen der Einzelrechnungslegung und der Konzernrechnungslegung. Vgl. *Küting/Weber* (2012): 633.

[86] Vgl. *Küting/Weber* (2012): 634; *Steiner/Orth/Schwarzmann* (2010): 230.

[87] Vgl. *Melcher/Nimwegen* (2010): 91. Der Abschlussprüfer hat dabei drei Schritte in seiner Beurteilung zu berücksichtigen. Im ersten Schritt hat er festzustellen, ob und welche Maßnahmen i.S.d. § 91 Abs. 2 AktG durch den Vorstand implementiert wurden. In einem zweiten Schritt hat der Abschlussprüfer zu beurteilen, ob diese Maßnahmen grundsätzlich geeignet sind, Risiken frühzeitig zu erkennen. In einem dritten und letzten Schritt ist durch den Abschlussprüfer zu beurteilen, ob die Maßnahmen kontinuierlich angewendet wurden. Vgl. *Förschle/Almeling/Schmidt* (2012): 1997-1998; Rz. 86-88.

[88] Vgl. *Förschle/Almeling/Schmidt* (2012): 1998; Rz. 89.

2.5 Umfang der Abschlussprüfung

Der Umfang der Abschlussprüfung bezeichnet die Maßnahmen, die der Abschlussprüfer ergreifen muss, um mit hinreichender Sicherheit ein Prüfungsurteil abgeben zu können.[89] Insbesondere der risikoorientierte Prüfungsansatz beinhaltet wichtige Anknüpfungspunkte für im weiteren Verlauf dieser Arbeit aufgegriffene Qualitätsindikatoren der Abschlussprüfung.

Die Prüfung des *Einzel- und Konzernabschlusses* hat sich gemäß § 317 Abs. 1 Satz 2 HGB auf die Beachtung gesetzlicher Vorschriften sowie ergänzender Bestimmungen des Gesellschaftsvertrages oder der Satzung zu erstrecken.[90] Die Prüfung ist gemäß § 317 Abs. 1 HGB so zu gestalten, dass Unrichtigkeiten und Verstöße, die sich auf die Darstellung der Vermögens-, Finanz- und Ertragslage des Unternehmens (Generalnorm gem. 264 Abs. 2 HGB) wesentlich auswirken, bei gewissenhafter Berufsausübung erkannt werden.[91] Die vom Gesetzgeber geforderte gewissenhafte Berufsausübung setzt die Anwendung berufsüblicher Verfahren voraus, wozu bis zur Übernahme der ISA durch die EU-Kommission die IDW PS zu zählen sind.[92]

In Bezug auf den Konzernabschluss hat der Abschlussprüfer gemäß § 317 Abs. 3 HGB die im Konzernabschluss *konsolidierten* Einzelabschlüsse zu prüfen.[93] War der Konzernabschlussprüfer selbst nicht Abschlussprüfer eines in den Konzernabschluss einbezogenen Einzelabschlusses, so ist er verpflichtet die Arbeit des anderen Abschlussprüfers zu überprüfen und dies zu dokumentieren.[94] Die Verantwortung für das Prüfungsurteil über den Konzernabschluss trägt der Konzernabschlussprüfer demnach voll. Übernimmt der Konzernabschlussprüfer die Arbeit eines anderen Prüfers, so tut er dies eigenverantwortlich.[95]

---

[89] Vgl. *Förschle/Almeling/Schmidt* (2012): 1984; Rz.10.

[90] Vgl. *Förschle/Almeling/Schmidt* (2012): 1984; Rz. 10 zum Einzelabschluss und *Förschle/Almeling/Schmidt* (2012): 1987; Rz. 31 zum Konzernabschluss.

[91] Vgl. IDW PS 250.6; *Förschle/Almeling/Schmidt* (2012): 1984; Rz. 12 zum Einzelabschluss und *Förschle/Almeling/Schmidt* (2012): 1987; Rz. 32 zum Konzernabschluss.

[92] Vgl. IDW PS 201.23 i.V.m. IDW PS 201.28 und IDW PS 201.32; *Förschle/Almeling/Schmidt* (2012): 1984; Rz. 12 und 1986; Rz. 22-23. Siehe zum Normenkontext der Abschlussprüfung bereits Kapitel 2.1.

[93] Die Prüfung der in den Konzernabschluss einbezogenen Einzelabschlüsse hat sich auf die gleichen Aspekte zu erstrecken, wie die Prüfung eines Einzelabschlusses nach § 317 Abs. 1 Satz 2 HGB.

[94] Vgl. *Förschle/Almeling/Schmidt* (2012): 1987-1988; Rz. 33.

[95] Vgl. *Baetge/Stellbrink/Janko* (2011): Rz. 132. Die in § 317 Abs. 3 Satz 3 HGB kodifizierte Eigenverantwortlichkeit erfolgte durch das BilMoG und diente der Umsetzung der Artikel 27a und 27b der Abschlussprüferrichtlinie. Ziel des Gesetzgebers ist eine Verbesserung der Qualität der Konzernabschlussprüfung und ausdrücklich nicht die Identität des Abschlussprüfers für den Konzernabschluss und für die Einzelabschlüsse des Mutter- und Tochterunternehmens. Vgl. *Baetge/Stellbrink/Janko* (2011): Rz. 132; *Bundestag* (2008): 87.

Die Prüfung des *Lageberichts und des Konzernlageberichts* erstreckt sich gemäß § 317 Abs. 2 Satz 1 HGB darauf, ob der Lagebericht bzw. Konzernlagebericht mit dem Einzelabschluss bzw. mit dem Konzernabschluss sowie mit den im Rahmen der Prüfung erlangten Erkenntnissen in Einklang steht und eine insgesamt zutreffende Darstellung der Lage des Unternehmens bzw. des Konzerns erfolgte. Der Abschlussprüfer muss gemäß § 317 Abs. 2 Satz 2 HGB darüber hinaus auch zu einem Urteil kommen, ob die dargestellten Chancen und Risiken der zukünftigen Entwicklung des Unternehmens bzw. Konzerns zutreffend dargestellt wurden.[96] Aus den Regelungen des § 321 Abs. 2 Satz 1 HGB geht zudem die Pflicht zur Prüfung der Einhaltung der für den Lagebericht bzw. Konzernlagebericht geltenden gesetzlichen sowie satzungsmäßigen Vorgaben durch den Abschlussprüfer hervor.[97] Insgesamt hat der Abschlussprüfer gemäß § 321 Abs. 1 Satz 2 HGB und § 322 Abs. 2 Satz 3 HGB die Beurteilung des Vorstandes hinsichtlich der Lage des Unternehmens bzw. des Konzerns zu würdigen und ebenfalls eine Beurteilung des Fortbestands des Unternehmens bzw. Konzerns und dessen künftige Entwicklung durchzuführen.[98]

Bei börsennotierten Aktiengesellschaften kommt dem Abschlussprüfer die Pflicht gemäß § 317 Abs. 4 HGB zu, zu überprüfen, ob der Vorstand ein *Risikofrüherkennungssystem* gemäß § 91 Abs. 2 AktG eingerichtet hat und dieses System seine Aufgaben auch erfüllen kann. Insofern erfolgt eine Überprüfung der Implementierung und der Effektivität.[99]

Die Sicherheit, mit der der Abschlussprüfer die Prüfungsaussage in Form eines Prüfungsurteils trifft, muss hinreichend sein.[100] Der Abschlussprüfer muss daher in eigenem, pflichtgemäßem Ermessen die konkreten Prüfungshandlungen so festlegen, dass er diese *hinreichende Sicherheit* auch erlangt.[101] Die Forderung einer „lediglich" hinreichenden Sicherheit führt unausweichlich zu einem verbleibenden Risiko, welches dazu führt, dass das Prüfungsurteil

---

[96] Vgl. *Förschle/Almeling/Schmidt* (2012): 1991; Rz. 50.
[97] Vgl. *Förschle/Almeling/Schmidt* (2012): 1991; Rz. 51.
[98] Vgl. *Förschle/Almeling/Schmidt* (2012): 1991; Rz. 52.
[99] Vgl. *Förschle/Almeling/Schmidt* (2012): 1991; Rz. 52. Das Ergebnis dieser Prüfung ist in den Prüfungsbericht gemäß § 321 Abs. 4 HGB aufzunehmen. Vgl. *Förschle/Almeling/Schmidt* (2012): 1991; Rz. 52. Der Abschlussprüfer hat gemäß § 321 Abs. 4 Satz 2 HGB neben der Prüfung des Risikofrüherkennungssystems i.S.d. § 91 Abs. 1 AktG auch auf Maßnahmen einzugehen, die einer Verbesserung des Systems dienen. Vgl. *Winkeljohann/Poullie* (2012): 2132-2133; Rz. 69. Der Gesetzgeber intendierte mit der Ausgestaltung dieser Regelung eine Unterstützung der Überwachungsfunktion des Aufsichtsrates. Vgl. *Bundestag* (1998): 29. In dem Sinne auch *Förschle/Almeling/Schmidt* (2012): 1995; Rz. 75 und *Winkeljohann/Poullie* (2012): 2132-2133; Rz. 69.
[100] Vgl. IDW PS 200.9. Gemeinhin wird eine Prüfungssicherheit von mindestens 95 % als notwendig erachtet. Vgl. *Marten/Quick/Ruhnke* (2006): 644; *Schindler* (2012): 2406; Rz. 32.
[101] Vgl. IDW PS 200.18.

mit der Gefahr eines Fehlurteils verbunden ist. Dieses Risiko wird *Prüfungsrisiko* genannt.[102] An diesem richtet der Abschlussprüfer seine Suche nach wesentlichen Fehlern in der Rechnungslegung aus.[103] Somit verfolgt der Abschussprüfer einen *risikoorientierten Prüfungsansatz*, der eine Abschlussprüfung gewährleisten soll, welche sowohl dem Effizienz- als auch dem Effektivitätspostulat entspricht.[104] Aus dem risikoorientierten Prüfungsansatz werden im weiteren Verlauf der Arbeit Anknüpfungspunkte für die Qualität der Abschlussprüfung gewonnen. Insofern soll im Folgenden der risikoorientierte Prüfungsansatz näher beleuchtet werden.

Das Prüfungsrisikomodell veranschaulicht das Prinzip des risikoorientierten Prüfungsansatzes. Das Prüfungsrisiko *[PR]* setzt sich dabei multiplikativ aus dem Fehlerrisiko *[FR]* und dem Entdeckungsrisiko *[ER]* zusammen. Das Fehlerrisiko kann dabei weiter in das inhärente Risiko *[IR]* und das Kontrollrisiko *[KR]*, das Entdeckungsrisiko in das Risiko aus analytischen Prüfungshandlungen *[AR]* und das Risiko aus Einzelfallprüfungen *[RE]* zerlegt werden. Eine formale Darstellung ergibt:[105]

$$PR = FR * ER = IR * KR * AR * RE$$

Das *inhärente Risiko* stellt das Risiko wesentlicher Fehler der Rechnungslegung dar, unter der Annahme, dass keine Maßnahmen innerhalb der Unternehmung getroffen werden, um diese wesentlichen Fehler innerhalb der Rechnungslegung zu vermeiden. Das *Kontrollrisiko* gibt die Wahrscheinlichkeit an, dass ein eingerichtetes internes Kontrollsystem[106] wesentliche

---

[102] In Bezug auf das Prüfungsrisiko werden die sogenannten Alpha- und der Beta-Fehler unterschieden. Man spricht von einem Beta-Fehler, wenn der Abschlussprüfer den Bestätigungsvermerk weder einschränkt noch versagt, obwohl die geprüfte Rechnungslegung wesentliche Fehler enthält. Ein Alpha-Fehler liegt dagegen vor, wenn der Abschlussprüfer den Bestätigungsvermerk einschränkt oder versagt, obwohl die Rechnungslegung keine wesentlichen Fehler enthält. Vgl. *Wiedmann* (1993): 15; Fn. 12.

[103] Vgl. *Ruhnke* (2002): 437.

[104] Vgl. IDW PS 200.8-200.10. Mit dem Effektivitätskriterium ist die Anforderung verbunden, dass das eigentliche Ziel der Abschlussprüfung erreicht wird und zwar ein Urteil mit hinreichender Sicherheit über die Ordnungsmäßigkeit der Rechnungslegung zu fällen. Vgl. *Thiergard* (2007): 1188. Das Effizienzkriterium ergibt sich – aufgrund des Konkurrenzdrucks auf dem Prüfungsmarkt – aus der Notwendigkeit einer Prüfungsdurchführung nach Wirtschaftlichkeitsgesichtspunkten. Vgl. *Quick* (1998): 244 und *Leffson* (1988): 120-121.

[105] Vgl. *Zaeh* (2007): 1106. Das Prüfungsrisikomodell wurde ursprünglich durch das AICPA geprägt und in der Prüfungspraxis etabliert. Vgl. *Wiedmann* (1993): 14-15.

[106] Das interne Kontrollsystem ist ein von der Unternehmensleitung des Mandanten eingerichteter Prozess, welcher die Erreichung der Unternehmensziele sichern soll. Dabei kommt es insbesondere auf die Sicherung der Verlässlichkeit der Rechnungslegung, Effektivität und Effizienz der Geschäftstätigkeit, Übereinstimmung mit den für das Unternehmen relevanten rechtlichen Vorschriften an. Vgl. IDW PS 261.19; ISA 315.4c und *Steckel/Severus* (2011): 56. Die Definition des ISA 315.4c und entsprechend des IDW PS 261.19 geht auf die Definition des so genannten COSO-Report aus dem Jahre 1992 zurück. Vgl. *Hayes* (2005): 230. *Freidank* (2007): 699 versteht unter einem internen Kontrollsystem alle in einem Unternehmen eingerichteten strategischen und operativen Kontrollen.

Fehler in der Rechnungslegung weder präventiv verhindert noch aufdeckt. Das *Entdeckungsrisiko* bildet die Wahrscheinlichkeit ab, dass sowohl analytische Prüfungshandlungen[107] (determiniert das Risiko aus analytischen Prüfungshandlungen *[AR]*) als auch Einzelfallprüfungen[108] (determiniert das Risiko aus Einzelfallprüfungen *[RE]*) nicht zu einer Aufdeckung wesentlicher Fehler in der Rechnungslegung führen.[109] Das inhärente Risiko *[IR]* wie auch das Kontrollrisiko *[KR]* stellen vom Abschlussprüfer nicht beeinflussbare Größen dar.[110] Die Komponenten des Entdeckungsrisikos werden dagegen unmittelbar durch die Prüfungshandlungen des Abschlussprüfers beeinflusst und stellen eine Funktion der Qualität des Abschlussprüfers dar.[111] Der Abschlussprüfer muss folglich durch geeignete Maßnahmen Kenntnisse über das inhärente Risiko *[IR]* und das Kontrollrisiko *[KR]* erlangen, um bei einem vorgegebenen Prüfungsrisiko *[PR]*, das angemessene Entdeckungsrisiko *[ER]* zu bestimmen. Letzteres hat er dann zu determinieren.[112]

Prüfungsgesellschaften richten den risikoorientierten Prüfungsansatz am *Geschäftsrisiko* des Mandanten aus.[113] Unter dem Begriff Geschäftsrisiko versteht man das Risiko, mit welchem die Erreichung der Unternehmensziele und Unternehmensstrategie gefährdet sind.[114] Bei einem geschäftsrisikoorientierten Prüfungsansatz wird davon ausgegangen, dass ein Verständnis des Abschlussprüfers über die Geschäftsrisiken des Mandanten zu einer besseren Einschätzung des Prüfungsrisikos *[PR]* führt.[115] Der Prüfer muss sich, um einen geschäftsrisikoorientierten Prüfungsansatz zu verfolgen, zunächst eingehend mit den Unternehmenszielen und Geschäftsrisiken des zu prüfenden Unternehmens auseinandersetzen. Hierdurch kann der Prüfer die Wahrscheinlichkeit erhöhen, wesentlich falsche Angaben in der Rechnungslegung aufzudecken und somit das Prüfungsrisiko *[PR]* senken.[116] Es besteht jedoch nur dann eine Beziehung zwischen Geschäftsrisiken und Fehlerrisiken in der Rechnungslegung, wenn das Risiko, dass das Unternehmen seine Unternehmensziele nicht erreicht mit dem Risiko für we-

---

[107] Analytische Prüfungshandlungen zählen zu den indirekten Prüfungshandlungen. Dabei wird auf die Prüfung der Plausibilität von zusammengefassten Größen abgestellt. Die Prüfung einzelner Sachverhalte besitzt dabei keine Bedeutung. Vgl. IDW PS 300.28 und *Marten/Quick/Ruhnke* (2011): 291.

[108] Insgesamt leistet die Durchführung von Einzelfallprüfungen einen höheren Beitrag zur Prüfungssicherheit und somit zur Senkung des Prüfungsrisikos gegenüber analytischen Prüfungshandlungen. Vgl. *Marten/Quick/Ruhnke* (2011): 210.

[109] Vgl. *Ruhnke* (2002): 437.

[110] Vgl. *Marten/Quick/Ruhnke* (2011): 209.

[111] Vgl. *Ruhnke* (2002): 439; *Diehl* (1991): 195.

[112] Vgl. *Marten/Quick/Ruhnke* (2011): 210.

[113] Vgl. IDW PS 230.5.

[114] Vgl. *Schmidt* (2005): 875.

[115] Vgl. *Link* (2006): 190.

[116] Vgl. *Ferlings/Poll/Schneiß* (2007): 106.

sentliche Fehler in der Rechnungslegung korrespondiert.[117] Ist ein Unternehmen Geschäftsrisiken ausgesetzt, können sich diese im finanziellen Ergebnis niederschlagen.[118] Der Abschlussprüfer muss sich demnach insofern ein Verständnis von den Geschäftsrisiken des Mandanten verschaffen, als diese Auswirkungen auf die Rechnungslegung haben können.[119] Der Zusammenhang zwischen den Geschäftsrisiken und den Komponenten des Prüfungsrisikomodells ist in folgender Abbildung 1 dargestellt.

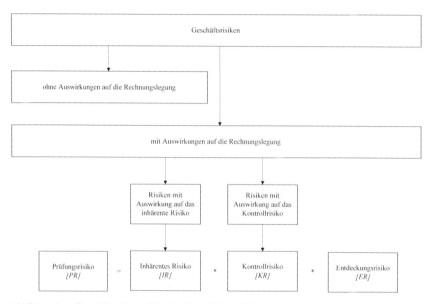

Abbildung 1: Geschäftsrisiko und das Prüfungsrisikomodell (in Anlehnung an *Link* (2006): 117)

Das Geschäftsrisiko selbst betrifft innerhalb des risikoorientierten Prüfungsmodells nur die Risikokomponenten, auf welche der Abschlussprüfer keinen Einfluss hat, nämlich das inhärente Risiko *[IR]* und das Kontrollrisiko *[KR]*.[120] Stellt der Abschlussprüfer demnach im Zusammenhang mit identifizierten Geschäftsrisiken eine Erhöhung des inhärenten Risikos *[IR]* und/oder des Kontrollrisikos *[KR]* fest, kann er durch Senkung des Entdeckungsrisikos *[ER]*

---

[117] Vgl. *Link* (2006): 116.

[118] Vgl. *Marbacher* (2000): 1180. Erfolgsdruck und Rechenschaftspflichten können das Management zu Manipulationen in der Rechnungslegung verleiten. Geschäftsrisiken, welche das finanzielle Ergebnis, das in die Rechnungslegung eingeht, negativ beeinflussen, können demnach Indikatoren für wesentliche Fehler in der Rechnungslegung darstellen. Vgl. *Schmidt* (2005): 874.

[119] Vgl. *Schmidt* (2005): 875.

[120] Vgl. *Link* (2006): 116.

– durch gezielte Einzelfallprüfungen und analytische Prüfungshandlungen – das Prüfungsrisiko *[PR]* auf ein gewünschtes Maß reduzieren.[121]

Der Umfang der Abschlussprüfung sollte sich auf die Überprüfung der Normenkonformität der prüfungspflichtigen Regelpublizität erstrecken. Die Beurteilung des Abschlussprüfers sollte sich dabei darauf erstrecken, ob die Regelpublizität unter Berücksichtigung der Grundsätze ordnungsmäßiger Buchführung die Vermögens-, Finanz- und Ertragslage des Unternehmens zutreffend darstellt. Die Durchführung der Abschlussprüfung ist so auszurichten, dass der Abschlussprüfer sein Urteil mit hinreichender Sicherheit treffen kann. Das Prüfungsrisikomodell liefert Ansatzpunkte für die Erzielung einer hinreichenden Prüfungssicherheit. Die Einschätzung des inhärenten Risikos *[IR]* sowie des Kontrollrisikos *[KR]* gibt dem Abschlussprüfer eine Vorstellung darüber, welche Prüfungshandlungen er vorzunehmen hat, um eine hinreichende Prüfungssicherheit zu erlangen. Insbesondere mandantenspezifische Kenntnisse sind für die Einschätzung des inhärenten Risikos *[IR]* sowie des Kontrollrisikos *[KR]* bedeutsam. Dieser Zusammenhang zwischen mandantenspezifischen Kenntnissen und Risikoeinschätzung bildet im weiteren Verlauf der Arbeit die Grundlage für die Begründung des Einflusses bestimmter Indikatoren der Prüfungsqualität auf Qualitätsdimensionen.

2.6 Berichterstattung im Rahmen der Abschlussprüfung

Die Kommunikation der durch den Abschlussprüfer erzielten Feststellung sowie seiner Arbeitsweise bilden einen Anknüpfungspunkt für die Wahrnehmung der Abschlussprüfung durch nicht in den Prozess der Urteilsbildung involvierte Personen. Da im Vordergrund der Arbeit die Urteilsbildung des Kapitalmarktes über Dimensionen der Qualität der Abschlussprüfung steht, gilt es kurz zu skizzieren, welche Berichterstattungselemente über die Arbeitsweise des Abschlussprüfers sowie das Ergebnis seiner Arbeit zur Verfügung stehen.

Als Instrumente der Berichterstattung über das Ergebnis der Abschlussprüfung stehen dem Abschlussprüfer zum einen der *Bestätigungsvermerk* gemäß § 322 HGB und der *Prüfungsbericht* gemäß § 321 HGB zur Verfügung. Während sich der Bestätigungsvermerk an unternehmensexterne Adressaten, wie die Anteilseigner, richtet, dient der Prüfungsbericht der Information unternehmensinterner Adressaten, wie den Vorstand und den Aufsichtsrat.[122] Zudem unterscheiden sich beide Berichtinstrumente grundsätzlich durch ihren Detaillierungsgrad. Der Bestätigungsvermerk enthält gemäß § 322 Abs. 1 Satz 1 HGB eine Zusammenfassung der Prüfungsergebnisse. Der Prüfungsbericht beinhaltet dagegen eine ausführliche Be-

---

[121] Vgl. *Ruhnke* (2002): 438-439.
[122] Vgl. *Marten/Quick/Ruhnke* (2011): 519-520.

richterstattung.[123] Neben den schriftlichen Kommunikationsinstrumenten nimmt die *mündliche Berichterstattung* des Abschlussprüfers ein weiteres Element der Kommunikation im Rahmen der Abschlussprüfung ein.

2.6.1 Bestätigungsvermerk

Wirtschaftsprüfern kommt gemäß § 2 Abs. 1 WPO explizit die berufliche Aufgabe zu, Bestätigungsvermerke zu erteilen. Der Bestätigungsvermerk richtet sich an die Öffentlichkeit.[124] Darunter zu fassen sind aktuelle sowie potenzielle Aktionäre, Gläubiger, Arbeitnehmer, Marktpartner sowie die übrige interessierte Öffentlichkeit.[125] Die Ausrichtung auf einen externen Adressatenkreis geht auch aus der ausdrücklichen Pflicht zur Offenlegung des Bestätigungs- oder Versagungsvermerks gemäß § 325 Abs. 1 Satz 2 HGB hervor. Der Bestätigungsvermerk stellt damit explizit die Verbindung zwischen Abschlussprüfung und Öffentlichkeit her[126] und steht einem Personenkreis zur Verfügung, dem der Prüfungsbericht nicht zur Verfügung steht.[127]

Das Ergebnis der Abschlussprüfung ist vom Abschlussprüfer im Bestätigungsvermerk gemäß § 322 Abs. 1 HGB zusammenzufassen und bezieht sich auf die Übereinstimmung des Jahresabschlusses, der Buchführung und des Lageberichtes mit den gesetzlichen, satzungsmäßigen und gesellschaftsrechtlichen Regelungen.[128] Die Beurteilung des Ergebnisses der Prüfung kann gemäß § 322 Abs. 1 Satz 2 2. Halbsatz i.V.m Abs. 2 HGB in Form eines uneingeschränkten Bestätigungsvermerks, eines eingeschränkten Bestätigungsvermerks sowie in einem Versagungsvermerk erfolgen. Die Einschränkung oder Versagung kann aufgrund von Einwendungen oder wenn der Abschlussprüfer nicht in der Lage ist, ein Urteil abzugeben, erfolgen.[129]

---

[123] Vgl. *Plendl* (2012): 2005; Rz. 2.

[124] Vgl. *Adler/Düring/Schmaltz* (2000): 490; Rz. 17.

[125] Vgl. *Förschle/Küster* (2012b): 2165; Rz. 6; *Plendl* (2012): 2083; Rz. 331.

[126] Vgl. *Orth* (2000): 146.

[127] Vgl. *Förschle/Küster* (2012b): 2165; Rz. 6.

[128] Vgl. IDW PS 400.8 und IDW PS 400.11; *Herkendell* (2007): 56. Das Prüfungsurteil bezieht sich nicht auf eine unmittelbare Beurteilung der wirtschaftlichen Lage des geprüften Unternehmens oder die Geschäftsführungskompetenz des Vorstandes als solche. Vgl. IDW PS 400.8 und IDW PS 400.11; *Herkendell* (2007): 56. Insbesondere die Erteilung eines uneingeschränkten Bestätigungsvermerks kann fälschlicherweise als Bestätigung der wirtschaftlichen Gesundheit eines Unternehmens missverstanden werden. Vgl. *Adler/Düring/Schmaltz* (2000): 492-494; Rz. 22-26. Dieses Missverständnis begründet sich in der Erwartungslücke. Vgl. zur Erwartungslücke der Abschlussprüfung *Ruhnke/Schmiele/Schwind* (2010); *Velte* (2009a); *Bahr* (2003); *Orth* (2000): 29-72; *Ruhnke/Deters* (1997).

[129] Siehe dazu auch *Hell/Küster* (2010): Rz. 29. Zu den einzelnen Formen des Prüfungsergebnisses siehe die Ausführungen in diesem Kapital weiter unten.

Das Gesetz gibt zwar vor, dass der Bestätigungsvermerk eine Beschreibung von Gegenstand, Art und Umfang der Abschlussprüfung unter Angabe angewandter Rechnungslegungs- und Prüfungsgrundsätze und eine Beurteilung des Prüfungsergebnisses über den Einzel- oder Konzernabschluss (§ 322 Abs. 1 HGB), eine Beurteilung des Lage- oder Konzernlageberichts (§ 322 Abs. 1 HGB) sowie Hinweise auf bestandsgefährdende Risiken (§ 322 Abs. 2 Satz 3 HGB)[130] zu beinhalten hat. Nicht gesetzlich geregelt ist jedoch eine Formulierung der Inhalte.[131] Durchgesetzt hat sich die Verwendung einer Standardformulierung des IDW PS 400, der durch Transformation[132] des ISA 700 auch internationale Prüfungsgrundsätze berücksichtigt. Ein dem Standard folgender Bestätigungsvermerk gliedert sich in eine Überschrift, einen einleitenden sowie einen deskriptiven Teil, die Beurteilung durch den Abschlussprüfer, ggf. Hinweise zur Beurteilung des Prüfungsergebnisses sowie ggf. Hinweise auf Bestandsgefährdungen.[133]

In einem *uneingeschränkten Bestätigungsvermerk*, den die in der empirischen Analyse untersuchten Unternehmen, ausnahmslos erhalten haben, hat der Abschlussprüfer gemäß § 322 Abs. 3 Satz 1 HGB zu erklären, dass die nach § 317 HGB durchgeführte Prüfung zu keinen Einwendungen geführt hat und dass der von den gesetzlichen Vertretern der Gesellschaft aufgestellte Einzel- oder Konzernabschluss aufgrund der bei der Prüfung gewonnenen Erkenntnissen nach der Beurteilung des Abschlussprüfers den gesetzlichen Vorschriften entspricht und unter Beachtung der Grundsätze ordnungsmäßiger Buchführung oder sonstiger maßgeblicher Rechnungslegungsgrundsätze ein den tatsächlichen Verhältnissen entsprechendes Bild der Vermögens-, Finanz- und Ertragslage vermittelt. Mit der Erteilung eines uneingeschränkten Bestätigungsvermerks ist gemäß der gesetzlichen Formulierung die Einhaltung der Generalnorm i.S.d. § 264 Abs. 2 Satz 1 HGB bestätigt. Die Bedeutung der Generalnorm, ein den tatsächlichen Verhältnissen entsprechendes Bild der Vermögens-, Finanz- und Ertragslage zu vermitteln, wird durch Aufnahme im Bestätigungsvermerk hervorgehoben.[134]

Eine *Einschränkung* des Bestätigungsvermerks kann aus zwei Gründen erfolgen. Gelangt der Abschlussprüfer zu dem Urteil, dass wesentliche Beanstandungen gegen abgrenzbare Teile der Einzel- bzw. Konzernrechnungslegung vorliegen, so muss er den Bestätigungsvermerk einschränken. Ebenfalls ist durch den Abschlussprüfer dann eine Einschränkung vorzunehmen, wenn abgrenzbare und wesentliche Teile des Prüfungsgegenstandes aufgrund von Prü-

---

[130] Siehe zu Details hinsichtlich des Hinweises auf bestandsgefährdende Risiken z.B. *Bahr* (2003): 161 mit weiteren Nachweisen.
[131] Vgl. *Förschle/Küster* (2012b): 2164; Rz. 2.
[132] Zur Transformationspflicht des IDW und der WPK siehe bereits Kapitel 2.1.
[133] Vgl. *Förschle/Küster* (2012b): 2167-2168; Rz. 17; *Hell/Küster* (2010): Rz. 57.
[134] Vgl. *Förschle/Küster* (2012b): 2170; Rz. 28.

fungshemmnissen nicht mit hinreichender Prüfungssicherheit beurteilt werden können.[135] Die Einschränkung des Bestätigungsvermerks muss nach § 322 Abs. 4 Satz 3 HGB begründet werden. Insbesondere die Tragweite der Einschränkung muss gemäß § 322 Abs. 4 Satz 4 HGB aus der Formulierung des Bestätigungsvermerks hervorgehen.[136]

Die *Versagung* des Bestätigungsvermerks kann analog zu einer Einschränkung wiederum gemäß § 322 Abs. 4 Satz 1-3 HGB aufgrund des Vorliegens von wesentlichen Beanstandungen hinsichtlich des Prüfungsgegenstandes oder gemäß § 322 Abs. 5 HGB aufgrund von Prüfungshemmnissen erfolgen. Eine Einschränkung ist vor einer Versagung nur dann zu rechtfertigen, wenn für wesentliche Teile der Einzel- oder Konzernrechnungslegung eine positive Aussage und somit eine Bestätigung erfolgen kann[137] und nur für abgrenzbare Teile der Rechnungslegung eine derartige positive Beurteilung nicht mehr möglich ist.[138]

Der Bestätigungs- oder Versagungsvermerk ist gemäß § 322 Abs. 7 HGB schließlich unter Angabe von Ort und Tag durch den Abschlussprüfer zu unterzeichnen. Die Unterzeichnung hat eigenhändig und gemäß § 48 WPO mit Siegelung zu erfolgen. Die Berufsbezeichnung „Wirtschaftsprüfer" ist gemäß § 18 Abs. 1 Satz 1 WPO anzugeben.[139] Er ist gemäß § 322 Abs. 7 HGB auch in den im Folgenden erläuterten Prüfungsbericht aufzunehmen.

Für den Kapitalmarktteilnehmer sind aus dem Bestätigungsvermerk in Bezug auf das Vorgehen des Abschlussprüfers neben den eingehaltenen Prüfungsnormen der Name der Prüfungsgesellschaft sowie die Namen der Unterzeichner ersichtlich. Weitere Details zum *Prüfungsprozess* gehen aus dem Bestätigungsvermerk nicht hervor.[140]

---

[135] Vgl. *Hell/Küster* (2010): Rz. 32.
[136] Vgl. *Förschle/Küster* (2012b): 2175; Rz. 49.
[137] Vgl. *Förschle/Küster* (2012b): 2176; Rz. 55.
[138] Vgl. *Förschle/Küster* (2012b): 2175-2176; Rz. 50.
[139] Vgl. *Förschle/Küster* (2012b): 2193-2194; Rz. 155. In Deutschland erfolgt die Unterzeichnung des Bestätigungsvermerks in der Regel durch zwei Abschlussprüfer – einem Links- und einem Rechtsunterzeichner. Vgl. *Schmidt* (2012b): 2087; Rz. 32. § 27a BS WP/vBP konkretisiert für die Unterzeichnung von Bestätigungsvermerken, dass dieser zumindest von dem für die Prüfungsdurchführung Verantwortlichem unterzeichnet werden muss.
[140] In einem derzeit laufenden Projekt – „Auditor Reporting Project" – befasst sich das IAASB mit der Neufassung des ISA 700. Die Zielsetzung des Projektes besteht darin, die Informationsbedürfnisse verschiedener Abschlussadressaten zu verbessern. Vgl. zur Zielsetzung und zum Stand des Projektes *IAASB* (2013a). Ein Exposure Draft des revidierten ISA 700 wird voraussichtlich im Juni 2013 verabschiedet. Vgl. *IAASB* (2013c): 1.

2.6.2 Prüfungsbericht

Der Prüfungsbericht dient hauptsächlich der Information des Aufsichtsrates und unterstützt diesen in der Erfüllung seiner Überwachungsfunktion gemäß § 171 Abs. 1 AktG.[141] Für den Aufsichtsrat stellt der Prüfungsbericht das wichtigste Dokument im Rahmen seiner ihm obliegenden Pflicht zur Prüfung des Einzel- und Konzernabschlusses dar.[142] Der Abschlussprüfer hat im Prüfungsbericht gemäß § 321 Abs. 1 Satz 1 HGB über Art, Umfang und das Ergebnis der Abschlussprüfung zu berichten. Vorweg hat der Abschlussprüfer gemäß § 321 Abs. 1 Satz 2 HGB allerdings in Bezug auf die Lagebeurteilung durch die gesetzlichen Vertreter unter Berücksichtigung des Lageberichts Stellung zu nehmen.[143] Im Rahmen seiner Redepflicht gemäß § 321 Abs. 1 Satz 3 HGB hat der Abschlussprüfer im Prüfungsbericht auch Tatsachen oder wesentliche negative Entwicklungen, die den Fortbestand des Unternehmens gefährden, sowie schwerwiegende Verstöße gegen Gesetz oder Satzung durch gesetzliche Vertreter oder Arbeitnehmer einzugehen.[144] Eine Ergänzung gegenüber dem Bestätigungsvermerk bildet die Berichterstattung gemäß § 321 Abs. 2 Satz 1 und 2 HGB über Beanstandungen hinsichtlich der Rechnungslegung des Mandanten, die zu keiner Versagung oder Einschränkung des Bestätigungsvermerks geführt haben, sofern diese Information für die Erfüllung der Überwachungsfunktion des Aufsichtsrats bedeutsam ist.[145] Erfolgte gemäß § 317 Abs. 4 HGB eine Prüfung des Risikofrüherkennungssystems im Sinne des § 91 Abs. 2 AktG, so hat der Abschlussprüfer das Ergebnis seiner diesbezüglichen Prüfung gemäß § 321 Abs. 4 HGB in einem gesonderten Abschnitt im Prüfungsbericht zu dokumentieren und gegebenenfalls auf Verbesserungsmaßnahmen einzugehen.[146]

Insbesondere bedeutsam für Aspekte der Prüfungsqualität ist die gemäß § 321 Abs. 3 HGB vorgeschriebene gesonderte Erläuterung von Gegenstand, Art und Umfang der Abschlussprüfung. Der Abschlussprüfer hat dabei auch auf angewandte Rechnungslegungs- und Prüfungsgrundsätze einzugehen. In Abgrenzung zum Bestätigungsvermerk, in dem gemäß § 322 Abs. 1 Satz 2 HGB ebenfalls über Gegenstand, Art und Umfang der Abschlussprüfung zu berichten ist, unterscheiden sich die Ausführungen im Prüfungsbericht aufgrund ihrer Aufgaben und ihrer Adressatenorientierung hinsichtlich ihres *Detaillierungsgrades* und ihrer *Infor-*

---

[141] Vgl. IDW PS 450.1; *Plendl* (2012): 2013; Rz. 31-32. Siehe zur Prüfungspflicht des Aufsichtsrates konkret *Adler/Düring/Schmaltz* (1997): 332-335; Rz. 17-22; *Herkendell* (2007): 54. Der Hauptversammlung bzw. dem einzelnen Aktionär wird kein Vorlage- oder Einsichtsrecht des Prüfungsberichts gewährt. Vgl. *Plendl* (2012): 2011; Rz. 21.
[142] Vgl. *IDW* (2012): 344; *Scheffler* (2004): 278.
[143] Vgl. *IDW* (2012): 345; *Winkeljohann/Poullie* (2012): 2116; Rz. 15.
[144] Vgl. *IDW* (2012): 345.
[145] Vgl. *IDW* (2012): 345.
[146] Vgl. *IDW* (2012): 345.

mationstiefe.[147] Mit der Einführung der gesetzlichen Regelungen für den Prüfungsbericht durch das Gesetz zur Kontrolle und Transparenz im Unternehmensbereich (KonTraG) war die Intention des Gesetzgebers verbunden, den Adressaten des Prüfungsberichtes die Möglichkeit zu eröffnen, die „Tätigkeit des Abschlußprüfers [sic!] besser beurteil[en zu können]"[148]. Der Aufsichtsrat soll erkennen können, ob und wie zuvor vereinbarte Schwerpunkte geprüft wurden, ob zusätzliche Prüfungen vorzunehmen sind und ob eine ausgeweitete Prüfung mit gegebenenfalls weiteren Prüfungsschwerpunkten zukünftig sinnvoll erscheint.[149] Zwar dienen die Ausführungen zu Gegenstand, Art und Umfang der Abschlussprüfung im Prüfungsbericht nicht als Nachweis für die erbrachten Prüfungshandlungen – dies ist vielmehr die Aufgabe der Arbeitspapiere[150] –,[151] trotzdem gehen aus ihm aufgrund seines Umfangs und Detaillierungsgrads wertvolle Hinweise hinsichtlich der Qualität der geleisteten Abschlussprüfung hervor, die zumindest der Aufsichtsrat als Adressat dem Prüfungsbericht entnehmen kann.[152]

Der unterzeichnete Prüfungsbericht ist gemäß § 321 Abs. 5 HGB den gesetzlichen Vertretern der geprüften Gesellschaft vorzulegen. Im Falle der Aktiengesellschaft sind dies der Aufsichtsrat und der Vorstand, im Falle der Kommanditgesellschaft auf Aktien sind dies der Aufsichtsrat und persönlich haftende Gesellschafter. Da im Falle einer Aktiengesellschaft der Aufsichtsrat den Prüfungsauftrag gemäß § 111 Abs. 2 Satz 3 AktG erteilt, ist der Prüfungsbericht an diesen zu richten. Allerdings bekommt der Vorstand gemäß § 321 Abs. 5 Satz 2 HGB zuvor die Möglichkeit, zu einem Entwurf des Prüfungsberichts Stellung zu nehmen.[153]

§ 321 Abs. 1 Satz 1 HGB fordert eine verständliche Darstellung und Kommunikation im Prüfungsbericht. Hierdurch soll gewährleistet werden, dass auch nicht sachkundige Aufsichtsräte

---

[147] Vgl. *Plendl* (2012): 2043; Rz. 150. Der Bestätigungsvermerk besitzt gegenüber dem Prüfungsbericht einen hohen Abstraktionsgrad. Vgl. *IDW* (2012): 344.

[148] *Bundestag* (1998): 29.

[149] Vgl. *Plendl* (2012): 2043; Rz. 150; *Adler/Düring/Schmaltz* (2000): 526; Rz. 118.

[150] „Arbeitspapiere sind alle Aufzeichnungen und Unterlagen, die der Abschlussprüfer im Zusammenhang mit der Abschlussprüfung selbst erstellt, sowie alle Schriftstücke und Unterlagen, die er von dem geprüften Unternehmen oder von Dritten als Ergänzung seiner eigenen Unterlagen zum Verbleib erhält. Da sie internen Zwecken des Abschlussprüfers dienen, sind sie nicht zur Weitergabe bestimmt." IDW PS 460.1. Hinsichtlich der Arbeitspapiere des Abschlussprüfers besteht ein Zeugnisverweigerungsrecht (§ 53 Abs. 1 Nr. 3 StPO) aus beruflichen Gründen sowie ein Auskunftsverweigerungsrecht (§ 55 Abs. 1 StPO). Selbst wenn er von seiner Verschwiegenheitspflicht entbunden wurde (§§ 323 Abs. 1 Satz 1 HGB, 43 Abs. 1 WPO), kann er die Einsicht in die Arbeitspapiere verweigern. Dies gilt allerdings nicht bei Ermittlungen durch die Berufsaufsicht. Gegenüber der WPK hat der Abschlussprüfer die Arbeitspapiere vorzulegen. Vgl. IDW PS 460.34.

[151] Vgl. *Plendl* (2012): 2043; Rz. 151; *Adler/Düring/Schmaltz* (2000): 438; Rz. 130. Im Widerspruch dazu allerdings *Schindler* (2012): 896, wonach sich Arbeitspapiere und Prüfungsbericht hinsichtlich der Aufgabe, die Prüfungsdurchführung nachzuweisen und das Ergebnis der Prüfung daraus abzuleiten, ergänzen. So auch *Winkeljohann/Poullie* (2012): 2130; Rz. 66.

[152] So auch *Bahr* (2003): 162.

[153] Vgl. *Plendl* (2012): 2008; Rz. 12.

die Prüfungsergebnisse verstehen können.[154] Allerdings ist anzumerken, dass dies zu einem Widerspruch hinsichtlich der gewünschten problemorientierten Berichterstattung über Gegenstand, Art und Umfang sowie das Ergebnis der Prüfung steht.[155] Insofern sollten *Prüfungsausschüsse* als Unterausschüsse des Aufsichtsrates, die sich speziell mit Fragen der Rechnungslegung und Abschlussprüfung befassen sollen,[156] dem Aufsichtsratsgremium einen fachkompetenten Zugang zu den Inhalten des Prüfungsberichtes verhelfen können und dem Gremium, welches die Interessen der Anteilseigner vertreten soll, Erkenntnisse zur Beurteilung der Qualität der Abschlussprüfung vermitteln.

Dem Kapitalmarktteilnehmer ist der Prüfungsbericht nicht zugänglich. Die Informationen des Prüfungsberichts, welche nicht bereits im Bestätigungsvermerk enthalten sind, sind für ihn nicht bekannt.

2.6.3 Weitere Berichterstattungselemente

Zwischen Abschlussprüfer und dem Management sowie dem Aufsichtsrat findet über die schriftlichen und weitgehend standardisierten Berichtselemente hinaus eine mündliche Kommunikation in Form von Schlussbesprechung und Bilanzsitzung statt. Die mündliche Kommunikation zwischen Aufsichtsrat und Abschlussprüfer wird als bedeutend für die Erfüllung der Überwachungsfunktion des Aufsichtsrates angesehen, weil auf diese Weise ergänzende Fragen umfassend und präzise erörtert werden können, was auf schriftlichem Wege nicht möglich ist.[157]

Die *Schlussbesprechung* dient der Kommunikation der Prüfungsergebnisse an das Management.[158] Das Management hat im Rahmen der Schlussbesprechung die Möglichkeit, sich zu Prüfungsfeststellungen zu äußern.[159] Daneben bildet der *Management Letter* ein Informationsinstrument, in dem der Abschlussprüfer über erlangte Kenntnisse im Rahmen der Abschlussprüfung berichtet. Insbesondere organisatorische Anmerkungen oder Verbesserungsvorschlä-

---

[154] Vgl. *Bundesrat* (1997): 75. Siehe auch die Kommentierung von *Kuhner/Päßler* (2011): Rz. 11.

[155] Kritisch gegenüber der Begründung zum KonTraG äußern sich *Winkeljohann/Poullie* (2012): 2114; Rz. 9.

[156] Siehe hierzu zu den Aufgaben und Kompetenzen eines Prüfungsausschusses konkret Kapitel 5.5.4.1.

[157] Vgl. *Kraßnig* (2009): 14.

[158] Dem Management steht darüberhinaus der Management Letter des Abschlussprüfers zur Verfügung. In ihm formuliert der Abschlussprüfer organisatorische oder sonstige Hinweise, zu denen er im Rahmen der Abschlussprüfung gelangt ist. Inhaltlich handelt es sich dabei um Informationen, die keine Auswirkungen auf den Bestätigungsvermerk haben und gegebenenfalls nicht einmal Gegenstand der Prüfung waren, aber dennoch von Interesse für das Management sein können. Vgl. *Schindler* (2012): 2657-2658; Rz. 915-916.

[159] Vgl. *Schindler* (2012): 2656; Rz. 911 und *Bahr* (2003): 163; *Steiner* (1991): 409.

ge werden an den Vorstand herangetragen, die das Risikomanagement- oder das interne Kontrollsystem betreffen.[160]

Eine mündliche Kommunikation zwischen Abschlussprüfer und Aufsichtsrat erfolgt in der gemäß § 171 Abs. 1 Satz 2 AktG vorgeschriebenen Teilnahme des Abschlussprüfers an der *Bilanzsitzung* des Aufsichtsrates oder eines Prüfungsausschusses[161].[162] Der Abschlussprüfer berichtet dort im Sinne der gesetzlichen Norm über die wesentlichen Ergebnisse seiner Prüfung, insbesondere über wesentliche Schwächen des internen Kontroll- und des Risikomanagementsystems bezogen auf den Rechnungslegungsprozess.[163] Inhaltlich greift der Vortrag des Abschlussprüfers die wichtigsten Erkenntnisse des Prüfungsberichts auf.[164] Der Vortrag bezieht sich somit auf die Prüfungsschwerpunkte, den Prüfungsablauf, wesentliche Prüfungsfeststellungen sowie eine zusammenfassende Würdigung des Jahresabschlusses sowie des Prüfungsergebnisses. Die Ausführungen des Abschlussprüfers erfolgen allerdings nicht in einem Monolog, sondern in einem Dialog mit dem Aufsichtsrat bzw. Prüfungsausschuss. Auch der Aufsichtsrat bzw. der Prüfungsausschuss kann die Initiative für Erörterungen liefern. Insofern findet eine wechselseitige Kommunikation statt.[165] Der Abschlussprüfer unterbreitet dem Aufsichtsrat schließlich Vorschläge zur Beseitigung festgestellter Unzulänglichkeiten.[166] Die Kommunikation zwischen Abschlussprüfer und Aufsichtsrat im Rahmen der Bilanzsitzung wird als wesentliches Element der Kommunikation im Rahmen der Abschlussprüfung sowie als vertrauensbildende Maßnahme zwischen den genannten Institutionen angesehen.[167] Im weiteren Verlauf der Arbeit wird dieser Aspekt erneut aufgegriffen, um den Einfluss eines Prüfungsausschusses als wahrnehmbarer Indikator der Prüfungsqualität zu begründen.

Neben der beschriebenen eher – zumindest hinsichtlich der Terminierung – standardisierten Kommunikation zwischen Abschlussprüfer und Aufsichtsrat in der Bilanzsitzung spielt auch

---

[160] Vgl. *Melcher/Nimwegen* (2010): 92.

[161] Es obliegt dem Aufsichtsrat zu überprüfen, ob die Berichtspflicht des Abschlussprüfers gegenüber dem Gesamtgremium oder einem Prüfungsausschuss erfolgt. Es besteht allerdings kein Wahlrecht über eine generelle Teilnahme des Abschlussprüfers an der Bilanzsitzung. Vgl. *Plendl* (2012): 2014; Rz. 36 sowie *Bundestag* (1998): 22.

[162] Vgl. *Plendl* (2012): 2014; Rz. 36 sowie *Steiner* (1991): 410, welcher die Bilanzsitzung als Gestaltung der Schlussbesprechung zwischen Abschlussprüfer und Aufsichtsrat charakterisiert. Dieser weist auch auf die Kritik hinsichtlich des Ausschlusses des Aufsichtsrats an der Schlussbesprechung zwischen Abschlussprüfer und Management hin.

[163] Vgl. *IDW* (2012): 345; *Scheffler* (2004): 283.

[164] Vgl. *Bahr* (2003): 163.

[165] Vgl. *IDW* (2012): 346; *Scheffler* (2004): 283.

[166] Vgl. *Bahr* (2003): 163. Siehe für eine Übersicht die im Rahmen einer Bilanzsitzung behandelten Themen IDW PS 470.12-470.31 sowie *Schindler* (2012): 2658-2659; Rz. 920.

[167] Vgl. *Steiner* (1991): 410.

die während des Prüfungsprozesses *fortwährende Kommunikation* eine bedeutende Rolle. Die in 7.2.3 Abs. 1 DCGK verankerte Empfehlung zur Vereinbarung[168] einer Berichterstattung zwischen Abschlussprüfer und Aufsichtsrat sieht vor, dass eine unverzügliche Berichterstattung des Abschlussprüfers an den Aufsichtsrat[169] erfolgen soll, wenn der Abschlussprüfer zu Feststellungen gelangt oder Vorkommnisse eintreten, die für die Aufgabenerfüllung des Aufsichtsrates von Relevanz sind.[170] Die unverzügliche Kommunikation von durch den Abschlussprüfer festgestellten Tatsachen soll eine zeitnahe Information des Aufsichtsrats gewährleisten, die ihm eine kontinuierliche Wahrnehmung seiner Überwachungsfunktion ermöglicht.

Analog zur Kommunikation zwischen Management und Abschlussprüfer erlaubt die Kommunikation des Aufsichtsrats mit dem Abschlussprüfer dem Aufsichtsrat, die Person und Arbeitsweise des Abschlussprüfers besser kennenzulernen. Neben dem Prüfungsbericht ermöglicht die mündliche Kommunikation zwischen Aufsichtsrat und Abschlussprüfer Rückschlüsse des Aufsichtsrats in Bezug auf die Qualität der Abschlussprüfung.[171] Für den Kapitalmarktteilnehmer selbst sind keine Informationen aus diesen Berichterstattungselementen unmittelbar zugänglich.

2.7 Berufspflichten des Abschlussprüfers

Ein Abschlussprüfer hat im Rahmen seiner Tätigkeit bestimmte Berufsgrundsätze zu befolgen, die hauptsächlich in der WPO normiert sind.[172] Die allgemeinen Berufspflichten gemäß § 43 WPO sollen hier vorgestellt werden, da sie einen unmittelbaren Zusammenhang zur Qualität der Abschlussprüfung vorweisen.[173] Gemäß § 43 Abs. 1 WPO hat der Wirtschaftsprüfer seinen Beruf unabhängig, gewissenhaft, verschwiegen und eigenverantwortlich auszuüben, sowie sich bei der Berichterstattung unparteiisch zu verhalten. Er hat sich gemäß § 43 Abs. 2 Satz 1-3 WPO auch außerhalb seiner Berufsausübung berufswürdig zu verhalten. Außerdem unterliegt er gemäß § 43 Abs. 2 Satz 4 WPO der Pflicht zur regelmäßigen Fortbildung.

---

[168] Diese Informationsvereinbarung wird durch eine Offenlegungsvereinbarung zwischen Gesellschaft – vertreten durch den Aufsichtsrat – und dem Abschlussprüfer umgesetzt. Vgl. *Kremer* (2010c): 358; Rz. 1370; *Pfitzer/Oser/Orth* (2005a): 299.

[169] Für die Art der Berichterstattung existieren keine formalen Vorgaben. Sie kann mündlich, schriftlich oder auf eine andere Weise erfolgen. Vgl. *Kremer* (2010c): 358; Rz. 1368.

[170] Vgl. *IDW* (2012): 343. Der Umsetzungsgrad dieser Empfehlung in der Kodexfassung vom 18.06.2009 umfasst bei Gesellschaften, deren Aktien im DAX30, MDAX und TecDAX notiert sind 100 %. 95,7 % der Gesellschaften, deren Aktien im SDAX notiert sind entsprechen dieser Empfehlung. Vgl. *Werder/Talaulicar* (2010): 859.

[171] Vgl. *Bahr* (2003): 163.

[172] Vgl. *Naumann* (2012): 64; Rz. 269.

[173] Als weitere Berufspflicht des Wirtschaftsprüfers ist auch der Verzicht auf berufswidrige Werbung zu nennen. Für weitere Ausführungen diesbezüglich siehe *Naumann* (2012): 108-116.

Die *Unabhängigkeit* der Berufsausübung stellt den elementaren Grundsatz für die Tätigkeit des Wirtschaftsprüfers dar.[174] Der Abschlussprüfer hat darauf zu achten, dass er durch keinerlei Beziehungen seine Urteilsfreiheit gefährdet. Beziehungen, die seine Urteilsfreiheit potenziell gefährden, können personeller, finanzieller, persönlicher aber auch sachlicher Natur sein.[175] Ist der Wirtschaftsprüfer im Rahmen seiner Prüfungstätigkeit oder der Gutachtenerstellung befangen oder besteht die Besorgnis der Befangenheit, hat der Abschlussprüfer seine Tätigkeit zu versagen.[176]

Sowohl die Prüfungstätigkeit als auch das in einem Gutachten zusammengefasste Gesamturteil über die Prüfung muss dem Grundsatz der Neutralität genügen. Selbst wenn der Wirtschaftsprüfer entgegengesetzten Interessenlagen ausgesetzt ist, darf er sich nicht der einzelnen annehmen. Insofern ist es seine Pflicht, keinen der Beteiligten zu benachteiligen oder zu bevorzugen und sich *unparteiisch* zu verhalten.[177]

Der Grundsatz der *Eigenverantwortlichkeit* dient der Sicherstellung des Grundsatzes der Unabhängigkeit.[178] Der Wirtschaftsprüfer hat sein eigenes Handeln selbst zu bestimmten und damit eigenverantwortlich zu einem Urteil zu kommen.[179] Der Wirtschaftsprüfer übt gemäß § 44 Abs. 1 Satz 1 WPO dann seine Tätigkeit nicht eigenverantwortlich aus, sofern er sich als Zeichnungsberechtigter an Weisungen zu halten hat, die ihn verpflichten, auch dann Prüfungsberichte oder Gutachten zu unterzeichnen, wenn deren Inhalt sich nicht mit seiner Überzeugung deckt.

Die Befolgung des Grundsatzes der *Gewissenhaftigkeit* erfordert die Einhaltung sämtlicher rechtlicher und berufsständischer Normen durch den Abschlussprüfer.[180] Sie betrifft die Einbringung und somit Aufbringung fachlicher Qualifikation, die Aufwendung berufsüblicher Sorgfalt sowie die Befolgung zugrunde liegender Rechnungslegungs- und Prüfungsgrundsätze.[181] Neben der Aufbringung der erforderlichen Sachkunde[182] hat der Wirtschaftsprüfer vor

---

[174] Vgl. *Naumann* (2012): 66; Rz. 276; *Müller* (2006): 22.

[175] Vgl. *Naumann* (2012): 67; Rz. 278. § 319 Abs. 2 HGB richtet sich an geschäftliche, finanzielle oder persönliche Beziehungen.

[176] Vgl. § 21 Abs. 1 der BS WP/vBP. Der Wirtschaftsprüfer ist unbefangen, sofern er sein Urteil unbeeinflusst von unsachgemäßen Erwägungen bildet. Vgl. § 21 Abs. 2 Satz 1 der BS WP/vBP. Für das Vorliegen der Besorgnis der Befangenheit genügt bereits das Vorliegen von Umständen, die aus Sicht eines verständigen Dritten geeignet sind, die Urteilsbildung zu beeinflussen. Vgl. § 21 Abs. 3 Satz 1 der BS WP/vBP.

[177] Vgl. § 20 Abs. 1 Satz 1 der BS WP/vBP und erläuternd auch *Naumann* (2012): 84-85; Rz. 341.

[178] Vgl. *Müller* (2006): 22-23.

[179] Vgl. § 11 Abs. 1 der BS WP/vBP.

[180] Vgl. § 4 Abs. 1 der BS WP/vBP; *Naumann* (2012): 93; Rz. 381.

[181] Vgl. IDW PS 201.25.

Auftragsannahme auch zu überprüfen, ob er über die notwendigen zeitlichen Kapazitäten zur Prüfungsdurchführung verfügt.[183]

Der Abschlussprüfer erhält durch seine prüferische Tätigkeit weitgehend Einblicke in die internen Geschäftsabläufe des Mandanten.[184] Um dem Abschlussprüfer Vertrauen entgegenzubringen, unterliegt er dem Grundsatz der *Verschwiegenheit*.[185]

Dem Wirtschaftsprüfer kommt hinsichtlich der Ermächtigung zur Erteilung von Bestätigungsvermerken eine besondere Verantwortung zu.[186] Dieser muss er sich gemäß § 43 Abs. 2 Satz 2 und 3 WPO auch außerhalb seiner Tätigkeit bewusst sein und ist daher stets zu *berufswürdigem* Verhalten angehalten,[187] welches sich durch korrektes Verhalten gegenüber Mandanten, Kollegen, Mitarbeitern, Dritten und der WPK ausdrückt.[188] Um dem Grundsatz zu folgen, hat er daher auch jede Tätigkeit zu versagen, die dem Ansehen des Berufs des Wirtschaftsprüfers schadet.[189]

Die Bestellung zum Wirtschaftsprüfer erfordert das Ablegen eines Examens. Im Rahmen der Berufpflichten obliegt es ihm, es nicht bei diesem Ausbildungsstand zu belassen, sondern sich gemäß § 43 Abs. 2 Satz 4 WPO auch *fortzubilden*. Diese Pflicht ergibt sich bereits aus dem Berufsgrundsatz der Gewissenhaftigkeit.[190]

Generell kommt es nicht nur darauf an, dass der Wirtschaftsprüfer diese Grundsätze tatsächlich befolgt. Für Ditte darf der *äußere Anschein* zusätzlich nicht vermuten lassen, dass die Einhaltung der Grundsätze beeinträchtigt wäre.[191] Dies geht aus der Beachtung der Regelungen des § 49 WPO hervor, wonach der Wirtschaftsprüfer seine Tätigkeit unter anderem dann

---

[182] Die Sicherstellung der erforderlichen Sachkunde schließt die Einstellung von fachlich und persönlich geeigneten Mitarbeitern sowie deren angemessene und theoretische Aus- und Fortbildung mit ein. Vgl. § 5 Abs. 1 der BS WP/vBP und § 6 Abs. 1 Satz 1 der BS WP/vBP.

[183] Vgl. § 4 Abs. 2 der BS WP/vBP. Der Wirtschaftsprüfer hat in seine Erwägungen die sachgerechte Gesamtplanung aller Aufträge einzubeziehen. Vgl. § 4 Abs. 3 der BS WP/vBP.

[184] Vgl. zur Informationsgewinnung über die Geschäftstätigkeit des Mandanten *Schindler* (2012): 2468-2478.

[185] Vgl. *Naumann* (2012): 86; Rz. 344. Vgl. auch ausführlich hinsichtlich des von der Verschwiegenheitspflicht betroffenen Personenkreises, des Inhalts und Umfangs der Verschwiegenheitspflicht sowie Ausnahmen von dieser *Naumann* (2012): 86-93.

[186] Vgl. *Naumann* (2012): 98; Rz. 400.

[187] Vgl. *Naumann* (2012): 98; Rz. 400; *Müller* (2006): 23.

[188] Vgl. *Naumann* (2012): 98; Rz. 400.

[189] Vgl. *Müller* (2006): 23.

[190] Vgl. *Naumann* (2012): 94; Rz. 382.

[191] Vgl. *Müller* (2006): 22; IDW PS 201.25.

zu versagen hat, wenn die Besorgnis der Befangenheit bei der Durchführung eines Auftrags besteht.

Geht man wie *Niehus* (2002) davon aus, dass der Abschlussprüfer aufgrund seiner freiberuflichen Tätigkeit ein „gewisses Ethos [...] bewahrt"[192], sollten aus Sicht des Kapitalmarktes keine Zweifel daran bestehen, dass der Abschlussprüfer die ihm obliegenden Berufspflichten ordnungsgemäß erfüllt. Modelliert man den Abschlussprüfer jedoch als ökonomischen Agenten, gewinnt die Möglichkeit, dass er sein Berufsethos zu Gunsten eines opportunistischen Verhaltensansatzes aufgibt, durchaus an Relevanz.[193] Die Sichtweise eines Abschlussprüfers als ökonomischer Agent ist Gegenstand von Kapitel 5.3.1.

2.8 Zwischenfazit und Implikationen

Auftraggeber des gesetzlichen Prüfungsauftrags bei einer Aktiengesellschaft ist der Aufsichtsrat im Auftrag der Hauptversammlung. Der Abschlussprüfer nimmt auf diese Weise eine Gehilfenfunktion gegenüber dem Aufsichtsrat in Bezug auf seine Überwachungsaufgabe ein. Auf diese Weise kommt dem Abschlussprüfer eine bedeutende Funktion in Bezug auf die Unternehmensüberwachung und speziell in Bezug auf die Überwachung der Regelpublizität zu. Die Sicherstellung der Vertrauenswürdigkeit seiner Leistung hat demnach unmittelbaren Einfluss auf die Effektivität der Unternehmensüberwachung hinsichtlich der prüfungspflichtigen Regelpublizität.

Die Pflicht der Abschlussprüfung kann sich sowohl auf die Bestandteile der Einzel- sowie der Konzernrechnungslegung bestimmter Unternehmen erstrecken. Der Umfang der Abschlussprüfung richtet sich an der Erzielung einer hinreichenden Prüfungssicherheit aus. Das Prüfungsrisikomodell liefert Ansatzpunkte für eine Einschätzung vorzunehmender Prüfungshandlungen. Die Ausrichtung auf das Geschäftsrisiko des Mandanten setzt eine intensive Auseinandersetzung des Abschlussprüfers mit dem Mandanten und dessen Umfeld voraus. Kenntnisse des Abschlussprüfers über den Mandanten und dessen Umfeld bilden demnach eine Grundlage für eine effektive Abschlussprüfung und beinhalten somit Implikationen für die Qualität der Abschlussprüfung.

Die Darstellung der Berichterstattungselemente der Abschlussprüfung macht deutlich, dass dem Kapitalmarktteilnehmer aus dem ihm zur Verfügung stehenden Bestätigungsvermerk kaum Informationen in Bezug auf den konkreten Prüfungsprozess zugehen. Vor diesem Hintergrund gewinnt die gestellte Forschungsfrage an Bedeutung: Es stellt sich die Frage, anhand

---

[192] *Niehus* (2002): 623. Auch *Ewert* (1993): 722 verwendet den Begriff des „Berufsethos" des Abschlussprüfers.

[193] Vgl. *Ewert* (1993): 722.

welcher Ersatzkriterien, sog. Indikatoren, die Kapitalmarktteilnehmer ihr Urteil über die Qualität der Abschlussprüfung bilden.

3 Qualität der Abschlussprüfung

Weder der Gesetzgeber noch die Diskussion im Schrifttum haben eine einheitliche Definition der Qualität von Abschlussprüfungen hervorgebracht. Dies liegt mithin darin begründet, dass die Qualität der Abschlussprüfung nicht absolut formuliert werden kann, wenn sie die Bedürfnisse und Vorstellungen des beurteilenden Individuums einbezieht. Ziel der folgenden Ausführungen ist es, ein Verständnis über die Qualität der Abschlussprüfung zu gewinnen, um darauf aufbauend zu einer Konzeptualisierung der Qualität der Abschlussprüfung zu gelangen. Diese Konzeptualisierung dient dann als Basis für die empirische Prüfung der zu erwartenden Wirkungszusammenhänge. Weiterhin soll aufgezeigt werden, welche Implikationen sich aus den Guteigenschaften der Abschlussprüfung in Bezug auf die Beurteilung ihrer Qualität für verschiedene Adressaten ergeben und welche Anforderungen an die Wahrnehmung der Qualität zu stellen sind.

3.1 Fachspezifische Qualitätskonzepte

Der Begriff Qualität leitet sich ursprünglich aus dem lateinischen Wort „Qualitas" ab und bedeutet Beschaffenheit, Güte, Wert.[194] Während Beschaffenheit den Begriff der Qualität als einen wertneutralen beschreibt, beschreiben Güte oder Wert Qualität als einen von der Zielfunktion des Beurteilenden über Qualität abhängigen Begriff.[195] Gemäß dieser Differenzierung ist die Beschaffenheit eines Objektes im intersubjektiven Vergleich immer identisch. Die Güte oder der Wert kann je nach betrachtendem Subjekt variieren.[196]

Neben dieser etymologischen Ableitung des Begriffs Qualität kann auf einen vom Deutschen Institut für Normierung erarbeiteten allgemeinen Qualitätsbegriff rekurriert werden. Gemäß Norm DIN EN ISO 9000:2005 „Qualitätsmanagementsysteme – Grundlagen und Begriffe" ist Qualität als „Grad, in dem ein Satz inhärenter Merkmale [..] Anforderungen [..] erfüllt [Anmerkung des Verfassers: teilweise Fettdruck im Original]"[197] definiert. Der Begriff „Merkmale"[198] beschreibt dabei objektive Eigenschaften eines Objektes. Sie beschreiben in Anlehnung an die zuvor geleistete Definition die Beschaffenheit des Objektes (Istobjekt). Ein weiterer zentraler Begriff der Definition des Deutschen Instituts für Standardisierung stellen „Anforde-

---

[194] Vgl. hierzu *Wermke/Kunke-Razum/Scholze-Stubenrecht* (2010): 873, den Eintrag zu „Qualität" im Fremdwörterbuch des Dudenverlages.

[195] Ähnlich bereits *Marten* (1999): 121. Vgl. *Schmidt* (2008): 1219-1220, der die „primäre und objektive Dimension des Qualitätsbegriff von der der sekundären oder subjektiven [..] untersch[eidet] [und beide Dimensionen als] eine untrennbare Einheit [ansieht]" (*Schmidt* (2008): 1219; Rz. 2).

[196] Vgl. *Schmidt* (2008): 1220; Rz. 2. Siehe hierzu auch die Ausführungen von *Marten* (1999): 121-124.

[197] Ziffer 3.1.1 DIN EN ISO 9000:2005: 18.

[198] Siehe zum Begriff Merkmale auch Ziffer 3.5.1 DIN EN ISO 9000:2005: 25-26.

rungen"[199] dar. Sie beschreiben die Erwartungen an das Objekt aus Sicht des Beurteilenden (Sollobjekt). In Analogie zur obigen Definition durch die Begriffe Güte und Wert kommt hierdurch die wertende Komponente des Begriffs Qualität zum Ausdruck.[200]

Es wird deutlich, dass kein absolutes Begriffsverständnis von Qualität existiert, da die Qualität gleichermaßen objektive als auch subjektive Elemente beinhaltet. Aus diesem Grund ist die Qualität durch die „Wahrnehmung und Wertung des Betrachters [zu verstehen]"[201]. Das subjektive Element und die damit verbundene Forderung nach Berücksichtigung heterogener Erwartungen macht es unmöglich, eine allgemeingültige Definition des Qualitätsbegriffs herzuleiten.[202] Ein Qualitätsurteil erfordert eine objektive Beschreibung des Istobjektes und eine Gegenüberstellung des Sollobjekts. Dieses Sollobjekt hängt jedoch von den spezifischen Zielsetzungen der Beurteilenden ab.

Auch in Bezug auf die Qualität der Abschlussprüfung hat sich im Schrifttum keine einheitliche Definition herausgebildet. Die Aufgabe der folgenden Ausführungen soll daher darin liegen, einen Überblick über mögliche Definitionsansätze zu liefern.

Gemäß der Sichtweise von *Leffson* (1988) knüpft die Qualität der Abschlussprüfung unmittelbar an den Urteilenden über die Normenkonformität von Jahresabschlüssen – den Abschlussprüfer –[203] an. Das Urteil eines Abschlussprüfers ist lediglich dann für den Adressaten nutzenstiftend, wenn er diesem Urteil vertrauen kann. Um die Abgabe eines vertrauenswürdigen Urteils gewährleisten zu können, muss der Abschlussprüfer entsprechend den Vorstellungen *Leffson* (1988) sowohl urteilsfähig als auch urteilsfrei sein. Darüberhinaus muss er in der Lage sein, ein sachgerechtes Urteil zu bilden.[204]

Die *Urteilsfähigkeit* des Abschlussprüfers beschreibt das Vorliegen erforderlicher Qualifikationen, um ein fachkundiges Urteil abgeben zu können.[205] Für den Kapitalmarktteilnehmer ist es schwierig, die Urteilsfähigkeit des Abschlussprüfers einzuschätzen. Der regulierte Berufszugang, der das Ablegen eines Berufsexamens verlangt, kann aus Sicht des Kapitalmarktes als Nachweis über ein Mindestmaß an fachlicher Qualifikation verstanden werden. Die Urteilsfähigkeit auf Basis des regulierten Berufszugangs ist dann als prinzipiell gegeben und konstant

---

[199] Siehe zum Begriff Anforderungen auch Ziffer 3.1.2 DIN EN ISO 9000:2005: 19.
[200] So bereits *Jany* (2011): 12-13.
[201] *Schmidt* (2008): 1219; Rz. 2.
[202] Vgl. *Schmidt* (2008): 1220; Rz. 5.
[203] Vgl. *Quick/Warming-Rasmussen* (2007): 1008.
[204] Vgl. *Leffson* (1988): 61.
[205] Vgl. *Leffson* (1988): 66.

anzunehmen.[206] Das durch Dritte entgegengebrachte Vertrauen in die Urteilsfähigkeit wird dann im Wesentlichen durch das Vertrauen in das Wirtschaftsprüferexamen gebildet.[207] Unterschiede in der tatsächlichen Urteilsfähigkeit des Abschlussprüfers können sich dennoch aus den kognitiven Fähigkeiten, der Erfahrung und Fortbildungsmaßnahmen des Abschlussprüfers ergeben. *Leffson* (1988) nennt in diesem Zusammenhang „spezielle Qualifikation".[208] Aus dem Bestätigungsvermerk kann der Kapitalmarktteilnehmer grundsätzlich keine Informationen in Bezug auf die Urteilsfähigkeit des Abschlussprüfers entnehmen. Gegenüber Außenstehenden wie dem Kapitalmarktteilnehmer könnte das Ausmaß des Vorhandenseins spezieller Fähigkeiten jedoch durch entsprechende Referenzen nachgewiesen werden, die unter anderem auch darin liegen können,[209] dass der Abschlussprüfer sich bereits mehrfach mit dem Mandanten oder der Branche des Mandanten auseinandergesetzt hat. Die hier angesprochene Mandatsdauer sowie die Branchenspezialisierung des Abschlussprüfers werden im weiteren Verlauf der Arbeit im Rahmen der Analyse der Bedeutung von Prüfungsindikatoren auf die Qualität der Abschlussprüfung aufgegriffen.

Urteilsfreiheit heißt aus der Sicht von *Leffson* (1988), dass der Abschlussprüfer „durch nichts gehindert ist, ein ausschließlich sachgerechtes Urteil frei und vollständig abzugeben."[210] Der Abschlussprüfer ist urteilsfrei, wenn er sein Urteil unbefangen und unabhängig fällt.[211] Unter *Unbefangenheit* versteht man die innere Einstellung des Abschlussprüfers, ohne geistige Bindung unvoreingenommen tätig zu werden. Es handelt sich hierbei also um die tatsächliche Urteilsfreiheit des Abschlussprüfers. Diese gilt als nicht beobachtbar. Die *Unabhängigkeit* hingegen bezeichnet den Zustand der durch die Adressaten des Prüfungsurteils wahrgenommenen Urteilsfreiheit des Abschlussprüfers.[212] *Leffson* (1988) macht in seinen Erörterungen zur Urteilsfreiheit des Abschlussprüfers deutlich, dass die tatsächliche Urteilsfreiheit – Unbefangenheit – von der wahrgenommenen Urteilsfreiheit – Unabhängigkeit – zu trennen ist. Es kommt für die Abgabe eines vertrauenswürdigen Urteils durch den Abschlussprüfer, welches als Oberziel der prüferischen Urteilsbildung genannt wird, insofern weniger darauf an, ob eine tatsächliche Urteilsfreiheit gegeben ist, sondern vielmehr darauf, dass in die Urteilsfreiheit aus Sicht des Urteilsadressaten vertraut wird und somit die Wahrnehmung der Urteilsfreiheit durch den Adressaten gegeben ist.[213] Aus dem Bestätigungsvermerk selbst gehen keine kon-

---

[206] Vgl. *Biener* (1995): 43-44; *Leffson* (1988): 66.
[207] Vgl. *Leffson* (1988): 66.
[208] *Leffson* (1988): 66.
[209] Vgl. *Leffson* (1988): 66.
[210] *Leffson* (1988): 67.
[211] Vgl. *Marten/Quick/Ruhnke* (2011): 154.
[212] Vgl. *Marten/Quick/Ruhnke* (2011): 154; *Peemöller/Oberste-Padtberg* (2001): 1813.
[213] Vgl. *Leffson* (1988): 67-68.

kreten Informationen in Bezug auf eine mögliche Gefährdung der Urteilsfreiheit hervor. Bestimmte Indikatoren der Prüfungsqualität könnten für den Kapitalmarktteilnehmer jedoch zu einer Beurteilung der Urteilsfreiheit herangezogen werden. Auch diese Indikatoren werden im weiteren Verlauf der Arbeit diskutiert.

Die *sachgerechte Urteilsbildung* stellt auf den eigentlichen Prüfungsprozess ab. Sie fordert, „[...] dass der [Abschlussp]rüfer die für das Urteil relevanten, wesentlichen Sachverhalte soweit sorgfältig erfasst, bis eine hinreichende Urteilssicherheit erreicht ist, und dass er sein Urteil objektiv, d.h. logisch und intersubjektiv nachprüfbar bildet"[214]. Die Erfassung aller wesentlichen Sachverhalte erfordert, dass der Abschlussprüfer alle relevanten und zugänglichen Informationen auswertet und in seine Urteilsbildung einbezieht.[215] Der Aspekt der Objektivität fordert eine Urteilsbildung allein aufgrund der Gegebenheiten des Prüfungsobjektes, frei von emotionalen Gesichtspunkten und der Willkür des Abschlussprüfers.[216] Eine Beurteilung der sachgerechten Urteilsbildung durch Dritte setzt Einblicke in den Urteilsprozess des Abschlussprüfers voraus. Wie der Abschlussprüfer zu seinem Urteil gelangt ist, kann der Dokumentation in den internen Arbeitspapieren des Abschlussprüfers und dem Prüfungsbericht entnommen werden. Aus dem Bestätigungsvermerk, der sich unter anderem auch an die Kapitalmarktteilnehmer richtet, können keine Hinweise auf den Urteilsbildungsprozess des Abschlussprüfers gewonnen werden.[217] Der Kapitalmarktteilnehmer erhält also nicht unmittelbar die Möglichkeit, den Grad der sachgerechten Urteilsbildung wahrzunehmen.

Die sachgerechte Urteilsbildung wird sowohl durch die Urteilsfähigkeit als auch durch die Urteilsfreiheit determiniert. Während die Urteilsfähigkeit zunächst die fachliche Komponente der sachgerechten Urteilsbildung betrifft, gewährleistet die Urteilsfreiheit die Wahrung der Objektivität.[218] Aufgrund dieser Überschneidung der drei Dimensionen wird die sachgerechte Urteilsbildung in der folgenden Argumentation ausgeblendet. Eine Reduktion der Dimensio-

---

[214] *Quick/Warming-Rasmussen* (2007): 1008. Vgl. *Leffson* (1988): 86-87, der im Kontext der sachgerechten Urteilsbildung die Einhaltung der Vollständigkeit unter Berücksichtigung der Wesentlichkeit als Nebenbedingung und der Objektivität postuliert. Vgl. insbesondere *Leffson* (1988): 86.

[215] Vgl. *Leffson* (1988): 87.

[216] Vgl. *Leffson* (1988): 87 und mit weiteren Nachweisen *Baetge* (1970): 17.

[217] Vgl. zu den Elementen der Berichterstattung im Rahmen der Abschlussprüfung Kapitel 2.6.

[218] *Schmidt* (2008) hingegen subsumiert die Urteilsfähigkeit und die Urteilsfreiheit unter dem Begriff der Eignung des Wirtschaftsprüfers und fügt die durchgeführten Prüfungshandlungen – als Ausdruck der sachgerechten Urteilsbildung – als Dimension des Qualitätsbegriffes hinzu. Vgl. *Schmidt* (2008): 1222; Rz. 12.

nen der Prüfungsqualität auf die Urteilsfreiheit und Urteilsfähigkeit erscheint auch vor dem Hintergrund der Vorgehensweise im Schrifttum als adäquat.[219]

Insbesondere hinsichtlich des Merkmals der Urteilsfreiheit unterscheidet *Leffson* (1988) in eine durch den Adressaten des Prüfungsurteils wahrnehmbare und in eine tatsächliche Komponente. Bei den übrigen Merkmalen der Prüfungsqualität wird diese Unterscheidung lediglich angerissen, ohne auch hier auf den besonderen Stellenwert der Wahrnehmung aus Sicht des Adressaten einzugehen. Aus Sicht der Eigenkapitalgeber, die im Rahmen der empirischen Analyse die relevanten Adressaten darstellen, dürfte ebenso wie für die Urteilsfreiheit auch für die Urteilsfähigkeit die Wahrnehmungsperspektive zur Beurteilung der Prüfungsqualität eingenommen werden.

Der angeführten Position einer Unterscheidung in wahrgenommene und tatsächliche Prüfungsqualität folgend, unterscheiden *Watkins/Hillison/Morecroft* (2004): 218 in ihrem Systematisierungsansatz zur Qualität der Abschlussprüfung zwischen "Auditor Reputation" und "Auditor Monitoring Strength". Während Erstere auf die Wahrnehmung der Prüfungsqualität abstellt und im Ergebnis einen Beitrag zur "Information Credibility" leistet, stellt Letztere auf die tatsächliche Prüfungsqualität ab und führt zu Veränderungen hinsichtlich der „Information Quality". "Information Credibility" bestimmt, wie viel Glaubwürdigkeit den Informationen durch die Adressaten beigemessen wird. "Information Quality" hingegen bestimmt, wie gut Informationen die „wahre" ökonomische Lage des Unternehmens widerspiegeln.[220] Dabei kann der Abschlussprüfer nur insoweit die Qualität der Rechnungslegung verbessern, als dieser zu einer normenkonformen Berichterstattung beiträgt. "Auditor Reputation" als die wahrgenommene Prüfungsqualität beruht auf der Einschätzung der Abschlussadressaten bezüglich der "Auditor Monitoring Strength", welche die tatsächliche Prüfungsqualität umfasst.[221]

Auch die IFAC und die Europäische Kommission stellen – zumindest hinsichtlich der Urteilsfreiheit – auf eine tatsächliche und eine wahrnehmbare Komponente ab. Sie bezeichnen die Konzepte als "Independence in Fact" (innere Unabhängigkeit) und "Independence in

---

[219] Vgl. z.B. das im konsenssuchenden State-of-the-Art-Artikel von *Watkins/Hillison/Morecroft* (2004) konzipierte "Audit Quality Framework", in dem sowohl die tatsächliche als auch die wahrgenommene Prüfungsqualität durch die Dimension der "Competence" (Urteilsfähigkeit) sowie der "Independence" (Urteilsfreiheit) bedingt wird. Vgl. *Watkins/Hillison/Morecroft* (2004): 155; Abb. 1 sowie 156; *Biener* (1995): 43-48; *DeAngelo* (1981b): 186.

[220] Die Abbildung der „wahren" ökonomischen Lage des Unternehmens durch den Jahresabschluss als Gegenstand der Abschlussprüfung entspricht der angelsächsischen Sichtweise des „True-and-Fair-View-Prinzips". Im deutschen Normenkontext verlangt die Generalnorm des § 264 Abs. 2 HGB unter Beachtung der Grundsätze ordnungsmäßiger Buchführung die Vermittlung eines den tatsächlichen Verhältnissen entsprechenden Bildes der Vermögens-, Finanz- und Ertragslage durch den Jahresabschluss. Vgl. hierzu auch bereits Kapitel 2.5.

[221] Vgl. *Watkins/Hillison/Morecroft* (2004): 155-156.

Appearance" (äußere Unabhängigkeit).[222] Independence in Fact bezeichnet die innere Einstellung des Abschlussprüfers ohne geistige Bindung unvoreingenommen tätig zu sein. Um den Rechnungslegungsinformationen jedoch auch Glaubwürdigkeit zu verleihen, ist es zusätzlich notwendig, dass der Abschlussprüfer auch gegenüber den Adressaten der Abschlussprüfung als unabhängig wahrgenommen wird. Dies bezeichnet die Independence in Appearance.[223] Der Begriff der Independence in Fact korrespondiert mit dem der Unbefangenheit nach *Leffson* (1988). Independence in Appearance entspricht seiner Definition der Unabhängigkeit.

Eine insbesondere im angloamerikanischen Raum sehr prominente und weit verbreitete Definition von Prüfungsqualität stammt von *DeAngelo* (1981b). Sie definiert Prüfungsqualität als "the market-assessed joint probability that a given auditor will both (a) discover a breach in the client's accounting system, and (b) report the breach. [Anmerkung des Verfassers: Teil 1 der Definition] The probability that a given auditor will discover a breach depends on the auditor's technological capabilities, the audit procedures employed on a given audit, the extent of sampling, etc. The conditional probability of reporting a discovered breach is a measure of an auditor's independence from a given client. [Anmerkung des Verfassers: Teil 2 der Definition]"[224] Sowohl die Fähigkeiten des Abschlussprüfers als auch seine Urteilsfreiheit determinieren nach ihrer Ansicht die Qualität der Abschlussprüfung, womit sie hinsichtlich der Konzeptualisierung der Qualität der Abschlussprüfung und der Anknüpfung an den urteilenden Abschlussprüfer einen zu *Leffson* (1988) ähnlichen Ansatz verfolgt. Auch wenn die Ausführungen im zweiten Teil der Definition auf tatsächliche Kriterien abstellen, betont sie zu Beginn ihrer Definition in Teil 1 die Einschätzung des Marktes ("the market-assessed joint probability") und nimmt insofern eine Definition der Prüfungsqualität vor, welche auf ihre Wahrnehmung und nicht auf ihre tatsächliche Ausprägung abstellt.[225]

Sowohl *Leffson* (1988) als auch *DeAngelo* (1981b) sehen in der Urteilsfähigkeit und der Urteilsfreiheit gemeinsam zu erfüllende Voraussetzungen, um zu einer qualitativ hochwertigen Abschlussprüfung zu gelangen. Hinsichtlich der Definition von *DeAngelo* (1981b) ist anzumerken, dass eine Trennung zwischen der Urteilsbildung und der Urteilskommunikation vorgenommen wird und dies als sequenzielle Abfolge verstanden wird. Nachdem sich der Ab-

---

[222] Siehe IESBA Code.290.6 sowie *Europäische Kommission* (2002a): 24; A.. Die IFAC bezeichnet die Independence in Fact allerdings als Independence in Mind. Siehe konkret IESBA Code.290.6(a). Auch die Empfehlung der Europäischen zur Unabhängigkeit des Abschlussprüfers in der Europäischen Union verwendet diesen Begriff.

[223] Vgl. *Quick* (2006): 42.

[224] *DeAngelo* (1981b): 186. In einem unwesentlich älteren Artikel als dem zitierten bringt DeAngelo diese Definition bereits implizit an. Vgl. *DeAngelo* (1981a): 115-116. Aufgrund der expliziten Formulierung in Form einer Definition wird an dieser Stelle jedoch der jüngere Artikel zitiert.

[225] So auch *Watkins/Hillison/Morecroft* (2004): 154.

schlussprüfer auf Basis seiner Urteilsfähigkeit[226] ein Urteil gebildet hat, entscheidet die Urteilsfreiheit des Abschlussprüfers, ob er sein Urteil wahrheitsgemäß mitteilt. Dies impliziert, dass für den Prozess der Urteilsbildung lediglich die Fähigkeiten des Abschlussprüfers ausschlaggebend sind, die Urteilsfreiheit spielt für die Urteilsbildung keine Rolle.[227]

Titman/Trueman (1986) knüpfen in ihrer Definition der Qualität der Abschlussprüfung wie bereits *Leffson* (1988) und *DeAngelo* (1981b) an den Urteilenden an: "Auditor quality is defined [..] in terms of the accuracy of the information [the auditor] supplies to investors"[228]. Diese Definition nimmt jedoch weder eine explizite Unterscheidung in wahrgenommene und tatsächliche Prüfungsqualität noch eine konkrete Konzeptualisierung der Qualität der Abschlussprüfung vor.

Es existiert ein weiterer Zweig, der die Qualität der Abschlussprüfung vielmehr dann als gewährleistet ansieht, wenn normative Anforderungen bei der Durchführung einer Abschlussprüfung eingehalten wurden. Beispielsweise versteht *Niehus* (1993) unter „Qualität der Abschlußprüfung [sic!] die Durchführung und Berichterstattung durch einen Angehörigen des Berufsstandes der Abschlußprüfer [sic!] [...], der sowohl in seiner Person als auch bei der Ausführung seiner Aufgabe sämtliche für ihn geltenden Vorschriften erfüllt"[229]. *Ruhnke* (2003) versteht unter Prüfungsqualität den „Erfüllungsgrad der in den Prüfungsnormen formulierten Anforderungen"[230]. Aspekte der Wahrnehmung durch die Adressaten der Abschlussprüfung finden innerhalb dieser Definitionen keine Berücksichtigung.

Eine weitere und relativ junge Strömung unterlässt begriffliche Abgrenzungen in Form von konkreten Definitionen, sondern versteht Prüfungsqualität als Ergebnis des Wirkens verschiedener Elemente. *Francis* (2011) verzichtet explizit auf eine konkrete Definition von Prüfungsqualität. Er beschreibt Prüfungsqualität zunächst vielmehr als ein Kontinuum, welches Ausprägungen von qualitativ hochwertig bis qualitativ geringwertig annehmen kann. Das konkrete Ausmaß vorliegender Prüfungsqualität wird seiner Ansicht nach durch verschiedene Elemente beeinflusst.[231] Als Elemente nennt er abschließend Audit Inputs, Audit Processes,

---

[226] Für die Modellierung der Quasirententheorie unterstellt *DeAngelo* (1981a) hinsichtlich der Urteilsfähigkeit das Vorliegen einer perfekten und für alle Abschlussprüfer identischen Prüfungstechnologie. Vgl. *Stefani* (2002): 110-111; *DeAngelo* (1981a): 119.

[227] *Ewert* (1993) begrenzt den Handlungsspielraum des Abschlussprüfers nicht allein auf die Berichterstattung, sondern auf die Entscheidung über ein bestimmtes Prüfungsniveau. Ist der Abschlussprüfer gar nicht gewillt, eine aufgedeckte Manipulation zu berichten, so würde er von vornherein kein hohes Prüfungsniveau wählen. Vgl. *Ewert* (1993): 742.

[228] *Titman/Trueman* (1986): 160.

[229] *Niehus* (1993): 13.

[230] *Ruhnke* (2003): 266.

[231] Vgl. *Francis* (2011): 127.

Accounting Firms, Audit Industry and Audit Markets, Institutions und Economic Consequences of Audit Outcomes.[232] Das IAASB orientiert sich ebenfalls – wie bereits in der Einleitung angesprochen – bei der Formulierung eines "Audit Quality Framework" weniger an einer konkreten Definition als vielmehr an Elementen der Prüfungsqualität. Als Elemente der Prüfungsqualität nennt das IAASB Inputs, Outputs, Interactions among Key Stakeholders und Context.[233]

Für die eigene Arbeit wird das Begriffsverständnis nach *DeAngelo* (1981b) zu Grunde gelegt. Ihr Begriffsverständnis deckt sich weitgehend mit jenem von *Leffson* (1988); es betont jedoch konsequenter die Wahrnehmung außenstehender Dritter und wird damit der Sichtweise der Kapitalmarktteilnehmer gerecht. Die Definition bietet mit der Unterscheidung der Dimensionen der Urteilsfähigkeit *[FÄHIG]* und Urteilsfreiheit *[FREI]* die Möglichkeit einer intuitiv nachvollziehbaren Konzeptualisierung der Qualität der Abschlussprüfung.[234] Insgesamt wird die gewählte Vorgehensweise auch dem geschilderten modernen Verständnis des *IAASB* (2013b) und *Francis* (2011) gerecht, nach welchem die Qualität der Abschlussprüfung durch Elemente beeinflusst wird. Diese Elemente sind im Sinne dieser Arbeit zunächst die Dimensionen der Urteilsfähigkeit *[FÄHIG]* und Urteilsfreiheit *[FREI]*.

3.2 Wahrnehmbarkeit der Qualität der Abschlussprüfung

Die Abschlussprüfung ist als Kontraktgut zu kennzeichnen. Aufgrund dieser Eigenschaft ergeben sich Implikationen in Bezug auf die Möglichkeiten der Wahrnehmung der Qualität der Abschlussprüfung, die sich in Abhängigkeit des Adressaten unterscheiden. Die Abschlussprüfung als Kontraktgut sowie Anforderungen, die an die Qualitätswahrnehmung zu stellen sind, sind Gegenstand der folgenden Ausführungen.

3.2.1 Abschlussprüfung als Kontraktgut

Abschlussprüfungen sind den Kontraktgütern[235] zuzuordnen, da sie im Rahmen von "contracts" (Kontrakten) und nicht durch "exchanges" (Austausch) übertragen werden.[236] Während Exchanges auf eine Übertragung von Eigentumsrechten ohne Versprechungen oder

---

[232] Vgl. *Francis* (2011): 126. Für eine ausführliche Erläuterung der Elemente siehe *Francis* (2011): 134-143.

[233] Vgl. *IAASB* (2013b): 17-21 sowie sehr ausführlich zu den einzelnen Elementen *IAASB* (2013b): 22-63.

[234] Vgl. *Francis* (2011): 127; Fn. 5 zu dem Argument der intuitiven Nachvollziehbarkeit der Definition von *DeAngelo* (1981b).

[235] Üblicherweise werden Abschlussprüfungen in ihrer Eigenschaft als Dienstleistung analysiert. Die Betrachtung als Kontraktgut resultiert daraus, dass die Gütergruppe der Dienstleistung zu heterogen ist, als dass eindeutige Aussagen erzielt werden können. Vgl. *Doll* (2000): 14.

[236] Vgl. *Doll* (2000): 14-18. Die Unterscheidung in Contracts (Kontrakte) und Exchanges (Austauschhandlungen) geht auf *Woodward/Alchian* (1988): 66 zurück. Vgl. auch *Kaas* (1992): 885.

latente zukünftige Verpflichtungen abstellen, stellen Contracts auf Leistungsversprechen ab.[237] Kontraktgüter kennzeichnen sich durch eine hohe Komplexität, Spezifität und Hochwertigkeit. Eine Einschätzung des Erfüllungsgrades dieser Merkmale aus Sicht des Nachfragers wirft aufgrund der Tatsache, dass die Leistung erst zukünftig erbracht wird, Informations- und Unsicherheitsprobleme auch aus Sicht des Kapitalmarktteilnehmers auf.[238] Die Unterscheidung von Kontraktgütern nach *Darby/Karni* (1973) in Suchgüter, Erfahrungsgüter und Vertrauensgüter[239] hilft, die geschilderte Informations- und Unsicherheitsproblematik zu analysieren.[240] Die im Folgenden geschilderten Sachverhalte sind in Tabelle 1 nochmals anschaulich zusammengefasst.

Suchgüter eröffnen die Möglichkeit, ihre Qualität bereits vor dem Erwerb des Gutes einzuschätzen. Diese Möglichkeit besteht bei *Erfahrungsgütern* nicht. Eine Beurteilung ihrer Qualität ist vielmehr nachträglich, im Zuge wiederkehrender Erfahrungen möglich. Die Qualität von *Vertrauensgütern* kann dagegen selbst nach dem Kauf nicht oder nur mit einem nicht vertretbaren Aufwand eingeschätzt werden. Die drei Ausprägungsformen von Kontraktgütern schließen sich gegenseitig nicht aus. Es ist durchaus denkbar, dass ein Kontraktgut gleichwohl Eigenschaften eines Such-, Erfahrungs- und Vertrauensgutes miteinander vereint.[241] Im Folgenden soll eine Beurteilung der Abschlussprüfung hinsichtlich dieser drei Charakteristika erfolgen.

	Beurteilbarkeit der Gutseigenschaften in Abhängigkeit des zeitlichen Kontext der Transaktion	
	ex ante	*ex post*
Suchgüter	möglich	möglich
Erfahrungsgüter	nicht möglich	möglich
Vertrauensgüter	nicht möglich	nicht möglich

Tabelle 1: Beurteilbarkeit von Gutseigenschaften (Quelle: vgl. die Inhalte in *Darby/Karni* (1973): 68-69 und *Nelson* (1970); Visualisierung: in Anlehnung an *Benner* (2002): 12)

Eine angemessene Beurteilung der Abschlussprüfung hinsichtlich ihrer Gutseigenschaften kann sinnvoll nur unter Bezugnahme auf entsprechende Adressaten erfolgen. Insofern ist die

---

[237] Vgl. *Kaas* (1992): 884-885; *Woodward/Alchian* (1988): 66.

[238] Vgl. *Herkendell* (2007): 61; *Kaas* (1992): 884.

[239] Vgl. *Darby/Karni* (1973): 68-69. Die Unterscheidung zwischen Such (search)- und Erfahrungseigenschaften (experience qualities) geht dabei auf *Nelson* (1970) zurück. *Darby/Karni* (1973) ergänzen die Klassifizierung um Vertrauenseigenschaften (credence qualities).

[240] Vgl. *Doll* (2000): 15.

[241] Vgl. *Darby/Karni* (1973): 68-69. Siehe auch *Backhaus* (1992): 784. Dieser bezieht sich konkret auf Investitionsgüter. Vgl. *Doll* (2000): 15, Fn. 53.

Beurteilung der Guteigenschaften der Abschlussprüfung nicht absolut, sondern relativ in Abhängigkeit vom Adressatenkreis zu betrachten.[242]

Je enger die Beziehung des Abschlussprüfers als Ersteller der Abschlussprüfungsleistung zum Empfänger ist, desto geringer ist das Ausmaß von Informationsasymmetrien über die Qualität der Abschlussprüfung einzuschätzen und folglich wird der Empfänger desto eher in der Lage sein, die Qualität der erbrachten Prüfungsleistung zu bewerten.[243] Als relevante Adressatenkreise sollen hier der Vorstand und der Aufsichtsrat als Adressaten des Prüfungsberichts sowie weiterer Berichterstattungselemente und die Gruppe der Öffentlichkeit, worunter auch die (potenziellen) Eigenkapitalgeber zu fassen sind, als Adressaten des Bestätigungsvermerks betrachtet werden.

Während für den *Vorstand*, als internen Adressaten der Abschlussprüfung, die gesetzliche Abschlussprüfung ein Erfahrungsgut darstellt, ist sie aus Sicht der *Öffentlichkeit* aufgrund der Distanz zum Abschlussprüfer und zum Prüfungsprozess[244] als ein Vertrauensgut zu qualifizieren.[245] Zwischen dem Abschlussprüfer und den Eigenkapitalgebern besteht eine Prinzipal-Agenten-Beziehung, die durch Informationsasymmetrien geprägt ist. Der Kapitalmarkt kann die Durchführung der Prüfung nicht direkt beurteilen.[246] Der *Vorstand* hat – insbesondere bei einer über mehrere Jahre fortdauernden Vertragsbeziehung zum Abschlussprüfer –[247] eher die Möglichkeit, die erbrachte Leistung und somit die Qualität der Abschlussprüfung zu beurteilen. Er kann über sein Erfahrungswissen schließlich zu einer Einschätzung der Prüfungsqualität gelangen.[248] Die *Öffentlichkeit*, als externer Adressat, hingegen hat zwar theoretisch die Möglichkeit, durch die Erteilung eines weiteren Prüfungsauftrags an einen anderen Abschlussprüfer[249] die Prüfung wiederholen zu lassen, jedoch scheidet diese Option aufgrund zu hoher Kosten aus.[250] Eine Wiederholung der Abschlussprüfung würde insoweit eine Einschätzung der Qualität des Abschlussprüfers ermöglichen, sofern die erneute Prüfung begründet zu

---

[242] Vgl. *Bahr* (2003): 154; *Weißenberger* (1997b): 2317.
[243] Vgl. *Kitschler* (2005): 61.
[244] Vgl. *Doll* (2000): 36.
[245] Vgl. *Bahr* (2003): 154; *Mandler* (1997): 103.
[246] Vgl. *Kitschler* (2005): 61-62; *Richter* (2004): 223-224.
[247] *Mandler* (1997) sieht den Aspekt der Langfristigkeit der Mandatsbeziehung als notwendige Voraussetzung für eine Charakterisierung der Abschlussprüfung als Erfahrungsgut aus Sicht des Vorstandes an. Vgl. *Mandler* (1997): 104.
[248] Vgl. *Weißenberger* (1997a): 80; *Lange* (1994): 33. Der Vorstand ist für die Erstellung des Jahresabschlusses verantwortlich. Abgesehen von unbeabsichtigten Fehlern sind ihm die Unzulänglichkeiten der Rechnungslegung bekannt. Diesbezüglich wird er die Korrektheit des Prüfungsurteils einschätzen können.
[249] Vgl. hierzu bereits die Ausführungen zu Joint Audits in Kapitel 2.2.3.
[250] Vgl. *Kitschler* (2005): 62; *Mandler* (1997): 103.

einem anderen Ergebnis kommt als die vorangegangene Prüfung. Die Abschlussprüfung stellt folglich aus Sicht der Öffentlichkeit ein Vertrauensgut[251] dar. Die in Deutschland eingerichtete Institution des *Aufsichtsrats* gemäß § 111 Abs. 1 AktG als Überwachungsorgan der Aktiengesellschaft ermöglicht jedoch in gewissem Maße die Qualität der Abschlussprüfung zu erfahren. Dies ist ihm dann möglich, wenn er eine intensive Zusammenarbeit mit dem Abschlussprüfer verfolgt und er dadurch in der Lage ist, die Qualität des Prüfungsberichts einzuschätzen.[252] Darüberhinaus besitzt der *Aufsichtsrat* einen Informationsvorsprung, wie auch der *Vorstand*, gegenüber der übrigen *Öffentlichkeit*, da ihm über den Bestätigungsvermerk hinaus auch der Prüfungsbericht als Informationsinstrument zur Verfügung steht. Hierdurch kommt der Abschlussprüfung zumindest mittelbar gegenüber den Eigenkapitalgebern, deren Interessen eben durch den Aufsichtsrat vertreten werden sollten, der Charakter eines Erfahrungsgutes zu.[253]

Schließlich kann festgehalten werden, dass die Abschlussprüfung aus Sicht externer Adressaten und somit auch der Eigenkapitalgeber ein *Vertrauensgut* darstellt und sich die tatsächliche Qualität weder vor Durchführung der Abschlussprüfung noch nach Abschluss dieser beurteilen lässt. Dass es für den Eigenkapitalgeber dennoch möglich ist, sich ein Qualitätsurteil zu bilden, zeigen die folgenden Ausführungen, die einen Ansatz beschreiben, der die Einschätzung der Qualität durch Indikatoren verdeutlicht. Die auf diese Weise erfahrbare Qualität der Abschlussprüfung ist als wahrgenommene Qualität der Abschlussprüfung zu bezeichnen.

3.2.2 Anforderungen an Qualitätsattribute hinsichtlich ihrer Wahrnehmbarkeit

Bei der Abschlussprüfung handelt es sich um eine komplexe Dienstleistung, deren Qualität aufgrund ihrer Eigenschaft als Vertrauensgut für den Eigenkapitalgeber keiner direkten Messung zugänglich ist. Vielmehr werden Teilqualitäten wahrgenommen und zu einem Qualitätsurteil aggregiert.[254] *Steenkamp* (1990) konzeptualisiert in diesem Sinne die wahrgenommene Qualität eines Produktes. Sein Konzeptualisierungsansatz wird im Folgenden vorgestellt und auf die Qualität der Abschlussprüfung übertragen.

Im Erklärungsansatz nach *Steenkamp* (1990) zur *Bildung eines Qualitätsurteils* wird davon ausgegangen, dass die Qualität nicht ein spezifisches Merkmal eines Gutes sei, sondern ein Gut vielmehr aus einer Menge objektiver und durch den Konsumenten beobachtbarer Indika-

---

[251] *Lorenz* (1997): 44 verwendet den Begriff Glaubensgut als Synonym.
[252] Vgl. *Weißenberger* (1997b): 2317.
[253] Die Qualifizierung der Abschlussprüfung als Erfahrungsgut aus Sicht des Aufsichtsrates setzt eine aktive und kompetente Auseinandersetzung des Aufsichtsrats mit dem Prüfungsbericht voraus. Vgl. *Weißenberger* (1997b): 2316.
[254] Vgl. *Peemöller* (2012): 39.

toren besteht. Die wahrgenommenen Indikatoren beschreiben Merkmale eines Gutes und werden durch den Konsumenten des Gutes zu bestimmten subjektiven Attributen des Gutes zusammengefasst.[255] Der Konsument leitet über die Wahrnehmung dieser objektiven Indikatoren ein ganzheitliches Qualitätsurteil ab.[256]

Grundlegend für das Verständnis der Bildung eines Qualitätsurteils ist die Unterscheidung in Qualitätsattribute und Qualitätsindikatoren.[257] *Qualitätsattribute* sind die Merkmale des Gutes, die zunächst nicht objektiv existieren, sondern subjektiv in der Wahrnehmung des Konsumenten für die Beurteilung des Gutes von Bedeutung sind. Diese Qualitätsattribute entsprechen dem Nutzen, den der Konsument aus dem Gut ziehen möchte.[258] Er kann diese jedoch nicht vor dem Kauf wahrnehmen. Allerdings kann er die wahrgenommenen *Qualitätsindikatoren* zunächst zu einem Urteil über die Erfüllung bestimmter Qualitätsattribute verdichten. In einem weiteren Schritt kann der Konsument über die Qualitätsattribute zu einem Gesamturteil über die Qualität des Gutes gelangen.[259] Qualitätsindikatoren sind objektive Informationssignale über Merkmale eines Gutes, die bereits vor dem Kauf beobachtbar sind.[260] Sie spielen bei der Wahrnehmung durch den Konsumenten insofern eine Rolle, als sie einen Eindruck über die Ausprägung von Qualitätsattributen vermitteln.[261]

Der Kapitalmarktteilnehmer kennt die Ausprägung bestimmter Qualitätsattribute der Abschlussprüfung, wie die Urteilsfähigkeit und die Unbefangenheit, nicht; er kann aber über die Wahrnehmung der Ausprägungen objektiver Qualitätsindikatoren auf die Ausprägung der Qualitätsattribute schließen. Die auf diese Weise wahrgenommenen Ausprägungen der Qualitätsattribute werden schließlich zu einem Gesamturteil über die Qualität der Abschlussprüfung aggregiert. Eigenkapitalgeber sind aus diesem Grund auf Qualitätsindikatoren angewiesen, mit Hilfe derer sie zunächst die Ausprägung der Qualitätsattribute Urteilsfreiheit und Urteilsfähigkeit und schließlich die Qualität der Abschlussprüfung einschätzen können.[262]

---

[255] Vgl. *Steenkamp* (1990): 312-313.
[256] Vgl. *Benner* (2002): 122.
[257] Vgl. *Steenkamp* (1990): 312.
[258] Vgl. *Steenkamp* (1990): 313.
[259] Vgl. *Benner* (2002): 123.
[260] Vgl. *Steenkamp* (1990): 312.
[261] Vgl. *Steenkamp* (1990): 313. An dieser Stelle wird der Bezug zur Qualitätsdeterminante "Perceived Quality" nach *Garvin* (1984) deutlich. Er weist ebenfalls auf die Bedeutung von Indikatoren für die Beurteilung von Qualitätsattributen hin. Die Bedeutung der "Perceived Quality" umschreibt er mit den Worten: "Perceptions of quality can be as subjective as assessments of aesthetics. Because consumers do not always possess complete information about product's attributes, they must frequently rely on indirect measures when comparing brands." *Garvin* (1984): 32.
[262] Vgl. in Bezug auf die Notwendigkeit von Indikatoren zur Einschätzung der Prüfungsqualität *Marten* (1999): 192.

Das bereits in der Einleitung formulierte Ziel besteht darin, für die Qualitätsdimensionen Urteilsfreiheit und Urteilsfähigkeit geeignete Qualitätsindikatoren zu finden, die der Beurteilung der Qualität der Abschlussprüfung aus Sicht des Kapitalmarktes dienen. Das von *Steenkamp* (1990) verwendete Wahrnehmungsverständnis wurde auf die Qualität der Abschlussprüfung übertragen. Eine veranschaulichende Gegenüberstellung der Begrifflichkeiten ist folgender Tabelle 2 zu entnehmen.

		Wahrnehmungsverständnis nach *Steenkamp* (1990)	Eigenes Wahrnehmungsverständnis
Aggregationsniveau	hoch	Qualitätsurteil	Qualität der Abschlussprüfung
		Qualitätsattribut	Dimensionen der Qualität der Abschlussprüfung (Urteilsfreiheit und Urteilsfähigkeit)
	niedrig	Indikator	Indikatoren der Prüfungsqualität

Tabelle 2: Übertragung des Wahrnehmungsverständnisses von *Steenkamp* (1990)

3.3 Zwischenfazit und Implikationen für die Arbeit

Die Qualität der Abschlussprüfung hängt von der Vertrauenswürdigkeit des Urteilenden – also des Abschlussprüfers – ab. Insgesamt soll dieser Arbeit ein Begriffsverständnis der Qualität der Abschlussprüfung zugrunde gelegt werden, bei dem sowohl die Fähigkeit des Abschlussprüfers, Fehler aufzudecken (Urteilsfähigkeit) als auch sein Wille, über die aufgedeckten Fehler zu berichten (Urteilsfreiheit) als Dimensionen der Prüfungsqualität angesehen werden. Beide dieser Dimensionen beinhalten sowohl eine tatsächliche als auch eine wahrgenommene Ausprägung. Die Zielsetzung der vorliegenden Arbeit liegt darin, festzustellen, welche tatsächlich qualitätsbildenden Merkmale der Abschlussprüfung – dies sind die Indikatoren der Prüfungsqualität – durch die Eigenkapitalgeber wahrgenommen werden. Ein Qualitätsverständnis im Sinne von *DeAngelo* (1981b) scheint in diesem Zusammenhang eine geeignete Grundlage zu bilden, da sie die Bewertung der an den Urteilenden anknüpfenden Qualitätsdimensionen Urteilsfähigkeit und Urteilsfreiheit Dritten überlässt. Das Qualitätsverständnis nach *DeAngelo* (1981b) wird später in Kapitel 5.2 in Bezug auf die Konzeptualisierung der Qualität der Abschlussprüfung erneut aufgegriffen.

Die Qualität der Abschlussprüfung ist aus Sicht der Eigenkapitalgeber als Vertrauensgut zu qualifizieren. Aufgrund dessen ist es für die Eigenkapitalgeber nicht möglich, die Qualität der Abschlussprüfung unmittelbar zu beurteilen. *Steenkamp* (1990) liefert einen Systematisierungsansatz, der es den Eigenkapitalgebern erlaubt, über objektive Qualitätsindikatoren auf die Dimensionen der Qualität der Abschlussprüfung Rückschlüsse zu ziehen. Die Dimensionen der Qualität der Abschlussprüfung, die im Sinne von *Steenkamp* (1990) Qualitätsattribute darstellen, bilden dabei die Urteilsfreiheit *[FREI]* und Urteilsfähigkeit *[FÄHIG]*. Eine Diskussion geeigneter Qualitätsindikatoren ist Gegenstand von Kapitel 5.

4 Bedeutung der Abschlussprüfung für den Kapitalmarkt

Ziel der folgenden Ausführungen ist die Entwicklung eines Verständnisses darüber, in welchen Größen sich die Wahrnehmung der Qualität der Abschlussprüfung auf dem Kapitalmarkt niederschlägt. Zunächst werden der Kapitalmarkt und seine Teilnehmer skizziert. Anschließend werden Eigenkapitalkosten als Maß der Risikovergütung aufgegriffen und detailliert herausgestellt, warum sich das Urteil der Eigenkapitalgeber in Bezug auf die Qualität der Abschlussprüfung in der Höhe der Eigenkapitalkosten widerspiegelt.

4.1 Kapitalmarkt und seine Teilnehmer

4.1.1 Begründung und Kennzeichnung von Finanzierungsbeziehungen und Finanzmärkten

Stehen einem Unternehmen zur Tätigung einer Investition nicht ausreichend finanzielle Mittel zur Verfügung, besteht ein Finanzierungsbedarf.[263] Eine arbeitsteilig organisierte Wirtschaft ermöglicht einer Unternehmung (Kapitalnehmer) zur Finanzierung dieser Investition Kapital bei einem Kapitalgeber aufzunehmen.[264] Kapitalgeber und -nehmer tauschen einen Zahlungsstrom vom Kapitalgeber zum Unternehmen heute gegen einen zukünftigen Zahlungsstrom in umgekehrter Richtung.[265] Als Entschädigung für das auf Zeit bereitgestellte Kapital erhält der Kapitalgeber aus dieser Finanzierungsbeziehung bestimmte monetäre und nicht monetäre Rechte als Gegenleistung.[266] So hat der Kapitalgeber das Recht auf Rückzahlung des zur Verfügung gestellten Kapitals und einer *Verzinsung* darauf.[267] Neben diesen monetären Rechten stehen dem Kapitalgeber das Recht auf Information, Einwirkung und Gestaltung zu.[268] Informationsrechte ermöglichen dem Kapitalgeber, in einem festgelegten Umfang Informationen von der Unternehmung zu verlangen. Einwirkungsrechte legen fest, in welchem Umfang der Kapitalgeber Einfluss auf die Unternehmensführung nehmen kann.[269] Gestaltungsrechte beziehen sich wesentlich auf das Recht zur Beendigung der Finanzierungsbeziehung.[270] Eine Finanzierungsbeziehung ermöglicht neben der Deckung des Kapitalbedarfs auch eine Teilung

---

[263] Vgl. *Gräfer/Schiller/Rösner* (2011): 27; *Hartmann-Wendels* (2001): 117; *Schmidt/Terberger* (1997): 13-14.
[264] Vgl. *Ewert* (1990): 1.
[265] Vgl. *Schmidt/Terberger* (1997): 392; *Schneider* (1992): 12.
[266] Vgl. *Franke/Hax* (2009): 34 i.V.m. 45; *Hartmann-Wendels* (2001): 117.
[267] Vgl. *Schmidt/Terberger* (1997): 15.
[268] Vgl. *Franke/Hax* (2009): 45 i.V.m. 50.
[269] Vgl. *Franke/Hax* (2009): 53-55.
[270] Vgl. *Franke/Hax* (2009): 45-49.

des Unternehmensrisikos und erlaubt schließlich die Weitergabe von Unternehmensrisiken an die Kapitalgeber.[271]

Märkte, wie der Finanzmarkt, ermöglichen schließlich eine standardisierte Koordination für das Zustandekommen einer Finanzierungsbeziehung.[272] Allgemein können Finanzmärkte nach Art der gehandelten Finanzinstrumente, des Erfüllungszeitpunktes, des Kontraktzeitpunktes sowie des Organisationsgrades unterschieden werden.[273] Finanzinstrumente werden in Form von Beteiligungstiteln, Forderungstiteln, Devisen sowie Finanzderivaten gehandelt.[274] Hinsichtlich des Erfüllungszeitpunktes können Finanzmärkte in Kassa- und Terminmärkte unterschieden werden. Auf Kassamärkten liegen der Zeitpunkt des Vertragsabschlusses und der Zeitpunkt der Erfüllung zusammen, während diese auf Terminmärkten zeitlich auseinanderfallen.[275] Der Finanzmarkt ist weiterhin im Bereich des Kassamarktes in einen Geldmarkt und in einen Kapitalmarkt zu unterteilen. Während der Geldmarkt der kurzfristigen Geldanlage und -aufnahme dient, werden auf dem Kapitalmarkt längerfristige Kapitaltitel gehandelt.[276]

Weiterhin führt die Abgrenzung des Kontraktzeitpunktes zu einer Unterteilung des Finanzmarktes in einen Primär- und einen Sekundärmarkt.[277] Die Deckung des Finanzierungsbedarfs erfolgt durch Emission des Wertpapiers auf dem Primärmarkt. Dort werden über Finanztitel erstmalig Verträge abgeschlossen. Der Handel bereits emittierter Finanztitel erfolgt auf dem Sekundärmarkt.[278] Auch wenn die Deckung des eigentlichen Kapitalbedarfs des Emittenten durch die Platzierung am Primärmarkt abgeschlossen ist, ist der Kapitalnehmer an einem funktionierenden Sekundärmarkt interessiert. Ein Grund hierfür liegt darin, dass ein Kapitalgeber ein Interesse daran hat, den gehaltenen Finanztitel mit geringen Kosten wieder verkaufen zu können. Hierfür ist ein funktionsfähiger Sekundärmarkt erforderlich. Rechnet ein potenzieller Kapitalgeber damit, der Finanztitel könne sich schwierig auf dem Sekundärmarkt veräußern, dann wird er eine geringere Bereitschaft haben, diesen Finanztitel auf dem Primärmarkt zu erwerben und hierdurch das Unternehmen mit Kapital zu versorgen.[279] Eine

---

[271] Vgl. *Becker* (2012): 5; *Laux/Gillenkirch/Schenk-Mathes* (2012): 362-363; *Däumler/Grabe* (2008): 82.

[272] Vgl. *Becker* (2012): 126. Für eine Systematisierung von Finanzierungsformen in ihrer Gesamtheit sei auf die Ausführungen im Schrifttum verwiesen von z.B. *Drukarczyk* (2008): 5-12; *Gräfer/Schiller/Rösner* (2011): 34-35; *Däumler/Grabe* (2008): 30-35.

[273] Vgl. zu dieser Systematisierung *Becker* (2012): 127.

[274] Vgl. *Becker* (2012): 127-128.

[275] Vgl. *Becker* (2012): 128.

[276] Vgl. *Becker* (2012): 128; *Perridon/Steiner/Rathgeber* (2012): 173.

[277] Vgl. *Becker* (2012): 128.

[278] Vgl. *Becker* (2012): 128.

[279] Vgl. *Franke/Hax* (2009): 56 und sinngemäß auch *Perridon/Steiner/Rathgeber* (2012): 174.

nachträgliche Kapitalerhöhung auf dem Kapitalmarkt würde auf diese Weise ebenfalls erschwert. Außerdem hat der Kapitalnehmer Renditeforderungen der Kapitalgeber zu befriedigen. Diese und somit die Kosten des Kapitals sind umso höher, je weniger liquide der Sekundärmarkt ist, auf dem die Finanztitel gehandelt werden.[280]

Sekundärmärkte sind in Abhängigkeit ihres Organisationsgrades in Börsen und Over-the-Counter-Märkte zu unterteilen. Während Börsen einen hohen Organisationsgrad aufweisen und „von staatlich anerkannten Stellen geregelt und überwacht [werden], regelmäßig stattfinde[n] und für das Publikum unmittelbar oder mittelbar zugänglich [sind]"[281], sind Over-the-Counter-Märkte gering organisiert und ermöglichen die individuelle Ausgestaltung zwischen den Marktteilnehmern.[282]

Im Rahmen dieser Arbeit ist der börsliche Handel von Beteiligungstiteln[283] – im Speziellen von *Aktien* – auf dem *Sekundärmarkt* des deutschen Kapitalmarktes relevant. Aktien stellen gemäß § 2 Abs. 1 Nr. 1 WpHG eine Gattung von Wertpapieren dar. Der börsliche Handel emittierter Wertpapiere erfolgt speziell auf Wertpapierbörsen. Aufgrund des dort abgewickelten Umsatzvolumens ist die Frankfurter Wertpapierbörse als die bedeutsamste der derzeit insgesamt sieben Wertpapierbörsen in Deutschland zu nennen.[284] Der Handel im Regulierten Markt, erfolgt durch die Deutsche Börse AG – als Betreiberin der Frankfurter Wertpapierbörse –[285] in den Segmenten des Prime Standard und des General Standard.[286] Die Zulassung von Wertpapieren im General Standard erfordert die Einhaltung der gesetzlichen Anforderungen des Regulierten Marktes, der einen organisierten Markt im Sinne des § 2 Abs. 5 WpHG bildet. Für das Segment des Prime Standards müssen zusätzlich zu den gesetzlichen Vorgaben des General Standards internationale Transparenzstandards erfüllt werden.[287] Im Prime Standard werden die Auswahlindizes *DAX30*, *MDAX*, *TecDAX* und *SDAX* geführt. Unternehmen, deren Aktien in einem dieser Auswahlindizes notiert sind, sind Gegenstand der empirischen Analyse.[288]

---

[280] Vgl. *Diamond/Verrecchia* (1991): 1348-1349; *Amihud/Mendelson* (1986): 230-231.

[281] § 3 Abs. 2 AktG. Ähnlich auch *Becker* (2012): 128.

[282] Vgl. *Becker* (2012): 128.

[283] Ein Beteiligungstitel stellt als Unterform eines Finanzierungstitels ein Bündel von Rechten und Pflichten dar, die das ausgebende Unternehmen an den Kapitalgeber ausgibt. Vgl. *Franke/Hax* (2009): 31-32.

[284] Vgl. *Deutsche Börse* (2011a).

[285] Vgl. *Deutsche Börse* (2011a).

[286] Vgl. *Deutsche Börse* (2011b).

[287] Vgl. *Perridon/Steiner/Rathgeber* (2012): 175.

[288] Vgl. zu den Auswahlindizes *Deutsche Börse* (2012): 8-9. Siehe für die Beschreibung der Stichprobe Kapitel 7.2.1.

4.1.2 Kennzeichnung der Kapitalmarktteilnehmer

Im zentralen Interesse dieser Arbeit steht die Wahrnehmung der Qualität der Abschlussprüfung durch den Kapitalmarkt. Die Qualität der Abschlussprüfung knüpft dabei an Informationen an, die die Kapitalmarktteilnehmer mit dem Ziel der Entscheidungsfindung verarbeiten. Eine Konkretisierung des Informationsbedarfs sowie der Entscheidungssituation der Kapitalmarktteilnehmer wird aus diesem Grund im weiteren Verlauf der Arbeit ebenfalls aufgegriffen. Das Ziel der folgenden Ausführungen besteht darin, zu verdeutlichen, an welche Kapitalmarktteilnehmer Unternehmensinformationen, unter die auch die gesetzliche Regelpublizität zu subsumieren ist, gerichtet sind und folglich als Informationsadressaten zu kennzeichnen sind.

Wie bereits angedeutet lassen sich grob die Kapitalmarktteilnehmer in die Gruppen der *Kapitalnehmer* und *Kapitalgeber* unterteilen. Im Kontext der Informationsverarbeitung des Kapitalmarktes und insofern der Bildung von Anlageentscheidungen kommt einer weiteren Gruppe und zwar der der *Informationsintermediäre* eine bedeutende Rolle zu. *Kapitalnehmer* sind im Rahmen dieser Arbeit die Aktien emittierenden Unternehmen. *Kapitalgeber* sind (potenzielle) Investoren, die emittierte Aktien auf dem Sekundärmarkt kaufen, halten und verkaufen. Sie beeinflussen auf diese Weise Angebot und Nachfrage der Aktie und beeinflussen – bei einer technischen Betrachtung – auf diese Weise den Aktienkurs.[289] Die Prognosen von Finanzanalysten bilden die Grundlage für die empirische Bestimmung impliziter Risikoprämien, die im Rahmen der empirischen Analyse die abhängige Variable bilden. Finanzanalysten sind daher die relevanten *Informationsintermediäre* mit Bezug zu dieser Arbeit.

Als *(potenzielle) Kapitalgeber* treten sowohl institutionelle Investoren[290] – wie z.B. Banken, Versicherungen und Vermögensverwaltungsgesellschaften – als auch private Anleger auf dem Kapitalmarkt auf. Die beiden Gruppen unterscheiden sich im Wesentlichen durch die Höhe der von ihnen getätigten Anlagevolumina[291] und ihrer Expertise; institutionelle Investoren verfügen gegenüber privaten Anlegern hinsichtlich beider mehr.[292] Entsprechend der Fristigkeit der Anlagedauer können institutionelle Investoren, die eine langfristige auf Fundamentaldaten fokussierte Wachstumsstrategie verfolgen (sogenannte Value-Investoren), von solchen institutionellen Investoren unterschieden werden, die eine kurzfristige auf überdurchschnittliches Ertragswachstum ausgerichtete Anlagestrategie verfolgen (sogenannte Growth-

---

[289] Vgl. *Perridon/Steiner/Rathgeber* (2012): 216.
[290] Institutionelle Investoren werden auch als Buy-Side bezeichnet. Vgl. *Fieseler* (2008): 51.
[291] In Folge höherer Anlagevolumina gelten für institutionelle Investoren bestimmte gesetzliche Auflagen und Anlagerichtlinien. *Fieseler* (2008): 51.
[292] Vgl. *Vollbrecht* (2006): 155-156. Die höhere Expertise geht aus der Beschäftigung von Buy-Side-Analysten hervor. Siehe hierzu im Text weiter unten.

Investoren), unterschieden werden.[293] Private Investoren sind aufgrund der vergleichsmäßig geringen Expertise bezüglich des Treffens einer Anlageentscheidung üblicherweise auf die Expertise institutioneller Investoren und von Informationsintermediären angewiesen.[294]

Aufgrund der vorgenommenen Eingrenzung des Untersuchungsgegenstandes auf Aktienmärkten wird die Betrachtung auf solche (potenziellen) Kapitalgeber beschränkt, die eine Beteiligung am Unternehmen erwerben. Diese werden als *Eigenkapitalgeber* bezeichnet.

Unter die Gruppe der *Informationsintermediäre* können *Finanzanalysten* und *Finanzmedien*, im Speziellen Finanzjournalisten, gefasst werden.[295] Dieser Gruppe kommt eine besondere Bedeutung zu, da sie neben der öffentlichen Unternehmenspublizität eine weitere Informationsquelle für die Kapitalgeber darstellen und somit einen wesentlichen Beitrag zur Informationsversorgung des Kapitalmarktes leisten.[296] Prognosen von *Finanzanalysten* erhalten Eingang in die empirische Analyse dieser Arbeit. Aus diesem Grund wird die Arbeitsweise von Finanzanalysten an dieser Stelle aufgegriffen. *Finanzmedien* werden im weiteren Verlauf der Arbeit nicht mehr explizit aufgegriffen. Diese seien an dieser Stelle als Informationsintermediäre lediglich genannt.[297]

Finanzanalysten beschaffen, verarbeiten und stellen Informationen über Investitionsobjekte bereit,[298] auf die private, aber auch institutionelle Investoren zur Fundierung ihrer Anlageentscheidungen zurückgreifen, da sie selbst aufgrund ihrer begrenzten eigenen kognitiven Fähigkeiten und Ressourcen nicht dazu in der Lage sind.[299]

---

[293] Vgl. *Fieseler* (2008): 51.

[294] Vgl. *Radinger/Schweiger* (1994): 249.

[295] *Hax* (1998) bezeichnet Informationsintermediäre als solche Finanzintermediäre, deren Existenz sich aus dem Bedarf an Überwindung von Informationsasymmetrien zwischen Kapitalgeber und Kapitalnehmer begründet und definiert diese schließlich als „Intermediäre, die bei einem Austausch von Finanzierungstiteln eingeschaltet werden, um die aus einer asymmetrischen Informationsverteilung resultierenden Informationsbarrieren zwischen Kapitalnehmern und Kapitalgebern zu überwinden oder abzumildern". *Hax* (1998): 46.

[296] Vgl. *Wagenhofer/Ewert* (2007): 15; *Healy/Palepu* (2001): 416-418.

[297] Den Finanzmedien wird eine bedeutende Rolle als Informationsintermediär zwischen Kapitalgeber und Kapitalnehmer zugesprochen, was sich auch in der zunehmenden Anerkennung der Bedeutung dieser auf den Kapitalmarkt verdeutlicht. Jedoch greifen nicht nur Kapitalgeber, sondern auch Finanzanalysten auf die Berichterstattung von Wirtschafts- und Finanzjournalisten zurück, wodurch sich ein Informationskreislauf zwischen Journalismus und Finanzanalysten begründet. Die Berichterstattung von Wirtschafts- und Finanzjournalisten beinhaltet neben der Kommunikation harter Faktoren auch weiche Faktoren und insbesondere eine Aufarbeitung der Hintergründe für die Geschäftsabläufe und sensibilisiert frühzeitig für Veränderungen im Unternehmen selbst oder in dessen Umfeld. Vgl. *Fieseler* (2008): 53.

[298] Siehe zu den drei Teilprozessen der Finanzanalyse ausführlich *Hax* (1998): 11-21.

[299] Vgl. *Wichels* (2002): 29; *Bittner* (1996): 24. Der deutsche Gesetzgeber fasst gemäß § 34b Abs. 1 Satz 1 WpHG unter Finanzanalysten solche „Personen, die im Rahmen ihrer Berufs- oder Geschäftstätigkeit eine Information über Finanzinstrumente oder deren Emittenten erstellen, die direkt oder indirekt eine Emp-

Institutionell können Buy-Side-Analysten und Sell-Side-Analysten unterscheiden werden.[300] *Buy-Side-Analysten* arbeiten vorwiegend in Researchabteilungen institutioneller Investoren. Da sie für ihren Arbeitgeber als Auftraggeber die Informationsbasis für Portfoliozusammensetzungen erarbeiten,[301] haben sie eine große Anzahl von Unternehmen zu beurteilen und greifen daher aufgrund zeitlicher Restriktionen häufig auf die Researchberichte von Sell-Side-Analysten zurück, die sich wesentlich ausführlicher mit den einzelnen Unternehmen befassen und in direktem Kontakt zu diesen stehen.[302] *Sell-Side-Analysten* sind in der Regel für Investmentbanken, Universalbanken und Brokerhäuser tätig, indem sie langfristig Unternehmen beobachten.[303] Das Ergebnis ihrer Tätigkeit besteht darin, Researchberichte zu verfassen, aus denen eine intensive, ausführliche und objektive Analyse sowohl des Unternehmens selbst, aber auch der Märkte und Branchen, in denen es agiert, hervorgeht.[304] Schließlich resultiert aus der Analyse eine aggregierte Anlageempfehlung, in der sich der Finanzanalyst für ein „Kaufen", „Verkaufen" oder „Halten" der Aktie ausspricht.[305] Researchberichte und Anlageempfehlungen von Sell-Side-Analysten richten sich nicht an unternehmensinterne Auftraggeber, wie dies bei Buy-Side-Analysten der Fall ist, sondern vielmehr an (potenzielle) Kapitalgeber und an die Wirtschafts- und Finanzmedien oder Informationsdienstleister, die diese dann veröffentlichen.[306] In der Regel sind lediglich die *Analystenempfehlungen* von Sell-Side-Analysten in Datenbanken verfügbar.[307] Die innerhalb dieser Arbeit vewendeten Analystenprognosen sind aus diesem Grund jene von Sell-Side-Analysten.

Finanzanalysten wird für die *Meinungsbildung* über ein Unternehmen auf dem Kapitalmarkt eine maßgebliche Rolle zugesprochen. Sie vermitteln auf dem Kapitalmarkt als Institution,

---

fehlung für eine bestimmte Anlageentscheidung enthält und einem unbestimmten Personenkreis zugänglich gemacht werden soll (Finanzanalyse)".

[300] Als dritte Gruppe werden teilweise unabhängige Finanzanalysten genannt, die weder der Seite der Sell-Side-Analysten noch der der Buy-Side-Analysten zuzuordnen sind. Sie sind nicht für Investmentbanken oder Brokerhäuser tätig, sondern stellen Investoren entgeltlich Researchberichte zur Verfügung. Vgl. *Stanzel* (2007): 19. Neben der vorgenommenen institutionellen Abgrenzung kann die Tätigkeit von Finanzanalysten auch nach funktionellen Gesichtspunkten, welche thematischen Schwerpunkten entspricht, erfolgen. Die inhaltlichen Funktionsbereiche umfassen Equity, Fixed Income, Economic und Strategic Research. Daneben können das Quantitative Research sowie die Technische Analyse den instrumentellen Funktionsbereichen zugeordnet werden. Vgl. ausführlich zu diesen Bereichen *Achleitner* (2002): 763-783; *Wichels* (2002): 36-40.

[301] Vgl. hierzu auch *Stanzel* (2007): 19.

[302] Vgl. *Fieseler* (2008): 52.

[303] Vgl. *Nix* (2000): 36.

[304] Vgl. *Fieseler* (2008): 52.

[305] Vgl. *Fieseler* (2008): 52; *Friedrich* (2007): 39; *Bittner* (1996): 24.

[306] Vgl. *Pietzsch* (2004): 11; *Stanzel* (2007): 20.

[307] Vgl. *Nölte* (2008): 100. So auch die aus dem Informationssystem Bloomberg entnommenen Analystenprognosen, die für die Bestimmung impliziter Eigenkapitalkosten herangezogen werden. Siehe hierzu Kapitel 6.3.

indem sie Daten beschaffen und aufbereiten und schließlich durch das Aussprechen einer Anlageempfehlung ihre Meinung über die Eignung eines Unternehmens als Investitionsobjekt kommunizieren.[308] Aufgrund der Bedeutung, denen Finanzanalysten – im Sinne einer Entscheidungsunterstützung – für das Treffen von Anlageentscheidungen (potenzieller) Kapitalgeber zukommt, scheint es sinnvoll, den *Informationsverarbeitungsprozess* der Finanzanalysten als Maßstab für die Informationsverarbeitung auf dem Kapitalmarkt heranzuziehen. Auf diesen wird im weiteren Verlauf der Arbeit zur Beurteilung der Relevanz von Informationen der prüfungspflichtigen Regelpublizität eingegangen.

Die folgende Abbildung 2 veranschaulicht nochmals den Kapitalmarkt und seine Teilnehmer.

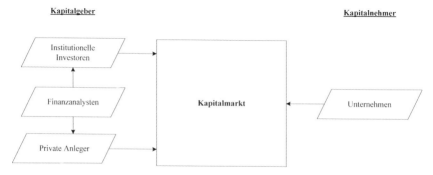

Abbildung 2:   Kapitalmarkt und seine Teilnehmer

4.2   Eigenkapitalkosten als Maß der Risikovergütung

Für die Beantwortung der *ersten* Forschungsfrage ist ein Maßstab notwendig, welcher die Sichtweise und somit die Wahrnehmung des Kapitalmarktes widerspiegelt. Um eine mögliche Wahrnehmung der Qualitätsindikatoren und Qualitätsdimensionen messen zu können, bedarf es einer Größe, in der sich die Wahrnehmung des Eigenkapitalgebers – als relevanter Kapitalmarktteilnehmer – niederschlägt. Das Schrifttum greift immer wieder die Möglichkeit der Reduktion von Eigenkapitalkosten durch eine qualitativ hochwertige Abschlussprüfung auf. Nicht zuletzt deshalb, weil sich der Charakter der Qualität der Abschlussprüfung als (Informations-)Risikofaktor in den Eigenkapitalkosten explizit wieder findet, werden diese als Maßstab für die Wahrnehmung des Kapitalmarktes herangezogen. Die folgenden Ausführungen greifen die Zielsetzung auf, um zu verdeutlichen, inwiefern zwischen den Eigenkapitalkosten und den Dimensionen der Qualität der Abschlussprüfung ein Zusammenhang besteht.

---

[308] Vgl. *Fieseler* (2008): 52.

4.2.1 Definition und Bedeutung von Eigenkapitalkosten

Eigenkapitalkosten $[r_{EK}]$[309] bilden die Untergrenze der Rendite, die Eigenkapitalgeber erwarten, um dem Eigenkapitalnehmer Kapital zur Verfügung zu stellen.[310] Sie setzen sich aus einem *risikofreien Zins* $[r_{rf}]$ und einer *Risikoprämie [rp]* zusammen:[311]

$$r_{EK} = r_{rf} + rp$$

Der *risikofreie Zins* $[r_{rf}]$ stellt die im Bewertungszeitpunkt erzielbare Verzinsung einer risikofreien und im Vergleich zu der Verteilung der Auszahlungen des zu betrachtenden Unternehmens laufzeitäquivalenten Anlageform dar.[312] Er orientiert sich an der Verzinsung von Investitionen in (annähernd) risikofreie Anlageformen, wie in Bundesschatzbriefen oder in Rentenpapieren.[313] Die *Risikoprämie [rp]* stellt den Teil der Renditeerwartung des Eigenkapitalgebers dar, den er über den risikofreien Zins hinaus für das mit der Anlage verbundene Risiko als Kompensation verlangt.[314]

Hopt (1975) kategorisiert Kapitalgeberrisiken in Substanzrisiken, *Informationsrisiken*, Abwicklungs- und Verwaltungsrisiken, Interessenvertretungsrisiken sowie Konditionenrisiken.[315] *Arens/Elder/Beasley* (2012) umschreiben die Risikoprämie aggregierter, indem sie neben dem Geschäftsrisiko des Kapitalnehmers ebenfalls das *Informationsrisiko* als Teil der Risikovergütung nennen. Im weiteren Verlauf dieser Arbeit wird lediglich das *Informationsrisiko* als Komponente der Risikoprämie fokussiert in Kapitel 4.2.3 aufgegriffen, da dieses den Bezug zur Qualität der Abschlussprüfung herstellt. Weitere Risikofaktoren werden in Kapitel 6.2 lediglich zur Bestimmung von Kontrollvariablen für die folgende empirische Analyse

---

[309] Korrekterweise müsste die Bezeichnung Eigenkapitalkosten im hier verfolgten Sinn durch den Begriff Eigenkapitalkostensatz ersetzt werden, weil er einen Zinssatz darstellt. In dieser Arbeit wird der Vorgehensweise im Schrifttum gefolgt und der Begriff Eigenkapitalkosten verwendet, gemeint ist jedoch der Eigenkapitalkostensatz sofern nicht explizit auf etwas anderes hingewiesen wird.

[310] Vgl. *Pratt/Grabowski* (2010): 3.

[311] Vgl. *Pratt/Grabowski* (2010): 47; *Gierga* (2008): 50; *Botosan* (2006): 31. "The cost of capital is the return appropriate for the expected level of risk in the expected returns. It is the price of risk. But often observed returns do not match expected returns. That is the essence of risk." *Pratt/Grabowski* (2010): 4.

[312] Vgl. *Drukarczyk/Schüler* (2009): 209; *Reese* (2007): 5.

[313] Auf dem Kapitalmarkt fehlt ein "echter" risikofreier Schuldner. Die Möglichkeiten der Operationalisierung können sich daher lediglich an annähernd risikofreien Anlageformen orientieren. Vgl. *Reese* (2007): 5. Für Deutschland können Rentenpapiere oder Staatsanleihen als risikofreie Anlageformen angesehen werden. Vgl. z.B. *Reese* (2007): 5 und 56. Siehe zur Operationalisierung im Rahmen der empirischen Analyse dieser Arbeit Kapitel 6.1.

[314] Vgl. *Pratt/Grabowski* (2010): 45.

[315] Vgl. *Hopt* (1975): 289-347; *Zimmer* (1996): 40-41. *Zimmer* (1996): 41-42 führt zudem aus, dass das Prinzip der Publizität, als Konzept zur Minderung des Informationsrisikos, gleichzeitig auch die übrigen Kapitalgeberrisiken reduzieren kann und somit eine übergeordnete Bedeutung beinhaltet. Auch *Merkt* (2001): 299 weist auf eine derartige Bedeutung des Informationsrisikos für die übrigen Risiken hin.

aufgegriffen. Die folgende Abbildung 3 verdeutlicht den Zusammenhang zwischen Risikofaktoren und der Risikoprämie.

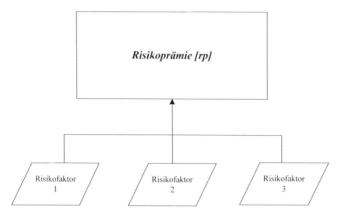

Abbildung 3: Risikofaktoren und Risikoprämie

Eigenkapitalkosten stellen aus Sicht des Vorstandes die Kosten dar, welche das von ihm geführte Unternehmen an die *Eigenkapitalgeber* für die Überlassung ihres Kapitals an das Unternehmen bezahlen muss und stellt gleichzeitig die Kosten dar, an dem sich Investitionen des Vorstandes messen lassen müssen.[316] Eigenkapitalkosten sind als Opportunitätskosten zu verstehen und entsprechen somit den Kosten für die entgangene nächst beste Alternative aus Sicht des Eigenkapitalgebers. Dies bedeutet auch, dass ein Eigenkapitalgeber eine andere Investitionsalternative wählt, sofern – bei gleichem Risiko – eine höhere Rendite zu erwarten ist.[317]

Aus Sicht der Eigentümer des Unternehmens – den Eigenkapitalgebern – ist eine nachhaltige Steigerung des Wertes des Eigenkapitals als Hauptziel anzusehen. Der *Vorstand* einer kapitalmarktorientierten Aktiengesellschaft hat daher seine Unternehmensführung wertorientiert auszurichten und die Maximierung des Marktwerts des Eigenkapitals – des *Shareholder Value* –[318] anzustreben.[319] Die Maximierung des Shareholder Value, der sich für die Eigenkapi-

---

[316] Vgl. *Kloster* (1988): 68-69. Ähnlich auch *Pratt/Grabowski* (2010): 7-8; *Botosan* (2006): 31. In einem Kapitalmarktgleichgewicht entspricht der Diskontierungsfaktor der zukünftigen Zahlungsüberschüsse des Kapitalgebers auf den aktuellen Wert des Unternehmens sowohl den Renditeforderungen der Kapitalgeber – und somit den Eigenkapitalkosten – als auch den Finanzierungskosten des Unternehmens. Vgl. *Kloster* (1988): 68-69.

[317] Vgl. *Pratt/Grabowski* (2010): 3.

[318] Siehe zur Identität von Marktwert des Eigenkapitals und Shareholder Value *Düsterlho* (2003): 6; *Rappaport* (1999): 39; *Rappaport* (1994): 53-54.

talgeber (engl.: Shareholder) in einer Steigerung der Aktienrendite in Form einer Dividende und in Aktienkurssteigerung konkretisiert,[320] sollte unter Berücksichtigung der Interessen der übrigen Stakeholder[321] erfolgen.[322] Der Grundgedanke des Shareholder-Value-Konzeptes legt den Fokus der Unternehmensführung auf die Erfüllung der Interessen der Eigenkapitalgeber. Für den Vorstand entsteht aus der Verfolgung dieses Konzeptes die Notwendigkeit, über den Kapitalkosten liegende Renditen durch entsprechende Investitionsprogramme zu generieren, da auf diese Weise Wert geschaffen werden kann und in einer Steigerung des Shareholder Value resultiert.[323] Gelingt dem Vorstand die nachhaltige Wertgenerierung nicht, werden Eigenkapitalgeber ihre Anteile veräußern und in geeignetere Investitionsalternativen investieren.[324]

Der *Aufsichtsrat* hat – wie auch der Vorstand – im Sinne der Gesellschaft zu handeln. Dies ergibt sich implizit durch seine Überwachungsfunktion.[325] So hat der Maßstab für die Überwachung des Unternehmens durch den Aufsichtsrat darin zu liegen, die Interessen des Unternehmens zu wahren und insofern die langfristige Existenzsicherung und Wertsteigerung des Unternehmens sowie die Ordnungsmäßigkeit, Zweckmäßigkeit und Wirtschaftlichkeit der Unternehmensführung durch den Vorstand sicherzustellen.[326] Zusätzlich wird dies durch Ziffer 3.1 DCGK deutlich, nach der „Vorstand und Aufsichtsrat [..] zum Wohle des Unternehmens eng zusammen[arbeiten]". Hiermit unterstreicht der DCGK die Auffassung, nach der dem Aufsichtsrat nicht mehr nur die Aufgabe der passiven Kontrolle, sondern vielmehr auch ein Einfluss hinsichtlich der Planung sowie der strategischen und politischen Ausrichtung des

---

[319] Vgl. *Koch* (2005): 8; *Schaefer* (2004): 38 in Bezug auf den klassischen Shareholder-Value-Ansatz nach *Rappaport* (1994). Siehe auch *Rappaport* (1999): 68.

[320] Vgl. *Schaefer* (2004): 38.

[321] Stakeholder umfassen jene Individuen oder Gruppen von Individuen, die einen potenziellen Einfluss auf die Erreichung der Unternehmensziele haben oder von der Zielerreichung des Unternehmens tangiert sind. Vgl. *Freeman* (1984): 25, der als früher Vertreter der Denkweise einer Ablehnung eines reinen Shareholder-Value-Konzeptes angesehen werden kann. Siehe z.B. *Ballwieser* (2009): 95; Fn. 11; *Preston/Sapienza* (1990): 361. Ohne einen Anspruch auf Vollständigkeit seien (potenzielle) Shareholder, Arbeitnehmer, Gläubiger, Medien, Finanzanalysten, Kunden, Lieferanten, Behörden genannt. Vgl. zu einer ähnlichen ebenfalls nicht abschließenden Auflistung z.B. *Mast* (2010): 117.

[322] Vgl. zum Verhältnis des Shareholder- und des Stakeholderansatzes und der Integration beider Ansätze *Werder* (2010b): 115-117; Rz. 353-355. *Rappaport* (1999): 8-9 selbst sieht in der Verfolgung der Ziele der Shareholder gleichzeitig eine Interessenvertretung der übrigen Stakeholder und erklärt eine Beteiligung an einer Steigerung des Shareholder Values zum Eigeninteresse der übrigen Stakeholder.

[323] Eine Investition trägt dann zu einer Steigerung des Shareholder-Value bei, sofern aus einer Investition generierte Renditen den vom Kapitalmarkt geforderten Kapitalkostensatz übersteigen. Vgl. *Rappaport* (1999): 68. Siehe auch *Pratt/Grabowski* (2010): 6.

[324] Vgl. *Schmidt-Tank* (2005): 60; *Schaefer* (2004): 37-38.

[325] Vgl. § 111 Abs. 1 AktG.

[326] Vgl. *Scheffler* (2004): 271.

Unternehmens zukommt.[327] Die Verfolgung des Wohles der Gesellschaft entspricht dabei der Leitmaxime, für den Bestand des Unternehmens und einer nachhaltigen Wertschöpfung unter Berücksichtigung der Prinzipien einer sozialen Marktwirtschaft zu sorgen und beinhaltet sowohl die Interessen der Shareholder als auch die der Stakeholder.[328] Insofern ist es der Aufgabenerfüllung des Aufsichtsrates immanent, ein Interesse daran zu haben, dass die Gesellschaft entsprechend der Verfolgung einer wertorientierten Unternehmensführung langfristig Renditen erwirtschaftet, die die Eigenkapitalkosten übertreffen. Das Interesse des Aufsichtsrats – als Interessenvertreter der Anteilseigner – sollte daher in einer Senkung der Eigenkapitalkosten liegen. Der Aufsichtsrat sollte aus diesem Grund eine Reduktion der Eigenkapitalkosten anstreben, um hierdurch im Sinne der Gesellschaft zu einer wertorientierten Unternehmensführung beizutragen.

Da der Eigenkapitalkostensatz den Diskontfaktor zukünftiger Erträge determiniert, kommt der Höhe der Eigenkapitalkosten eine große Bedeutung hinsichtlich des Wertes des Unternehmens bzw. von Unternehmensanteilen zu. Sinken (steigen) die Eigenkapitalkosten bei unverändertem Fundamentalwert des Unternehmens, steigt (sinkt) der Marktwert des Unternehmens auf dem Aktienmarkt.[329] Die Verfolgung einer wertorientierten Unternehmensführung z.B. im Sinne des Shareholder-Value-Konzepts beinhaltet eine Ausrichtung der Tätigkeit des Vorstandes auf die Senkung der Eigenkapitalkosten als Teil der Finanzierungskosten.

4.2.2 Entscheidungssituation des Eigenkapitalgebers

Eigenkapitalgeber sind Individuen, die nach einer Maximierung ihres persönlichen Nutzens streben.[330] Neben finanziellen Zielen verfolgen Eigenkapitalgeber auch nicht-finanzielle Ziele. Da die Zielfunktion hinsichtlich des letzteren Ziels jedoch vom spezifischen Individuum abhängt, ist eine Betrachtung nicht-finanzieller Ziele kaum möglich. Finanzielle Ziele hingegen lassen sich zumindest allgemeingültig skizzieren.[331] Darüberhinaus ist davon auszugehen, dass für Eigenkapitalgeber ohnehin vorwiegend finanzielle Interessen durch eine Unterneh-

---

[327] Vgl. *Kremer* (2010a): 259; Rz. 901. Die hier aufgezeigte Strömung, nach der der Aufsichtsrat und der Vorstand gemeinsam im Sinne der Gesellschaft agieren, greift die Grundidee der Stewardship-Theorie auf, nach der die Akteure intrinsisch im Sinne der Gesellschaft handeln und keinen Anreiz dazu besitzen, opportunistisch zu handeln, um ihre eigenen Interessen durchzusetzen. Insofern grenzt sich die Stewardship-Theorie von der Prinzipal-Agenten-Theorie durch das zugrunde gelegte Menschenbild ab. Siehe zur Stewardship-Theorie generell und auch zur Abgrenzung gegenüber der Prinzipal-Agenten-Theorie *Welge/Eulerich* (2012): 17-20 sowie den Beitrag von *Velte* (2010b).

[328] Vgl. Ziffer 1 DCGK sowie *Werder* (2010b): 114; Rz. 352.

[329] Vgl. *Schmidt-Tank* (2005): 63-64; *Volkart* (1998): 760.

[330] Das Prinzip der Eigennutzenmaximierung stellt neben denen des methodologischen Individualismus, der Rationalität sowie der Zugrundelegung einer ökonomischen Austauschtheorie Annahmen der wohlfahrtsökonomischen Theorie dar. Vgl. *Fritsch* (2011): 21-23.

[331] Vgl. *Steinhauer* (2007): 14-15.

mensbeteiligung im Vordergrund stehen.[332] So impliziert die Maximierung finanzieller Ziele die Maximierung des persönlichen Nutzens durch Konsum. Der Konsum muss jedoch durch Einzahlungen finanziert werden, die ihm aus Investitionen zufließen.[333] Eigenkapitalgeber tätigen Investitionen durch den Kauf von Wertpapieren. Die Investition generiert einen Zahlungsstrom in Form von Dividendenzahlungen und realisierten Kurswertveränderungen. Die Entscheidung eines (potenziellen) Eigenkapitalgebers über das Kaufen, das Halten und den Verkauf von Aktien[334] ist somit abhängig vom Beitrag der Zielerfüllung durch die Umsetzung der jeweiligen Entscheidung und impliziert, dass sie zukünftige Zahlungsströme, die ihnen aus ihrer (potenziellen) Beteiligung zufließen, bestimmen können.[335] Der (potenzielle) Eigenkapitalgeber wird sich – sofern er rational handelt[336] – für die Handlungsalternative entscheiden, für die er einen Zahlungsstrom erwartet, der seinen persönlichen Konsumstrom und somit Nutzen maximiert.[337]

Für die Bestimmung des erwarteten Zahlungsstroms hat der (potenzielle) Eigenkapitalgeber eine Bewertung des Unternehmens, dessen Aktien er erwerben möchte, durchzuführen.[338] Für die Bestimmung des Unternehmenswertes – als Wert der ihm zufließenden Zahlungsströme – benötigt der Eigenkapitalgeber entscheidungsnützliche Informationen.[339] Wie bereits angedeutet ist der Eigenkapitalgeber diversen Risiken ausgesetzt. Unzureichende entscheidungsnützliche Informationen stellen aus Sicht des Eigenkapitalgebers ein Informationsrisiko dar. Insofern ist das Informationsrisiko zu konkretisieren. Dies ist Gegenstand der folgenden Ausführungen.

4.2.3 Informationsrisiko als Faktor der Risikoprämie

Ausgehend von den vorangehenden Ausführungen kann festgehalten werden, dass die Risikoprämie *rp* jene Risiken der Eigenkapitalgeber vergütet, denen sie aufgrund ihrer Rolle als

---

[332] Vgl. *Streim/Bieker/Leippe* (2001): 181.
[333] Vgl. *Leippe* (2002): 31-32.
[334] Im Conceptual Framework (2010) zu den IFRS, welche explizit das Ziel verfolgen, entscheidungsnützliche Informationen bereitzustellen, wird erklärt: "Those decisions involve buying, selling or holding equity and debt instruments, and providing or settling loans and other forms of credit." OB2 des Conceptual Framework (2010).
[335] Vgl. *Steinhauer* (2007): 14.
[336] Siehe zu der Annahme des rationalen Handels von Individuen *Leippe* (2002): 30.
[337] Vgl. *Schmidt/Terberger* (1997): 46-47; *Hartmann-Wendels* (1991): 270-271.
[338] Vgl. *Ballwieser* (2011): 13; *Hartmann-Wendels* (2001): 119.
[339] Vgl. zum Aspekt der Entscheidungsnützlichkeit von Informationen Kapitel 4.2.4.

Kapitalgeber ausgesetzt sind. Als ein relevanter Faktor der Risikoprämie wird dabei auch das *Informationsrisiko* angesehen.[340]

Nach *Hopt* (1975) betrifft das Informationsrisiko jenes Risiko des Anlegers basierend auf für ihn verfügbaren Informationen, die Anlagealternative mit dem für ihn höchsten Zielerreichungsgrad zu wählen.[341]

Im Kontext der Ausführungen von *Arens/Elder/Beasley* (2012) beschreibt das Informationsrisiko die Wahrscheinlichkeit, dass die Einschätzung des Kapitalgebers hinsichtlich des Geschäftsrisikos fehlerhaft ist[342] und somit ein Risiko besteht, auf Basis unrichtiger Informationen Entscheidungen zu treffen.[343] Eine Möglichkeit für ein erhöhtes Informationsrisiko sehen die Autoren in einer *fehlerhaften Rechnungslegung*.[344] Nach *Arens/Elder/Beasley* (2012) betreffen unterschiedliche Gründe das Informationsrisiko eines Kapitalgebers:[345]

- *Remoteness of Information*: Die aufgrund der Globalisierung gestiegene Komplexität von Entscheidungsprozessen macht es erforderlich, dass sich Entscheider auf von anderen bereitgestellten Informationen verlassen müssen. Diese Informationen können jedoch beabsichtigte oder unbeabsichtigte Fehler enthalten.

- *Biases and Motives of the Provider*: Seitens des Informationsbereitstellers bestehen aufgrund einer zum Entscheider abweichenden Nutzenfunktion Anreize, Informationen zu manipulieren. Der Entscheider ist so dem Risiko von falschen oder unvollständigen Informationen ausgesetzt.

---

[340] Diese Ansicht entspricht einer weiten Auffassung im Schrifttum. Siehe für Arbeiten, die die Einpreisung von Formen des Informationsrisikos bestätigen: *Plumlee/Botosan* (2007): 29; *Botosan* (2006): 33; *Easley/O'Hara* (2004): 1578; *Handa/Linn* (1993): 89; *Diamond/Verrecchia* (1991): 1348-1349; *Amihud/Mendelson* (1986): 230-231; *Barry/Brown* (1985): 420; *Coles/Loewenstein/Suay* (1995): 362; *Coles/Loewenstein* (1988): 298.

[341] Siehe *Hopt* (1975): 304. Er beschreibt, dass „Publizitätsvorschriften, [..] den Anlegern erlauben [sollen], sich über Art und Güte ihrer Anlage ein eigenes Bild zu machen und durch entsprechenden Erwerb und Verkauf das Anlegerrisiko entsprechend ihren Verhältnissen zu dosieren." *Hopt* (1975): 304.

[342] Vgl. *Arens/Elder/Beasley* (2012): 26. Das Geschäftsrisiko betrifft jenes Risiko, mit welchem aus Sicht des Kapitalgebers die Gefahr verbunden ist, dass der Kapitalnehmer das Fremdkapital aufgrund von Geschäftsrisiken nicht zurückzahlen kann. Gründe hierfür können in einer Rezession, schlechten Managemententscheidungen oder in unerwarteten Entwicklungen des Branchenumfeldes liegen. Vgl. *Arens/Elder/Beasley* (2012): 26.

[343] Vgl. *Ostrowski* (2003): 50. Die von *Arens/Elder/Beasley* (2012) beschriebene Situation bezieht sich auf die Kapitalvergabeentscheidung eines Fremdkapitalgebers, ist aber grundsätzlich auch auf die Situation eines Eigenkapitalgebers übertragbar, wenn nicht sogar noch zutreffender, da Eigenkapitalgeber im Vergleich zu Fremdkapitalgebern weniger Informationsmöglichkeiten besitzen.

[344] Die Formulierung im englischsprachigen Original lautet: "Information risk [Anmerkung des Verfassers: Fettdruck im Original] reflects the possibility that the information upon which the business risk decision was made may be inaccurate. A likely cause of the information risk is the possibility of inaccurate financial statements." *Arens/Elder/Beasley* (2012): 26.

[345] Vgl. im Folgenden *Arens/Elder/Beasley* (2012): 27.

- *Voluminous Data*: Die Abbildung des unternehmerischen Geschehens erfolgt durch eine Vielzahl von Transaktionen. Die Abweichung der Abbildung einer (unbedeutenden) Transaktion vom wahren Wert ist zunächst von geringer Relevanz. Kumulieren sich kleine Fehler, kann dies jedoch zu signifikanten Verzerrungen hinsichtlich der Informationsbereitstellung führen.
- *Complex Exchange Transactions*: Unternehmenstransaktionen sind im Zeitablauf komplexer geworden. Dies führt unmittelbar auch zu einer höheren Komplexität bei der buchhalterischen Erfassung dieser Vorgänge. Komplexere Konzernstrukturen mit einer Vielzahl von Tochterunternehmen erhöhen beispielsweise das Risiko für Falschdarstellungen.

Weitere Definitionen vervollständigen das Bild über das Informationsrisiko: *Francis et al.* (2005) definieren das Informationsrisiko als "the likelihood that firm-specific information that is pertinent to investor pricing decisions is of poor quality"[346]. Gemäß *Dörschell/Franken/Schulte* (2012) beschreibt das Informationsrisiko das Risiko der Anleger über unzutreffende oder fehlende Informationen über das Bewertungsobjekt zu verfügen.[347] *Mandler* (1997) erklärt, dass dem Eigenkapitalgeber eine Informationsunsicherheit verbleibt, ob die Rechnungslegung die Vermögens-, Finanz- und Ertragslage entsprechend der Rechnungslegungsvorschriften zutreffend wiedergibt.[348]

Insgesamt kann festgehalten werden: Die Regelpublizität – die den Gegenstand der Prüfung im Rahmen dieser Arbeit und somit den Untersuchungsgegenstand beschreibt – kann unzureichend für das Treffen von Entscheidungen des Eigenkapitalgebers sein. Dies kann zum einen darin begründet liegen, dass die normierten Rechnungslegungsvorschriften per se nicht in der Lage sind, *entscheidungsrelevante* Informationen adäquat abzubilden. Zum anderen ist die Regelpublizität aufgrund der Komplexität der abzubildenden Sachverhalte sowie möglicher Anreize des Managements nicht normenkonform Bericht zu erstatten, anfällig für unbewusste sowie bewusste *Fehler*. Das *Informationsrisiko* umschreibt somit jenes Risiko, dem Eigenkapitalgeber in Bezug auf ihre Entscheidungssituation aufgrund von Einschränkungen hinsichtlich der Relevanz und/oder der Verlässlichkeit der Informationen ausgesetzt ist. Die auf diese Weise hier angerissenen Kriterien entscheidungsnützlicher Informationen – die Relevanz und Verlässlichkeit – sind Gegenstand der folgenden Ausführungen.

---

[346] *Francis et al.* (2005): 296.
[347] Vgl. *Dörschell/Franken/Schulte* (2012): 19.
[348] Vgl. *Mandler* (1997): 100.

4.2.4 Entscheidungsnützlichkeit von Informationen

Die Entscheidungsnützlichkeit von Informationen beinhaltet Implikationen für die Qualität einer Entscheidung aus Sicht des Entscheiders.[349] Als die bedeutsamsten Kriterien, die Informationen erfüllen müssen, um ihnen eine Entscheidungsnützlichkeit beimessen zu können, sind ihre Relevanz und Verlässlichkeit zu nennen.[350]

4.2.4.1 Relevanz

Das Kriterium der *Entscheidungsrelevanz* gilt als erfüllt, sofern Informationen einen Informationsgehalt aufweisen.[351] Die Begriffe der Entscheidungsrelevanz und des Informationsgehaltes sind daher synonym zu verwenden. Eine Information besitzt Informationsgehalt[352], wenn auf Grundlage der Inhalte dieser Information durch den Entscheider eine andere Entscheidung getroffen wird, als dies ohne diese Information der Fall wäre. Es genügt bereits, wenn Informationen Hintergrundinformationen bieten, die die Voraussetzung dafür bilden, dass andere Informationen Entscheidungsrelevanz erlangen können.[353] Die *Entscheidungsrelevanz* einer Information nimmt zu, wenn sich die Menge tatsächlich vorhandener und vom Entscheider benötigte Information annähern.[354] Der Aspekt der Entscheidungsrelevanz betrifft insofern die inhaltliche Bedeutung einer Information für den Entscheider.

Nachdem abstrakt skizziert wurde, welche Anforderungen an entscheidungsrelevante Informationen zu stellen sind, sei bereits an dieser Stelle auf den Zusammenhang zwischen Relevanz und Verlässlichkeit verwiesen. Informationen, denen keine Relevanz zugesprochen werden kann, verhilft auch die Erfüllung des Kriteriums der Verlässlichkeit zu keiner Entscheidungsnützlichkeit. Eine Frage nach der Verlässlichkeit von Informationen wäre für die Beurteilung der Entscheidungsnützlichkeit irrelevant, wenn man diesen Informationen keine Relevanz beimisst. Dieser Zusammenhang macht es zunächst erforderlich, zu beurteilen, ob In-

---

[349] Vgl. zur Verwendung des Begriffs der Entscheidungsqualität im Kontext der Erörterung des Informationsbegriffs *Brinkmann* (2006): 37.

[350] Sowohl entscheidungstheoretische Erörterungen als auch die Konzeption von Rechnungslegungssystemen wie den IFRS erkennen die Kriterien der Relevanz als auch der Verlässlichkeit als Anforderung an entscheidungsunterstützende Rechenwerke an. Vgl. *Brinkmann* (2006): 36-52 mit weiteren Nachweisen sowie QC5 des Conceptual Framework (2010) und F.24 des Framework (1989).

[351] Vgl. *Ruhnke* (2003): 258.

[352] Vom Begriff des Informationsgehaltes ist der des Informationswertes zu unterscheiden. Informationen, die einen Informationsgehalt aufweisen, sind nicht immer mit einem positiven Informationswert verbunden. Eine Information besitzt erst dann auch einen Informationswert, wenn der Nutzen aus der auf Basis der Information getroffenen Entscheidung (Informationsgehalt) größer ist als die Kosten, die für die Generierung dieser Information entstehen. *Ruhnke* (2003): 257-258 unter anderem mit Verweis auf *Ballwieser* (1997): 36-37.

[353] Vgl. *Ruhnke* (2003): 257-258.

[354] Vgl. *Wittmann* (1959): 23-26 und diesem folgend *Brinkmann* (2006): 37 und 40.

formationen deren Verlässlichkeit die Entscheidungsnützlichkeit unterstützen sollen – im Rahmen dieser Arbeit sind dies Informationen der prüfungspflichtigen Regelpublizität –, für die Eigenkapitalgeber grundsätzlich relevant sind. Das Ziel der vorliegenden Arbeit liegt allerdings nicht darin, zu diskutieren, welchen Informationen grundsätzlich Entscheidungsrelevanz zugesprochen werden kann. Daher soll vielmehr auf die Diskussion im Schrifttum verwiesen werden, die im Wesentlichen davon ausgeht, dass Rechnungslegungsinformationen eine Entscheidungsrelevanz für den Kapitalmarkt zukommt.[355] Die wesentlichen Erkenntnisse dieser empirischen Erörterungen werden hier festgehalten, da sie die weitere Vorgehensweise legitimieren.

Eine Befragung von privaten und institutionellen Investoren durch das Deutsche Aktieninstitut für das Jahr 2004 und 2008 hinsichtlich der Bedeutung unterschiedlicher Informationsquellen gibt Aufschluss über das Informationsverhalten von Investoren. Während Presseinformationen durch die befragten *privaten Investoren* die größte Bedeutung zukommt, gaben 45 % (2004) bzw. 44 % (2008) der befragten privaten Anleger an, dem Geschäftsbericht eine mindestens hohe Bedeutung beizumessen. Innerhalb des Geschäftsberichts gaben 47-57 % (2004) bzw. 36-50 % (2008) der privaten Anleger an, die Gewinn- und Verlustrechnung (57 % bzw. 50 %), die Bilanz (55 % bzw. 46 %) sowie den Lagebericht (47 % bzw. 36 %) mindestens intensiv zu nutzen. Der Bestätigungsvermerk des Abschlussprüfers wird von 25 % (2004) bzw. 20 % (2008) der privaten Anleger mindestens intensiv genutzt.[356] Für 60 % (2004) bzw. 86 % (2008) der befragen *institutionellen Investoren* und demnach auch für Finanzanalysten nimmt der Geschäftsbericht eine mindestens hohe Bedeutung als Informationsquelle ein. Innerhalb des Geschäftsberichts gaben 73-82 % (2004) bzw. 69-100 % (2008) der institutionellen Anleger an, die Gewinn- und Verlustrechnung (82 % bzw. 100 %), die Bilanz (75 % bzw. 97 %) sowie den Lagebericht (73 % bzw. 69 %) mindestens intensiv zu nutzen. Der Bestätigungsvermerk des Abschlussprüfers wird von 26 % (2004) bzw. 24 % (2008) der institutionellen Anleger mindestens intensiv genutzt.[357] Aus den Ergebnissen wird deutlich, dass die Bestandteile der prüfungspflichtigen Regelpublizität eine große Rolle bei der Informationsversorgung sowohl der privaten als auch der institutionellen Investoren spielen.

Eine Betrachtung der Arbeitsweise von Finanzanalysten kann zusätzlich Aufschluss über den Informationsbedarf zur Erarbeitung von Anlageempfehlungen, auf die Kapitalgeber regelmä-

---

[355] Siehe *Hitz* (2005): 141 für weitere Nachweise zu Befürwortern und Gegnern der Ansicht, dass Rechnungslegung Entscheidungsnützlichkeit zukommt. *Möller/Hüfner* (2002): 454-455 ziehen diese Schlussfolgerung hinsichtlich der Prognose-, Entscheidungs- und Bewertungsrelevanz von Rechnungslegungsinformationen; *Kothari* (2001) systematisiert in einem sehr umfassenden State-of-the-Art-Artikel die empirische Forschung zur Kapitalmarktrelevanz von Rechnungslegungsinformationen. Siehe auch die Beiträge von *Lindemann* (2006); *Möller/Hüfner* (2002).

[356] Vgl. *Deutsches Aktieninstitut* (2009): 28-31.

[357] Vgl. *Deutsches Aktieninstitut* (2009): 48-49.

ßig in der sich ihnen stellenden Entscheidungssituation zurückgreifen, geben. Finanzanalysten haben die Aufgabe, Empfehlungen für Anlageentscheidungen zu erarbeiten, auf denen (potenzielle) Kapitalgeber selbst ihre Investitionsentscheidung begründen können.[358] Die Zielsetzung der Analystentätigkeit liegt darin, aus der Feststellung einer Über- oder Unterbewertung des Wertpapiers eine Einschätzung über die Vorteilhaftigkeit einer Kauf-, Halte-, oder Verkaufsentscheidung zu erlangen.[359] Finanzanalysten nennen Informationen aus den Geschäftsberichten der betrachteten Unternehmen, die neben der Regelpublizität auch freiwillige Berichterstattungselemente enthalten, als eine der bedeutsamsten Informationsquellen für ihre Analysearbeit.[360] Offensichtlich spielt für Finanzanalysten demnach die in den Geschäftsberichten enthaltene prüfungspflichtige Regelpublizität trotz ihrer starken Vergangenheitsorientierung – und diese nennen Skeptiker häufig, wenn sie die Entscheidungsnützlichkeit der Rechnungslegung in Frage stellen –[361] eine bedeutende Rolle als Informationsquelle. Die vergangenheitsorientierten Informationen der prüfungspflichtigen Regelpublizität eignen sich aus Sicht der Analysten dazu, als objektive Ausgangswerte in die Bewertungsmodelle einzufließen.[362]

Neben der grundsätzlichen Relevanz der prüfungspflichtigen Regelpublizität, die aufgrund der vorangehenden Ausführungen als gegeben angesehen werden kann, stellt sich nun die Frage nach der konkreten Ausgestaltung des relevanten Berichterstattungselements. Die Beantwortung dieser Frage ist wichtig, da daran die empirische Analyse anknüpft. Bei kapitalmarktorientierten Unternehmen liegt weniger die Einzelrechnungslegung, sondern vielmehr die Konzernrechnungslegung für die Bereitstellung entscheidungsnützlicher Informationen im Interesse des Kapitalmarktes.[363] Aus diesem Grund bildet die *Qualität der Abschlussprüfung*

---

[358] Vgl. *Radinger/Schweiger* (1994): 249. Vgl. auch Kapitel 4.1.2.

[359] Vgl. *Fieseler* (2008): 52; *Friedrich* (2007): 39; *Bittner* (1996): 24.

[360] *Pike/Meerjanssen/Chadwick* (1993) befragten britische und deutsche Finanzanalysten hinsichtlich der Bedeutung von sieben Datenquellen. Der Geschäftsbericht und die Zwischenberichterstattung nahmen dabei Rang 3 bei britischen Analysten ein. Während die Bedeutung dieser Berichterstattungselemente für deutsche Analysten höher ist und auf Rang 2 angesiedelt ist. Vgl. *Pike/Meerjanssen/Chadwick* (1993): 494. Die Umfrage unter Finanzanalysten in Großbritannien von *Arnold/Moizer* (1984) ergab, dass die Gewinn- und Verlustrechnung, die Bilanz und die Zwischenberichterstattung die drei bedeutendsten Datenquellen aus Sicht der Analysten von insgesamt 18 im Fragebogen genannten Quellen darstellen. Vgl. *Arnold/Moizer* (1984): 202-203. Die Befragung von *Chang/Most* (1981) unter Finanzanalysten in den USA, Großbritannien und Neuseeland ergab, dass dem Geschäftsbericht die größte oder zumindest zweitgrößte Bedeutung als Informationsquelle beigemessen wird. Vgl. *Chang/Most* (1981): 50.

[361] Vgl. zur Kritik an vergangenheitsorientierten Jahresabschlussdaten z.B. *Schönbrodt* (1981): 2

[362] Vgl. *Hax* (1998): 12 und 17; *Day* (1986): 301. Aus entscheidungstheoretischer Sicht zieht der Finanzanalyst für die Ableitung einer Anlageempfehlung ein Entscheidungsmodell heran, welches sich aus dem Entscheidungsfeld, bestehend aus Handlungsalternativen, Umweltzuständen sowie Ergebnissen, und der Zielfunktion zusammensetzt. Vgl. *Laux/Gillenkirch/Schenk-Mathes* (2012): 30. Dabei bilden die Daten über das Entscheidungsfeld die Inputparameter und die Zielfunktion das Bewertungsmodell.

[363] Vgl. *Förschle/Kroner* (2012): 1562-1563; Rz. 1; *Küting/Lauer* (2011): 1989. Die gleiche Auffassung wird auch im DCGK vertreten. Vgl. Ziffer 7.1.1 DCGK.

der *Konzernrechnungslegung* den relevanten Untersuchungsgegenstand im Rahmen dieser Arbeit. Gemäß Artikel 4 der IAS-Verordnung sind kapitalmarktorientierte Mutterunternehmen seit dem 01.01.2005 dazu verpflichtet, ihren Konzernabschluss gemäß der von der EU-Kommission übernommenen IFRS[364] aufzustellen.[365] Der empirischen Analyse liegt demnach die *Qualität der Abschlussprüfung der Konzernrechnungslegung nach IFRS* zugrunde.[366]

Insgesamt wird aufgrund der empirischen Belege für das weitere Vorgehen angenommen, dass die Regelpublizität einer *Konzernrechnungslegung gemäß IFRS* entscheidungsrelevante Informationen für den Kapitalgeber bereitstellt. Die Sicherstellung der Verlässlichkeit dieser Informationen trägt zu einer Verbesserung der Entscheidungsnützlichkeit dieser Informationen bei. Die Verlässlichkeit von Informationen ist Gegenstand der folgenden Betrachtung.

4.2.4.2 Verlässlichkeit

Für die Qualität einer Entscheidung – ihre Entscheidungsnützlichkeit – ist nicht nur die Menge relevanter Informationen von Bedeutung, sondern auch deren *Verlässlichkeit*.[367] *Verlässlichkeit* stellt dabei das Objektivierungserfordernis an die Informationen dar.[368] „[W]illkürliche, für Dritte nicht nachvollziehbare, entobjektivierte Bilanzansätze [entsprechen nicht dem] Verlässlichkeitskriterium."[369]

Informationen der externen Rechnungslegung können von den Adressaten nur dann sinnvoll verarbeitet werden, wenn sie einen gewissen Grad an *Glaubwürdigkeit* aufweist und somit eine „intersubjektiv nachvollziehbaren"[370] Informationsgehalt besitzt.[371] Insofern ist der enge Begriff der Verlässlichkeit auf einem im weiteren Sinne auszuweiten, der den Aspekt der *Glaubwürdigkeit* umfasst. Aus *informationstheoretischer* Sicht können Informationen nur dann zweckorientiertes Wissen sein,[372] wenn ihnen ein bestimmter Wahrheitsgehalt beige-

---

[364] Nach erfolgreich durchlaufenem Anerkennungsverfahren wird ein Rechnungslegungsstandard gemäß Artikel 3 Abs. 4 der IAS-Verordnung als Verordnung der Europäischen Kommission verabschiedet.

[365] Artikel 4 der Verordnung (EG) 1606/2002 verpflichtet kapitalmarktorientierte Unternehmen ihre Konzernabschlüsse für Geschäftsjahre beginnend mit dem 01.01.2005 nach internationalen Rechnungslegungsstandards gemäß Artikel 2 der genannten Verordnung aufzustellen. Artikel 9 dieser Verordnung ermöglichte im Rahmen einer Übergangsbestimmung unter bestimmten Bedingungen eine Anwendung der genannten Vorschrift erst für Geschäftsjahre beginnend mit dem 01.01.2007. Eine Ausnahme stellt eine Abschlusserstellung nach gleichwertigen international anerkannten Rechnungslegungsstandards dar.

[366] Siehe für die Abgrenzung der Stichprobe Kapitel 7.2.1.

[367] Vgl. *Saelzle/Kronner* (2004): 155.

[368] Vgl. *Brinkmann* (2006): 43; *Leffson* (1987): 81.

[369] *Ballwieser* (2002): 118. Siehe auch *Baetge* (1970): 16.

[370] *Ewert/Stefani* (2001): 148.

[371] Vgl. *Ewert/Stefani* (2001): 148.

[372] Vgl. *Wittmann* (1959): 14.

messen wird. Eine glaubwürdiger erscheinende Information ist demnach „informativer" als eine inhaltsgleiche andere Information.[373] *Franke/Laux* (1970) erklären, dass Informationen nur dann für den Informationsempfänger einen Wert haben, wenn dieser die Informationen für glaubwürdig hält.[374] Um beim Informationsempfänger auch tatsächlich eine Entscheidung zu beeinflussen, genügt es nicht allein, ihm entscheidungsrelevante und im engeren Sinne verlässliche Informationen zur Verfügung zu stellen. Diese Informationen müssen zudem vom Empfänger der Information als glaubwürdig angesehen werden, um bei ihm eine Entscheidung zu beeinflussen und somit entscheidungsnützlich zu sein.[375]

Da es sich bei der Regelpublizität um ein Informationssystem handelt, welches aus unterschiedlichen Gründen – neben unbewussten Fehlern stehen bewusste Fehler im Vordergrund – fehleranfällig ist,[376] bedarf es einer Institution, welche die Glaubwürdigkeit der Informationen herstellt. An diesem Punkt schließt die Bedeutung einer effektiven Abschlussprüfung an.

4.2.5 Abschlussprüfung und Rechnungslegung

Eine abschließende Betrachtung der primären Funktionen der Abschlussprüfung, die sich im Wesentlichen durch eine Finalbeziehung zwischen Abschlussprüfung und Rechnungslegung auszeichnen, macht deutlich, welche Funktion einer effektive Abschlussprüfung bei der Bereitstellung entscheidungsnützlicher Informationen zukommt.

Als primäre Funktion der Abschlussprüfung ist zunächst die *Sicherstellung der Rechnungslegungsfunktion* zu nennen.[377] In diesem Sinne verfolgt die Abschlussprüfung nicht einem Selbstzweck, sondern dient vielmehr dazu, den Zweck der Rechnungslegung zu erfüllen.[378] Die Abschlussprüfung soll die *Verlässlichkeit* von Rechnungslegungsinformationen erhöhen und ihr somit zu *Glaubwürdigkeit* verhelfen.[379] Die Abschlussprüfung kann auf diese Weise entscheidungsrelevanten Informationen ein bestimmtes Maß an Verlässlichkeit verleihen. Es

---

[373] Vgl. *Gierga* (2008): 166, Fn. 833.
[374] Vgl. *Franke/Laux* (1970): 4.
[375] Vgl. *Gierga* (2008): 26-27; *Wagenhofer/Ewert* (2007): 6-7; *Wagenhofer* (2004): 26-27; *Healy/Palepu* (2001): 425; *Ewert* (1993): 719; *Hartmann-Wendels* (1991): 135-136; *Stiglitz* (1984): 231 insbesondere Fn. 16.
[376] Vgl. *Ruhnke* (2003): 259 mit weiteren Nachweisen.
[377] Vgl. *Ruhnke* (2000): 21-26.
[378] Vgl. *Ewert* (1993): 717. Siehe auch *Watts/Zimmerman* (1986): 312.
[379] Vgl. IDW PS 200.8. So auch *Antle* (1984): 2; *Antle* (1982): 512. Dieser erklärt: "The essence of auditing is verification." Vgl. auch *Ewert* (1993): 719.

ist ihr jedoch nicht möglich, nicht relevanten Informationen Entscheidungsnützlichkeit zukommen zu lassen.[380]

Der Abschlussprüfer hat im Rahmen seiner Pflichten gemäß § 317 Abs. 1 Satz 2 HGB die Übereinstimmung der Rechnungslegung mit den gesetzlichen oder sie ergänzenden gesellschaftsrechtlichen oder satzungsmäßigen Normen zu überprüfen.[381] In diesem Kontext kommt der Abschlussprüfung eine *Kontrollfunktion* zu, innerhalb derer zwischen einer Korrektur-[382] und Präventivfunktion unterschieden werden kann. Die Korrekturfunktion entfaltet sich über die Feststellung und einer anschließenden Berichtigung von Fehlern in der Rechnungslegung. In Erwartung einer Abschlussprüfung besitzt die Unternehmensführung, die für die Aufstellung der Rechnungslegung verantwortlich ist, einen Anreiz, diese bereits im Vorfeld der Prüfung regelkonform aufzustellen. Insofern kann der Abschlussprüfung eine Präventivfunktion zugesprochen werden.[383]

Die *Informationsfunktion* der Abschlussprüfung wird durch die Pflicht des Abschlussprüfers, das Ergebnis der Prüfung durch die Erstellung des Bestätigungsvermerks und des Prüfungsberichts an die entsprechenden Adressaten zu kommunizieren, deutlich.[384] Letztlich wird unter den primären Funktionen der Abschlussprüfung auch die *Beglaubigungsfunktion* subsumiert. Diese ist in engem Zusammenhang mit der Informationsfunktion zu betrachten, denn sie bezieht sich auf die Abgabe eines Gesamturteils über die Qualität der Rechnungslegung, welches schließlich im Bestätigungsvermerk aufzunehmen ist.[385]

Die primären Funktionen der Abschlussprüfung sind darauf ausgerichtet, die Normenkonformität der prüfungspflichtigen Regelpublizität sicherzustellen. Das Testat des Abschlussprüfers in Form des Bestätigungsvermerks bestätigt gegenüber den Eigenkapitalgebern die Normenkonformität der Rechnungslegung und dient insoweit als Signal hinsichtlich der Glaubwürdigkeit der gesetzlichen Rechnungslegung.[386] Inwieweit Eigenkapitalgeber in dieses Tes-

---

[380] So auch *Dietrich* (2009): 319.

[381] Die Aufgabe der Abschlussprüfung ist keine Geschäftsführungs- oder Unterschlagungsprüfung. Auch dient sie nicht einer Prüfung der wirtschaftlichen Verhältnisse des geprüften Unternehmens, sondern stellt vielmehr eine Gesetzes-, Satzungs- und Ordnungsmäßigkeitsprüfung der Rechnungslegung dar. Vgl. *Schindler* (2012): 400; Rz. 5 Vgl. IDW PS 200.15.

[382] *Orth* (2000): 19 bezeichnet die hier beschriebene Korrekturfunktion als Reglerfunktion.

[383] Vgl. *Orth* (2000): 19-20.

[384] Vgl. *Orth* (2000): 20-21. *Link* (2006): 10-11 ordnet der Informationsfunktion eine Krisenwarnfunktion unter Verweis auf *Wolz* (1996): 2 zu. Unter dieser Funktion sei die Berichterstattung über Beeinträchtigungen der Unternehmensentwicklungen und Bestandsgefährdungen gemäß § 321 Abs. 1 Satz 3 HGB zu verstehen. Vgl. *Wolz* (1996): 2. Siehe zur Berichterstattung im Rahmen der Abschlussprüfung bereits die Ausführungen in Kapitel 2.6.

[385] Vgl. *Orth* (2000): 21.

[386] Vgl. *Ruhnke* (2003): 250.

tat vertrauen, hängt davon ab, welchen Grad an Qualität der Abschlussprüfung sie wahrnehmen. An diesem Punkt knüpft die wahrgenommene Qualität der Abschlussprüfung zunächst an die wahrgenommene Verlässlichkeit von Informationen und schließlich an das wahrgenommene Informationsrisiko an. Das wahrgenommene Informationsrisiko schlägt sich als Faktor der Risikoprämie in den Eigenkapitalkosten des Unternehmens nieder. Der Zusammenhang zwischen der Qualität der Abschlussprüfung und der Risikoprämie ist in folgender Abbildung 4 abschließend dargestellt.

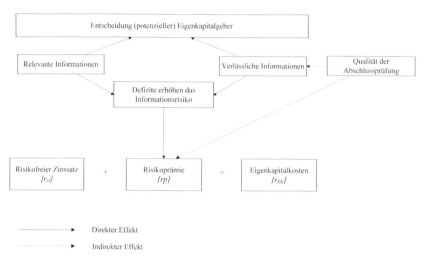

Abbildung 4: **Qualität der Abschlussprüfung und Risikoprämie**

4.3 Zwischenfazit und Implikationen

Wird eine Entscheidung auf Grundlage relevanter Informationen getroffen, so wird unterstellt, dass diese Menge an relevanten Informationen auch verlässlich ist. Die Unsicherheit, dass dies tatsächlich gegeben ist, also ob die resultierende Entscheidung verlässlich ist, wird als Informationsrisiko bezeichnet.[387] Da dieses Informationsrisiko in den Eigenkapitalkosten des geprüften Unternehmens eingepreist wird, dienen diese unter Kontrolle anderer Risikofaktoren als Maßstab für die wahrgenommene Qualität der Abschlussprüfung.[388]

---

[387] Vgl. *Schneider* (1992): 38-40.

[388] Vgl. zu dieser Einschätzung auch *Mandler* (1997), welcher erklärt, dass je geringer das Vertrauen in die Zuverlässigkeit der Rechnungslegung ist, desto geringer ist c.p. die Informationsunsicherheit und desto geringer sind – zumindest in einer modelltheoretischen Betrachtung – die Kapitalkostenforderungen aktueller und potenzieller Anteilseigner. Vgl. *Mandler* (1997): 103.

Eine Einschätzung der Qualität der Abschlussprüfung ermöglicht dem Adressaten der geprüften Regelpublizität ein Urteil über die Glaubwürdigkeit dieser Informationen. In diesem Sinne kann die Information der Qualität der Abschlussprüfung auch als Information über die Glaubwürdigkeit von Informationen aufgefasst werden.[389] Nimmt der Adressat eine höhere Qualität der Abschlussprüfung wahr, so erhöht sich aus seiner Sicht die Wahrscheinlichkeit dafür, dass die geprüften Informationen mit den zugrunde liegenden Rechnungslegungsnormen übereinstimmen.

Würde ein Eigenkapitalgeber bezweifeln, dass für ihn relevante Informationen verlässlich sind, so müsste diese zusätzliche Unsicherheit durch einen Risikozuschlag berücksichtigt werden. Eine niedrige wahrgenommene Qualität der Abschlussprüfung senkt somit die wahrgenommene Verlässlichkeit von Informationen. Investitionen werden aufgrund einer weniger verlässlichen Informationsgrundlage als riskanter eingeschätzt, Eigenkapitalgeber verlangen eine höhere Risikoprämie und folglich erhöhen sich die Eigenkapitalkosten. Eigenkapitalkosten spiegeln somit die durch die Eigenkapitalgeber wahrgenommene Prüfungsqualität wider.[390]

Die Erörterungen in diesem Kapitel führen zu der Formulierung folgender Hypothese:

Je höher die wahrgenommene Qualität der Abschlussprüfung ist, desto geringer ist die durch die Eigenkapitalgeber dem Unternehmen beigemessene Risikoprämie [RPfaktor] c.p.

Die wahrgenommene Qualität der Abschlussprüfung wird gemäß der in Kapitel 3 getroffenen Entscheidung durch die Dimensionen der wahrgenommenen Urteilsfreiheit *[FREI]* und Urteilsfähigkeit *[FÄHIG]* konzeptualisiert. Eine Verbesserung mindestens einer der beiden Dimensionen erhöht die wahrgenommene Qualität der Abschlussprüfung. Die Konzeptualisierung der Qualität der Abschlussprüfung führt zur Formulierung der folgenden Hypothesen – Hypothese 1 *[H1]* und Hypothese 2 *[H2]* –, die schließlich auch die Ausgangsbasis für die empirische Analyse bilden:

H1: *Je höher die wahrgenommene Urteilsfreiheit des Abschlussprüfers [FREI] ist, desto geringer ist die von den Eigenkapitalgebern erwartete Risikoprämie des Unternehmens [RPfaktor] c.p.*

---

[389] *Ruhnke* (2003) bezeichnet diese Art der Information als Prüfungsinformationen, die nicht vom Prüfungsobjekt – der geprüften Rechnungslegung – zu trennen ist. Eine weitere Form der Prüfungsinformation sieht er in Informationen, die die Abschlussprüfung generiert und isoliert vom Prüfungsobjekt zu verwerten ist. Als Beispiel nennt er die Information über einen erfolgten Prüferwechsel. Vgl. *Ruhnke* (2003): 254.

[390] Vgl. *Chen et al.* (2008): 11.

H2: *Je höher die wahrgenommene Urteilsfähigkeit des Abschlussprüfers [FÄHIG] ist, desto geringer ist die von den Eigenkapitalgebern erwartete Risikoprämie des Unternehmens [RPfaktor] c.p.*

Angesichts der Bedeutung die den Eigenkapitalkosten und somit der Risikoprämie aus Sicht der Institutionen der Unternehmensleitung und -überwachung zukommt, sind bei einer Bestätigung der Hypothesen Implikationen für eine Verringerung der Eigenkapitalkosten erkennbar. Diese lassen sich für Unternehmensleitung und -überwachung jedoch nur dann umsetzten, wenn ihnen bekannt ist, welche Faktoren die Urteilsfreiheit *[FREI]* und Urteilsfähigkeit *[FÄHIG]* aus Sicht der Eigenkapitalgeber abbilden. An dieser Stelle knüpft der nächste Schritt der Arbeit an, bei dem es darum geht, Indikatoren zu identifizieren, welche die Dimensionen der Prüfungsqualität abbilden. Im Vordergrund von folgendem Kapitel 5 steht dabei die Formulierung von Messmodellen für die Qualitätsdimensionen. Diese Messmodelle bilden die Grundlagen für die Überprüfung eines möglichen Zusammenhangs zwischen den Qualitätsdimensionen und der erwarteten Risikoprämie der Eigenkapitalgeber im empirischen Teil der Arbeit in Kapitel 7. Gleichzeitig liefern die Messmodelle – sofern deren Validität empirisch bestätigt wurde – Ansatzpunkte für eine Reduktion der erwarteten Risikoprämie und somit der Eigenkapitalkosten.

5 Qualitätsindikatoren und die Dimensionen der Qualität der Abschlussprüfung

Ziel der folgenden Ausführungen ist das Aufzeigen von Zusammenhängen zwischen im Schrifttum diskutierten Qualitätsindikatoren und den Dimensionen der Qualität der Abschlussprüfung. Die daraus resultierenden Messmodelle für die Qualitätsdimensionen ermöglichen schließlich eine empirische Überprüfung des vermuteten Zusammenhangs zwischen den Qualitätsdimensionen und der Renditeerwartung der Eigenkapitalgeber.

5.1 Vorbemerkungen

In den vorangehenden Ausführungen wurde der Zusammenhang zwischen der vom Kapitalmarkt wahrgenommenen Qualität der Abschlussprüfung und den Renditeerwartungen der Eigenkapitalgeber diskutiert. Die Ausführungen in Kapitel 4 lassen die Schlussfolgerung zu, dass je höher die wahrgenommene Qualität der Abschlussprüfung ist, desto geringer fällt die Risikoprämie der Eigenkapitalgeber *[RPfaktor]* aus c.p. (Ebene 1 in Abbildung 5). Die Qualität der Abschlussprüfung wurde ausgehend von der im Schrifttum vertretenen Auffassung in Kapitel 3 durch die Dimensionen Urteilsfreiheit *[FREI]* und Urteilsfähigkeit *[FÄHIG]* konzeptualisiert (Ebene 2 Abbildung 5). Im folgenden Schritt ist nun der Frage nachzugehen, welche Indikatoren sich dazu eignen, die Dimensionen Urteilsfreiheit *[FREI]* und Urteilsfähigkeit *[FÄHIG]* zu beschreiben (Ebene 3 in Abbildung 5). Gesucht sind demnach Indikatoren, die die Dimensionen der Prüfungsqualität einer Messung zugänglich machen. Die folgenden Ausführungen in Kapitel 5 bezwecken somit die Suche nach Indikatoren, welche die Eigenkapitalgeber für die Bildung ihres Urteils hinsichtlich der Dimensionen der Qualität der Abschlussprüfung vermutlich heranziehen. Ob und welche Bedeutung die Dimensionen und Indikatoren tatsächlich für die Höhe der Renditeerwartungen der Eigenkapitalgeber haben, wird die empirische Analyse in Kapitel 7 beantworten.

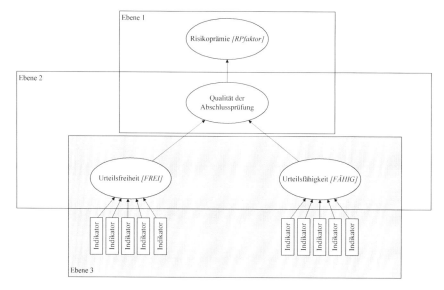

Abbildung 5: Einordnung der Konzeptualisierung der Qualität der Abschlussprüfung in den Gesamtkontext

Die Erkenntnis von *Knechel/Naiker/Pacheco* (2007), "that auditor quality is multidimensional and extends beyond the value inherent in a firms's brand name"[391] wird bei der folgenden Konzeptualisierung der Qualität der Abschlussprüfung explizit aufgegriffen. *Balsam/Krishnan/Yang* (2003) erklären ebenfalls sehr treffend: "[A]uditor quality is multidimensional and inherently unobservable, there is no single auditor characteristic that can be used to proxy for it".[392] Die Multidimensionalität der Qualität der Abschlussprüfung wird im Rahmen dieser Arbeit bereits durch die Konzeptualisierung in die zwei Qualitätsdimensionen Urteilsfreiheit *[FREI]* und Urteilsfähigkeit *[FÄHIG]* aufgegriffen. Fortgeführt wird der Gedanke der Mehrdimensionalität durch die Erfassung der Dimensionen durch multiple Indikatoren. Die Dimensionen der Qualität der Abschlussprüfung sollen auf diese Weise umfassend beschrieben und zu eigenständigen und interpretierbaren Konstrukten zusammengefasst werden. Einige internationale Studien[393] berücksichtigen gleichzeitig mehrere Prüfercharakteristika bzw. Indikatoren, um deren unmittelbaren Einfluss auf bestimmte Variablen zu untersuchen; jedoch werden auf diese Weise die Dimensionen der Prüfungsqualität nicht in ihrer Ei-

---

[391] *Knechel/Naiker/Pacheco* (2007): 20.

[392] *Balsam/Krishnan/Yang* (2003): 71.

[393] Z.B. versuchen *Lin/Hwang* (2010): 68-71 möglichst viele Prüfercharakteristika zu eruieren. Die Autoren greifen die Mandatsdauer, die Größe und den Spezialisierungsgrad der Prüfungsgesellschaft sowie die Unabhängigkeit des Abschlussprüfers auf.

genschaft als eigenständige latente Konstrukte in ihrer Mehrdimensionalität erfasst. Es existiert kein Forschungsbeitrag, welcher die im Folgenden diskutierten Qualitätsindikatoren in Qualitätsdimensionen zusammenfasst und diese – auf Basis archivistischer Daten – hinsichtlich ihrer Bedeutung für den deutschen Kapitalmarkt einer empirischen Analyse unterzieht. Diese Forschungslücke soll mit der hier gewählten Vorgehensweise geschlossen werden.

Anknüpfend an die Vorstellung von *Steenkamp* (1990) wurde die Qualität der Abschlussprüfung in die Qualitätsdimensionen Urteilsfreiheit *[FREI]* und Urteilsfähigkeit *[FÄHIG]* zerlegt.[394] Diese werden im Folgenden durch objektivierbare Qualitätsindikatoren abgebildet. Hierzu werden Zusammenhänge zwischen den identifizierten Indikatoren und den Qualitätsdimensionen Urteilsfreiheit *[FREI]* und Urteilsfähigkeit *[FÄHIG]* aufgezeigt. Die Qualitätsdimensionen werden auf diese Weise durch die Formulierung von *Messmodellen* einer Operationalisierung zugänglich gemacht.

Für die Formulierung von Messmodellen ist es notwendig, Wirkungsbeziehungen zwischen Qualitätsindikatoren und den Dimensionen der *wahrgenommenen* Qualität der Abschlussprüfung aufzuzeigen. Hierzu soll zunächst eine Analyse möglicher Indikatoren hinsichtlich des Zusammenhangs ihrer Ausprägungen zu den Dimensionen der tatsächlichen Qualität der Abschlussprüfung diskutiert werden. Ausgangspunkt sind theoretisch begründbare und empirisch nachgewiesene Wirkungen bestimmter Indikatoren. Die im Folgenden aufgezeigten Wirkungsbeziehungen zwischen Qualitätsindikatoren und -dimensionen leiten sich demnach zunächst aus theoretischen und/oder empirischen Erkenntnissen zur tatsächlichen Prüfungsqualität ab. Sofern theoretische und/oder empirische Erkenntnisse, die unmittelbar den Einfluss auf die wahrgenommene Prüfungsqualität erklären, vorliegen, werden diese ebenfalls für das Aufzeigen von Wirkungsbeziehungen berücksichtigt. Da die Literaturbeiträge zur Wirkung einzelner Indikatoren auf die tatsächliche und auch auf die wahrgenommene Prüfungsqualität mittlerweile äußerst umfangreich sind, wird bewusst von einer lückenlosen Dokumentation der Forschungsbeiträge abgesehen. Das Ziel der Zusammenfassung *relevanter* Forschungsbeiträge soll daher darin liegen, Forschungsinhalte und -methoden zu systematisieren. Eine Darstellung aller relevanten Forschungsarbeiten wird daher nicht im Rahmen dieser Arbeit erfolgen und aufgrund sich ähnelnder Inhalte und Methoden auch nicht für sinnvoll erachtet.

Insgesamt lassen sich nach Durchsicht der vorwiegend angloamerikanischen Literatur sechs Indikatoren identifizieren, die durch die Eigenkapitalmarktteilnehmer wahrgenommen werden können und somit die Beurteilung der Qualitätsdimensionen beeinflussen können. Theoretische Überlegungen und empirische Befunde weisen darauf hin, dass diese Indikatoren in einem Zusammenhang zur Qualität der Abschlussprüfung stehen. Zwar erfolgt die Argumenta-

---

[394] Vgl. hierzu Kapitel 3.2.2 und 3.3.

tion des in diesen Studien empirisch festgestellten Einflusses über die Dimensionen der Qualität der Abschlussprüfung; als eigenständige Konstrukte werden diese Dimensionen in die empirischen Analysen jedoch nicht einbezogen.

Im folgenden Kapitel wird zunächst an die bereits in Kapitel 3 erfolgte Konzeptualisierung der Qualität der Abschlussprüfung angeknüpft, um eine Abgrenzung der Dimensionen der Urteilsfreiheit *[FREI]* und Urteilsfähigkeit *[FÄHIG]* zu erlangen (Kapitel 5.2). Dies ermöglicht eine klare Argumentation hinsichtlich der Wirkungsbeziehung zwischen den später diskutierten Qualitätsindikatoren und den beiden Qualitätsdimensionen. Daran anschließend werden in den theoretischen Grundlagen (Kapitel 5.3) mögliche Verhaltensanreize des Abschlussprüfers vorgestellt. Auf diese Weise kann ein Verständnis für ein mögliches Verhalten des Abschlussprüfers, welches sich auf die Qualität der Abschlussprüfung auswirkt, gewonnen werden. Die darauf folgenden Ausführungen (Kapitel 5.4 und 5.5) dienen der Erörterung der im Schrifttum identifizierten Qualitätsindikatoren. Dabei erfolgt eine Unterscheidung zwischen Indikatoren, die aus der vom Gesetzgeber eingeführten Honorarpublizitätspflicht hervorgehen (Kapitel 5.4) und solchen, die darüber hinausgehende erfahrbare Tatsachen der Abschlussprüfung darstellen (Kapitel 5.5). Die Kapitel 5.4 und 5.5 folgen einer möglichst identischen Systematik. Die Beschreibung des normativen Kontexts verdeutlicht den Ausprägungsspielraum einzelner Indikatoren. Anschließend werden aufgrund theoretischer und empirischer Erkenntnisse die potenziellen Konsequenzen des Qualitätsindikators auf die Qualitätsdimensionen eruiert. Die Darstellung relevanter Forschungsergebnisse soll einen weiteren Eindruck über den funktionellen Zusammenhang zwischen Qualitätsindikator und Qualitätsdimensionen vermitteln. Abschließend erfolgt jeweils eine Würdigung der Wirkungsbeziehungen zwischen Qualitätsindikatoren und Qualitätsdimensionen und einer Darstellung der Operationalisierungsmöglichkeiten des Qualitätsindikators. Das Kapitel 5 schließt mit einer zusammenfassenden Darstellung aufgezeigter Wirkungsbeziehungen zwischen Qualitätsindikatoren und Qualitätsdimensionen und einer abschließenden Darstellung empirisch zu überprüfender Hypothesen (Kapitel 5.6).

5.2 Konzeptualisierung der Qualität der Abschlussprüfung

Die folgenden Erörterungen dienen einer konkreten inhaltlichen Abgrenzung der Dimensionen der Qualität der Abschlussprüfung – Urteilsfreiheit *[FREI]* und Urteilsfähigkeit *[FÄHIG]*, die in Kapitel 3.1 inhaltlich zunächst angerissen wurden. Dies ermöglicht eine klare Argumentation hinsichtlich der Wirkung der in den Kapiteln 5.4 und 5.5 diskutierten Qualitätsindikatoren auf die beiden Qualitätsdimensionen.

5.2.1 Aspekte der Urteilsfreiheit

Die Wahrscheinlichkeit, über die im Rahmen angewandter Urteilsfähigkeit aufgedeckten Fehler zu berichten, ist im Sinne von *DeAngelo* (1981b) abhängig von der Urteilsfreiheit des Abschlussprüfers *[FREI]* in Bezug auf den Mandanten.[395] Die Urteilsfreiheit beinhaltet somit, einen entdeckten Fehler auch berichten zu wollen und ist insofern von der Urteilsfähigkeit abzugrenzen, mit der ein Sachverhalt beschrieben wird, einen Fehler entdecken zu können.

Die Wahrung der Unabhängigkeit sowie ein unparteiisches Verhalten bei der Erstellung von Prüfungsberichten oder Gutachten gehören gemäß § 43 Abs. 1 WPO zu den allgemeinen Berufspflichten des Wirtschaftsprüfers. Die Berufssatzung nimmt in § 21 Abs. 1 BS WP/vBP im Wortlaut eine Unterscheidung zwischen der Urteilsfreiheit und der Unabhängigkeit des Abschlussprüfers vor, indem sie konkretisiert, dass Abschlussprüfer ihre Tätigkeit zu versagen haben, sofern sie bei der Durchführung einer Abschlussprüfung oder bei der Erstellung von Gutachten nicht unbefangen sind oder wenn die Besorgnis der Befangenheit besteht. Mit der Verwendung des Terminus „unbefangen" spricht die Norm den Aspekt der Urteilsfreiheit und somit der Freiheit der Urteilsbildung von unsachgemäßen Erwägungen an.[396] Die „Besorgnis der Befangenheit" stellt hingegen auf Tatbestände ab, die einen sachverständigen Dritten dazu veranlassen, skeptisch gegenüber dem Abschlussprüfer hinsichtlich seiner Urteilsfreiheit zu sein.[397]

Eine Ausprägung der Urteilsfreiheit stellt die Wahrung der *kritischen Grundhaltung*[398] im Prüfungsprozess dar.[399] ISA 200.17 greift die Bedeutung der kritischen Grundhaltung für die Durchführung von Abschlussprüfungen in folgender Weise auf: „Die Abschlussprüfung ist mit einer kritischen Grundhaltung zu planen und durchzuführen; die erlangten Prüfungsnachweise sind kritisch zu würdigen. Der Abschlussprüfer muss sich stets darüber im Klaren sein, dass Umstände (Fehler, Täuschungen, Vermögensschädigungen oder sonstige Gesetzesverstöße) existieren können, aufgrund derer der Jahresabschluss und der Lagebericht wesentliche falsche Aussagen enthalten. Er kann daher nicht ohne weiteres im Vertrauen auf die Glaubwürdigkeit der gesetzlichen Vertreter beispielsweise von der Richtigkeit ihrer Auskünfte ausgehen, sondern muss sich diese belegen lassen und die Überzeugungskraft dieser Nachweise würdigen. Bei Anhaltspunkten für Verstöße durch die gesetzlichen Vertreter oder die Mitarbeiter des geprüften Unternehmens hat er ergänzende Prüfungshandlungen vorzunehmen und

---

[395] Vgl. *DeAngelo* (1981b): 186.
[396] Vgl. zur Konkretisierung der Unbefangenheit § 20 Abs. 2 Satz 1 BS WP/vBP.
[397] Vgl. zur Konkretisierung der Besorgnis der Befangenheit § 20 Abs. 3 BS WP/vBP.
[398] Der Begriff der professionellen oder auch berufsüblichen Skepsis soll hier synonym zum Begriff der kritischen Grundhaltung verwendet werden.
[399] So auch *IAASB* (2012): 3.

die Prüfungsnachweise im Hinblick auf den Verdacht gezielt zu würdigen."[400] Ein über diese kritische Grundhaltung hinausgehendes besonderes Misstrauen des Abschlussprüfers ist im Rahmen der Jahresabschlussprüfung in der Regel nicht erforderlich."[401] Auch die internationalen Prüfungsnormen greifen das Konzept der kritischen Grundhaltung auf. So definiert ISA 200.13(l) "professional skepticism" [Anmerkung des Verfassers: engl. für kritische Grundhaltung[402]] als "[a]n attitude that includes a questioning mind, being alert to conditions which may indicate possible misstatement due to error or fraud, and a critical assessment of audit evidence."[403] Weiter schreibt ISA 200.15: "The auditor shall plan and perform an audit with professional skepticism recognizing that circumstances may exist that cause the financial statements to be materially misstated."[404] Fast alle der im Folgenden beschriebenen Tatbestände wirken sich unmittelbar auf die kritische Grundhaltung des Abschlussprüfers und diese wiederum über die Urteilsfreiheit auf die Qualität der Abschlussprüfung aus. Insofern verknüpft das Konzept der kritischen Grundhaltung die Gefährdungstatbestände der Urteilsfreiheit mit der Qualität der Abschlussprüfung. Auf mögliche Gefährdungstatbestände wird im Folgenden eingegangen.

Die Empfehlung der Europäischen Kommission zur Unabhängigkeit des Abschlussprüfers in der EU[405] systematisiert Faktoren, die ein Risiko für die Unbefangenheit darstellen und bei Erkennen durch einen Dritten eine Besorgnis der Befangenheit auslösen können. Die von der Europäischen Kommission motivierten Risiken, die zu einer Gefährdung der Urteilsfreiheit des Abschlussprüfers führen können und teilweise in § 21 Abs. 2 Satz 2 BS WP/vBP aufgenommen wurden,[406] sind: self-interest threat (Eigeninteresse)[407], self-review threat (Überprüfung der eigenen Leistung)[408], advocacy threat (Interessenvertretung)[409], familiarity oder trust threat (Vertrautheit oder Vertrauen)[410] und intimidation threat (Einschüchterung).[411]

---

[400] Anmerkung des Verfassers: An dieser Stelle erfolgt ein Absatz im Original.
[401] IDW PS 200.17.
[402] Vgl. die autorisierte Übersetzung des IDW *IFAC* (2011): 59.
[403] ISA 200.13(l).
[404] ISA 200.15.
[405] Vgl. *Europäische Kommission* (2002a); *Europäische Kommission* (2002b).
[406] Die Begründung der nicht erfolgten Aufnahme des intimidation threat (Einschüchterung) in die Berufsatzung erfolgte unter Verweis auf die rechtlichen Regelungen zum Widerruf des Prüfungsauftrags gemäß § 318 Abs. 1 Satz 5 HGB, der eine Verringerung der Urteilsfreiheit durch die Androhung des Mandatsverlustes bereits auffängt, da er den Widerruf des Prüfungsauftrags einschränkt. Die Möglichkeit einer nicht erneuten Wiederwahl des Abschlussprüfers sei eine Grundentscheidung des Gesetzgebers und kann daher keine Einschränkungen hinsichtlich der Urteilsfreiheit begründen. Vgl. die Begründung zur Berufssatzung *WPK* (2012): 53.
[407] Vgl. hierzu weiter § 23 BS WP/vBP.
[408] Vgl. hierzu weiter § 23a BS WP/vBP.

Das Risiko des *Eigeninteresses* bezeichnet die Gefährdung der Urteilsfreiheit, die von finanziellen oder Interessenkonflikten sonstiger Art ausgeht.[412] Der Abschlussprüfer sieht sich als (potenzieller) Auftragnehmer sowohl eines Prüfungsauftrags als auch eines Beratungsauftrags dem Willen seiner Auftraggeber ausgesetzt, ihm (weiterhin) den jeweiligen Auftrag zu erteilen. Da der Abschlussprüfer seinen Einkommensstrom aus der erwerbswirtschaftlichen[413] Vertragsbeziehung zum Mandanten generiert, wird er ein hohes wirtschaftliches Interesse besitzen, die Vertragsbeziehung auch zukünftig fortzuführen. In der Konsequenz kann es aus Sicht des Abschlussprüfers aus Gründen der Wahrung seines Eigeninteresses rational sein, seine Urteilsfreiheit aufzugeben, sofern die Fortführung der Mandatsbeziehung gewährleistet wird.[414]

Eine etwaige *Überprüfung der eigenen Leistung* gefährdet die Unabhängigkeit hinsichtlich der Wahrung der notwendigen Objektivität.[415] Ist der Abschlussprüfer zunächst für die Herstellung eines Sachverhalts verantwortlich, führt dies aufgrund mangelnder Unvoreingenommenheit automatisch zu Konflikten in der Person des Abschlussprüfers, deren Lösung in einer Aufgabe der Urteilsfreiheit resultieren kann.[416]

Vertritt der Abschlussprüfer die *Interessen* seines Mandanten oder wird er gegen die Interessen seines Mandanten tätig, so geht von dieser Situation eine Gefährdung der Unabhängigkeit aus.[417] Das Risiko für die Urteilsfreiheit, welches aus der Interessenvertretung resultiert, ist insbesondere dann gegeben, wenn der Abschlussprüfer sich mit den Interessen des Mandanten oder Dritter in der Weise identifiziert, dass dadurch seine Objektivität verloren geht.[418]

Kennzeichnet sich die Beziehung zwischen Abschlussprüfer und Mandant durch eine enge und über einen längeren Zeitraum andauernde Zusammenarbeit, besteht das Risiko, dass der Abschlussprüfer dem Mandanten gegenüber nicht mehr die für eine objektive Beurteilung

---

[409] Vgl. hierzu weiter § 23b BS WP/vBP.

[410] Vgl. hierzu weiter § 24 BS WP/vBP.

[411] Vgl. für alle fünf Faktoren *Europäische Kommission* (2002a): 25; A.3.1. Die Übersetzungen wurden der autorisierten deutschen Fassung der Empfehlung der Europäischen Kommission zur Unabhängigkeit des Abschlussprüfers in der EU übernommen. Vgl. *Europäische Kommission* (2002b): 25 und 37. Die gleiche Aufzählung wurde auch von der IFAC im Code of Ethics (IESBA Code) gewählt. Vgl. IESBA Code.100.12.

[412] Vgl. *Europäische Kommission* (2002b): 37. Ähnlich auch *Wiemann* (2011): 50.

[413] Der Wirtschaftsprüfer übt einen freien Beruf aus. Vgl. *Naumann* (2012): 1; Rz. 2.

[414] Vgl. *Sattler* (2011): 79 mit weiteren Nachweisen sowie *Leffson* (1988): 82.

[415] Vgl. *Europäische Kommission* (2002b): 37.

[416] Vgl. *Leffson* (1988): 84.

[417] Vgl. *Europäische Kommission* (2002b): 37.

[418] Vgl. *Wiemann* (2011): 52.

notwendige Distanz wahrt und ihm ein zu großes *Vertrauen* entgegenbringt. Die Wahrung seiner Urteilsfreiheit wäre in der beschriebenen Situation gefährdet.[419]

Schließlich können auch *Androhungen* seitens des Mandanten zu einer Gefährdung der Unabhängigkeit des Abschlussprüfers führen.[420] Obwohl die Wahl des Abschlussprüfers rechtlich bei der Hauptversammlung und nicht beim Management liegt,[421] ist ein faktischer Einfluss des Managements auf die Wiederwahl des Abschlussprüfers nicht ausgeschlossen.[422] Liegt ein glaubhaftes Drohpotenzial seitens des Managements vor, so ist es möglich, dass das Management dieses auch ausnutzt, um ein mit seinen Interessen konformes Prüfungsergebnis zu erzielen. Hieraus ergeben sich Einschränkungen der Urteilsfreiheit des Abschlussprüfers.[423]

Der deutsche Gesetzgeber adressiert im Handelsrecht die Unabhängigkeit des Abschlussprüfers in den §§ 319 und 319a HGB explizit.[424] Während der § 319 HGB Ausschlussgründe für Abschlussprüfer allgemein konkretisiert, beziehen sich die Ausschlussgründe des § 319a HGB ausschließlich auf Abschlussprüfungen von Unternehmen des öffentlichen Interesses, unter die kapitalmarktorientierte Unternehmen i.S.d. § 264d HGB zu subsumieren sind. Der § 319 Abs. 2 HGB regelt generell, dass ein Abschlussprüfer von der Abschlussprüfung ausgeschlossen ist, wenn insbesondere geschäftliche, finanzielle oder persönliche Beziehungen bestehen, die eine Besorgnis der Befangenheit begründen können. Weiter beschreiben die §§ 319 Abs. 3, 4 und 319a Abs. 1 HGB konkrete Fälle, in denen ein Ausschluss von der Abschlussprüfung zu erfolgen hat. Die Konkretisierung der §§ 319 Abs. 3, 4 und 319a Abs. 1 HGB knüpft dabei an quantifizierbare Tatbestände an, die in jedem Fall zu einem Ausschluss führen.[425]

Ein überschneidungsfreies Aufzeigen von Sachverhalten, die im Prüfer selbst oder in seiner Beziehung zum Mandanten liegen, ist hinsichtlich ihrer Wirkung auf die genannten Risikotatbestände für eine Gefährdung der Urteilsfreiheit nicht möglich, da diese Sachverhalte unter Umständen mehrere der Risikotatbestände betreffen.[426] Insofern ist es nicht sachgerecht, von den Risikotatbeständen Sachverhalte, die diese tangieren, abzuleiten und zu operationalisie-

---

[419] Vgl. *Europäische Kommission* (2002b): 37; *Leffson* (1988): 83-84.
[420] Vgl. *Europäische Kommission* (2002b): 37.
[421] Vgl. zur Bestellung des gesetzlichen Abschlussprüfers Kapitel 2.2.3.
[422] Vgl. zur Einflussnahme des Managements Kapitel 5.3.3.
[423] Vgl. *Leffson* (1988): 82.
[424] Der durch das BilMoG in das HGB neu eingeführte § 319b HGB weitet bestimmte Unabhängigkeitsanforderungen der §§ 319 und 319a HGB auf Prüfungsgesellschaften, die demselben Netzwerk angehören, aus. Für eine Definition des Netzwerkbegriffs vgl. Fn. 522 oder § 319b Abs. 1 Satz 3 HGB.
[425] Vgl. *Schmidt* (2012a): 2059-2060; Rz. 20.
[426] Vgl. *Quick* (2006): 43.

ren. Die Risikotatbestände können aber als eine Art Rahmenkonzept angesehen werden, um systematisch den Einfluss bestimmter Sachverhalte auf die Urteilsfreiheit des Abschlussprüfers beurteilen zu können.

5.2.2 Aspekte der Urteilsfähigkeit

Entsprechend der aufgegriffenen Definition von *DeAngelo* (1981b) umfasst die Urteilsfähigkeit des Abschlussprüfers *[FÄHIG]* in einer nicht abschließenden Aufzählung seine "technological capabilities, the audit procedures employed on a given audit, the extent of sampling, etc."[427] Verallgemeinert man die von *DeAngelo* (1981b) genannten Argumente, ist unter der Urteilsfähigkeit des Abschlussprüfers sein Potenzial zu verstehen, welches ihn in die Lage versetzt, geeignete Methoden im Prüfungsprozess anzuwenden, um mit einer akzeptablen Irrtumswahrscheinlichkeit wesentliche Fehler im Prüfungsobjekt festzustellen. Hinsichtlich der Fähigkeiten, die er dafür benötigt, kann unterschieden werden zwischen mandantenunspezifischen Fähigkeiten, über die ein Prüfer unabhängig vom jeweiligen Prüfungsauftrag verfügen muss, und mandantenspezifischen Fähigkeiten, die für eine adäquate Prüfung einer bestimmten Klasse von Mandanten relevant sind.

Mandantenunspezifisch ist zunächst die Berufsausbildung des Abschlussprüfers, zu der das Ablegen eines Berufsexamens sowie eine ständige berufsbegleitende Fortbildung gemäß § 43 Abs. 2 WPO gehören. Weiterhin kann die im Rahmen der Berufsausübung erworbene allgemeine Expertise des Abschlussprüfers der mandantenunabhängigen Urteilsfähigkeit zugerechnet werden. Diese wird zusätzlich durch konkrete Erfahrungen beim Mandanten spezifiziert.

Als Wirtschaftsprüfer werden solche Personen bestellt, die gemäß § 15 WPO das *Examen* erfolgreich absolviert haben.[428] Da nur Wirtschaftsprüfer zur Vornahme von gesetzlichen Abschlussprüfungen befugt sind,[429] kann von einem einheitlichen Ausbildungsniveau aller Ab-

---

[427] *DeAngelo* (1981b): 186. Der einleitenden Ausführung der Studie des *United States General Accounting Office (GAO)* (2003) zur Einführung einer verpflichtenden Prüferrotation kann ein Katalog mit Aspekten entnommen werden, die für die Aufdeckung von Fehlern in der Rechnungslegung für wichtig erachtet werden und die den Aspekt der Urteilsfähigkeit konkretisieren. Es werden genannt: Ausbildung, Trainingsmaßnahmen, Erfahrung, Kenntnisse der relevanten Rechnungslegungs- und Prüfungsnormen, Branchenerfahrung, Angemessenheit der Zusammensetzung des Prüfungsteams, effektive Risikobeurteilung und Kenntnisse über die Geschäftsabläufe, Systeme und Rechnungslegungspraxis des Mandanten. Vgl. *United States General Accounting Office (GAO)* (2003): 18.

[428] Neben diesem „Normalexamen" existieren gemäß §§ 331g-331n WPO Anerkennungsverfahren für Berufsträger aus anderen Staaten der Europäischen Union sowie Mitgliedstaaten des EWR-Abkommens und der Schweiz. Vgl. *Naumann* (2012): 15-16; Rz. 56.

[429] Der Anwendungsfall einer zulässigen Abschlussprüfung durch vereidigte Buchprüfer kann im Kontext dieser Arbeit aufgrund der Kapitalmarktorientierung der analysierten Kapitalgesellschaften und somit einer automatischen Klassifizierung als große Kapitalgesellschaften i.S.d. § 267 Abs. 3 Satz 2 HGB ausgeschlossen werden.

schlussprüfer ausgegangen werden. Neben der identischen Examinierung zu Berufsbeginn sind Abschlussprüfer im Rahmen der Befolgung ihrer Berufspflichten gemäß § 43 Abs. 2 Satz 4 WPO verpflichtet, berufliche *Fortbildungsmaßnahmen* zu absolvieren.[430] Ob hinsichtlich Art und Umfang angemessene Fortbildungsmaßnahmen ergriffen wurden, kann durch die Öffentlichkeit nicht beurteilt werden.

Im Laufe seiner Berufstätigkeit entwickelt der Abschlussprüfer Fertigkeiten, die auf wiederkehrenden Erfahrungen beruhen und die seine allgemeine Fähigkeit steigern, fallbezogen besser einschätzen zu können, welche Prüfungshandlungen sachgerecht einzusetzen sind.[431] Als Träger von *Expertise* zeichnet den Abschlussprüfer – den Experten – eine hohe Kompetenz aus, Probleme intuitiv zu lösen, die Sachgerechtigkeit seines Handels selbst zu reflektieren sowie die Flexibilität mit veränderten Rahmenbedingungen adäquat umzugehen. Im Wesentlichen zeichnet sich Expertise durch drei Faktoren aus: Kompetenz, Intuition und Flexibilität. Als Kernelemente der Kompetenz können Wissensinhalte, Wissensstrukturen sowie analytisches Denkvermögen angesehen werden. Wissensinhalte dienen der kontextspezifischen Problemlösung und werden mit Hilfe von Wissensstrukturen verknüpft. Analytisches Denkvermögen als Teil der kognitiven Fähigkeiten des Experten sorgt für eine effektive und effiziente Anwendung von Wissen. Intuition betrifft die prozedurale Transformation von Wissensstrukturen. Einem Experten ist es einfach möglich, Probleme zu verstehen und zu lösen. Kognitive Mechanismen zur Problemlösung verlaufen automatisiert. Schließlich muss es einem Experten möglich sein, unbekannte Problemsituationen zu bewältigen. Ihm wird in neuen Situationen Flexibilität abverlangt, die er benötigt, um Analogieschlüsse zu ziehen, sein Vorgehen selbst zu reflektieren sowie Wissen neu – entsprechend der vorliegenden Problemsituation – zu strukturieren.[432] Expertise umfasst zwar die reine fachliche Qualifikation, geht jedoch wesentlich darüber hinaus; sie erfordert zusätzlich Problemlösungskompetenz.[433]

In Bezug auf die *mandantenspezifische* Urteilsfähigkeit ist es erforderlich, dass der Abschlussprüfer erkennen kann, welche speziellen, im konkreten Mandat erforderlichen Prüfungshandlungen notwendig sind. Die Verfolgung eines risikoorientierten Prüfungsansatzes[434] macht es zunächst erforderlich, dass sich der Abschlussprüfer ein Bild über die inhärenten

---

[430] Vgl. *Naumann* (2012): 231; Rz. 27. Die WPO selbst konkretisiert weder Art noch Umfang der Fortbildungsmaßnahmen. Vgl. *Füssel* (2010): 18. Die im IDW zusammengeschlossenen Wirtschaftsprüfer haben sich allerdings in § 4 Abs. 10 IDW-Satzung einer Selbstverpflichtung unterworfen, die eine durchschnittlich 40-stündige Fortbildung jährlich vorsieht, deren Art und Umfang jedoch durch den Wirtschaftsprüfer eigenverantwortlich zu bestimmen sind. An gleicher Stelle verweist die Satzung auch auf das notwendige Literaturstudium eines aktiven Berufsangehörigen.

[431] Vgl. abstrakt *Füssel* (2010): 78-79; *United States General Accounting Office (GAO)* (2003): 18.

[432] Vgl. *Schreiber* (2000): 193.

[433] Vgl. *Bahr* (2003): 170.

[434] Siehe zur Bedeutung und zu Implikationen des geschäftsrisikoorientierten Prüfungsansatzes Kapitel 2.5.

Risiken und die Kontrollrisiken des zu prüfenden Unternehmens macht, um bei Verfolgung eines bestimmten Niveaus des Prüfungsrisikos ein adäquates Entdeckungsrisiko abzuleiten, welches sich dann schließlich in hinsichtlich Art und Umfang angemessenen Prüfungshandlungen[435] konkretisiert. Ein niedriges Entdeckungsrisiko sollte sich in einem erhöhten Zeit- und Personalbedarf widerspiegeln und erfordert den Einsatz von qualifiziertem Personal.[436]

Bezüglich der Einschätzung des *inhärenten Risikos* ist es notwendig, dass der Abschlussprüfer die sich auf die Rechnungslegung möglicherweise auswirkenden Geschäftsrisiken kennt. Geschäftsrisiken können aus der Geschäftstätigkeit des Unternehmens selbst, aber auch aus seiner Umwelt, wie das wirtschaftliche und das rechtliche Umfeld, resultieren. Die zu gewinnenden Erkenntnisse erstrecken sich auf die Identifikation und das Verständnis von Ereignissen, Geschäftsvorfällen und Abläufen, die wesentliche Auswirkungen auf den Jahresabschluss sowie auf die Abschlussprüfung und im Rahmen dieser auf den Betätigungsvermerk haben können.[437] Dies betrifft insbesondere Informationen über die allgemeine wirtschaftliche Lage, konkrete Merkmale und Verhältnisse des Unternehmens, unter die auch die Unternehmensziele und -strategien im Speziellen zu subsumieren sind, und deren Bedeutung für die Geschäftsrisiken und den Umgang mit diesen im Unternehmen.[438] Neben der Geschäftstätigkeit des Mandanten hat sich der Abschlussprüfer mit makroökonomischen, branchen- und unternehmensspezifischen Umfeldfaktoren zu befassen, innerhalb derer der Mandant agiert, und darüberhinaus auch prüffeldspezifische Aspekte zu berücksichtigen, um das Entdeckungsrisiko entsprechend anpassen und in geeignete Prüfungshandlungen einfließen lassen zu können.[439] Diese Vorgehensweise verschafft dem Abschlussprüfer in einem Teilbereich Urteilsfähigkeit.

Die Beurteilung des für die Abschlussprüfung relevanten internen Kontrollsystems[440] dient der Einschätzung des *Kontrollrisikos* im Rahmen der Risikoanalyse[441] und impliziert – wie auch die Einschätzung des inhärenten Risikos – die Festlegung geeigneter Prüfungshandlungen.[442] Der Abschlussprüfer hat zum Zweck der Beurteilung des Kontrollrisikos den Aufbau

---

[435] Vgl. für eine Übersicht von Prüfungshandlungen *Schindler* (2012): 2431-2436. Einzelfallprüfungen wird mithin ein größerer Beitrag zur Senkung des Entdeckungsrisikos beigemessen als analytischen Prüfungshandlungen. Vgl. *Marten/Quick/Ruhnke* (2011): 210.

[436] Vgl. *Marten/Quick/Ruhnke* (2011): 210.

[437] Vgl. für die Identifikation von Risiken im Rahmen der Abschlussprüfung IDW PS 230 sowie ISA 315.

[438] Vgl. IDW PS 230.2 sowie ISA 315.15.

[439] Vgl. *Marten/Quick/Ruhnke* (2011): 254.

[440] Vgl. ISA 315.12. Vgl. für eine Definition des internen Kontrollsystems bereits Fn. 106.

[441] Vgl. *Link* (2006): 136.

[442] Vgl. *Hayes* (2005): 197.

wie auch die Implementierung des internen Kontrollsystems zu bewerten.[443] Liegt ein wirksames internes Kontrollsystem vor, wirken sich inhärente Risiken mit einer geringeren Wahrscheinlichkeit auf die Geschäftstätigkeit des Unternehmens oder die Rechnungslegung selbst aus.[444] Der Abschlussprüfer kann unter Berücksichtigung der inhärenten Grenzen dieses Systems davon ausgehen, dass sowohl die Verlässlichkeit der Rechnungslegung als auch die Erreichung der Unternehmensziele ausreichend gesichert sind.[445]

Aufgrund der aufgezeigten diversen Facetten, welche die Urteilsfähigkeit aufweist, scheint es nicht sachgerecht, die Urteilsfähigkeit in Bezug auf die Wahrnehmung der Qualität der Abschlussprüfung über alle Unternehmen als konstant anzusehen. Allerdings ist es dennoch schwierig, sich als externer Adressat ein dezidiertes Bild von der Urteilsfähigkeit des Abschlussprüfers zu machen. Indikatoren für die mandantenunspezifische Urteilsfähigkeit stehen nicht zur Verfügung. In Bezug auf die mandantenspezifische Urteilsfähigkeit lassen sich jedoch, wie noch zu zeigen sein wird, einige geeignete Indikatoren herausarbeiten.

5.3 Theoretische Grundlagen

Die folgenden Ausführungen zeigen Theorien und Erklärungsansätze auf, die einen Zusammenhang zwischen einigen Indikatoren der Prüfungsqualität und Dimensionen der Qualität der Abschlussprüfung begründen.

5.3.1 Abschlussprüfer als ökonomischer Agent

Die Existenz einer Abschlussprüfung begründet sich nicht in einer neoklassischen Modellwelt, in der Informationsasymmetrien ausgeblendet werden, da in diesem Idealzustand weder Unternehmenspublizität noch eine Prüfung dieser notwendig wäre.[446] Erst die Existenz von Informationsasymmetrien zwischen Anteilseignern und Unternehmensführung macht eine Abschlussprüfung notwendig. Ansätze der Neuen Institutionenökonomik wie der Prinzipal-Agenten-Theorie bieten Freiraum, eine Analyse der Anreizstrukturen in einer Welt mit Informationsasymmetrien zu modellieren. So blendet die Neue Institutionenökonomik gegenüber der Neoklassik real auftretende Phänomene, wie Marktunvollkommenheiten als Ergebnis unvollständiger Verträge und Informationsasymmetrien, nicht aus.[447] Die vermeintliche Lösung der durch die Prinzipal-Agenten-Beziehung zwischen Anteilseignern und Unternehmensführung hervorgerufenen Informationsunsicherheit durch die Beauftragung eines Abschlussprü-

---

[443] Vgl. ISA 315.13.
[444] Vgl. ISA 315.3; *Steckel/Severus* (2011): 65.
[445] Vgl. *Schmidt* (2005): 880.
[446] Vgl. *Ewert* (1993): 717.
[447] Vgl. *Erlei/Leschke/Sauerland* (2007): 46-50.

fers führt schließlich zu einer weiteren Prinzipal-Agenten-Beziehung und damit verbundenen Konflikten, nämlich dem zwischen Anteilseigner und Abschlussprüfer. Es scheint daher ebenfalls sachgerecht, den Abschlussprüfer als ökonomischen Agenten im Sinne der Prinzipal-Agenten-Theorie zu betrachten und diese Theorie nicht lediglich auf die Beziehung zwischen Vorstand und Anteilseignern zu reduzieren.

Der Abschlussprüfer tritt als ökonomischer Agent gegenüber den Anteilseignern auf.[448] Wie auch im Verhältnis zwischen Eigenkapitalgebern und Unternehmensführung besteht auch in der Prinzipal-Agenten-Beziehung zwischen Abschlussprüfer und Anteilseignern aufgrund von Informationsdivergenzen und -asymmetrien zwischen diesen Parteien das Problem opportunistischen Verhaltens seitens des Abschlussprüfers.[449] Anteilseigner sind aufgrund ihrer Distanz zum Prüfungsobjekt und -prozess und den damit verbundenen Informationsasymmetrien gegenüber dem Abschlussprüfer[450] nicht in der Lage, dessen Leistung und somit die Qualität der Abschlussprüfung sicher einschätzen zu können. Durch die Unbeobachtbarkeit seiner Tätigkeit erhält der Abschlussprüfer die Möglichkeit zu verborgenem Handeln (Hidden Action).[451] Da es sich bei dem Abschlussprüfer annahmegemäß um ein rational handelndes, eigennutzenmaximierendes Individuum[452] und nicht um eine funktionierende Technologie[453] handelt, besteht die Möglichkeit des opportunistischen Handelns durch den Abschlussprüfer (Moral Hazard).[454]

Antle (1984) beschreibt in einem spieltheoretischen Modell die Rolle des Abschlussprüfers in einem Prinzipal-Agenten-Kontext und stellt aus dieser Beziehung resultierende Probleme, aber schließlich auch Lösungsansätze, für die Wahrung der *Urteilsfreiheit* des Abschlussprüfers heraus.[455] Demnach agiert der Abschlussprüfer als ökonomischer Agent gegenüber den Anteilseignern als Prinzipale,[456] in deren Auftrag er die Normenkonformität der Rechnungslegung überprüfen und dieses Ergebnis an seine Auftraggeber kommunizieren soll. Im Rahmen dessen informiert er die Anteilseigner über die Normenkonformität der Rechenschaft des

---

[448] Vgl. ursprünglich *Antle* (1982): 503-504. So auch *Ewert* (1993): 718; *Ewert* (1990): 140; *Ballwieser* (1987b): 352.

[449] Vgl. *Ballwieser* (1987a): 329. Siehe konkret zum Prinzipal-Agenten-Konflikt im Verhältnis zwischen Abschlussprüfer und Anteilseignern auch *Ballwieser* (1987b) und *Ewert* (1990).

[450] Siehe zu den Guteigenschaften der Abschlussprüfung und den damit verbundenen Unsicherheiten einer Qualitätseinschätzung Kapitel 3.2.1.

[451] Vgl. *Antle* (1984): 2.

[452] Vgl. zum Rationalitätsprinzip und zur Nutzenmaximierung in der Ökonomie *Wiswede* (2012): 27-30.

[453] Siehe hierzu *Ewert* (1993): 720; *Antle* (1984): 2.

[454] Vgl. *Spremann* (1990): 571-572.

[455] Vgl. *Antle* (1984); *Antle* (1982). Eine Aufarbeitung des Modells von *Antle* (1984) unter spieltheoretischen Gesichtspunkten findet sich z.B. in *Paulitschek* (2009): 59-66.

[456] Vgl. *Antle* (1984): 2; *Antle* (1982): 504.

Managements über seinen Arbeitseinsatz sowie über den für die Anteilseigner nicht beobachtbaren Unternehmenserfolg.[457] Der Abschlussprüfer hat diesbezüglich sowie hinsichtlich seiner eigenen Arbeitsleistung gegenüber den Anteilseignern einen deutlichen Informationsvorsprung.[458] Es ist anzunehmen, dass der Abschlussprüfer unter der Annahme, dass er nach einer Maximierung seines persönlichen Nutzens strebt, opportunistisch in Form von Moral Hazard handelt[459] und sein Handeln nicht ausschließlich aufgrund von berufsethischen, sondern auch von wirtschaftlichen Aspekten wählt.[460]

Das Modell sieht vor, dass der Nutzen des Anteilseigners sowohl vom Management als auch vom Abschlussprüfer beeinflusst wird.[461] *Antle* (1984) geht zu Beginn des Models von drei Spielzügen aus, die sequenzieller Natur sind.[462] In einer ersten Phase wählt der Eigentümer ein Entlohnungssystem für das Management s = s (m', y', z) und den Abschlussprüfer t = t (m', y', z). Dabei bezeichnet m' die Berichterstattung des Managements, y' bezeichnet die Berichterstattung über das Ergebnis der Prüfung und z = z (a_1, a_2, ω) repräsentiert schließlich eine für den Anteilseigner, das Management sowie den Abschlussprüfer bekannte Größe, die durch das Anstrengungsniveau des Managers a_1, des Abschlussprüfers a_2 sowie von zufälligen Determinanten ω beeinflusst wird.[463] Akzeptieren das Management und der Abschlussprüfer diese Entlohnungssysteme und gehen eine Vertragsbeziehung mit dem Unternehmen ein, entscheiden sie simultan über ihr Anstrengungsniveau (a_1 bzw. a_2) und ihre Berichtspolitik (m' bzw. y'). In der dritten Phase sind alle Anstrengungsniveaus und Ergebnisse realisiert. Das Management berichtet über das erzielte Ergebnis m', der Abschlussprüfer berichtet über das Ergebnis seiner Arbeit y'. Management und Abschlussprüfer werden schließlich mit s und t entlohnt.[464] Die Entlohnung ergibt sich aus der Festlegung des ersten Spielzuges.

Der Abschlussprüfer könnte nun seinen monetären Nutzen maximieren, indem er – bei gegebener Entlohnung – sein Anstrengungsniveau vermindert und aufgrund von Zahlungen des Managements[465] über entdeckte Fehler in der Rechnungslegung nicht berichtet.[466] Er würde

---

[457] Vgl. *Antle* (1982): 504, welcher deutlich die Rechnungslegungsfunktion der Rechenschaftslegung in den Vordergrund seiner Betrachtung rückt. Vgl. auch *Antle* (1984): 2 sowie *Zimmermann* (2008): 58.
[458] Vgl. *Marten/Quick/Ruhnke* (2011): 157.
[459] Vgl. *Antle* (1984): 2.
[460] Vgl. *Marten/Quick/Ruhnke* (2011): 157.
[461] Vgl. *Antle* (1984): 5.
[462] Die im Folgenden verwendete Notation entspricht nicht exakt der von *Antle* (1984). An dieser Stelle wurden Vereinfachungen vorgenommen, sodass sich die Ausführungen auf den Kern der Aussagen von *Antle* (1984) beschränken können ohne durch ausführliche Notationen die Leserlichkeit einzuschränken.
[463] Vgl. *Antle* (1984): 3-4.
[464] Vgl. *Antle* (1984): 4-5.
[465] Vgl. *Antle* (1984): 9.

seine *Urteilsfreiheit* zu Gunsten ökonomischer Vorteile aufgeben. Für den Abschlussprüfer könnte die Koalitionsbildung mit dem Management eine geeignete Strategie darstellen, um seinen monetären Nutzen zu maximieren. *Antle* (1984) stellt fest, dass mehrere Nash-Gleichgewichte existieren, bei denen eine gemeinsame Strategie zwischen Abschlussprüfer und Management für beide Parteien nutzenmaximierend ist.[467] Schließlich erkennt er, dass eine dominante Strategie existiert, bei der es sich aus Sicht des Managements lohnt, Seitenzahlungen an den Abschlussprüfer zu leisten. Der Abschlussprüfer soll dazu veranlasst werden, seine Berichterstattung an die Bedürfnisse des Managements anzupassen. Gleichzeitig wird auch aus Sicht des Abschlussprüfers ein ökonomischer Vorteil durch die Annahme der Seitenzahlungen und die Anpassung der Berichterstattung erzielt. Die Höhe der durch das Management geleisteten Seitenzahlungen ist dabei insgesamt geringer als der ökonomische Vorteil, der sich aus der resultierenden positiven Berichterstattung des Abschlussprüfers ergibt.[468]

Antle (1984) erörtert unterschiedliche Mechanismen, die einen positiven Beitrag auf die Urteilsfreiheit des Abschlussprüfers leisten können.[469] Die Wahrscheinlichkeit von Seitenzahlungen und Nebenabreden zwischen Abschlussprüfer und Management zum Nachteil des Eigentümers kann durch Beobachtung und Unterbindung von Transaktionen zwischen Management und Abschlussprüfer reduziert werden. Insbesondere *Beratungsverträge* können als geeignetes Transfermedium für Seitenzahlungen genutzt werden und bergen somit die Gefahr der Beeinträchtigung der Unabhängigkeit des Abschlussprüfers. *Antle* (1984) erachtet weiter die Einrichtung eines *Prüfungsausschusses* als geeignetes Instrument, um die Kommunikation zwischen Abschlussprüfer und Management zu kontrollieren und den Einfluss des Managements auf den Abschlussprüfer zu schwächen.[470] Auch die glaubhafte Androhung empfindlicher Strafen kann dazu führen, dass der Nutzen aus der Aufgabe der Urteilsfreiheit relativiert wird und eine derartige Handlungsstrategie für den Abschlussprüfer nicht mehr attraktiv er-

---

[466] Vgl. *Marten/Quick/Ruhnke* (2011): 157; *Ewert* (1990): 140-146.
[467] Vgl. *Antle* (1984): 6.
[468] Vgl. *Sattler* (2011): 23 unter Bezugnahme auf *Antle* (1984): 13, 14.
[469] Siehe im Folgenden *Antle* (1984): 16-17 und diesbezüglich auch *Paulitschek* (2009): 65-66.
[470] Hinsichtlich des Aspektes der Einrichtung eines Prüfungsausschusses – "audit committee" im englischsprachigen Original – ist allerdings zu beachten, unter welchem institutionellen Corporate-Governance-Kontext *Antle* (1984) diesen Vorschlag unterbreitete. Im Gegensatz zum deutschen dualistischen Führungssystem mit Vorstand und Aufsichtsrat, sieht eine monistische Führungsstruktur – wie sie auch in den USA, auf dessen Normierung *Antle* (1984): 1 verweist, vorliegt – eine derartige Trennung nicht vor. Die Notwendigkeit der Einrichtung eines Prüfungsausschusses wiegt in einem monistischen System schwerer, da eine Trennung von Führung und Kontrolle nicht per se im Vorfeld gegeben ist. In einem dualistischen System der Unternehmensleitung wird ein Prüfungsausschuss als Unterausschuss des Aufsichtsrates gebildet. Siehe zu den Unterschieden zwischen monistischer und dualistischer Struktur der Unternehmensführung *Welge/Eulerich* (2012): 81-85.

scheint.[471] Darüberhinaus nennt *Antle* (1984) zwei weitere Implikationen, die sich aus einer mehrperiodigen Betrachtung der Prüfungstätigkeit ergeben. Mit einer zunehmenden *Dauer der Prüfungstätigkeit* steigt das Risiko dafür, dass ein Fehlverhalten des Abschlussprüfers entdeckt und bestraft wird. Außerdem entstehen dem Abschlussprüfer in einem mehrperiodigen Kontext bei Bekanntwerden seines Fehlverhaltens monetäre Einbußen in Folge von *Reputationsschäden*[472], die er bei seinem gesamten Mandantenstamm zu verzeichnen hat. Insofern sollte für den Abschlussprüfer ein Anreiz bestehen, seine Urteilsfreiheit – zumindest nach Außen hin – zu wahren.[473] Der Abschlussprüfer wird diese Risiken in sein Kalkül einbeziehen und gegebenenfalls opportunistisches Handeln unterlassen.[474]

Die Analyse der Beziehung zwischen Anteilseigner und Abschlussprüfer als Prinzipal-Agenten-Beziehung macht deutlich, dass es für den eigennutzenmaximierenden Abschlussprüfer rational sein kann, seine *Urteilsfreiheit* aufzugeben. Insofern ist es angemessen, darüber nachzudenken, unter welchen Konstellationen das Vertrauen in den Abschlussprüfer und somit in das Prüferurteil aus Sicht der Adressaten der Abschlussprüfung eingeschränkt sein könnte bzw. ob bestimmte Konstellationen dazu führen, dass die Vertrauenswürdigkeit aufrecht erhalten bleibt.

5.3.2 Quasirententheorie nach *DeAngelo* (1981a)

Das Quasirentenmodell nach *DeAngelo* (1981a) kann einen theoretischen Bezugsrahmen für die Einschätzung des Einflusses bestimmter Charakteristika einer Abschlussprüfung auf die Qualität der Abschlussprüfung liefern. Aus diesem Grunde sei das Modell zunächst kurz dargestellt.

Das Gedankenexperiment von *DeAngelo* (1981a) modelliert unter Zugrundelegung eines unbegrenzten Zeithorizonts einen Prüfungsmarkt, auf dem zahlreiche identische Anbieter von Prüfungsleistungen mit perfekter Prüfungstechnologie – im Sinne dieser Arbeit entspricht dies der Urteilsfähigkeit – konkurrieren.[475] Die Wahrscheinlichkeit einen Fehler in der Rechnungs-

---

[471] Vgl. *Antle* (1984): 16.

[472] Diese bezeichnet *Antle* (1984): 17 als "changes in the market value of the auditor's services".

[473] Vgl. *Antle* (1984): 17.

[474] Vgl. *Antle* (1984): 17 und 18.

[475] Vgl. *DeAngelo* (1981a): 116. Die Unterstellung einer perfekten, über alle Anbieter identischen Prüfungstechnologie erfolgt vor dem Hintergrund der Isolation von Einflüssen einer möglichen Änderung der Urteilsfreiheit des Abschlussprüfers auf die Qualität der Abschlussprüfung. Vgl. *Stefani* (2002): 110-111; *DeAngelo* (1981a): 116-117. Die theoretische Annahme einer identischen perfekten Prüfungstechnologie, über die alle Abschlussprüfungsgesellschaften verfügen, unabhängig von spezifischen Charakteristika einer Abschlussprüfungsgesellschaft ist bezüglich ihrer Gültigkeit in der Realität zu kritisieren. So zeigen die Ausführungen z.B. zum Einfluss des Ausmaßes einer Branchenspezialisierung oder der Mandatsdau-

legung zu entdecken ist positiv und für alle Abschlussprüfer identisch sowie im Zeitablauf konstant. Die Urteilsfähigkeit aller Abschlussprüfer ist maximal.[476] Darüberhinaus wird angenommen, dass alle Abschlussprüfer eine identische Kostenstruktur aufweisen, die dem Mandanten bekannt ist. Geht man davon aus, dass in der ersten Prüfungsperiode zusätzlich Einarbeitungskosten C[477] anfallen und in den weiteren Prüfungsperioden die Kosten konstant sind, gelten für die Kosten der Abschlussprüfung A_i:[478]

$$A_1 = A + C$$

$$A_2 = A_3 = \cdots = A_\infty = A$$

Der Abschlussprüfer legt ein Prüfungshonorar fest, welches in der ersten Periode F_1 beträgt und in allen Folgeperioden konstant ist:[479]

$$F_2 = F_3 = \ldots = F_\infty = F$$

Ist davon auszugehen, dass der Abschlussprüfer das Mandat in zukünftigen Perioden beibehält, dann ist der Barwert des Gewinns π[480] über einen unendlichen Zeitraum bei Zugrundelegung eines positiven Zinssatzes r definiert als:[481]

$$\pi = Gewinn\ der\ Erstprüfung + Gewinne\ der\ Folgeprüfungen = F_1 - A_1 + (F - A) * \frac{1}{r}$$

Bei vollkommenem Wettbewerb gilt: $\pi = 0$.[482] Zudem muss $F - A > 0$ gelten, da es anderenfalls aus Sicht des Abschlussprüfers nach der ersten Periode nicht mehr vorteilhaft wäre,

---

er, dass Variationen in der Urteilsfähigkeit die Perfektion der Prüfungstechnologie determinieren können. Vgl. zur Branchenspezialisierung Kapitel 5.5.3 und zur Mandatsdauer Kapitel 5.5.2.

[476] Vgl. *Stefani* (2002): 111; *Ostrowski/Söder* (1999): 555.

[477] Einarbeitungskosten entstehen bei Erstprüfungen in Form von Anlaufkosten im ersten Jahr der Abschlussprüfung. Der Abschlussprüfer muss sich zu Beginn der Vertragsbeziehung mit dem Mandanten erst mit dessen speziellen Geschäftsabläufen, speziellen Risiken aus dem Branchenumfeld sowie dem Aufbau des internen Kontrollsystems vertraut machen. In den Jahren der Folgeprüfung entstehen Skaleneffekte. Vgl. *Marten* (1999): 50. Der Abschlussprüfer kann auf sein Wissen aus den Vorjahren zurückgreifen. Vgl. zum Wissensbedarf im Rahmen der geschäftsrisikoorientierten Abschlussprüfung generell die Ausführungen in Kapitel 2.5 sowie zum Wissensaufbau in den ersten Jahren der Mandatsdauer Kapitel 5.5.3.3.

[478] Vgl. *DeAngelo* (1981a): 119.

[479] Vgl. *DeAngelo* (1981a): 120.

[480] Der Barwert des Gewinns wird für den Zeitpunkt der Entstehung des Gewinns aus der Erstprüfung ermittelt. Aus diesem Grunde erfolgt keine Abzinsung des Gewinns der Erstprüfung auf einen zeitlich vorgelagerten Zeitpunkt.

[481] Vgl. *DeAngelo* (1981a): 120.

[482] Vgl. *Stefani* (2002): 111.

das Mandat beizubehalten. Die Kosten der Folgeprüfungen A stellen somit die Preisuntergrenze für die Prüfungshonorare der Folgeperioden F dar.

Die Preisobergrenze für die Prüfungshonorare der Folgeperioden F resultiert für den amtierenden Abschlussprüfer aus dem Angebotspreis der Konkurrenten zuzüglich der Transaktionskosten TC[483], die bei einem Prüferwechsel anfallen und vom Mandanten zu tragen sind.[484] Unter den außenstehenden Abschlussprüfern sind nach wie vor die Bedingungen eines vollkommenen Wettbewerbs erfüllt. Dies beinhaltet die Implikation, dass auch die Konkurrenten über die gesamte Mandatsdauer keine positiven Gewinne generieren können. Ihre diskontierten Prüfungshonorare entsprechen folglich ihren diskontierten Prüfungskosten:

$$Diskont.\, Prüfunghonorar = F_1 + \sum_{i=2}^{\infty} \frac{F_i}{(1+r)^i} = F + \frac{F}{r}$$

$$Diskont.\, Prüfungskosten = A_1 + C + \sum_{i=2}^{\infty} \frac{A_i}{(1+r)^i} = A + C + \frac{A}{r}$$

$$\pi = (F + \frac{F}{r}) - (A + C + \frac{A}{r}) = 0 \quad \text{bzw.}$$

$$F + \frac{F}{r} = A + C + \frac{A}{r}$$

Ein Mandant wird unter Gültigkeit dieser Beziehungen dann den Abschlussprüfer in $t = 2$ nicht wechseln, sofern die diskontierten Prüfungshonorare des amtierenden Abschlussprüfers $F + \frac{F}{r}$ geringer sind als die Prüfungshonorare des konkurrierenden Prüfers[485] zuzüglich der Transaktionskosten TC aufgrund des Wechsels, die er zu tragen hat. Die Bedingung lautet:

$$F + \frac{F}{r} < A + C + \frac{A}{r} + TC.$$

Durch Umstellen ergibt sich die Obergrenze des Prüfungshonorars für Folgeprüfungen durch den amtierenden Abschlussprüfer als:[486]

---

[483] Unter Transaktionskosten im Zuge eines Prüferwechsels sind im Wesentlichen Suchkosten zu verstehen, die bei der Auswahl eines neuen Abschlussprüfers anfallen. Vgl. *Marten* (1999): 50.

[484] Vgl. *DeAngelo* (1981a): 120. Aufgrund der Transaktionskosten herrscht ab der Folgeperiode kein vollkommener Wettbewerb mehr zwischen dem amtierenden Abschlussprüfer und außenstehenden Abschlussprüfern. Der amtierende Abschlussprüfer weist einen Kostenvorteil gegenüber seinen Konkurrenten, den ausstehenden Abschlussprüfern, auf. Vgl. *Stefani* (2002): 112.

[485] Die Prüfungshonorarstruktur beträgt beim Konkurrenten: $F + \frac{F}{r} = A + C + \frac{A}{r}$.

[486] Vgl. *DeAngelo* (1981a): 121.

$$F < A + (TC + C) * \frac{r}{1+r}.$$

Der amtierende Abschlussprüfer verfügt insofern über einen Verhandlungsspielraum von $(TC + C) * \frac{r}{1+r}$.[487] Unter Berücksichtigung der Preisober- und -untergrenzen gilt für das Prüfungshonorar F des amtierenden Abschlussprüfers:

$$A \leq F = A + (TC + C) * \frac{r}{1+r}.$$[488]

Ein amtierender Abschlussprüfer kann in Folgeperioden nicht gleichwertig durch einen außenstehenden Abschlussprüfer ersetzt werden. Der amtierende Abschlussprüfer besitzt in Folgeperioden gegenüber einem außenstehenden Abschlussprüfer einen Kostenvorteil aufgrund des Wegfallens der Einarbeitungskosten. Insofern ist es dem amtierenden Abschlussprüfer möglich, diesen Kostenvorteil bei der Gestaltung des Prüfungshonorars auszunutzen und ein Honorar in Folgeprüfungen anzusetzen, welches die entstehenden Prüfungskosten übersteigt. Der amtierende Abschlussprüfer wird aus diesem Grund das Kalkül verfolgen, die Prüfungshonorare derart zu gestalten, dass er das Mandat ewig behält und gleichzeitig möglichst hohe Gewinne generiert. Der Barwert des resultierenden Gewinns ab der zweiten Periode beträgt:

$$\pi_* = F - A + (F - A) * \frac{1}{r}.$$

Durch Einsetzen der Gleichung $F - A = (TC + C) * \frac{r}{1+r}$ und weitere Umformungen erhält man schließlich:

$$\pi_* = TC + C.$$

Die Unterstellung eines vollkommenen Wettbewerbs erfordert die Einhaltung der Bedingung, wonach $F_1 - A_1 < 0$ gilt. Dieses Phänomen, wonach die Kosten der Erstprüfung über den Honoraren dieser liegen, wird als Low Balling bezeichnet.[489] Aufgrund des Low Balling in

---

[487] Die konkrete Höhe des Prüfungshonorars ergibt sich aus der relativen Verhandlungsstärke der beiden Parteien, Abschlussprüfer und Mandant. Vgl. *Stefani* (2002): 112.

[488] Ursprünglich entspricht die aufgezeigte Gleichung der Ungleichung und es würde gelten: $F < A + (TC + C) * \frac{r}{1+r}$. Unterstellt man allerdings, dass der Mandant auch dann nicht den Abschlussprüfer wechselt, sofern dessen Prüfungshonorar identisch und nicht nur kleiner als das Prüfungshonorar des Konkurrenten zuzüglich der Transaktionskosten im Falle eines Wechsels ist, dann kann der amtierende Abschlussprüfer ein Prüfungshonorar verlangen, welches eben diesen Komponenten entspricht und zu der aufgezeigten Gleichung führt. Vgl. *Stefani* (2002): 112.

[489] Vgl. zur Definition von Low Balling auch *Stefani* (2002): 114; *Ostrowski/Söder* (1999): 555. Empirische Nachweise zur Existenz von Low Balling sind schwierig, da hierfür neben Prüfungshonoraren zusätzlich die Prüfungskosten bekannt sein müssen. Vgl. *Wild* (2010): 524; *Müller* (2006): 27; *Stefani* (2002): 118. Aufgrund dessen wird das Ausmaß an Low Balling durch das sogenannte Fee Cutting approximiert. Fee Cutting entspricht dem Unterschiedsbetrag zwischen dem Prüfungshonorar der Erstprüfung und dem

der Periode der Erstprüfung generiert der amtierende Abschlussprüfer mit Beginn der Folgeperioden durch π_* keine „echten" Gewinne. Sie kompensieren lediglich die anfänglichen durch das Low Balling generierten Verluste und werden als Quasirenten bezeichnet. Formal lässt sich dies durch Einsetzen der nach F_1 umgeformten Gleichung $\pi = F_1 - A_1 + (F - A) * \frac{1}{r} = 0$ in die Bedingung für die Preisobergrenze $F = A + (TC + C) * \frac{r}{1+r}$ zeigen. Es resultiert:

$$F_1 - A_1 = -(TC + C) * \frac{1}{1+r}.$$

Das Ausmaß des Low Balling in der Periode der Erstprüfung entspricht dem Betrag nach den diskontierten Gewinnen ab der Periode der Folgeprüfung π_*.

DeAngelo (1981a) zeigt in ihrem Modell, wie Low Balling und Quasirenten entstehen. Sie versteht Low Balling als eine wettbewerbliche Anpassung auf die erwarteten positiven Quasirenten der Folgeperioden. Um Quasirenten in Folgeperioden erzielen zu können, unterbieten sich konkurrierende Abschlussprüfer in den angebotenen Prüfungshonoraren der ersten Prüfungsperiode. Low Balling selbst begründet keine Aufgabe der Urteilsfreiheit;[490] es stellt Sunk Costs dar und ist somit ab der Periode der Folgeprüfung für den Abschlussprüfer nicht mehr entscheidungsrelevant. Vielmehr liegt die Gefährdung der *Urteilsfreiheit* in der Existenz der Quasirenten begründet, die der Abschlussprüfer generieren möchte.[491]

Folgeprüfungen. Vgl. *Wild* (2010): 514; *Stefani* (2002): 118-119. *Köhler et al.* (2010): 19-20 können in einer umfassenden Untersuchung für den deutschen Prüfungsmarkt für die Jahre 2005 bis 2007 einen signifikanten Honorarabschlag bei Erstprüfungen gegenüber Folgeprüfungen verzeichnen. *Wild* (2010): 523-524 kann in seiner empirischen Analyse für den deutschen Prüfungsmarkt Fee Cutting nachweisen, sofern ein Prüferwechsel zu einer Big-Four-Prüfungsgesellschaft erfolgt. Dieser Effekt lässt sich nicht bestätigen, sofern ein Wechsel zu einer Nicht-Big-Four-Prüfungsgesellschaft erfolgte. *Bigus/Zimmermann* (2009): 1285 untersuchen, ob – wie theoretisch aus der Quasirententheorie nach DeAngelo ableitbar – bei einer Erstprüfung systematisch niedrigere Prüfungshonorare festgestellt werden können als in Folgejahren und das Honorar mit der Mandantenbeziehung ansteigt. Die Autoren kommen schließlich zu dem Ergebnis, dass die Prüfungshonorare für Erstprüfungen nicht signifikant niedriger sind als die der Folgeprüfungen, jedoch mit der Mandatsdauer zunehmen. Vgl. *Bigus/Zimmermann* (2009): 1296-1298. Insgesamt kann kein Nachweis für das Vorliegen von Low Balling erbracht werden. Vgl. *Bigus/Zimmermann* (2009): 1294. Der fehlende Nachweis des Low Balling wird in einem mangelnden Wettbewerb des Prüfungsmarktes gesehen. Allerdings müsste dies zu einem Anstieg der Prüfungshonorare mit zunehmendem Marktanteil der Prüfungsgesellschaft führen. Vgl. *Bigus/Zimmermann* (2009): 1295-1296. Diesen Effekt konnten die Verfasser jedoch ebenfalls nicht nachweisen. Vgl. *Bigus/Zimmermann* (2009): 1295. Schlussfolgerungen aus der empirischen Evidenz sind aus diesem Grunde schwierig.

[490] Vgl. *DeAngelo* (1981a): 113.

[491] Aus diesem Grund wird es als nicht sachgerecht erachtet, Maßnahmen zur Unterbindung des Low Balling einzuführen, um die Unabhängigkeit des Abschlussprüfers zu stärken. Quasirenten würden damit nicht unterbunden. Sie würden sich sogar in echte Renten umwandeln und deren Generierung würde nach wie vor einen Anreiz für den Abschlussprüfer darstellen, den er gegebenenfalls auch unter Aufgabe der Unabhängigkeit befriedigen würde.

Die Beziehung zwischen amtierendem Abschlussprüfer und Mandant ist als ein bilaterales Monopol zu kennzeichnen.[492] Jede der Parteien kann der anderen mit dem Abbruch der Vertragsbeziehung drohen, die für den jeweils anderen negative Konsequenzen zur Folge hätte. Während die Beendigung der Vertragsbeziehung für den Abschlussprüfer den Verlust von Quasirenten bedeuten würde, stellen die Transaktionskosten des Prüferwechsels aus Sicht des Mandanten eine negative Folge dar. Die Androhung des Mandaten, dem Abschlussprüfer das Mandat für Folgeperioden und somit Quasirenten zu entziehen, kann dazu führen, dass sich der Abschlussprüfer unter Druck setzen lässt und eine entsprechend erwünschte Berichterstattung verfolgt.[493] Quasirenten führen aus der Sicht von *DeAngelo* (1981a) dazu, dass die Wahrscheinlichkeit dafür, dass der Abschlussprüfer über einen entdeckten Fehler auch berichtet, als Resultat seiner Abhängigkeit sinkt. Je größer der erwartete Quasirentenstrom aus einem bestimmten Mandat, desto größer ist der ökonomische Anreiz des Abschlussprüfers und folglich desto geringer ist die Wahrscheinlichkeit, dass der Abschlussprüfer einen entdeckten Fehler kommuniziert. Schließlich fürchtet der Abschlussprüfer eine Beendigung der Vertragsbeziehung durch den Mandanten. Insgesamt liegt eine Gefährdung der *Urteilsfreiheit* des Abschlussprüfers vor.

Neben Schlussfolgerungen zum Einfluss von Quasirenten, die bei einem einzelnen Mandanten generiert werden können, begründet *DeAngelo* (1981b) die Bedeutung der *kumulierten Quasirenten* über den gesamten Mandantenstamm eines Abschlussprüfers für die Wahrung seiner Urteilsfreiheit. In sein Kalkül, über einen entdeckten Fehler Bericht zu erstatten oder nicht, muss der Abschlussprüfer zusätzlich einbeziehen, dass bei Bekanntwerden seiner Berichterstattungspraxis Quasirenten aus anderen Mandaten abnehmen oder sogar komplett entfallen könnten.[494] Die Gesamtheit der Quasirenten ist somit als Pfand zu klassifizieren, welches der Abschlussprüfer verlieren kann, sofern er seine Urteilsfreiheit aufgibt und dies bekannt wird. Der Abschlussprüfer ist demnach einem Interessenkonflikt ausgesetzt, bei dem er zu beurteilen hat, ob der Verlust von Quasirenten aus einem bestimmten Mandat einen möglichen Reputationsverlust und damit verbundenen Verlust von Quasirenten aus (vielen) weiteren Mandaten ökonomisch rechtfertigt.

---

[492] Vgl. *DeAngelo* (1981a): 118.

[493] Vgl. *DeAngelo* (1981a): 118.

[494] Vgl. *DeAngelo* (1981b): 190-191. *Doll* (2000) führt zu Recht die *Ewert* (1999) entnommene Kritik an, dass die Implikationen der Größe einer Prüfungsgesellschaft für die Qualität der Abschlussprüfung nur dann gelten, wenn bei einem Nachgeben des Abschlussprüfers dieser einen Reputationsschaden zu erwarten hat und die Drohung des Mandanten, den Prüfungsauftrag in zukünftigen Perioden nicht mehr an den amtierenden Abschlussprüfer zu vergeben, glaubhaft ist. Vgl. *Doll* (2000): 141 und *Ewert* (1999): 54-55. Es ist zu überprüfen, inwiefern Maßnahmen wie das System des Enforcement über die Rechnungslegung einen Beitrag dazu leisten. Vgl. zum Enforcement in Deutschland *Schmidt-Versteyl* (2008); *Haller/Bernais* (2005). Hinsichtlich der möglichen Einflussnahme des Managements auf den Entzug des Prüfungsmandats siehe die Ausführungen in Kapitel 5.3.3.

Über je mehr Mandaten eine Prüfungsgesellschaft verfügt, desto größer ist ihr Anreiz eine hohe Prüfungsqualität zu leisten, da diese Prüfungsgesellschaften mehr Quasirenten zu verlieren haben.[495] Je mehr Mandate eine Prüfungsgesellschaft hat, desto größer ist ihr Anreiz die *Urteilsfreiheit* zu wahren. Da die Anzahl der Mandate mit der Größe – gemessen am Umsatz – einer Prüfungsgesellschaft korrespondiert, kann vermutet werden, dass je größer die Prüfungsgesellschaft, desto größer die Qualität der Abschlussprüfung ist. Bezeichnet E die Summe aller Quasirenten des Abschlussprüfers, l den prozentualen Anteil der Quasirenten, die der Abschlussprüfer im Falle des Bekanntwerdens seines Fehlverhaltens verlieren würde, p die Wahrscheinlichkeit, mit der sein Fehlverhalten aufgedeckt wird, Q die Quasirenten aus einem bestimmten Mandat und q die Wahrscheinlichkeit, mit der der Abschlussprüfer das bestimmte Mandat verliert, sofern er dem Druck des Mandanten nicht nachgibt, so kann das Kalkül, nach dem der Abschlussprüfer unabhängig bleibt, formal dargestellt werden als folgende Bedingung:[496]

$$E * l * p \geq Q * q$$

Die linke Seite der Bedingung entspricht dem erwarteten Ausmaß möglicher Verluste bei anderen Mandaten. Die rechte Seite entspricht dem erwarteten möglichen Verlust des Nichtnachgebens bei einem bestimmten Mandanten. Durch Umformung ergibt sich:

$$\frac{l * p}{q} \geq \frac{Q}{E}$$

Geht man davon aus, dass l, p und q im Zeitablauf konstant sind, dann ist die Erfüllung der Ungleichung dann gefährdet, je größer der Anteil der Quasirenten des bestimmten Mandats an der Summe aller Quasirenten des Abschlussprüfers ist. Die Summe aller Quasirenten des Abschlussprüfers ist umso größer, je größer die Prüfungsgesellschaft ist. Die Zusammenhänge verdeutlichen die Schlussfolgerung, wonach die Gefährdung der Unabhängigkeit des Abschlussprüfers zunimmt, je größer Q – und somit je größer die Quasirenten aus einem bestimmten Mandat – oder je kleiner E – und somit je kleiner die Summe aller Quasirenten – ist. Insgesamt kann festgehalten werden: Je geringer der Anteil des Umsatzes, der durch ein bestimmtes Mandat erzielt wird, an der Summe aller Quasirenten, desto geringer ist die Wahrscheinlichkeit einer Aufgabe der Urteilsfreiheit durch den Abschlussprüfer.

Problematisch an der Argumentation von *DeAngelo* (1981b) ist die Tatsache, dass bei einer rechtlichen Betrachtung das Management des Mandanten, welches unter Umständen das Interesse an einer manipulierten Berichterstattung durch den Abschlussprüfer hat, keinen Einfluss

---

[495] Vgl. *DeAngelo* (1981b): 191.
[496] Vgl. zur formalen Darstellung dieses Zusammenhangs *Jany* (2011): 78.

auf die Beendigung der Vertragsbeziehung zum Abschlussprüfer haben sollte.[497] Unter welchen Konstellationen dennoch ein Einfluss möglich ist, wird im folgenden Kapitel 5.3.3 aufgegriffen.

5.3.3 Einflussnahme des Managements

Der Gesetzgeber hat aus der Kenntnis des Prinzipal-Agenten-Konfliktes zwischen Unternehmensführung und den Eigentümern den Aufsichtsrat als Überwachungsorgan eingeführt. Der aus Sicht des Gesetzgebers wünschenswerte Idealfall sieht vor, dass der Aufsichtsrat einen Abschlussprüfer hinzuzieht, um seiner Überwachungsfunktion hinsichtlich der Rechnungslegung nachzukommen. Auch die aus der Rationalitätsprämisse bedingte Gefährdung der Unabhängigkeit des Abschlussprüfers hat der Gesetzgeber in entsprechenden Regelungen antizipiert.

Theoretiker wie auch Praktiker gehen vielfach von der Möglichkeit der Einflussnahme des Managements auf die Bestellung des Abschlussprüfers aus. Den Ausführungen in Kapitel 2.2.3 ist zu entnehmen, dass rein rechtlich nicht das Management, sondern der Aufsichtsrat bzw. die Anteilseigner den Abschlussprüfer wählen und bestellen. Um sich der Meinung der Möglichkeit der Einflussnahme durch das Management anschließen zu können, ist eine Erörterung von Sachverhalten und Situationen notwendig, unter denen dies überhaupt denkbar ist.[498]

Ein Abschlussprüfer als rationaler Akteur strebt eine Maximierung seines Nutzens an, welchen er durch einen Einkommensstrom generiert.[499] In Konstellationen, in denen der Abschlussprüfer seinen Einkommensstrom sowohl aus Prüfungs- als auch aus Beratungsaufträgen bei einem bestimmten Mandanten generiert, existieren zweierlei Einkommensquellen, die mit unterschiedlichen Auftraggebern und somit Machtkonstellationen versehen sind. Wird der Abschlussprüfer beim Mandanten lediglich als gesetzlicher Abschlussprüfer beauftragt, ist der formale Auftraggeber der Aufsichtsrat. Eine Androhung des Managements, das Mandat bei unerwünschter Berichterstattung zu entziehen, wäre in diesem Fall unglaubwürdig und hätte – sofern das Management keinen Druck auf den Aufsichtsrat ausüben kann – keine Auswirkungen auf die wirtschaftliche Situation des Abschlussprüfers. Ist der Abschlussprüfer jedoch zugleich Auftragnehmer eines *Beratungsauftrags*, so tritt das Management ihm gegenüber als Prinzipal auf. In dieser Konstellation kann der Entzug des Einkommensstroms in Form von

---

[497] Vgl. hierzu die Ausführungen zur Bestellung des Abschlussprüfers Kapitel 2.2.3.

[498] Auch *Ewert* (2003): 530; Fn. 5 greift grundsätzlich den Aspekt der glaubwürdigen Androhung des Managements an. Zur Würdigung der Analysen der Manager-Prüferinteraktion nach *Dye* (1991)und *Magee/Tseng* (1990) vgl. *Ewert* (1999): 55-61.

[499] Vgl. zum Abschlussprüfer als ökonomischer Agent Kapitel 5.3.1.

Beratungshonoraren glaubhaft angedroht werden.[500] Beratungsaufträge stellen somit im Sinne von *DeAngelo* (1981a) neben der Abschlussprüfung eine zusätzliche Quelle für Quasirenten dar. Da Beratungsaufträge meist lukrativer sind als Prüfungsaufträge, ist der Abschlussprüfer einem Interessenkonflikt ausgesetzt. Auch in der zuvor aufgezeigten Theorie nach *Antle* (1984) stellen Einnahmen aus Beratungsleistungen Seitenzahlungen des Managements dar, die zu einer Aufgabe der *Urteilsfreiheit* des Abschlussprüfers führen können. Ausgehend von diesem Zusammenhang kann festgehalten werden: Je größer das Verhältnis aus Beratungs- und Prüfungsleistungen ist, desto größer ist die Wahrscheinlichkeit einer Aufgabe der Urteilsfreiheit durch den Abschlussprüfer.

Eine weitere Einflussmöglichkeit des Managements ergibt sich aus der teilweise geäußerten Vermutung, dass der Aufsichtsrat nicht über die *fachliche Kompetenz* verfügt, über Fragen der Rechnungslegung und Abschlussprüfung zu befinden und aufgrund des breiten Überwachungsspektrums ohnehin unter *Zeitdruck* steht. Unterstellt man eine derartige Ausgangslage, ist es verständlich, wenn der Aufsichtsrat den Vorstand – idealerweise den Finanzvorstand – aufgrund seiner Expertise um seine Meinung hinsichtlich des Vorschlags des zur Wahl vorgeschlagenen Abschlussprüfers zu Rate zieht.[501] Eine Einflussmöglichkeit des Managements ist somit gegeben und kann für seine Zwecke ausgenutzt werden. Die Einrichtung von Prüfungsausschüssen kann als geeignete Möglichkeit angesehen werden, diese mögliche Gefahr zu reduzieren, da sich durch ihre inhaltliche Ausrichtung und eine konzentrierte Erfüllung einer von zahlreichen Überwachungsfunktionen des Aufsichtsrates eine verbesserte Aufgabenerfüllung erreichen ließe und das Management als Sparringspartner des Aufsichtsrates entbehrlich wäre. Implikationen für die Qualität der Abschlussprüfung, die sich aus der Einrichtung eines Prüfungsausschusses ergeben, werden in Kapitel 5.5.4 aufgegriffen.

Auch die *Eigentümerstruktur* einer Aktiengesellschaft beinhaltet Implikationen für Einflussmöglichkeiten des Managements auf den Aufsichtsrat. Setzt sich die Aktionärsstruktur vermehrt aus Großaktionären und dagegen weniger aus Kleinaktionären zusammen, die den Streubesitz halten, kann davon ausgegangen werden, dass Großaktionäre eine größere Kontrolle über das Management besitzen und diesem folglich weniger Einflussmöglichkeiten geboten werden.[502] Ob der Einfluss von Großaktionären nicht wiederum Nachteile für Kleinaktionäre birgt, sei dahingestellt. Eine Erörterung dieses Sachverhalts wird im Rahmen dieser Arbeit nicht erfolgen.

---

[500] Vgl. *Bauer* (2004): 82.

[501] Vgl. *Milla/Rohatschek* (2010): 95; *Kitschler* (2005): 57; *Velte* (2009b): 1231 hinsichtlich der Bedenken über das fachliche Anforderungsprofil des Aufsichtsrates.

[502] Vgl. *Kitschler* (2005): 57.

Die voranstehenden Ausführungen haben gezeigt, dass beim Vorliegen bestimmter Konstellationen das Management durchaus Möglichkeiten hat, den Abschlussprüfer zu beeinflussen. Diese Konstellationen sind für die Beurteilung von Sachverhalten, die die Urteilsfreiheit des Abschlussprüfers gefährden können, zu berücksichtigen.

5.4 Gesetzgeberinduzierte Indikatoren basierend auf Prüferhonorarinformationen

Gesetzgeberinduzierte Indikatoren leiten sich aus Informationen über die Honorare des Abschlussprüfers ab, die seit der Einführung der Offenlegungspflicht öffentlich verfügbar sind.

5.4.1 Motivation des Gesetzgebers

Der deutsche Gesetzgeber beabsichtigt mit der durch das Bilanzrechtsreformgesetz eingeführten Honorarpublizität ausdrücklich, dem Abschlussadressaten Informationen über die Höhe der Vergütung des Abschlussprüfers und darüber hinausgehender Vergütungsbestandteile bereitzustellen.[503] Den Kapitalmarktteilnehmern stellt er hierdurch implizit Indikatoren zur Verfügung, mit Hilfe derer sie die Urteilsfreiheit des Abschlussprüfers einschätzen können,[504] da durch die Publizität der Honorare Quasirenten, die der Abschlussprüfer bei einem bestimmten Mandanten generiert, offengelegt werden. Die Einführung der Honorarangabepflicht basiert bereits auf der Empfehlung der Europäischen Kommission zur Unabhängigkeit des Abschlussprüfers in der Europäischen Union aus dem Jahre 2002.[505] Somit sieht auch die Europäische Kommission in offengelegten Prüferhonoraren einen geeigneten Indikator für die wirtschaftliche Abhängigkeit des Abschlussprüfers vom Mandanten.[506] Ob die im folgenden Kapitel 5.4.2 aufgezeigte Form der Honorarpublizität dem Anspruch des Gesetzgebers tatsächlich genügt, ist Gegenstand von Kapitel 5.4.3.

5.4.2 Gesetzliche Publizität der Prüferhonorare

Erstmalig mit der Verabschiedung des Bilanzrechtsreformgesetzes[507] wurden Unternehmen, die einen organisierten Markt im Sinne des § 2 Abs. 5 des WpHG i.d.F. des Transparenzrichtlinie-Umsetzungsgesetz in Anspruch nehmen,[508] verpflichtet, das im Geschäftsjahr als Auf-

---

[503] Vgl. *Bundestag* (2004b): 29.

[504] Vgl. *Bischof* (2006): 706; *Zimmermann* (2006): 273; *IDW* (2004a): 144; *Pfitzer/Orth/Hettich* (2004): 331-332.

[505] Vgl. *Bundestag* (2004b): 29 sowie zur Empfehlung der Europäischen Kommission *Europäische Kommission* (2002b): 27.

[506] Vgl. *Europäische Kommission* (2002b): 52.

[507] Gesetz zur Einführung internationaler Rechnungslegungsstandards und zur Sicherung der Qualität der Abschlussprüfung.

[508] Die Inanspruchnahme des Marktes erfolgt mit Zulassung der Wertpapiere zum jeweiligen Handel. Insofern liegt dann noch keine Offenlegungsverpflichtung vor, wenn das Unternehmen zum Bilanzstichtag

wand erfasste Honorar für den Abschlussprüfer i.S.d. § 319 Abs. 1 Satz 1, 2 HGB gemäß § 285 Satz 1 Nr. 17 HGB im Anhang des Einzelabschlusses zu veröffentlichen.[509] Gemäß § 2 Abs. 5 WpHG i.d.F. des Transparenzrichtlinie-Umsetzungsgesetz ist ein organisierter Markt ein solcher, der von staatlich anerkannten Stellen geregelt und überwacht wird, regelmäßig stattfindet und für das Publikum unmittelbar oder mittelbar zugänglich ist.[510] Darunter sind Unternehmen zu subsumieren, die für den Handel ihrer Eigenkapital- oder Fremdkapitaltitel den amtlichen (§§ 30-48 BörsG i.d.F. des Vierten Finanzmarktförderungsgesetzes mit weiteren Änderungen) oder den geregelten Markt (§§ 49-56 BörsG i.d.F. des Vierten Finanzmarktförderungsgesetzes mit weiteren Änderungen)[511] in Anspruch nehmen oder dafür zugelassen sind.[512] Der Regelung unterliegen Unternehmen mit Sitz im Inland, jedoch nicht ausländische Unternehmen.[513] Dabei spielt es keine Rolle, ob der organisierte Markt im Inland oder Ausland stattfindet. Danach sind inländische Unternehmen, die einen organisierten Markt im Ausland in Anspruch nehmen, zur Offenlegung der Honorarangaben verpflichtet.[514] Ausländische Unternehmen, die einen inländischen organisierten Markt in Anspruch nehmen sind jedoch nicht von dieser Regelung betroffen. Maßgeblich für das Vorliegen der Publizitätspflicht sind

---

[509] zwar die Zulassung beantragt hat, diese jedoch noch nicht erhalten hat. Vgl. *Oser/Holzwarth* (2006): 94; Rz. 352.

Sofern die genannten Voraussetzungen erfüllt sind, unterliegen auch haftungsbeschränkte Personenhandelsgesellschaften i.S.d. § 264 a HGB, Unternehmen, die unter das PublG fallen (§§ 5 Abs. 2 Satz 2 und 13 Abs. 2 PublG), Kredit- und Finanzdienstleistungsinstitute (§§ 340a Abs. 1 HGB, 340i Abs. 2 Satz 1 HGB) sowie Versicherungsunternehmen (§§ 341a Abs. 1, 341j Abs. 1 Satz 1 HGB) der Offenlegungspflicht. Vgl. *Bischof* (2006): 707.

[510] Mit dem Finanzmarktrichtlinie-Umsetzungsgesetz vom 16.07.2007 hat § 2 Abs. 5 WpHG i.d.F. des Transparenzrichtlinie-Umsetzungsgesetz eine Änderung erfahren. In der geänderten Fassung liegt die Norm bis heute vor. Auf diese wird auch im § 264d HGB verwiesen, welcher durch das BilMoG eingeführt wurde und kapitalmarktorientierte Kapitalgesellschaften definiert. Gemäß § 2 Abs. 5 WpHG ist ein organisierter Markt ein „im Inland, in einem anderen Mitgliedstaat der Europäischen Union oder einem anderen Vertragsstaat des Abkommens über den Europäischen Wirtschaftsraum betriebenes oder verwaltetes, durch staatliche Stellen genehmigtes, geregeltes und überwachtes multilaterales System, das die Interessen einer Vielzahl von Personen am Kauf und Verkauf von dort zum Handel zugelassenen Finanzinstrumenten innerhalb des Systems und nach festgelegten Bestimmungen in einer Weise zusammenbringt oder das Zusammenbringen fördert, die zu einem Vertrag über den Kauf dieser Finanzinstrumente führt." Materiell-rechtliche Auswirkungen hinsichtlich der Abgrenzung eines organisierten Marktes sind hieraus nicht zu erwarten. Vgl. *Spindler/Kasten* (2007): 1246.

[511] Das Börsengesetz wurde mit dem Finanzmarktrichtlinie-Umsetzungsgesetz vom 16.07.2007 grundlegend hinsichtlich seiner Struktur verändert und ist seit dem 01.11.2007 gültig.

[512] Vgl. *Oser/Holzwarth* (2011): 94; Rz. 351. Eine Inanspruchnahme eines privatrechtlich organisierten Marktes ohne staatliche Anerkennung, wozu auch der Freiverkehr gemäß § 48 BörsG zählt, genügt dagegen nicht den Anforderungen eines organisierten Marktes. Vgl. *Winkeljohann/Lawall* (2012): 917-918; Rz. 4; *Adler/Düring/Schmaltz* (2001): 93-94; Rz. 5. Durch das Finanzmarktrichtlinie-Umsetzungsgesetz vom 16.07.2007 wurde die Zweiteilung in geregelten und amtlichen Markt aufgehoben und in den regulierten Markt überführt. Vgl. *Holzborn/Israel* (2008): 795.

[513] Ein Ausweis kann jedoch freiwillig oder auf Basis ausländischer Vorschriften erfolgen. Vgl. *Petersen/Zwirner/Boecker* (2010): 222.

[514] Vgl. *Adler/Düring/Schmaltz* (2001): 93-94; Rz. 5.

die Verhältnisse zum Abschlussstichtag.[515] Unternehmen mit Sitz im Inland, deren Aktien zum Bilanzstichtag in einem der Indizes DAX30, MDAX, TecDAX oder SDAX notiert sind, unterliegen somit der Honorarpublizität im Sinne des Gesetzes.

Unterliegt ein Unternehmen der Honorarpublizität, dann hat der Ausweis gemäß § 285 Satz 1 Nr. 17 HGB i.d.F. des BilReG in bestimmten Kategorien zu erfolgen. So sind Honorare für

(a) die Abschlussprüfung,
(b) sonstige Bestätigungs- und Bewertungsleistungen,
(c) Steuerberatungsleistungen,
(d) und sonstige Leistungen

getrennt auszuweisen.

Für die Anhangangaben des Konzernabschlusses ist § 314 Abs. 1 Nr. 9 HGB i.d.F. des BilReG entsprechend anzuwenden. Mutterunternehmen[516], die einen organisierten Markt i.S.d. § 2 Abs. 5 HGB in Anspruch nehmen, haben demnach für den Abschlussprüfer des Konzernabschlusses das im Geschäftsjahr als Aufwand erfasste Honorar für die genannten Kategorien, die für das Mutter- oder Tochterunternehmen erbracht worden sind, offenzulegen. Nur die beim Mutterunternehmen und bei vollkonsolidierten[517] Tochterunternehmen aufwandswirksam erfassten Honorare, die durch den Konzernabschlussprüfer erbracht wurden, sind für jeweils die Kategorien a) bis d) offenzulegen.[518] Die Angabe über die Honorare für Leistungen des Konzernabschlussprüfers bei Mutter- und Tochterunternehmen muss für jede der vier Kategorien getrennt erfolgen.[519] Sie kann jeweils für Mutter- und Tochterunternehmen getrennt, aber auch in einer Summe ausgewiesen werden.[520]

---

[515] Vgl. *Bischof* (2006): 707 mit weiteren Nachweisen. Siehe auch *Lenz/Möller/Höhn* (2006): 1787.

[516] Jedes Unternehmen, welches unter die Angabepflichten des § 314 Abs. 1 Nr. 9 HGB fällt, ist innerhalb eines mehrstufigen Konzerns wie das Mutterunternehmen eines eigenständigen Konzerns anzusehen. Vgl. *IDW* (2005): 1234. Der hier angeführte Rechnungslegungshinweis IDW RH HFA 1.006 *IDW* (2005)) wurde im Zuge des BilMoG durch den IDW RS HFA 36 (*IDW* (2010a)) ersetzt. Aufgrund des Untersuchungszeitraums der empirischen Analyse werden hier und im Folgenden auf die Ausführungen des IDW vor Inkrafttreten des BilMoG verweisen.

[517] Hinsichtlich der Abgrenzung des Konsolidierungskreises sind die im konkreten Fall angewandten Normen zu beachten. Vgl. *IDW* (2005): 1234.

[518] Vgl. *Bischof* (2006): 712. So auch *Ellrott* (2006b): 1805; Rz. 91. Vgl. auch *IDW* (2005): 1234. Im Zuge der Neuregelung durch das BilMoG spricht das IDW in einer Stellungnahme mittlerweile eine Empfehlung hinsichtlich der Einbeziehung von Honoraren entsprechend der Beteiligungsquote für quotal konsolidierte Gemeinschaftsunternehmen in den Honorarausweis aus. Vgl. *IDW* (2010a): 247.

[519] Vgl. *IDW* (2005): 1233; *Pfitzer/Oser/Orth* (2005b): 54.

[520] Vgl. *Zimmermann* (2008): 35.

Die Angabepflicht erstreckt sich sowohl auf den handelsrechtlichen Jahres- und Konzernabschluss als auch auf für Offenlegungszwecke erstellte Einzel- und Konzernabschlüsse nach IFRS (§§ 325 Abs. 2a, 2b bzw. 315a Abs. 1 bis 3 HGB).[521]

Dem Wortlaut des Gesetzes ist zu entnehmen, dass die Regelung auf den Abschlussprüfer i.S.d. § 318 HGB abstellt und somit die bestellte Wirtschaftsprüferpraxis im Sinne der VO 1/2006 betrifft. Damit umfasst die Vorschrift nicht den gesamten internationalen Verbund, in dem eine Wirtschaftsprüfungsgesellschaft organisiert ist, oder sogenannte Netzwerke.[522] Honorare dieser unterliegen nicht der Angabepflicht.[523] Sollte diese Angabe freiwillig erfolgen, so ist dies z.B. durch einen davon-Vermerk zu kennzeichnen.[524] Auch wenn dem Wortlaut des Gesetzes nicht eindeutig zu entnehmen, sind Honorare für Leistungen, die von dem Abschlussprüfer verbundene Unternehmen i.S.d. § 271 Abs. 2 HGB erbracht wurden, „nach dem Sinn und Zweck des Gesetzes"[525] ebenfalls als Honorar des Abschlussprüfers auszuweisen. Eine Gestaltung des geprüften Unternehmens in der Form, dass es Honorare an Tochtergesellschaften des Abschlussprüfers auslagert, um der Offenlegungspflicht zu entgehen, ist hierdurch nicht möglich.[526]

Unter Kategorie (a) – Abschlussprüfung – sind Honorare zu fassen, die für die gesetzliche Abschlussprüfung sowohl des Einzel- als auch des Konzernabschlusses gemäß § 316 Abs. 1 und 2 HGB, eine eventuelle Nachtragsprüfung gemäß § 316 Abs. 3 HGB sowie die Prüfung eines gemäß § 325 Abs. 2a und Abs. 2b HGB für Offenlegungszwecke aufgestellten Einzel-

---

[521] Vgl. *Bischof* (2006): 707. Siehe auch *Ellrott* (2006a): 1291; Rz. 265 zum Einzelabschluss sowie *Ellrott* (2006b): 1804; Rz. 90 zum Konzernabschluss. Strittig ist, ob ein nach US-GAAP erstellter und offengelegter Konzernabschluss gemäß § 292a HGB in seinem Anhang auch die Angabepflicht zu befolgen hat. Da die Übergangsregelung auf die Gleichwertigkeit der Abschlüsse abzielt, ist davon auszugehen, dass die Anhangangaben zu den Honoraren des Abschlussprüfers auch in einem befreienden Abschluss nach US-GAAP zu erfolgen haben. So auch *Lenz/Möller/Höhn* (2006): 1788.

[522] Vgl. *Bischof* (2006): 707. Eine gesetzlich kodifizierte Definition des Netzwerkbegriffes erfolgte erst im Rahmen des BilMoG und lag zum derzeitigen Zeitpunkt nicht vor. Danach liegt gemäß § 319b Abs. 1 Satz 3 HGB ein Netzwerk vor, wenn Personen bei ihrer Berufsausübung zur Verfolgung gemeinsamer wirtschaftlicher Interessen für eine gewisse Dauer zusammenwirken. Eine Definition kann aus Artikel 2 Ziffer 7 der Abschlussprüferrichtlinie entnommen werden. Ein Netzwerk ist danach die breitere Struktur, die auf Kooperation ausgerichtet ist und der ein Abschlussprüfer oder eine Prüfungsgesellschaft angehört und die eindeutig auf Gewinn- oder Kostenteilung abzielt oder durch gemeinsames Eigentum, gemeinsame Kontrolle oder gemeinsame Geschäftsführung, gemeinsame Qualitätssicherungsmaßnahmen und -verfahren, eine gemeinsame Geschäftsstrategie, die Verwendung einer gemeinsamen Marke oder durch einen wesentlichen Teil gemeinsamer fachlicher Ressourcen miteinander verbunden ist.

[523] Vgl. *IDW* (2005): 1233. *Bischof* (2006): 708 ist der gleichen Meinung. Er begründet dies mit der rechtlichen Selbstständigkeit der Mitgliedsfirmen eines Netzwerkes bzw. eines internationalen Verbundes von Wirtschaftsprüfungspraxen.

[524] Vgl. *IDW* (2005): 1233.

[525] Vgl. *IDW* (2005): 1233.

[526] Vgl. *Lenz/Möller/Höhn* (2006): 1788.

abschlusses nach IFRS gemäß § 324a Abs. 1 HGB angefallen sind.[527] Zusätzlich sind dieser Leistungskategorie Honorare zuzuordnen, die der Abschlussprüfer für Leistungen erhält, die er im Rahmen weiterer Vorbehaltsaufgaben – wie der Prüfung des Risikofrüherkennungssystems i.S.d. § 91 Abs. 2 AktG bei börsennotierten Aktiengesellschaften gemäß § 317 Abs. 4 HGB, der Prüfung des Abhängigkeitsberichts i.S.d. § 313 AktG[528] sowie der Prüfungen gemäß § 53 HGrG und § 29 Abs. 2 KWG – erhält. Honorare für über den eigentlichen gesetzlich fixierten Prüfungsauftrag hinausgehende Tätigkeiten im Rahmen der Abschlussprüfung sind der Leistungskategorie (b) – sonstige Bestätigungs- und Bewertungsleistungen – zuzuordnen.[529]

Kategorie (b) – sonstige Bestätigungs- und Bewertungsleistungen – betrifft alle Leistungen i.S.d. § 2 Abs. 1 WPO, bei deren Erbringung der Abschlussprüfer das Berufssiegel gemäß § 48 Abs. 1 WPO führen kann oder muss und die nicht der Abschlussprüfungsleistung zuzuordnen sind. Darunter zu fassen sind Honorare für Leistungen, die vom bestellten Abschlussprüfer in Zusammenhang mit oder in Ergänzung zur gesetzlichen Abschlussprüfung erbracht wurden. Zu diesen Leistungen gehören beispielsweise freiwillige Prüfungen analog § 53 HGrG oder freiwillige Prüfungen des Risikofrüherkennungssystems analog § 317 Abs. 4 HGB, Prüfungen nach dem UmwG sowie nach § 36 WpHG, prüferische Durchsichten und Prüfungen der unterjährigen Berichterstattung.[530]

Steuerberatungsleistungen sind unter Kategorie (c) auszuweisen. Darunter sind alle Leistungen des bestellten Abschlussprüfers zu fassen, die unter den Anwendungsbereich des § 1 StBerG fallen. Exemplarisch seien Hilfsleistungen zur Erstellung einer Steuererklärung sowie Beratung hinsichtlich der steuerlichen Wirkungen von Gestaltungsalternativen genannt. Er-

---

[527] Vgl. *Bischof* (2006): 711; *Ellrott* (2006a): 1293-1294; Rz. 271.

[528] Dazu abweichend ordnet *Ellrott* (2006a): 1294; Rz. 272 diese Tätigkeit der Leistungskategorie b) – sonstige Bestätigungs- und Bewertungsleistungen – zu. *IDW* (2005): 1233 vertritt die Auffassung von *Bischof* (2006): 711. Dieser Auffassung schließt sich auch *Wulf* (2010): Rz. 309 an.

[529] Vgl. *Bischof* (2006): 711. Hinsichtlich der Ergänzungen des Prüfungsauftrages durch den Aufsichtsrat äußert sich *Ellrott* (2006a): 1293-1294; Rz. 271 nicht so eindeutig.

[530] Vgl. *IDW* (2005): 1233. *Bischof* (2006) nennt darüber hinaus weitere Prüfungsanlässe, die dieser Kategorie zuzuordnen sind. Dazu gehören Prüfungen nach § 16 MaBV, § 44 KWG, § 83 VAG sowie Sonderprüfungen nach §§ 142 und 315 AktG. Auch Honorare für die Durchführung von Due Dilligence, die Erstellung eines Comfort Letter sowie die Prüfung von Umwelt- und Nachhaltigkeitsberichten und die Erstellung von Bewertungsgutachten führt er auf. Vgl. *Bischof* (2006): 711. *Pfitzer/Oser/Orth* (2004) sind entgegen der zuvor beschriebenen Zuordnung der Meinung, dass Honorare für Prüfungen des Risikofrüherkennungssystems, Prüfungen der Ordnungsmäßigkeit der Geschäftsführung i.S.d. § 53 HGrG unter Honorarkategorie a) zu erfassen sind, da sie in sachlichem und zeitlichem Zusammenhang zur Abschlussprüfung stehen. Auch Honorare für prüferische Durchsichten sowie die Prüfung von Zwischenabschlüssen ordnen sie entgegen der oben beschrieben Meinung dieser Kategorie zu. Vgl. *Pfitzer/Oser/Orth* (2004): 2595.

gänzend ist darauf hinzuweisen, dass diese nicht den Ausschlusstatbeständen des § 319a Abs.1 Satz 1 Nr. 2 HGB unterliegen dürfen.[531]

Schließlich fallen unter Kategorie (d) – sonstige Leistungen – all diejenigen Honorare für Leistungen, die nicht einer der erstgenannten Kategorien (a) bis (c) zuzuordnen sind. Dies können nur Leistungen sein, die nicht einem der Ausschlusstatbestände der §§ 319 und 319a HGB unterliegen. Darunter fallen unter anderem Honorare für Schulungen, prüfungsnahe Dienstleistungen oder IT-Beratung.[532]

Ist im Einzelfall eine eindeutige Zuordnung des Honorars zu einer der Leistungskategorien nicht möglich, so sollte eine Zuordnung zu der Kategorie erfolgen, die den Schwerpunkt der erbrachten Leistung bildet.[533] Eine zusätzliche Beschreibung der einzelnen Honorarkategorien erscheint aus Gründen der Transparenz ohnehin für den Abschlussadressaten wünschenswert. Die tatsächlich vorgenommene Abgrenzung der Honorarkategorien würde hierdurch deutlich.[534] Auch die aufgezeigte Uneinigkeit im Schrifttum über die Honorarzuordnung bestärkt die Notwendigkeit einer Abgrenzung der Kategorien durch das bilanzierende Unternehmen.

Die Honorare für Leistungskategorie (a) sind hinsichtlich ihrer buchhalterischen Erfassung anders zu behandeln als die der Kategorien (b) bis (d). Für das Honorar der Leistungskategorie (a) – Abschlussprüfungen – ist im Geschäftsjahr, das geprüft wird, eine aufwandswirksame Rückstellung zu bilden.[535] Grundsätzlich gelten auch bei der Erfassung des Honorars als Aufwand die üblichen Vorschriften zur Periodisierung gemäß § 252 Abs. 1 Nr. 5 HGB.[536] Maßgeblich für den Ausweis der Honorare ist die Erfassung desselben als Aufwand in der Gewinn- und Verlustrechnung und nicht wann die Leistung vereinbart oder bezahlt wurde. Das Prüfungshonorar ist daher in dem Geschäftsjahr zu berücksichtigen, welches der Abschlussprüfung unterlag.[537] Bei den Honoraren, die für Leistungen der Kategorien (b) bis (d) angefallen sind, ist der Zeitpunkt der Leistungserbringung für die Angabepflicht im Anhang maßgeblich.[538] Liegt das Honorar über dem Rückstellungsbetrag, ist der übersteigende Betrag im folgenden Geschäftsjahr als Aufwand zu erfassen und offenzulegen. Eine Verrechnung

---

[531] Vgl. *Bischof* (2006): 711.
[532] Vgl. *Oser/Holzwarth* (2011): 92; Rz. 370; *Bischof* (2006): 712.
[533] Vgl. *Bischof* (2006): 710.
[534] Vgl. *Bischof* (2006): 710. Dieser folgt unter anderem einer älteren Version von *Wulf* (2010): Rz. 304. Die gleiche Forderung stellen auch *Petersen/Zwirner* (2008): 288.
[535] Vgl. *Kozikowski/Schubert* (2012): 292; Rz. 100; *Ellrott* (2006a): 1292; Rz. 267; *Hülsmann* (2005): 167.
[536] Vgl. *Bischof* (2006): 709.
[537] Vgl. *Zimmermann* (2006): 273; *Hülsmann* (2005): 167 und *Bundestag* (2004a): 37.
[538] Vgl. *Bundestag* (2004a): 37.

von aufzulösenden Rückstellungen hingegen darf im folgenden Geschäftsjahr nicht mit dem Aufwand erfolgen.[539]

Gemäß Artikel 58 Abs. 3 Satz 1 HGBEG sind diese Anhangangaben erstmalig für Geschäftsjahre, die nach dem 31.12.2004 beginnen, verpflichtend. Die Angabepflicht bezieht sich demnach auf alle in 2005 beginnenden (Rumpf-)Geschäftsjahre. Für volle Geschäftsjahre, die vom Kalenderjahr abweichen, besteht erstmals für das Kalenderjahr 2005/2006 die Pflicht der Anhangangabe.[540] Diese Fassung des Gesetzes ist gemäß Art. 66 Abs. 2 Satz 1 HGBEG letztmals auf Jahresabschlüsse mit vor dem 01.01.2009 beginnenden Geschäftsjahren anzuwenden.

Mit der Neuformulierung der §§ 285 Satz 1 Nr. 17 und 314 Abs. 1 Nr. 9 HGB im Zuge des Bilanzrechtsmodernisierungsgesetzes wurde die Ausweispflicht auf alle Kapitalgesellschaften und Personenhandelsgesellschaften i.S.d. § 264a HGB ausgeweitet. Größenabhängige Erleichterungen bestehen gemäß § 288 Abs. 1 HGB für kleine Kapitalgesellschaften i.S.d. § 267 Abs. 1 HGB und gemäß § 288 Abs. 2 Satz 3 HGB für mittelgroße Kapitalgesellschaften i.S.d. § 267 Abs. 2 HGB.[541] Während für kleine Kapitalgesellschaften die Ausweispflicht im Anhang entfällt, besteht für mittelgroße Kapitalgesellschaften die Pflicht bei einer Unterlassung des Ausweises im Anhang, die Wirtschaftsprüferkammer auf deren schriftliche Anforderung über die Angaben zu informieren.[542]

Die Kategorien (a) und (b) i.d.F. des BilReG wurden im Zuge der Umsetzung des BilMoG in Anpassung an den Wortlaut des Art. 43 Abs. 1 Nr. 15 der Abschlussprüferrichtlinie umformuliert,[543] sodass seitdem die Honorare für

(a) Abschlussprüfungsleistungen,

(b) andere Bestätigungsleistungen

(c) Steuerberatungsleistungen,

(d) und sonstige Leistungen

im Anhang auszuweisen sind.

---

[539] Vgl. *Ellrott* (2006a): 1292; Rz. 267.

[540] Vgl. *Bischof* (2006): 706; *Oser/Holzwarth* (2006): 99; Rz. 365; *IDW* (2005): 1233.

[541] Immer als große Gesellschaften und somit nicht als kleine oder mittelgroße Kapitalgesellschaften im Sinne des § 267 Abs. 1 und Abs. 2 HGB gelten gemäß § 267 Abs. 3 Satz 2 HGB – unabhängig von der Erfüllung tatsächlicher Größenkriterien gemäß § 267 Abs. 1 bis Abs. 3 Satz 1 HGB – kapitalmarktorientierte Kapitalgesellschaften im Sinne des § 264d HGB.

[542] Vgl. *Gelhausen/Fey/Kämpfer* (2009): Abschnitt O. Anhang/Lagebericht Rz. 71.

[543] Vgl. *Bundestag* (2008): 70; *Bundestag* (2009): 88 zitiert nach *Gelhausen/Fey/Kämpfer* (2009): Abschnitt O. Anhang/Lagebericht Rz. 74.

Außerdem vollzog sich mit der Reform eine Änderung im Gesetzeswortlaut, sodass nicht alle im Geschäftsjahr als Aufwand erfassten Honorare anzugeben, sondern vielmehr die „für das Geschäftsjahr berechnete[n] Gesamthonorar[e]" auszuweisen sind.[544] Der Gesetzgeber erreicht hierdurch einen „leistungszeitgleichen"[545] Honorarausweis, der ein Verständnis der finanziellen Beziehung zwischen Abschlussprüfer und Mandant deutlicher macht.

Zusätzlich erfolgte im Zuge der Veränderungen durch das BilMoG in § 285 Nr. 17 dritter Teilsatz HGB die Ergänzung, dass die Honorare nur insoweit anzugeben sind, als sie nicht in einem das Unternehmen einbeziehenden Konzernabschluss berücksichtigt wurden. Somit erlangen mit der Bilanzrechtsmodernisierung Unternehmen auf Einzelabschlussebene befreiende Wirkung, sofern die Honorarangaben im Konzernabschluss erfolgen.[546]

Die Regelung in Form des Bilanzrechtsmodernisierungsgesetzes ist gemäß Artikel 66 Abs. 2 Satz 1 HGBEG erstmals für Jahres- und Konzernabschlüsse, die nach dem 31.12.2008 beginnen anzuwenden.

Da sich der Untersuchungszeitraum der empirischen Untersuchung auf den Zeitraum 2005 bis 2007 erstreckt, sind die mit der Verabschiedung des Bilanzrechtsreformgesetzes gültigen Ausweiskategorien in dieser Arbeit maßgeblich. Zukünftige Arbeiten, die einen erweiterten Untersuchungshorizont analysieren, müssen mögliche Effekte aus der vermeintlichen Umkategorisierung angemessen berücksichtigen. Die möglichen Umstrukturierungseffekte haben für die empirische Untersuchung dieser Arbeit keine Auswirkungen.

Im Rahmen dieser Arbeit sollen unter Beratungsleistungen bzw. synonym Nichtprüfungsleistungen all die Leistungen, die durch eine Prüfungsgesellschaft erbracht werden, verstanden werden, deren Honorare nicht unter Honorarkategorie (a) im Sinne der §§ 285 Satz 1 Nr. 17 HGB und 314 Abs. 1 Nr. 9 HGB auszuweisen sind.

5.4.3 Beurteilung der gesetzlichen Honorarpublizität

Mit der erstmaligen Einführung der Honorarpublizität durch das Bilanzrechtsreformgesetz wurde im Schrifttum insbesondere *Kritik* laut, die sich darauf bezog, inwiefern die Publizitätsvorschriften Spielraum für Gestaltungen lassen. Die Kritik an der gesetzlichen Honorarpublizität erstreckt sich dabei auf vier Kernbereiche – die Abgrenzung des Kreises der Leis-

---

[544] Durch die Änderung sind nun auch solche Honorare zu erfassen, die aktiviert und somit nicht erfolgswirksam erfasst werden. Honorare für Leistungen, die im Rahmen eines Börsengangs angefallen sind, jedoch erfolgsneutral im Eigenkapital erfasst wurden, werden somit im Honorarausweis erfasst. Vgl. zu diesem Beispiel *Sattler* (2011): 115.

[545] *Bundestag* (2008): 70

[546] Vgl. *Gelhausen/Fey/Kämpfer* (2009): Abschnitt O. Anhang/Lagebericht Rz. 74 und 82.

tungsempfänger sowie -erbringer, die Abgrenzung der einzelnen Leistungsarten sowie die Abgrenzung des zeitlichen Ausweises.[547] Eine ausführliche Erörterung dieser Kritik scheint im Rahmen dieser Arbeit jedoch nicht zielführend und erfolgt daher nicht, da eine Lösung oder Vorschläge für eine Verbesserung nicht angestrebt werden und schließlich auch nicht möglich sind, da keine Kenntnisse über Vertragsgestaltungen im Unternehmen, welche unter Umständen eine Korrektur des Honorarausweises ermöglichen, vorliegen. Außerdem steht im Vordergrund dieser Arbeit der Aspekt der Wahrnehmung der Dimensionen der Qualität der Abschlussprüfung und entsprechender Indikatoren. Korrekturen würden daher die Sicht des Kapitalmarktes verzerren und insofern für die Beantwortung der Forschungsfrage kontraproduktiv sein.

Ein wichtiger Kritikpunkt soll an dieser Stelle jedoch aufgegriffen werden. Für den Abschlussadressaten ist die wirtschaftliche Bedeutung des Mandanten für die Prüfungsgesellschaft im Sinne einer Umsatzbedeutung nicht unmittelbar erkennbar, da im Anhang keine Offenlegungspflicht des Anteils der Honorare aus einem Mandat am Gesamtumsatz der Prüfungsgesellschaft besteht.[548] Für die Bestimmung der Umsatzbedeutung muss der Abschlussadressat neben dem Konzernanhang des Mandanten eine weitere Informationsquelle heranziehen. Aus dem Konzernanhang geht die Höhe des Umsatzes bei dem betreffenden Mandanten hervor. Die Gesamtumsätze der Prüfungsgesellschaft können aus unterschiedlichen anderen Informationsquellen entnommen werden: Einige Prüfungsgesellschaften publizieren aufgrund ihrer

---

[547] Vgl. *Lenz/Möller/Höhn* (2006): 1787. *Lenz/Möller/Höhn* (2006) stellen für Anhänge des Geschäftsjahres 2005 der Unternehmen, die zum 01.06.2006 im DAX, MDAX, TecDAX und SDAX notiert waren, fest, dass die Unternehmen eine heterogene Ausweispraxis verfolgen. Dies ist nicht nur den Unternehmen durch mangelnde Erläuterungen zu verschulden. Der Gesetzgeber versäumte es vielmehr, eindeutig den Kreis des Leistungserbringer und -empfänger voneinander abzugrenzen. Vgl. *Lenz/Möller/Höhn* (2006): 1793.
Zimmermann (2006) übt vielmehr Kritik an Gestaltungsspielräumen in zeitlicher Hinsicht und bezüglich der Zuordnung der Leistungskategorien. Problematisch sieht sie die unterschiedliche aufwandsmäßige Erfassung der Honorare für Prüfungsleistungen – Kategorie a) – und Beratungsleistungen – Kategorien b) bis d) –. Während die Erfassung der Prüfungshonorare im Anhang des Geschäftsjahres erfolgt, das der Prüfung unterliegt, werden die übrigen Honorare im Anhang des Geschäftsjahres ausgewiesen, in dem die Leistung erbracht wurde. Dies hat zur Konsequenz, dass die Honorararten nicht im selben Jahr ausgewiesen werden (vgl. *Zimmermann* (2006): 273-274) und dies obwohl beide Leistungsarten zum gleichen Zeitpunkt vereinbart worden sind. Generell kann sich der Leistungsempfänger vorbehalten, die Erbringung anderer Leistungsarten als die Abschlussprüfung in Perioden auszulagern, in denen diese Leistungsarten weniger oder gar nicht erbracht wurden. Einer Vermutung der Gefährdung der Unabhängigkeit kann insofern durch geschickte Sachverhaltsgestaltung vorgebeugt werden. Vgl. *Zimmermann* (2006): 274.
Kritisiert wird zudem die aufgrund fehlender gesetzlicher Konkretisierung schwierige Zuordenbarkeit einzelner Leistungen zu den Honorarkategorien. Zwar hat das IDW frühzeitig durch die Herausgabe des Rechnungslegungshinweises IDW RH HFA 1.006 vom 18.10.2005 (vgl. *IDW* (2005)) eine Interpretationshilfe der durch das BilReG erlassenen Regelung bereitgestellt, dennoch herrscht im Schrifttum weiterhin Uneinigkeit über die Zuordnung bestimmter Leistungen zu den einzelnen Kategorien. Auch dies ermöglicht wiederum Gestaltungsspielräume (vgl. *Zimmermann* (2006): 274-275) die der Abschlussadressat zu interpretieren vermag.

[548] Vgl. *Zimmermann* (2006): 274.

Rechtsform oder freiwillig ihre Gesamtumsätze. Auch Statistiken wie z.b. die jährlichen Lünendonkstudien können Aufschluss über den Umsatz einer Prüfungsgesellschaft geben. Erstmalig zum 31.03.2008 können für Prüfungsgesellschaften mit kapitalmarktorientierten Mandaten i.S.d. § 319a Abs. 1 Satz 1 HGB aus den gemäß § 55c WPO jährlich offenzulegenden Transparenzberichten Information hinsichtlich des Umsatzes einer Prüfungsgesellschaft entnommen werden. Sieht man davon ab, dass Transparenzberichte erst seit März 2008 verfügbar sind und die weiteren genannten Informationsquellen lediglich unsystematisch dem Abschlussadressaten zur Verfügung stehen, sind Informationen über den Gesamtumsatz der Prüfungsgesellschaft verfügbar. Eine Ermittlung der Umsatzbedeutung ist somit unter den genannten Einschränkungen in Bezug auf die Verfügbarkeit für den Abschlussadressaten möglich. Einschränkend bleibt dennoch festzuhalten, dass es für den Abschlussadressaten unmittelbar – d.h. mit einem Blick in den Konzernanhang des Mandanten – nicht möglich ist, die Umsatzbedeutung der Prüfungsgesellschaft einzuschätzen. Der gesetzliche Publizitätsumfang ist diesbezüglich unzureichend.

Das *IDW* (2004a) führt zudem kritisch an, dass solange Honorare durch eine entsprechende Prüfungs- oder Beratungsleistung zu rechtfertigen seien, ein Automatismus, der bei einem bestimmten Verhältnis von Prüfungs- und Beratungshonoraren eine Besorgnis der Befangenheit auslöst, nicht zu begründen sei.[549] In eine ähnliche Richtung geht auch die Kritik von *Pfitzer/Orth/Hettich* (2004). Die Autoren bemängeln an der Pflicht des Honorarausweises, dass eine nicht spezifizierte Beratungsintensität „eine Befangenheitsvermutung postuliert"[550], die nicht zu entkräften sei. Letztlich wird dem Abschlussadressaten durch den Honorarausweis eine „mögliche Befangenheit suggeriert"[551], die diesem gegenüber nicht korrigiert oder entkräftet werden kann.[552] Ob diese Befangenheitsvermutung durch den deutschen Kapitalmarkt auch tatsächlich erfolgt, kann die im Rahmen dieser Arbeit angesiedelte empirische Analyse beantworten.

In die Beurteilung der gesetzlichen Honorarpublizität sollte auch aufgenommen werden, ob Prüferhonorare aus Sicht des Abschlussadressaten überhaupt einen Informationsgehalt besitzen. Die Frage scheint umso mehr ihre Berechtigung zu finden, als Studien belegen, dass dem Anhang, in dem die Prüferhonorare schließlich veröffentlicht werden, durch den Kapitalmarkt teilweise eine im Vergleich zu anderen Bestandteilen der jährlichen Unternehmensberichter-

---

[549] Vgl. *IDW* (2004a): 144.
[550] *Pfitzer/Orth/Hettich* (2004): 332.
[551] *Pfitzer/Orth/Hettich* (2004): 332.
[552] Vgl. *Pfitzer/Orth/Hettich* (2004): 332.

stattung untergeordnete Bedeutung beigemessen wird.[553] Die experimentelle Befragung von Investoren sowie von Big-Five- und von Nicht-Big-Five-Abschlussprüfern in den USA durch *Jenkins/Krawczyk* (2003) gibt Aufschluss über die Wertschätzung der Offenlegung von Prüferhonoraren. *Jenkins/Krawczyk* (2003) ermitteln, dass 92,6 % der Investoren eine Offenlegung der Nichtprüfungshonorare stark befürworten.[554] Aus einer weiterführenden Befragung derjenigen Investoren, die eine Offenlegung begrüßen, sprach sich der überwiegende Anteil der Befragten für eine Form der Offenlegung aus, nach der sowohl die Prüfungs- als auch die Nicht-Prüfungshonorare ausgewiesen werden. Ein alleiniger Ausweis der Nichtprüfungshonorare wird hingegen als weniger nutzenstiftend erachtet.[555] Das Ergebnis der Studie kann als ein Hinweis darauf verstanden werden, dass Investoren die Relation aus Prüfungs- und Nichtprüfungshonoraren für die Bildung ihres Urteils über die Qualität der Abschlussprüfung durchaus nutzen.

Die Arbeit von *Khurana/Raman* (2006) bestätigt die Feststellung von *Jenkins/Krawczyk* (2003). Die Autoren gingen in ihrer empirischen Analyse von 804 nicht-finanziellen Unternehmen, die von Big-Five-Prüfungsgesellschaften geprüft wurden, der Frage nach, inwieweit aus der gesetzlichen Prüferhonorarpublizität in den USA tatsächlich neue Informationen für die Investoren hinsichtlich der wirtschaftlichen Bedeutung des Mandanten für den Abschlussprüfer hervorgehen.[556] Für die Analyse vergleichen die Verfasser der Studie den statistischen Zusammenhang zwischen Kennzahlen, welche die wirtschaftliche Bedeutung des Mandanten für den Abschlussprüfer zum Ausdruck bringen,[557] und den impliziten Eigenkapitalkosten für das Jahr vor dem Beginn der verpflichtenden Honorarpublizität, 1999, mit dem Zusammenhang für das Jahr 2000, im dem eine Veröffentlichungspflicht erstmalig eintrat.[558] Die Untersuchung für das Jahr 1999 ergab keinen signifikanten Zusammenhang; für das Jahr 2000

---

[553] Die Befragung durch das Deutsche Aktieninstitut für die Jahre 2004 und 2008 u.a. zum Informationsverhalten und zu den -präferenzen deutscher privater und institutioneller Investoren führt zu dem Ergebnis, dass gerade einmal 12 % (2004 und 2008) der Privatanleger den Anhang mindestens intensiv nutzen. Für institutionelle Anleger ergibt sich ein anderes Bild: 48 % (2004) bzw. 86 % (2008) der institutionellen Anleger nutzt den Anhang mindestens intensiv. Vgl. *Deutsches Aktieninstitut* (2009): 30 sowie 49.

[554] In der Befragung wurde nicht auf mögliche Kosten aus der Informationsbereitstellung hingewiesen. Die zusätzlich befragten Certified Public Accountants stimmten in einem geringeren Maße (48,8 % der Nicht-Big-Five-Abschlussprüfer und 44,3 % der Big-Five-Abschlussprüfer) der Bereitstellung dieser Informationen zu. Sie dürften die durch die Publizierung entstehenden Kosten bei ihren Überlegungen antizipieren.

[555] Vgl. zu den Ergebnissen *Jenkins/Krawczyk* (2003): 75-77.

[556] Eine weitere Forschungsfrage der Studie von *Khurana/Raman* (2006) wird in der Darstellung relevanter Forschungsfragen zur wirtschaftlichen Bedeutung in Kapitel 5.4.4.4 aufgegriffen.

[557] Als Kennzahlen für die wirtschaftliche Bedeutung wurden $\frac{NAF}{U_{PG}}$, $\frac{NAF}{U_{NL}}$, $\frac{AF+NAF}{U_{PG}}$ und $\frac{AF+NAF}{U_{NL}}$ herangezogen. Vgl. *Khurana/Raman* (2006): 987.

[558] Vgl. *Khurana/Raman* (2006): 995. Die Autoren approximieren dafür das nicht öffentlich verfügbare und somit unbekannte Honorar durch jenes der ersten Veröffentlichung und unterstellen damit implizit eine intertemporale Konstanz. Vgl. *Khurana/Raman* (2006): 998.

konnte hingegen für jede der vier Kennzahlen ein statistisch signifikanter Einfluss festgestellt werden.[559] Dieses Resultat lässt die Schlussfolgerung zu, dass mit der Honorarpublizität zuvor nicht bekannte Informationen dem Kapitalmarkt zugänglich gemacht wurden.[560] Die Honorarpublizität stellt aus Sicht des Kapitalmarktes somit bewertungsrelevante Informationen dar.[561]

5.4.4 Wirtschaftliche Bedeutung des Mandanten für den Abschlussprüfer

5.4.4.1 Grundsätzliche Anmerkungen

Eine hohe wirtschaftliche Bedeutung des Mandanten für den Abschlussprüfer stellt in der Wissenschaft das Hauptargument für eine mögliche Beeinträchtigung der Urteilsfreiheit durch den Abschlussprüfer dar. Diese Sichtweise begründet sich in der von *Antle* (1984) formulierten und in Kapitel 5.3.1 dargelegten Annahme, dass der Abschlussprüfer ein ökonomischer Agent sei, der nach der Maximierung seines Nutzens strebt und für die Erreichung seines Ziels auch opportunistisch handeln würde.

Die wirtschaftliche Grundlage der Tätigkeit einer Prüfungsgesellschaft stellen die Honorare für die Leistungen der Prüfungsgesellschaft dar.[562] Die Formulierung eines definitorischen Verständnisses darüber, was unter der wirtschaftlichen Bedeutung des Mandanten für den Abschlussprüfer zu verstehen sei, fällt losgelöst von konkreten Indikatoren, welche die wirtschaftliche Bedeutung operationalisieren, schwer. Betrachtet man die wirtschaftliche Abhängigkeit als Ausprägung der wirtschaftlichen Bedeutung, kann darunter jedoch ein Tatbestand verstanden werden, bei dem der Abschlussprüfer aufgrund wirtschaftlicher Erwägungen zu einer Aufgabe seiner Urteilsfreiheit bereit wäre.

Je nach vertretener Ansicht im wissenschaftlichen Schrifttum werden als Indikatoren für die wirtschaftliche Bedeutung des Mandanten für den Abschlussprüfer das Ausmaß der *Beratungsintensität [RELNAFAF]* sowie die *Umsatzbedeutung [ECDEP]* angeführt. Während der erste Indikator ein Maß dafür darstellt, in welchem Verhältnis die Einnahmen aus den lukrativeren Beratungsleistungen die Einnahmen für Leistungen aus der Abschlussprüfung übertreffen, stellt der zweite Indikator ein Maß für die wirtschaftliche Bedeutung in Bezug auf die

---

[559] Vgl. *Khurana/Raman* (2006): 1000.
[560] Vgl. *Khurana/Raman* (2006): 995-996.
[561] Vgl. *Khurana/Raman* (2006): 998.
[562] Vgl. *Niehus* (2002): 623.

gesamte finanzielle Situation der betrachteten Prüfungsgesellschaft dar.[563] Beide Aspekte werden aufgegriffen und einer Untersuchung unterzogen.

Das *gleichzeitige Angebot von Prüfungs- und Beratungsleistungen*, welches den Ausgangspunkt der *Beratungsintensität [RELNAFAF]* bildet, wird seit jeher kontrovers in der Wissenschaft und durch den Gesetzgeber diskutiert. Argumente gegen die Vergabe von Prüfungs- und Beratungsaufträgen an eine Hand – den gesetzlichen Abschlussprüfer – werden unter Verweis auf konkrete Fälle, die eine schlechte Prüfungsqualität erkennen ließen und bei denen der Abschlussprüfer zugleich Beratungsleistungen erbrachte, bekräftigt.[564] Dass die Korrelation der Ereignisse Gleichzeitigkeit von Prüfung und Beratung sowie das Auftreten einer schlechten Prüfungsqualität nicht in einem kausalen Zusammenhang stehen müssen, wird dabei teilweise ignoriert;[565] dies machen auch die folgenden Ausführungen deutlich.

Neben der Durchführung betriebswirtschaftlicher Prüfungen gemäß § 2 Abs. 1 WPO sind Wirtschaftsprüfer zusätzlich befugt, in steuerlichen und wirtschaftlichen Belangen gemäß § 2 Abs. 2 und 3 WPO beratend tätig zu sein. Die Beratung zählt demnach eindeutig zum legitimen Tätigkeitsgebiet eines Wirtschaftsprüfers.[566] Neben der Bereitstellung der gesetzlichen Abschlussprüfung bieten sie ihren Mandanten aus der gesetzlichen Abschlussprüfung wie auch anderen Nachfragern weitere Dienstleistungen an.[567] Das Dienstleistungsangebot von Prüfungsgesellschaften hat sich insbesondere seit den 90er Jahren des vergangenen Jahrtausends gewandelt. Es war deutlich festzustellen, dass sich eine Entwicklung vollzog, bei der Prüfungsgesellschaften neben der gesetzlichen Abschlussprüfung verstärkt vielfältige weitere Beratungsleistungen, die über die gesetzliche Vorbehaltsaufgabe des Abschlussprüfers hinausgehen, anboten.[568] Mit einem breiten Portfolio an Beratungsleistungen verfolgen Prüfungsgesellschaften ein so genanntes „Full-Service-Konzept"[569], bei dem die Bedeutung der gesetzlichen Abschlussprüfung im Dienstleistungsangebot einer Prüfungsgesellschaft tendenziell rückläufig wurde. Vor dem Hintergrund des gestiegenen Preisdrucks aufgrund des zu

---

[563] Ghosh/Kallapur/Moon (2009): 370 erklären in Übereinstimmung mit der gewählten zweigeteilten Vorgehensweise ausdrücklich, dass beide Kennzahlen nicht das gleiche Konstrukt beschreiben, sondern zwei unterschiedliche Konzepte darstellen. So misst die erste Kennzahl die Bedeutung von Beratungsleistungen in Relation zu den gesamten erbrachten Leistungen durch den Abschlussprüfer und die zweite Kennzahl misst die Bedeutung des Mandanten für das Kundenportfolio der Prüfungsgesellschaft.

[564] Die 2002 aus dem Prüfungsmarkt ausgeschiedene Prüfungsgesellschaft Arthur Andersen war fast 20 Jahre als Abschlussprüfer für Enron beauftragt und war auch als Berater für dieses Unternehmen tätig. Im Jahre 2001 betrugen die Honorare aus Prüfungsleistungen ca. 25 Mio. US-Dollar, aus Beratungsleistungen ca. 27 Mio. US-Dollar. Vgl. *Quick* (2002): 624.

[565] Vgl. *Ewert* (2003): 529.

[566] Vgl. *Naumann* (2012): 6-10; Rz. 22-35; *Quick* (2002): 624.

[567] Vgl. *Kitschler* (2005): 11.

[568] Vgl. *Marx* (2002): 45-48.

[569] Im deutschen Schrifttum wird der Begriff von z.B. *Kitschler* (2005): 11 und *Marx* (2002): 39 verwendet.

verzeichnenden zunehmenden Wettbewerbs auf dem Markt für Abschlussprüfung ist es aus Sicht der Prüfungsgesellschaften zu einer Notwendigkeit geworden, durch die Abwicklung der lukrativeren Beratungsleistungen angemessene Renditen zu erzielen.[570] Aufgrund der höheren Margen, die im Beratungsmarkt gegenüber dem Prüfungsmarkt erzielt werden können,[571] verwundert es daher nicht, dass Prüfungsgesellschaften ein „Full-Service-Konzept" verfolgen.

Die Erteilung eines Beratungsauftrags erfolgt nach Maßgabe des Vertragsrechts bzw. entsprechender Gesetze.[572] In der Regel erteilt der Vorstand den Beratungsauftrag, aber auch der Aufsichtsrat hat ein Interesse daran, Beratungsleistungen nachzufragen, um sich einen fundierten und unabhängigen Eindruck über bestimmte Unternehmensbereiche zu verschaffen. Insofern können sowohl der Vorstand als auch der Aufsichtsrat als Auftraggeber von Beratungsleistungen in Erscheinung treten.[573] Ein Abschlussprüfer kann demnach als Auftragnehmer von Leistungen zur Erbringung der gesetzlichen Abschlussprüfung und als Auftragnehmer von Beratungsleistungen beim gleichen Mandanten fungieren.

Die von *DeAngelo* (1981a) in ihrer ursprünglichen Form formulierte und in Kapitel 5.3.2 dargelegte Quasirententheorie mündet letztlich in einer Begründung für die Aufgabe der Urteilsfreiheit des Abschlussprüfers bei Vorliegen einer *hohen Umsatzbedeutung*. Quasirenten aus einem Mandat werden in den Erwägungen des Abschlussprüfers den Quasirenten aus seinem gesamten Mandantenstamm gegenübergestellt. Dies bringt unmittelbar die Relation der bei einem Mandanten erzielten Honorare und dem Gesamtumsatz einer Prüfungsgesellschaft zum Ausdruck. Auch die Europäische Kommission verleiht dem Aspekt der Umsatzbedeutung unmittelbar Bedeutung für die Urteilsfreiheit des Abschlussprüfers. In einer Definition im Rahmen der Empfehlungen zur Unabhängigkeit des Abschlussprüfers in der EU greift sie den Begriff der finanziellen Abhängigkeit auf. Danach liegt die Vermutung der wirtschaftlichen Abhängigkeit des Abschlussprüfers nahe, „wenn die gesamten Honorare aus Prüfungs- und Nichtprüfungsleistungen, die eine Prüfungsgesellschaft oder ein Verbund von einem Prüfungsmandanten und seinen verbundenen Unternehmen erhalten, in jedem der letzten fünf Jahre einen übermäßig hohen Prozentsatz des Gesamtumsatzes ausmachen."[574] Diese Auffassung spiegelt sich in den im folgenden Kapitel noch zu erläuternden Ausschlussgründen der §§ 319 und 319a HGB wider.

---

[570] Vgl. *Marx* (2002): 42.
[571] Vgl. *Jaklin* (2011); *Chung/Kallapur* (2003): 935; *Marx* (2002): 42-43.
[572] Vgl. für die Beauftragung des Abschlussprüfers in Bezug auf die gesetzliche Abschlussprüfung Kapitel 2.2.3.
[573] Vgl. *Bauer* (2004): 63.
[574] *Europäische Kommission* (2002b): 32.

5.4.4.2 Normativer Kontext

Wie bereits in der Einleitung dieser Arbeit angeklungen, unterliegen derzeit die normativen Anforderungen an die *Gleichzeitigkeit von Prüfung und Beratung* seitens des europäischen Normengebers einem Entwicklungsprozess. Die Reformvorschläge der Europäischen Kommission[575] reichen derweil sogar soweit, dass einige große Prüfungsgesellschaften ihr Geschäft generell auf die Abschlussprüfung beschränken sollen.[576] Hintergrund dieser Überlegung ist eine vorgeschlagene Einschränkung der gleichzeitigen Erbringung von Prüfungs- und bestimmten Beratungsleistungen bei Unternehmen des öffentlichen Interesses durch eine Prüfungsgesellschaft oder Mitglieder eines Netzwerkes von Prüfungsgesellschaften,[577] um eine Unabhängigkeitsgefährdung auszuschließen. Da dieses Verbot zur Konsequenz haben könnte, dass eine nicht ausreichende Zahl großer Prüfungsgesellschaften für die Abschlussprüfung insbesondere bei großen Unternehmen von öffentlichem Interesse zur Verfügung stände, soll mit dem Eingriff in das Dienstleistungsangebot der Prüfungsgesellschaften eine Versorgung von großen Unternehmen des öffentlichen Interesses mit Abschlussprüfungsleistungen sichergestellt werden.[578]

In Bezug auf die Gleichzeitigkeit von Beratung und Prüfung hat der Gesetzgeber erkannt, dass eine unabhängige Selbstprüfung des Abschlussprüfers problematisch ist. Der Gesetzgeber betont dies im § 319 Abs. 3 Nr. 3 HGB durch die Aufstellung eines Kataloges mit konkreten Leistungen, die ein Abschlussprüfer nicht erbringen darf, ausdrücklich. Ein Abschlussprüfer ist demnach dann von der Abschlussprüfung ausgeschlossen, wenn er oder eine Person, mit der er seinen Beruf gemeinsam ausübt, an der Erbringung folgender Leistungen beteiligt ist:

- Mitwirkung an der Buchführung oder der Aufstellung des zu prüfenden Jahresabschlusses
- Mitwirkung in verantwortlicher Position an der Durchführung der internen Revision
- Erbringung von Unternehmensleitungs- oder Finanzdienstleistungen
- Erbringung eigenständiger versicherungsmathematischer oder Bewertungsleistungen, die sich auf den zu prüfenden Jahresabschluss nicht nur unwesentlich auswirken.

Für die Prüfung kapitalmarktorientierter Unternehmen i.S.d. § 264d HGB erweitert sich der Katalog von Leistungen, die zu einem Ausschluss des Abschlussprüfers führen, um:

---

[575] Vgl. *Europäische Kommission* (2011b) für den Vorschlag für eine Verordnung des Europäischen Parlaments und des Rates über spezifische Anforderungen an die Abschlussprüfung bei Unternehmen von öffentlichem Interesse.
[576] Vgl. *Europäische Kommission* (2011b): 16-17; Erwägungsgrund 11.
[577] Vgl. *Europäische Kommission* (2011b): 33-36; Artikel 10.
[578] Vgl. *Europäische Kommission* (2011b): 16-17; Erwägungsgrund 11.

- Erbringung von Steuerberatungs- und Rechtsberatungsleistungen, die über das Aufzeigen von Gestaltungsalternativen hinausgehen und die sich auf die Darstellung der Vermögens-, Finanz- und Ertragslage in dem zu prüfenden Jahresabschluss unmittelbar und nicht nur unwesentlich auswirken (gem. § 319a Abs. 1 Nr. 2 HGB)
- Mitwirkung an Entwicklung, Einrichtung und Einführung von Rechnungslegungsinformationssystemen, sofern diese Tätigkeit nicht von untergeordneter Bedeutung ist (gem. § 319a Abs. 1 Nr. 3 HGB).

Trotz der genannten Einschränkungen verbleibt für den Abschlussprüfer ein weiter Bereich, in dem er für den Mandanten beratend tätig werden kann. Dies wird auch in vielen Konstellationen in Anspruch genommen, denn der Abschlussprüfer gilt als breit aufgestellter Kompetenzträger in betriebswirtschaftlichen und (steuer-)rechtlichen Belangen.[579]

Der Gesetzgeber hat auch mögliche Gefahren aus einer hohen *Umsatzbedeutung* des Mandanten für den Abschlussprüfer erkannt und entsprechende rechtliche Maßnahmen erlassen, die – wie auch die Regularien zur Gleichzeitigkeit von Prüfung und Beratung – den Ausschlussgründen zuzuordnen sind. Der Gesetzgeber sieht für Abschlussprüfungen allgemein und für Abschlussprüfungen kapitalmarktorientierter Unternehmen im Speziellen bestimmte Umsatzgrenzen vor. Die Vorschrift greift das wirtschaftliche Eigeninteresse des Abschlussprüfers auf und adressiert eine daraus entstehende mögliche Gefährdung seiner Urteilsfreiheit bzw. Unabhängigkeit.[580]

§ 319 Abs. 3 Nr. 5 HGB sieht den Ausschluss eines Wirtschaftsprüfers oder vereidigten Buchprüfers von der Abschlussprüfung vor, sofern die Höhe ihrer Gesamteinnahmen, die diese im Rahmen ihrer beruflichen Tätigkeit[581] von der zu prüfenden Kapitalgesellschaft und von Unternehmen, an denen diese zu mehr als 20 % beteiligt ist, erzielen, in den letzten fünf Jahren[582] jeweils 30 % überstiegen haben. Der Ausschlussgrund greift auch dann, wenn die Umsatzgrenze zwar noch nicht erreicht ist, aber im laufenden Geschäftsjahr zu erwarten ist, dass diese erreicht wird.[583] Für die Abschlussprüfung kapitalmarktorientierter Unternehmen im

---

[579] Die im empirischen Teil dieser Arbeit untersuchte Stichprobe weist einen Anteil von gut 95% der Beobachtungen auf, die durch den gesetzlichen Abschlussprüfer gleichzeitig beraten wurden.

[580] Vgl. *Schmidt* (2012a): 2075; Rz. 70.

[581] Zu den Einnahmen aus seiner beruflichen Tätigkeit zählen für den Wirtschaftsprüfer alle Tätigkeiten im Sinne des § 2 WPO sowie für den vereidigten Buchprüfer alle Tätigkeiten im Sinne des § 129 WPO. Dazu zählen auch Einnahmen, die ein Abschlussprüfer im Rahmen einer Zusatzqualifikation – z.B. in Form einer Rechtsanwaltstätigkeit – erlangt. Vgl. *Schmidt* (2012a): 2075; Rz. 70; *Adler/Düring/Schmaltz* (2000): 326; Rz. 158.

[582] Der benannte Jahreszeitraum betrifft das Geschäftsjahr des Abschlussprüfers.

[583] Vgl. *Hülsmann* (2005): 169. Die Regelung sieht die Möglichkeit einer befristeten Ausnahmegenehmigung in Härtefällen vor. Vgl. *Schmidt* (2012a): 2075; Rz. 72; *Hülsmann* (2005): 169. Ein Härtefall kann

Sinne des § 264d HGB[584] gelten mit dem im Zuge des BilReG neu eingeführten § 319a HGB schärfere Regeln.[585] Für Abschlussprüfungen dieser Unternehmen liegt gemäß § 319a Abs. 1 Nr. 1 HGB bereits dann ein Ausschlussgrund vor, wenn der Abschlussprüfer in den letzten fünf Jahren vor der Abschlussprüfung jeweils mehr als 15 % seiner Gesamteinnahmen aus seiner beruflichen Tätigkeit von der zu prüfenden Gesellschaft oder Gesellschaften, an denen diese zu mehr als 20 % beteiligt ist, bezogen hat und dies auch für das laufende Geschäftsjahr zu erwarten ist. Die für kapitalmarktorientierte Unternehmen reduzierte Umsatzgrenze ist gemäß Artikel 58 Abs. 4 Satz 4 HGBEG für Geschäftsjahre anzuwenden, die nach dem 31.12.2006 beginnen.[586]

Für eine Abschlussprüfung entsteht somit im sechsten Jahr ein Ausschlussgrund, wenn in fünf vorangegangenen Jahren eine wie zuvor beschriebene hohe Umsatzbedeutung bestand. Der Abschlussprüfer hat demnach eine lange Frist, um geeignete Maßnahmen zur Vermeidung eines Ausschlussgrundes zu ergreifen. Wird im sechsten Jahr die Umsatzgrenze unterschritten, so kann in den darauf folgenden fünf Jahren kein Ausschlussgrund vorliegen.[587] Mit den beschriebenen Regelungen versucht der Gesetzgeber, die umsatzinduzierte Bedeutung des Mandanten für den Abschlussprüfer auf ein vordefiniertes Maß zu begrenzen.[588] Ob der Kapitalmarkt dennoch sensibel für Unterschiede der wirtschaftlichen Bedeutung ist, die innerhalb von fünf aufeinanderfolgenden Jahren die beschriebenen Umsatzgrenzen übersteigen darf, soll einer empirischen Überprüfung unterzogen werden.

5.4.4.3 Konsequenzen für die Prüfungsqualität

Unmittelbar aus der aufgezeigten Quasirententheorie von *DeAngelo* (1981a) ist abzuleiten, dass ein hoher Anteil von Quasirenten aus einem Mandat im Verhältnis zu allen übrigen

---

[584] bei Eröffnung, Verlegung oder Schließung einer Wirtschaftsprüfungspraxis vorliegen. Vgl. *Adler/Düring/Schmaltz* (2000): 328; Rz. 163.

Der Wortlaut bezog sich i.d.F. des BilReG zunächst auf Unternehmen, die einen organisierten Markt im Sinne des § 2 Abs. 5 des WpHG in Anspruch nehmen. Vgl. § 319a HGB i.d.F. des BilReG. Der Verweis auf kapitalmarktorientierte Unternehmen im Sinne des § 264d HGB resultiert aus der Umformulierung im Rahmen des BilMoG und entspricht der derzeit gültigen Fassung des § 319a HGB.

[585] Die Begründung für eine Verschärfung bei kapitalmarktorientierten Unternehmen liegt in dem besonderen Interesse der Öffentlichkeit, die nicht nur (potenzielle) Anteilseigner, sondern auch z.B. Finanzanalysten umfasst. Vgl. *Hülsmann* (2005): 170 und *Bundestag* (2004b): 40-41.

[586] Vgl. *Hülsmann* (2005): 170.

[587] Vgl. *Schmidt* (2012a): 2075; Rz. 71.

[588] Gleichzeitig ist zu bedenken, dass diese Regelung Effekte auf die Konzentration des Prüfungsmarktes haben könnte. Kleinere Prüfungsgesellschaften mit ihrem begrenzten Mandantenstamm und entsprechend geringeren Gesamteinnahmen sind durch diese Grenze faktisch nicht wettbewerbsfähig im Markt für „größere Mandate" und werden so systematisch ausgeschlossen. Vgl. Sattler (2011): 324 sowie den Beitrag von *Petersen/Zwirner/Boecker* (2010).

Quasirenten zu einer höheren Wahrscheinlichkeit für die Aufgabe der Urteilsfreiheit führt.[589] In dem Zusammenhang sind Beratungsaufträge als eigenständige Quelle von Quasirenten anzusehen. Auch *Antle* (1984) beschreibt, dass die Vergabe von Beratungsaufträgen eine Quelle für Seitenzahlungen darstellt, die den Abschlussprüfer zur Aufgabe seiner Urteilsfreiheit veranlassen können.[590]

Entsprechend erweitern *Ostrowski/Söder* (1999) das Modell von *DeAngelo* (1981a) um die Auswirkungen von Beratungsleistungen auf die Urteilsfreiheit[591] des Abschlussprüfers.[592] Die Ausführungen unter der Annahme von Synergieeffekten zwischen Abschlussprüfung und Beratung[593] führen die Autoren insgesamt zu dem Ergebnis, dass die gleichzeitige Betrauung des Abschlussprüfers mit Beratungsaufträgen mit Quasirenten einhergeht, die höher sind als jene aus den Prüfungsaufträgen. Dies führt zu einer weiteren Beeinträchtigung der Urteilsfreiheit des Abschlussprüfers.[594] Die Autoren berücksichtigen vereinfachend Synergieeffekte von der Abschlussprüfung auf die Beratung.[595] Zurückzuführen ist der negative Effekt der Beratungsintensität auf die Urteilsfreiheit des Abschlussprüfers auf die Reduktion von Beratungskosten durch die gleichzeitige Prüfungs- und Beratungstätigkeit gegenüber einer alleinigen Beratungstätigkeit. Für den Abschlussprüfer besteht die Möglichkeit, die Erstprüfung aufgrund gestiegener Quasirenten bei gleichzeitiger Beratung noch günstiger anzubieten und somit das Low Balling auszuweiten. Der ökonomische Anreiz der zukünftig zu erzielenden Quasirenten und damit verbunden einer Gefährdung der Urteilsfreiheit des Abschlussprüfers steigt so-

---

[589] Vgl. zur Quasirententheorie Kapitel 5.3.2.

[590] Vgl. hierzu Kapitel 5.3.1.

[591] Die Autoren verwenden den Begriff Unabhängigkeit.

[592] Die Modellierung erfolgt dabei zum einen in einem Kontext der Vergabe eines einmaligen Beratungsauftrages und zum anderen in einem Kontext, in dem Beratungsaufträge in Folgeaufträgen vergeben werden können. Vgl. *Ostrowski/Söder* (1999): 558-561.

[593] Vgl. *Ostrowski/Söder* (1999): 559. Die konkreten Synergieeffekte hängen dabei vom inhaltlichen Bezug zwischen Beratungsleistungen und Abschlussprüfung ab. Vgl. *Ostrowski/Söder* (1999): 559. Voraussetzungen für Synergieeffekte der Abschlussprüfung auf die Beratung sind nur dann realisierbar, wenn der Berater bereits seit mindestens einer Periode als Abschlussprüfer beim Mandanten tätig war. Vgl. *Ostrowski/Söder* (1999): 560-561.

[594] Vgl. *Ostrowski/Söder* (1999): 562.

[595] Synergieeffekte einer Beratungstätigkeit auf zukünftige Prüfungsaufträge bleiben hingegen unberücksichtigt. Vgl. *Ostrowski/Söder* (1999): 559. Aufbauend auf der beschriebenen Erweiterung des Modells von *DeAngelo* (1981a) durch *Ostrowski/Söder* (1999) berücksichtigt *Bauer* (2004) in seiner Modellierung die Wirkung zweiseitiger Synergieeffekte zwischen der Abschlussprüfung und Beratung auf die Urteilsfreiheit des Abschlussprüfers. Das Modell zeigt im Ergebnis, dass sich die von *Ostrowski/Söder* (1999) bereits für einen einseitigen Synergieeffekt von Abschlussprüfung und Beratung zukünftig zu erwartenden Quasirenten nochmals erweitern und somit das Ausmaß an Low Balling und folglich das ökonomische Interesse am Erhalt von Quasirenten weiterhin erhöht. Vgl. *Bauer* (2004): 140-142 sowie für die anschließende Modellkritik vgl. *Bauer* (2004): 142-146.

mit.[596] Es hat somit eine additive Betrachtung der Quasirenten aus beiden Quellen – sowohl der Prüfung als auch der Beratung – zu erfolgen, um Effekte auf die Urteilsfreiheit des Abschlussprüfers absehen zu können.[597]

Ewert/Wagenhofer (2003) üben unmittelbare Kritik an dem Modell von *Ostrowski/Söder* (1999). Die Autoren machen deutlich, dass die Schlussfolgerung nicht ohne Weiteres gezogen werden kann. Schließlich kommt es auf das Verhältnis zwischen der Höhe von Quasirenten bei dem konkreten Mandanten und der Höhe der Quasirenten über sämtliche Mandate für eine Einschätzung der Gefährdung der Urteilsfreiheit an.[598] Entsprechend des Ausgangsmodells zu den Quasirenten liegt genau dann keine Gefährdung der Urteilsfreiheit des Abschlussprüfers vor, wenn gilt:[599]

$$\frac{l*p}{q} \geq \frac{Q}{E}$$

Geht man nun davon aus, dass ein Mandatsverlust bei einem Prüfungsauftrag auch zum Verlust des Beratungsauftrags führt, verändert sich die Bedingung für die Wahrung der Urteilsfreiheit des Abschlussprüfers bei einer zusätzlichen Berücksichtigung von Beratungsaufträgen zu:[600]

$$\frac{l*p}{q} \geq \frac{Q_{P+B}}{E_{P+B}}$$

Das gleichzeitige Angebot von Beratungsleistungen bei einem Prüfungsmandanten führt nach der Ansicht von *Ewert/Wagenhofer* (2003) folglich nur dann zu einer Veränderung der Unabhängigkeit des Abschlussprüfers, wenn ausgeschlossen ist, dass auch bei anderen Prüfungsmandanten Beratungsleistungen erbracht werden.[601] Trifft man weiter die Annahme einer homogenen Mandantenbasis n, für die $E = n * Q$ und $E_{P+B} = n * Q_{P+B}$ gilt, und geht davon aus, dass der Verlust eines Prüfungsmandats mit einem Verlust des Beratungsauftrags verbunden ist, dann reduziert sich die Unabhängigkeitsbedingung zu:[602]

---

[596] Vgl. *Bauer* (2004): 139. Im Wettbewerb um Prüfungsmandate besteht für Prüfungsgesellschaften ein Zwang, auch Beratungsleistungen anzubieten, um konkurrenzfähig zu sein. Vgl. *Bauer* (2004): 139.
[597] Vgl. *Ostrowski/Söder* (1999): 562.
[598] Vgl. *Ewert/Wagenhofer* (2003): 616. So auch *Bauer* (2004): 139.
[599] Vgl. hierzu Kapitel 5.3.2.
[600] Vgl. *Ewert/Wagenhofer* (2003): 616.
[601] Vgl. *Ewert/Wagenhofer* (2003): 616. Dass ein derartiges Szenario als eher unrealistisch anzusehen ist, bedarf keiner weiteren Begründung.
[602] Vgl. *Ewert/Wagenhofer* (2003): 616.

$$\frac{l*p}{q} \geq \frac{1}{n}$$

Die Wahrung der Unabhängigkeit hängt folglich von der Größe der Mandantenbasis ab. Je größer diese ist, desto geringer ist die Wahrscheinlichkeit der Aufgabe der Unabhängigkeit durch den Abschlussprüfer.[603]

Die von *Ewert/Wagenhofer* (2003) geschilderte Kritik wurde in Bezug auf eine ältere Veröffentlichung[604] bereits von *Ostrowski/Söder* (1999) aufgegriffen und mit der Anmerkung, dass lediglich in Ausnahmefällen von einer Gleichverteilung der Prüfungs- und Beratungsaufträge unter Mandanten auszugehen sei, relativiert.[605]

Niehus (2002) vertritt ebenfalls die Auffassung, dass der Anteil des Gesamthonorars am Gesamtumsatz der Prüfungsgesellschaft von Bedeutung für eine wirtschaftliche Abhängigkeit ist und dass nicht etwa ein bestimmtes Verhältnis von Prüfungs- und Beratungsleistungen zu einer wirtschaftlichen Abhängigkeit des Abschlussprüfers vom Mandaten und schließlich zu einer Gefährdung der Unabhängigkeit des Abschlussprüfers führt.[606] Es kommt also darauf an, wie hoch der relative Anteil an Quasirenten ist, die aus dem Mandat zukünftig zu erzielen sind und nicht unbedingt darauf an, wie hoch der Anteil der Quasirenten aus dem Beratungsgeschäft ist. Ist das Mandat insgesamt wirtschaftlich gesehen für die Prüfungsgesellschaft von untergeordneter Bedeutung, so spielt auch das Verhältnis von Prüfungs- und Beratungsleistungen hinsichtlich negativer Effekte für die Qualität der Abschlussprüfung aufgrund wirtschaftlicher Abhängigkeit eine untergeordnete Rolle.

Auch wenn das Verhältnis der Gesamthonorare zum Umsatz der Prüfungsgesellschaft aufgrund rationaler Überlegungen der geeignete Maßstab und somit Kennzahl für das Ausmaß der wirtschaftlichen Bedeutung zu sein vermag, ist es dennoch möglich, dass der Kapitalmarkt seine Einschätzung auf Basis des Verhältnisses von Prüfungs- und Beratungshonoraren vornimmt. Von Kritikern der Honorarpublizität wird insbesondere sogar vermutet, dass die Relation von Beratungs- und Prüfungshonoraren eine Befangenheitsvermutung aus Sicht des Kapitalmarktes begründet, die nicht zu entkräften sei.[607] Schließlich tritt der Abschlussprüfer bei Zustandekommen eines Beratungsauftrags als Agent in eine Prinzipal-Agenten-Beziehung

---

[603] Vgl. *Ewert/Wagenhofer* (2003): 617.

[604] Zu *Ewert/Wagenhofer* (2003) analoge Kritik äußerte *Ewert* (1990) bereits früher. Vgl. *Ewert* (1990): 198-198. Hierauf nehmen *Ostrowski/Söder* (1999) Bezug. Vgl. *Ostrowski/Söder* (1999): 562.

[605] Vgl. *Ostrowski/Söder* (1999): 562. Gut 95 % der in die empirische Analyse einbezogenen Unternehmen bezogen zugleich Beratungsleistungen durch den Abschlussprüfer.

[606] Vgl. *Niehus* (2002): 624.

[607] Vgl. *IDW* (2004a): 144; *Pfitzer/Orth/Hettich* (2004): 332 sowie die Ausführungen zur Beurteilung der Honorarpublizität in Kapitel 5.4.3.

zwischen Abschlussprüfer und Management. Der Abschlussprüfer ist in einer derartigen Konstellation dem Konflikt ausgesetzt, sowohl als Agent für die Anteilseigner deren schutzwürdigen Interessen als auch gleichzeitig als Agent des Managements dessen Interessen zu vertreten.[608] Betrachtet man die Einwirkungsmöglichkeiten auf den Abschlussprüfer, die dem Management als Auftraggeber von Beratungsleistungen erwachsen, wird deutlich, welches Potenzial Beratungsleistungen für eine Aufgabe der Urteilsfreiheit des Abschlussprüfers implizieren.[609] Letztlich deuten auch Forschungsergebnisse stark darauf hin, dass eine hohe Relation von Prüfungs- und Beratungsleistungen durch den Kapitalmarktteilnehmer als Gefährdung der Urteilsfreiheit empfunden werden.[610] *Burton* (1980) schränkt den Zusammenhang zwischen dem Verhältnis von Prüfungs- und Beratungshonoraren und der wahrgenommenen Urteilsfreiheit insofern ein, als er darauf hinweist, dass dieser Maßstab nur von denjenigen als urteilsfreiheitsgefährdend wahrgenommen werden kann, die den eigentlichen Prüfungsprozess nicht nachvollziehen können.[611] Jedoch ist gerade dies aufgrund der Eigenschaft der Abschlussprüfung als Vertrauensgut das Dilemma der Kapitalmarktteilnehmer. Da die Zielsetzung der Arbeit genau darin besteht, die *Wahrnehmung* der Dimensionen der Qualität der Abschlussprüfung zu untersuchen, sollte das Verhältnis von Prüfungs- und Beratungshonoraren in der empirischen Analyse nicht fehlen.

5.4.4.4 Relevante Forschungsergebnisse

Ghosh/Kallapur/Moon (2009) untersuchen die *Wahrnehmung* des Kapitalmarktes hinsichtlich der rangtransformierten Perzentile des Beratungshonorars in Relation zum gesamten Honorar, das eine Prüfungsgesellschaft bei einem Mandanten erzielt $rt(\frac{NAF}{AF+NAF})$, sowie der Relation der gesamten Honorare auf Mandantenebene und des gesamten Umsatzvolumens einer Prüfungsgesellschaft $rt(\frac{AF+NAF}{U_{PG}})$. Die Autoren analysieren in einer multivariaten Regressionsanalyse von 21.797 Unternehmens-Jahr-Beobachtungen bzw. 51.755 Firmen-Quartal-Beobachtungen in den USA für die Jahre 2001 bis 2006 den Zusammenhang zwischen den Honorarkennzahlen und dem ERC (in Bezug auf jährliche bzw. quartalsweise Gewinnankündigungen). Die Stichprobe beschränkt sich insgesamt auf solche Unternehmen, die von einer Big-Five-Prüfungsgesellschaft geprüft wurden.[612] Während für die erste Kennzahl kein statistisch signifikanter Zusammenhang festgestellt werden kann, weist die zweite Kennzahl einen signifikanten negativen Zusammenhang zum ERC auf, allerdings lediglich für mittelgroße

---

[608] Vgl. *Sattler* (2011): 22-23.
[609] Vgl. zu den Einwirkungsmöglichkeiten des Managements Kapitel 5.3.3.
[610] Siehe hierzu die Ausführungen im folgenden Kapitel 5.4.4.4 zu den relevanten Forschungsergebnissen.
[611] Vgl. *Burton* (1980): 51.
[612] Vgl. *Ghosh/Kallapur/Moon* (2009): 374.

Mandanten. Für große und kleine Mandantenunternehmen kann der Zusammenhang hingegen nicht bestätigt werden. Die Begründung für dieses Ergebnis wird darin gesehen, dass der Kapitalmarktteilnehmer antizipiert, dass eine wirtschaftliche Abhängigkeit bei kleinen Mandanten aufgrund der geringen Bedeutung für den Gesamtumsatz faktisch nicht gegeben ist und eine Gefährdung der Urteilsfreiheit bei großen Mandanten aufgrund des drohenden Reputationsverlustes für die Prüfungsgesellschaft nicht eintritt.[613]

Davis/Hollie (2008) analysieren in einem experimentellen Untersuchungsdesign[614] den Einfluss unterschiedlicher Anteile des Beratungshonorars am gesamten mandantenspezifischen Prüferhonorar (0 %, 25 %, 50 % sowie 75 %) $\frac{NAF}{AF+NAF}$ auf die *Wahrnehmung* der Urteilsfreiheit des Abschlussprüfers sowie auf Aktienbewertung durch die Probanden. Im Ergebnis zeigt die Auswertung, dass trotz des offensichtlichen Vorliegens eines urteilsfreien Abschlussprüfers die Probanden mit zunehmendem Beratungsanteil von einer zunehmenden Einschränkung der Urteilsfreiheit des Abschlussprüfers ausgehen. Gleiches kann auch für die Aktienpreise festgestellt werden, die mit zunehmendem Beratungsanteils vermehrt von ihrem ökonomischen Wert abweichen. Für beide Sachverhalte kann jedoch festgehalten werden, dass die Zusammenhänge mit wachsendem Beratungsanteil zunehmen, sich jedoch zwischen einem Niveau von 50 % und 75 % kaum noch unterscheiden.[615] Die Studie liefert demnach Hinweise auf einen nicht-linearen funktionalen Zusammenhang.[616]

Francis/Ke (2006) untersuchen, inwiefern die Kapitalmarktreaktionen auf quartalsweise Gewinnüberraschungen (ERC) auf die Veröffentlichung von Prüferhonoraren zurückzuführen sind. Sie untersuchen in einer multiplen Regressionsanalyse für insgesamt 16.910 Unternehmen-Quartal-Beobachtungen, von denen 8.559 aus der Zeit vor der erstmaligen Offenlegungspflicht von Prüferhonoraren in den USA im Jahr 2001 stammen und 8.351 aus der Zeit danach, den Einfluss eines kritischen Ausmaßes von Beratungshonoraren auf die Reaktion des Kapitalmarktes.[617] Entsprechend der Konvention der Autoren ist dann ein kritisches Ausmaß an Beratungsleistungen erreicht, wenn gleichzeitig das Verhältnis von Beratungshonoraren zu den gesamten Honoraren auf Mandantenebene den Stichprobenmedian und der absolute Wert des Beratungshonorars das 75-%-Perzentil der Stichprobe übersteigen.[618] Der der Untersuchung zugrunde liegende Gedanke geht davon aus, dass sofern Investoren ein hohes Beratungsvolumen durch den Abschlussprüfer als unabhängigkeitsgefährdend ansehen, diese hin-

---

[613] Vgl. *Ghosh/Kallapur/Moon* (2009): 383.
[614] Für Details zum Versuchsaufbau siehe *Davis/Hollie* (2008): 35-37.
[615] Vgl. *Davis/Hollie* (2008): 37-41.
[616] Vgl. *Davis/Hollie* (2008): 42.
[617] Vgl. *Francis/Ke* (2006): 507-508.
[618] Vgl. *Francis/Ke* (2006): 502.

sichtlich der Finanzberichterstattung des Unternehmens verunsichert sind und folglich der ERC für Unternehmen mit hohen Beratungshonoraren geringer ausfällt.[619] Die Analyse für die Teilstichprobe, welche der Honorarveröffentlichungspflicht unterliegt, führt zu dem Ergebnis, dass Kapitalmarktteilnehmer Gewinnüberraschungen insbesondere dann positiv *wahrnehmen*, wenn der Abschlussprüfer das kritische Ausmaß an Beratungsleistungen unterschritten hat. Für die Teilstichprobe, welche nicht der Offenlegungspflicht unterlag, kann der Zusammenhang hingegen nicht bestätigt werden. Die Autoren sehen dies als Bestätigung dafür, dass Honorarinformationen aus Sicht der Investoren bewertungsrelevant sind.[620]

Zu einem ähnlichen Ergebnis führte bereits die Studie von *Krishnan/Sami/Zhang* (2005), die ein ähnliches Untersuchungsdesign wie *Francis/Ke* (2006) wählten. *Krishnan/Sami/Zhang* (2005) untersuchen den Zusammenhang zwischen diversen Honorarkennzahlen, wie das Verhältnis von Beratungshonoraren zu den gesamten Prüferhonoraren auf Mandantenebene $\frac{NAF}{AF+NAF}$, die logarithmierten Nichtprüfungshonorare $\ln(NAF)$ sowie die logarithmierten gesamten Prüferhonorare $\ln(AF + NAF)$, und dem ERC und untersuchen somit die *Wahrnehmung* des Kapitalmarktes hinsichtlich dieser Parameter. In die Kennzahlenbildung fließen die tatsächlichen Honorare und alternativ unerwartete Honorare, welche einem Über- oder Unterschreiten erwarteter Honorare entsprechen, ein.[621] In der Untersuchung gehen insgesamt 7.117 bzw. 6.084 Unternehmen-Quartal-Beobachtungen US-amerikanischer Unternehmen ein, die quartalsweise Gewinnveröffentlichungen von US-amerikanischen Unternehmen beschreiben, welche zeitlich auf die im Proxy Statement 2001 veröffentlichten Prüferhonorare folgen.[622] Insgesamt erlauben die Ergebnisse der multivariaten Regressionsanalysen die Schlussfolgerung, dass der ERC für ein hohes Verhältnis von Nichtprüfungsleistungen zu den gesamten Prüfungsleistungen und für hohe Nichtprüfungsleistungen niedriger ist. Die Höhe der gesamten Prüfungsleistungen scheint für Investoren dagegen unbedeutend zu sein. Für den Einfluss der Honorarkennzahlen auf Basis unerwarteter Honorare kann ein derartiger signifikanter Zusammenhang nur für das zweite und dritte auf die Honorarveröffentlichung folgende Quartal, dafür aber für alle einbezogenen Honorarkennzahlen, festgestellt werden. Ein hoher Anteil an Beratungsleistungen scheint aus Sicht des Kapitalmarktes die Unabhängigkeit des Abschlussprüfers zu gefährden.[623]

---

[619] Vgl. *Francis/Ke* (2006): 500-501.
[620] Vgl. *Francis/Ke* (2006): 509.
[621] Vgl. *Krishnan/Sami/Zhang* (2005): 117. Die Autoren kontrollieren zusätzlich für die Höhe der logarithmierten Prüfungshonorare, sofern dies in den einzelnen Modellen nicht zu einem Problem hinsichtlich der Multikollinearität der Daten führt. Vgl. *Krishnan/Sami/Zhang* (2005): 118.
[622] Vgl. *Krishnan/Sami/Zhang* (2005): 119.
[623] Vgl. *Krishnan/Sami/Zhang* (2005): 131.

Aus den Studien von *Quick/Warming-Rasmussen* (2007) und *Quick/Warming-Rasmussen* (2005) können ebenfalls wertvolle Erkenntnisse hinsichtlich der *Wahrnehmung* einer möglichen Unabhängigkeitsgefährdung aus einer bestehenden Abhängigkeit der Gesamthonorare von Beratungshonoraren $\frac{NAF}{AF+NAF}$ abgeleitet werden. Die 98 befragten deutschen Kleinaktionäre gaben an, dass ihr Vertrauen in die Unabhängigkeit des Abschlussprüfers ab einem Beratungshonoraranteil von 27,9 % vermindert ist. Ihre Vermutung darüber wie hoch dieser Anteil in der Prüfungsbranche tatsächlich ist, wurde mit 47,4 % angegeben und liegt somit deutlich über dem Anteil, der bereits eine Beeinträchtigung der *wahrgenommenen* Urteilsfreiheit auslöst.[624] Die für den dänischen Prüfungsmarkt durchgeführte korrespondierende Studie unter diversen Gruppen von Befragten lässt eine sehr viel höhere Toleranzschwelle bei Wirtschaftsprüfern gegenüber den anderen Gruppen von Befragten feststellen. So liegen die Schwellen bei Wirtschaftsprüfern bei 67 %, bei Managern bei 35 %, bei Kreditsachbearbeitern bei 32 %, bei privaten Aktionären bei 25 % sowie bei Wirtschaftsjournalisten bei 10 %. Während Wirtschaftsprüfer hinsichtlich ihrer Einschätzung der tatsächlichen Beratungsanteile einen geringeren Wert als ihren kritischen angaben, ist die Einschätzung der übrigen Befragten bezüglich des kritischen Beratungsanteils identisch (Manager) oder höher (die übrigen).[625]

Khurana/Raman (2006) untersuchen den Zusammenhang zwischen der Glaubwürdigkeit der Unternehmenspublizität aus Sicht des Kapitalmarktes und der wirtschaftlichen Bedeutung des Mandanten für Big-Five-Prüfungsgesellschaften. Sie gehen für insgesamt 2.613 Beobachtungen des nicht-finanziellen Sektors in den Jahren 2000 und 2001 für den US-amerikanischen Prüfungsmarkt konkret der Frage nach, ob ein positiver Zusammenhang zwischen dem Ausmaß der wirtschaftlichen Bedeutung des Abschlussprüfers vom Mandanten und den Eigenkapitalkosten des geprüften Unternehmens besteht.[626] Der Hypothesenbildung liegt – wie auch in dieser Arbeit – der unterstellte Zusammenhang zu Grunde, dass die Glaubwürdigkeit der Unternehmenspublizität mit der von den Investoren *wahrgenommenen* Qualität der Abschlussprüfung – ausgedrückt durch die wirtschaftliche Abhängigkeit des Abschlussprüfers – zunimmt und dies beim Mandanten zu niedrigeren Eigenkapitalkosten führt.[627] Die Operationalisierung der wirtschaftlichen Bedeutung erfolgt unter Verwendung unterschiedlicher Kennzahlen, welche die Umsatzbedeutung zum Ausdruck bringen. In vier multiplen Regressionsanalysen fließen jeweils als Untersuchungsvariablen Verhältniszahlen der Nichtprüfungshonorare sowie der gesamten Honorare und des Umsatzes der Prüfungsgesellschaft in

---

[624] Vgl. *Quick/Warming-Rasmussen* (2007): 1022-1023.
[625] Vgl. *Quick/Warming-Rasmussen* (2005): 153.
[626] Vgl. *Khurana/Raman* (2006): 981 und 992.
[627] Vgl. *Khurana/Raman* (2006): 986.

das Modell ein.[628] Hinsichtlich des Umsatzes der Prüfungsgesellschaft unterscheiden die Autoren zwischen dem Umsatz auf Gesamtgesellschaftsebene U_{PG} und auf Niederlassungsebene U_{NL}: $\frac{NAF}{U_{PG}}$, $\frac{NAF}{U_{NL}}$, $\frac{AF+NAF}{U_{PG}}$ und $\frac{AF+NAF}{U_{NL}}$.[629] Die Regression der Eigenkapitalkosten auf die Kennzahlen zur Messung der wirtschaftlichen Bedeutung führt zu einer statistisch signifikanten Bestätigung des vermuteten Zusammenhangs.[630] Die Autoren schließen aus dem Ergebnis, dass die Kapitalmarktteilnehmer eine Beeinträchtigung der Urteilsfreiheit und folglich eine Verringerung der Prüfungsqualität durch eine steigende wirtschaftliche Abhängigkeit in Form einer zunehmenden Umsatzbedeutung *wahrnehmen*.[631]

Die Studie von *Raghunandan* (2003) gibt Hinweise auf die *Wahrnehmung* der Prüfungsqualität durch Anteilseigner hinsichtlich des Verhältnisses von Beratungs- zu Prüfungshonoraren $\frac{NAF}{AF}$.[632] Er untersucht für 183 US-amerikanische Unternehmen, die ihre Zwischenberichte zwischen dem 05.02.2001 und dem 30.04.2001 bei der SEC eingereicht haben, inwiefern die Honorarrelation einen Einfluss auf die Billigung des durch das Management bestellten Abschlussprüfers durch die Anteilseigner hat. Die Ergebnisse der multivariaten Regressionsanalysen erlauben eine statistisch signifikante Bestätigung der Hypothese, welche einen positiven Zusammenhang zwischen der Höhe der Honorarrelation und des Anteils an Anteilseignern, die den Abschlussprüfer nicht billigen, prognostiziert.[633]

5.4.4.5 Abschließende Würdigung und Operationalisierung

Bereits die Erörterungen von *Antle* (1984) machen deutlich, dass wirtschaftliche Interessen des Abschlussprüfers zu einer Aufgabe seiner Urteilsfreiheit führen können. Ausgehend von diesem Argument wird zunächst folgender Zusammenhang formuliert:

Je größer die wirtschaftliche Bedeutung des Mandanten für den Abschlussprüfer ist, desto geringer ist die wahrgenommene Urteilsfreiheit des Abschlussprüfers [FREI] c.p.

In Bezug auf die Grundausrichtung der Operationalisierung der wirtschaftlichen Bedeutung wird danach unterschieden, ob die wirtschaftliche Bedeutung allein in mandantenspezifischen Größen unabhängig von der finanziellen Situation der Prüfungsgesellschaft ausgedrückt wird oder ob eine Ausweitung auf die wirtschaftliche Situation der Prüfungsgesellschaft in Erwä-

---

[628] Vgl. *Khurana/Raman* (2006): 989.
[629] Vgl. *Khurana/Raman* (2006): 987.
[630] Vgl. für die Ergebnisse *Khurana/Raman* (2006): 995-997.
[631] Vgl. *Khurana/Raman* (2006): 1007.
[632] Vgl. *Raghunandan* (2003): 155.
[633] Vgl. *Raghunandan* (2003): 159-161.

gung gezogen wird. Die erste Erwägung führt zu einer Operationalisierung der wirtschaftlichen Bedeutung in Form eines Maßes für die Beratungsintensität *[RELNAFAF]*; die zweite Erwägung stellt auf eine Operationalisierung der Umsatzbedeutung *[ECDEP]* ab.

Aufgrund der vergleichsweise einfachen Operationalisierbarkeit wird vielfach das Verhältnis von Beratungs- zu Prüfungshonoraren bzw. die Relation von Beratungshonoraren zur Höhe des Gesamthonorars auf Mandantenebene für die Operationalisierung der wirtschaftlichen Bedeutung herangezogen:[634]

$$RELNAFAF_{V1} = \frac{NAF}{AF} \quad bzw. \, RELNAFAF_{V2} = \frac{NAF}{AF + NAF}$$

Wobei:
NAF = Beratungshonorare
AF = Prüfungshonorare

Die Verwendung dieser Kennzahlen drückt den Anteil der Quasirenten bei einem bestimmten Mandat aus, die durch Beratungsleistungen erzielt werden. Diese Kennzahl sagt aus, wie groß ein mögliches Drohpotenzial des Vorstandes ist, welches sich daraus erklärt, dass der Vorstand bei nicht entsprechender Berichterstattung des Abschlussprüfers mit einem Entzug lukrativer Beratungsaufträge drohen kann. Für diese Form der Kennzahlenbildung spricht auch, dass sie aus Sicht des Abschlussadressaten und somit für den Kapitalmarktteilnehmer einfach zu ermitteln ist. Die Berechnung dieser Kennzahl erfordert lediglich einen Blick in den Anhang der Konzernrechnungslegung des entsprechenden Mandanten.[635] Die wirtschaftliche Bedeutung des Mandanten für die Prüfungsgesellschaft in Form einer Umsatzbedeutung gibt diese Kennzahl jedoch nicht wieder, da sie nicht ausdrückt, wie groß die Bedeutung der Umsätze des Mandanten für die Gesamteinnahmen der Prüfungsgesellschaft ist. So ist es möglich, dass die oben beschriebene Kennzahl einen hohen Wert annimmt, die Gesamtsumme der Honorare jedoch ein Minimum des Gesamtumsatzes der Prüfungsgesellschaft ausmacht. Trotz der hohen Relation von Beratungs- und Prüfungshonoraren ist das Mandat nicht wirtschaftlich bedeutend für die Prüfungsgesellschaft. Insofern besteht auch kein wirtschaftlicher Druck seitens der Prüfungsgesellschaft, der eine Gefährdung der Urteilsfreiheit bedingen würde.[636] Problematisch an dieser Größe ist auch, dass sie sowohl von der Höhe der Beratungs- als auch

---

[634] Die Kennzahl wird z.B. in den Beiträgen von *Davis/Hollie* (2008); *Quick/Warming-Rasmussen* (2007); *Krishnan/Sami/Zhang* (2005); *Raghunandan* (2003); *Craswell/Stokes/Laughton* (2002); *Frankel/Johnson/Nelson* (2002) verwendet.

[635] Vgl. zum Informationsgehalt der Prüferhonorarangaben Kapitel 4.4.3.

[636] Vgl. *Bauer* (2004): 282.

von den Prüfungshonoraren abhängig ist. Eine Veränderung der Höhe der Prüfungshonorare hat demnach unmittelbar Auswirkungen auf diese Kennzahl.[637]

Die geschilderte Problematik greift eine weitere Kennzahl auf, die die Gesamthonorare aller bei einem Mandanten erbrachten Leistungen in Relation zu den Gesamteinnahmen der Prüfungsgesellschaft setzt und somit ein Maß für die Umsatzbedeutung darstellt:[638]

$$ECDEP = \frac{AF + NAF}{U_{PG}}$$

Wobei:
AF = Prüfungshonorare
NAF = Beratungshonorare
U_{PG} = Gesamtumsatz der Prüfungsgesellschaft

Diese Kennzahl erfasst die Bedeutung der Quasirenten aus einem bestimmten Mandat in Relation zu sämtlichen Quasirenten, die eine Prüfungsgesellschaft erzielt und wird somit der theoretischen Sichtweise von *Ewert/Wagenhofer* (2003) und der Meinung von *Niehus* (2002) gerecht.[639]

Vereinzelt trifft man auch eine weitere Variante der Operationalisierung der wirtschaftlichen Bedeutung an, die eine Rangtransformation von Prüfungs- und/oder Beratungshonoraren vorsieht.[640] Eine derartige Vorgehensweise wählen z.B. *Frankel/Johnson/Nelson* (2002) in ihrer Untersuchung für den US-amerikanischen Prüfungsmarkt. Sie untersuchen anhand von 3.074 Zwischenabschlüssen im Jahr 2001 in multiplen bzw. logistischen Regressionsanalysen den Einfluss der Erbringung von Beratungsleistungen auf das Ausüben von Bilanzpolitik durch das Management (Einfluss auf das Einhalten von Benchmarks sowie diskretionäre Periodenabgrenzungen) sowie Aktienkursreaktionen (ERC) auf die Veröffentlichung der Prüferhonorare. Neben der oben beschriebenen Spezifikation von *ECDEP* verwenden die Verfasser Transformationen der Prüferhonorare in Ränge. Die Rangtransformation erfolgt dabei durch Transformation der Perzentile der Prüferhonorare jedes Mandanten einer Prüfungsgesellschaft in Ränge. Die Ränge spiegeln somit die Rangfolge der wirtschaftlichen Bedeutung wider. Jeweils einer Rangtransformation unterzogen werden die Prüfungshonorare $rk(AF)$, die Be-

---

[637] Vgl. *Kinney/Libby* (2002): 110. *Bigus/Zimmermann* (2009) stellen für den deutschen Prüfungsmarkt empirisch fest, dass Prüfungs- und Beratungshonorare hoch miteinander korreliert sind. Eine Trennung von Prüfung und Beratung würde somit nicht zu einer Verminderung der relativen wirtschaftlichen Bedeutung führen. Vgl. *Bigus/Zimmermann* (2009): 1300.

[638] Diese Kennzahl findet z.B. in den Beiträgen von *Khurana/Raman* (2006) und *Craswell/Stokes/Laughton* (2002) Anwendung.

[639] Vgl. zu den Aussagen der Autoren Kapitel 5.4.4.3.

[640] Vgl. *Frankel/Johnson/Nelson* (2002).

ratungshonorare $rk(NAF)$ sowie die Summe aus beiden $rk(AF + NAF)$.[641] Durch die Transformation kommt die Bedeutung eines Mandanten gegenüber anderen Mandanten für den Abschlussprüfer zum Ausdruck. Allerdings ist zu beachten, dass diese Variable Verzerrungen unterliegt, sofern der Berechnung nicht ein repräsentativer Mandantenstamm zugrunde liegt und jedem Perzentil ausreichend Mandanten zugeordnet werden können.[642] Aufgrund der vergleichsweise geringen Stichprobe im Rahmen der eigenen empirischen Untersuchung wird die Aussagefähigkeit einer auf diese Weise generierten Kennzahl bezweifelt.

Die Ermittlung der wirtschaftlichen Bedeutung eines Mandanten für die Prüfungsgesellschaft benötigt Maße, anhand derer die wirtschaftlichen Interessen der Prüfungsgesellschaft abgebildet werden. Vergleichsweise einfach kann die Relation von Beratungs- und Prüfungshonoraren *[RELNAFAF]* erhoben werden. Sowohl die Informationen für den Zähler als auch für den Nenner des Quotienten sind aufgrund der Honorarpublizität aus den Konzernanhängen der geprüften Unternehmen zu entnehmen. Eine Messung der wirtschaftlichen Bedeutung im Sinne einer Umsatzbedeutung *[ECDEP]* ist jedoch mit Schwierigkeiten verbunden. Während die Bestimmung der Quasirenten, die eine Prüfungsgesellschaft aus einem Mandat generiert, aus den im Konzernanhang ausgewiesenen Prüferhonoraren leicht zu eruieren ist, ist die Höhe der gesamten Quasirenten, die eine Prüfungsgesellschaft vereinnahmt, für den gewählten Untersuchungszeitraum der empirischen Studie schwieriger zu erheben. Insbesondere kleinere Prüfungsgesellschaften veröffentlichen nicht systematisch einen Geschäftsbericht, aus dem die Höhe ihrer Gesamtumsätze hervorgeht. Auch die Statistiken der jährlichen Lünendonkstudien umfassen nicht vollständig die in der Stichprobe vertretenen Prüfungsgesellschaften. Die Verpflichtung zur Transparenzberichterstattung trat erstmalig zum 31.03.2008 ein und deckt somit nicht den Untersuchungszeitraum der empirischen Analyse ab.[643] Da die Höhe der Gesamtumsätze aufgrund mangelnder Transparenz nicht für sämtliche in die empirische Analyse einbezogenen Prüfungsgesellschaften aus einer einheitlichen und vergleichbaren Informationsquelle entnommen werden kann, muss auf ein geeignetes Surrogat zurückgegriffen werden. Korrespondierend mit der Operationalisierung der Gesamtumsätze für die Approximation der Branchenspezialisierung einer Prüfungsgesellschaft erfolgt die Ermittlung des Gesamt-

---

[641] Vgl. *Frankel/Johnson/Nelson* (2002): 72. *Lim/Tan* (2008): 208 wenden die Rangtransformation der Perzentile auf das Verhältnis von Beratungshonoraren zu den gesamten Umsatzerlösen einer Prüfungsgesellschaft an. *Ghosh/Kallapur/Moon* (2009) wenden die Rangtransformation der Perzentile auf die Umsatzbedeutung sowie das Ausmaß gleichzeitiger Bereitstellung von Beratungshonoraren an. Die Autoren begründen ihre Vorgehensweise in der Verminderung von Auswirkungen möglicher Ausreißer in den Daten sowie eines möglichen nicht-linearen Zusammenhangs zwischen den Kennzahlen und des ERC, der in die Untersuchung als abhängige Variable einging. Vgl. *Ghosh/Kallapur/Moon* (2009): 373 sowie zur Studie Kapitel 5.4.4.4.

[642] Vgl. *Bauer* (2004): 285.

[643] Siehe hierzu bereits die Anmerkungen in Kapitel 5.4.3. Eingeschränkt wird der Nutzen aus Transparenzberichten für eine historische Analyse ohnehin dadurch, dass bei vielen Prüfungsgesellschaften sowie auf der Homepage der WPK lediglich der aktuellste Transparenzbericht vorliegt.

umsatzes auf Ebene der Prüfungsgesellschaft auf Basis eines Honorarmodells. Für eine genaue Beschreibung der Vorgehensweise für die Approximation siehe Kapitel 5.5.3.5.[644]

Für die angestrebte Analyse der *Wahrnehmung* des Kapitalmarktes ist zunächst offensichtlich zu kritisieren, dass dieser den genauen oder den approximierten Umsatz auf Ebene der Prüfungsgesellschaft nicht kennt. Dem Argument entgegenzuhalten ist jedoch auch, dass der Kapitalmarkt zumindest über eine grobe Einschätzung darüber verfügt, ob es sich um eine Prüfungsgesellschaft mit hohen oder eher niedrigen Umsätzen handelt und insofern sehr wohl über eine Einschätzung der wirtschaftlichen Situation der Prüfungsgesellschaft verfügt.

Abschließend werden für die Dimension der Urteilsfreiheit des Abschlussprüfers *[FREI]* folgende Zusammenhänge formuliert:

Eine Erhöhung der Beratungsintensität [RELNAFAF] führt zu einer Verringerung der wahrgenommenen Urteilsfreiheit des Abschlussprüfers [FREI] c.p.

Eine Erhöhung der Umsatzbedeutung [ECDEP] führt zu einer Verringerung der wahrgenommenen Urteilsfreiheit des Abschlussprüfers [FREI] c.p.

5.5 Weitere Indikatoren

5.5.1 Reputation einer Prüfungsgesellschaft

Die folgenden Ausführungen knüpfen an die Konvention an, nach der die *Reputation* einer Prüfungsgesellschaft durch ihre Größe – operationalisiert durch ihre Zugehörigkeit der Gruppe der Big-N-Prüfungsgesellschaften[645] – ausgedrückt wird.

Seit den Erkenntnissen von *DeAngelo* (1981a) stellt die Größe einer Prüfungsgesellschaft ein häufig verwendetes Surrogat für die Qualität der Abschlussprüfung dar. Müssen oder wollen sich Forschungsbeiträge auf eine schlichte Erfassung der Qualität der Abschlussprüfung beschränken, ist die Größe einer Prüfungsgesellschaft – operationalisiert über die Zugehörigkeit zu den Big-Four-Prüfungsgesellschaften – die erste Wahl. Neben der Argumentation, nach der die Größe einer Prüfungsgesellschaft die Gesamtheit aller Quasirenten einer Prüfungsge-

---

[644] Siehe zur Abgrenzung der Unternehmensbasis, die in die Bestimmung der Branchenspezialisierung sowie in den hier verwendeten approximierten Umsatz eingeht Kapitel 5.5.3.5. Analog der Einschränkungen der Repräsentativität der Abbildung der Branchenspezialisierung mit dieser Methode werden auch bei der Bestimmung der Umsätze kleinerer Prüfungsgesellschaften tendenziell gegenüber größeren Prüfungsgesellschaften zu gering eingeschätzt, da der Umsatz kleiner Prüfungsgesellschaften tendenziell durch einen Großteil nicht börsennotierter Unternehmen erzielt wird, die jedoch nicht in einem Informationssystem wie Bloomberg verfügbar sind.

[645] Der Prüfungsmarkt unterliegt einer Dynamik. Insofern variiert die Anzahl der „großen" Prüfungsgesellschaften N im Zeitablauf. An allgemeiner Stelle sei daher auf Big-N-Prüfungsgesellschaften verwiesen.

sellschaft verkörpert, und insoweit die Aufgabe der Urteilsfreiheit determiniert, stellt die Reputation einer Prüfungsgesellschaft, welche sich ebenfalls unmittelbar in ihrer Größe widerspiegelt, nach *Grönroos* (1984) ebenso einen bedeutenden Aspekt bezüglich der Konzeptualisierung einer Dienstleistung dar.

5.5.1.1 Normativer Kontext

Hinsichtlich der Größe der zu beauftragenden Prüfungsgesellschaft bestehen keine direkten rechtlichen Vorgaben. Allerdings beinhalten bestimmte rechtliche Anforderungen an die Qualität der Abschlussprüfung indirekt Implikationen für die Größe einer Prüfungsgesellschaft. Vor diesem Hintergrund ist zu beachten, dass die Einhaltung bestimmter Umsatzgrenzen[646] sowie die Pflicht einer Prüfungsgesellschaft, eine Abschlussprüfung hinsichtlich der notwendigen Ressourcen angemessen zu planen,[647] nur eingehalten werden können, wenn die Prüfungsgesellschaft eine bestimmte Größe aufweist. Sowohl Umsätze als auch die Anzahl der Mitarbeiter sind mit dem Surrogat für die Größe der Prüfungsgesellschaft – zur Operationalisierung später mehr – positiv assoziiert. Gleiches gilt für die Anforderungen an die interne Rotationspflicht.[648] Lediglich eine ausreichend große Prüfungsgesellschaft hat die Möglichkeit, verantwortliche Prüfungspartner entsprechend der Vorschriften rotieren zu lassen. Die kleine Einzelpraxis wird auf die Annahme eines rotationspflichtigen Prüfungsmandats verzichten müssen.

5.5.1.2 Konsequenzen für die Prüfungsqualität

Einen Erklärungsansatz für den Zusammenhang zwischen der Größe einer Prüfungsgesellschaft und der Qualität der Abschlussprüfung liefern die theoretischen Ausarbeitungen von *DeAngelo* (1981a).[649] Der amtierende Abschlussprüfer ist aufgrund der getroffenen Annahmen in der Lage, in Folgeprüfungen Quasirenten zu erzielen. Ist der Abschlussprüfer einer Situation ausgesetzt, in der er hinsichtlich seiner Berichterstattung unter Druck gesetzt wird, dann hat er Abwägungen zu treffen: Gibt er dem Druck des Mandanten nach und kommuniziert Fehler in der Rechnungslegung nicht, dann entgeht er dem Risiko, diesen Mandanten zu verlieren. Allerdings riskiert er gleichzeitig in Abhängigkeit von der Wahrscheinlichkeit des Bekanntwerdens seines Nachgebens Einbußen in Bezug auf seine Reputation. Der daraus resultierende absolute Reputationsschaden wiegt umso schwerer, je größer der Mandanten-

---

[646] Siehe hierzu die Ausführungen zu den normativen Anforderungen hinsichtlich der wirtschaftlichen Abhängigkeit des Abschlussprüfers vom Mandanten in Kapitel 5.4.4.2.

[647] Siehe hierzu die Ausführungen in den Kapiteln 2.5 und 5.5.3.2.

[648] Siehe für die Rotationsanforderungen an den verantwortlichen Abschlussprüfer § 319a Abs. 1 Satz 1 Nr. 4 HGB.

[649] Siehe zur Quasirententheorie Kapitel 5.3.2.

stamm der Prüfungsgesellschaft ist. Je größer der Mandantenstamm ist, desto größer ist der Schaden, den der Abschlussprüfer aufgrund des Verlustes seiner Reputation hinzunehmen hat. Sind die Quasirenten eines kleinen Mandates gegenüber den Quasirenten aus dem gesamten Mandantenstamm gering, dann besteht für den Abschlussprüfer kein finanzieller Anreiz, seine Urteilsfreiheit aufzugeben, um das Mandat beizubehalten. Große Prüfungsgesellschaften sind daher einem geringeren Anreiz der Gefährdung ihrer Urteilsfreiheit ausgesetzt als kleine Prüfungsgesellschaften.[650]

Insgesamt liefert die Argumentation von *DeAngelo* (1981b) für viele Forschungsbeiträge die Implikation, dass große Prüfungsgesellschaften aufgrund des hohen potenziellen Reputationsverlustes beim Erbringen einer schlechten Prüfungsqualität Anreize besitzen, ihre Urteilsfreiheit im Vergleich zu kleinen Prüfungsgesellschaften zu wahren. Die in dieser Form ausgedrückte wirtschaftliche Abhängigkeit der „kleinen" Prüfungsgesellschaft vom Mandanten ist jedoch kritisch zu sehen, da die Gefahr eines Totalverlustes – auch wenn die korrespondierenden Quasirenten relativ gesehen niedriger sind – nicht in Kauf zu nehmen ist. Schließlich möchte auch die kleine Prüfungsgesellschaft ihre Existenz wahren und wird es keinesfalls als weniger tragisch ansehen, dass relativ gesehen die verlorenen Quasirenten geringer sind. Betrachtet man auch die Reaktion von Big-Four-Prüfungsgesellschaften auf den Verlust von bedeutenden Mandaten, wird deutlich, dass es eben nicht ausschließlich auf die absolute Größe einer Prüfungsgesellschaft ankommt, sondern auf die Relation zwischen den Quasirenten aus einem Mandat und der Summe aller Quasirenten, welche der Größe der Prüfungsgesellschaft entspricht.[651] Die Reduktion der Implikation der Quasirententheorie auf die Größe einer Prüfungsgesellschaft ist somit unvollständig.

Für die Erklärung des Einflusses der Größe einer Prüfungsgesellschaft auf die Qualität der Abschlussprüfung existiert jedoch ein weiterer Ansatz, der die Größe einer Prüfungsgesellschaft als *übergeordneten Reputationseffekt* modelliert.

Studien liefern Belege dafür, dass Individuen bestrebt sind, bei Vorliegen eines Gesamteindrucks einzelne Leistungsmerkmale eines Objektes nicht einzeln zu würdigen, sondern ihre

---

[650] Vgl. *DeAngelo* (1981b): 190-191 und dieser folgend auch *Doll* (2000): 140-141.

[651] Die Entscheidung des Aufsichtsrats der ThyssenKrupp AG, zukünftig PWC und nicht wie viele Jahre zuvor KPMG als Wahlvorschlag über den Abschlussprüfer der Hauptversammlung zu unterbreiten, hat KPMG durchaus „getroffen". Die Einführung von Betriebsferien zur Weihnachtszeit und den damit verbundenen Kosteneinsparungen können als Zeichen für eine wirtschaftliche Betroffenheit verstanden werden. Vgl. *SWA Frankfurt* (2012): 10 und zu den derzeitigen Sparmaßnahmen von KPMG *Seibel* (2010).

Einschätzung anhand des Gesamteindruckes – eines General Factors – zu begründen.[652] Die Begründung für ein derartiges Verhalten kann in der Dissonanztheorie gefunden werden.

Die Dissonanztheorie[653] beschreibt das Streben von Individuen nach Vermeidung kognitiver Dissonanzen innerhalb ihres kognitiven Systems, da ein derartiger Zustand zu unangenehmen psychologischen Empfindungen führt.[654] Ein Individuum befindet sich dann in einem Zustand kognitiver Dissonanz[655], wenn unterschiedliche relevante Elemente seines kognitiven Systems – dies können Erfahrungen, Einstellungen und Überzeugungen des Individuums sein –[656] in Widerspruch zueinander stehen.[657] Liegt der Zustand der Dissonanz vor, so entsteht seitens des betroffenen Individuums Druck zur Reduktion oder Beseitigung der Dissonanz.[658] Der Druck zur Dissonanzreduktion steigt mit der Stärke der Dissonanz.[659] Jedes Individuum verfügt über eine individuelle Toleranzschwelle, bei deren Erreichen Maßnahmen zur Verringerung von Dissonanzen eingeleitet werden.[660]

Das Ziel der Verminderung kognitiver Dissonanzen liegt darin, die Anzahl oder die Bedeutung dissonanter Kognitionen zu verringern oder konsonanter Kognitionen zu erhöhen.[661] Konkret können kognitive Dissonanzen umgangen oder verringert werden, indem bestimmte Informationen vermieden, verleugnet oder nicht wahrgenommen, Veränderung der kognitiven

---

[652] Siehe *Bahr* (2003): 208; *Groß-Engelmann* (1999): 57. *Runow* (1982) z.B. befragte Kundinnen hinsichtlich ihrer Zufriedenheit mit dem Produkt Kleid. Er stellte fest, dass Kundinnen, die mit dem Kleid zufrieden waren, Einzelmerkmale, von denen man annimmt, dass sie relevant für das Gesamturteil sind, als tendenziell positiv bewerten. Dagegen bewerten Kundinnen, die mit dem Kleid nicht zufrieden sind, die Einzelmerkmale tendenziell negativ. Aufgrund dieses Ergebnisses erlaubt sich der Autor den Schluss, dass eine Interkorreliertheit zwischen der Einzelzufriedenheit und der Gesamtzufriedenheit vorliegt und höchstwahrscheinlich nicht lediglich eine Kausalrichtung von der Einzelzufriedenheit zur Gesamtzufriedenheit vorliegt. Vgl. *Runow* (1982): 225-226.

[653] Die Begründung der Dissonanztheorie wird auf Festinger zurückgeführt. Siehe die deutschsprachige Übersetzung des englischsprachigen Originals *Festinger* (1978).

[654] Vgl. *Harmon-Jones/Judson Mills* (1999): 3.

[655] Das Gegenteil von kognitiver Dissonanz bezeichnet den Zustand der kognitiven Konsonanz. In einem Zustand der kognitiven Konsonanz stehen Elemente mit gegenseitiger Relevanz gleichgerichtet zueinander und stehen demnach nicht im Widerspruch. Vgl. *Harmon-Jones/Judson Mills* (1999): 3.

[656] Vgl. *Mertenskötter* (2011): 59 und ähnlich *Festinger* (1978): 26-27.

[657] Vgl. *Harmon-Jones/Judson Mills* (1999): 3-4. *Festinger* (1978) erklärt für das Entstehen kognitiver Dissonanz aufgrund von widersprüchlichen Kognitionen die gegenseitige Relevanz zu einem bestimmten Zeitpunkt als Bedingung. Zwei kognitive Elemente eines kognitiven Systems seien dann relevant füreinander, wenn aus dem einen kognitiven Element eine Aussage über das andere kognitive Element getroffen werden kann. Vgl. *Festinger* (1978): 24-25.

[658] Vgl. *Beckmann* (1984): 13; *Festinger* (1978): 30.

[659] Vgl. *Festinger* (1978): 30.

[660] Vgl. *Foscht/Swoboda* (2011): 75.

[661] Vgl. *Harmon-Jones/Judson Mills* (1999): 4; *Frey* (1981): 19; *Festinger* (1978): 30-35.

Einheit oder des Verhaltens des Individuums vorgenommen, die der Dissonanz zuzuschreibenden Situation umdefiniert oder Dissonanzen verdrängt werden.[662]

Die Erklärung für die Zusammenfassung zu einem General Factor kann somit im durch den Wunsch der Vermeidung kognitiver Dissonanzen mündenden Konsistenzstreben der Individuen gesehen werden, welches einen Erklärungsansatz dafür liefert, dass bei einem positiven Gesamteindruck auch einzelne Leistungsmerkmale positiv wahrgenommen werden.[663]

Die Reputation des Abschlussprüfers ist als ein derartiger Gesamteindruck zu qualifizieren.[664] Wenngleich auch der Begriff der Reputation im Schrifttum nicht einheitlich definiert ist,[665] kann unter Reputation eine Eigenschaft verstanden werden, die dem Beurteiler von Qualität erlaubt, aufgrund bestimmter Erfahrungen hinsichtlich der Qualität in der Vergangenheit[666] auf zukünftige Qualität zu schließen.[667] Aufgrund der Reputation einer Prüfungsgesellschaft schließt der Beurteilende auf die Ausprägungen der Leistungsmerkmale wie die der Urteilsfähigkeit und die der Urteilsfreiheit. Insofern besitzt der Gesamteindruck eine Ausstrahlungswirkung auf die Leistungsmerkmale.[668] Eine aufgezeigte Möglichkeit der Auflösung einer Dissonanz kann auch darin bestehen, entgegenstehende Informationen nicht wahrzunehmen oder zu verleugnen. Der beschriebene Effekt des Strebens nach Dissonanzvermeidung kann dazu führen, dass die tatsächliche Ausprägung von Leistungsmerkmalen des Abschlussprüfers für die Beurteilung der Qualität der Abschlussprüfung irrelevant wird.

Auch *Spremann* (1988) diskutiert – neben der Leistung einer Garantie sowie der Information durch den Agenten – die Reputation eines Agenten als Möglichkeit einer glaubhaften Reduktion von Informationsasymmetrien hinsichtlich Eigenschaften und Anstrengungen des Agenten.[669] Die Reputation eines Leistungserbringers stellt aus Sicht des Leistungsempfängers ein Signal dar, welches die Unsicherheit über die Qualität der Leistung aus Sicht des Leistungs-

---

[662] Vgl. *Kroeber-Riel/Weinberg/Gröppel-Klein* (2009): 231. *Festinger* (1978) beschreibt die Änderung des kognitiven Elements des Verhaltens, die Änderung eines kognitiven Elements der Umwelt sowie das Hinzufügen neuer kognitiver Elemente als Möglichkeiten der Reduktion von Dissonanzen. Vgl. *Festinger* (1978): 30-35.

[663] Vgl. *Bahr* (2003): 208.

[664] *Bahr* (2003): 209 erachtete das Prüferimage ebenfalls als relevanten Gesamteindruck.

[665] Einen Überblick über den Facettenreichtum des Begriffs Reputation im angloamerikanischen Schrifttum mit konkreten Literaturhinweisen liefert *Helm* (2011): 5-8. *Kirstein* (2009): 25-32 bietet ebenfalls einen umfassenden Überblick über Definitionen des Begriffs Reputation.

[666] Nach *Eberl* (2006) beruht Reputation „auf einer unternehmensindividuellen Vergangenheit von Interaktions- und Transaktionsbeziehungen mit Stakeholdern" (*Eberl* (2006): 22).

[667] Vgl. z.B. *Birnberg* (2011): 19. Die Qualität von Produkten und Dienstleistungen wird als unverzichtbares Konstrukt angesehen, welches die Reputation eines Unternehmens beeinflusst. Vgl. *Eberl* (2006): 17.

[668] Vgl. *Bahr* (2003): 208-209.

[669] Vgl. *Spremann* (1988): 614.

empfängers reduziert.⁶⁷⁰ Übertragen auf die durch Informationsasymmetrien geprägte Beziehung zwischen Abschlussprüfer und Kapitalmarktteilnehmer kann die Reputation einer Prüfungsgesellschaft insofern als Qualitätssignal aufgefasst werden.

Der Reputation wird, wie aus dem Kontext der Dissonanztheorie ersichtlich, zudem eine katalysatorische Wirkung zugesprochen.⁶⁷¹ Die Bedeutung dieser Metapher wird unmittelbar im Modell von *Grönroos* (1984)⁶⁷² deutlich, wonach das Image, als Gesamturteil über die Qualität vergangener Perioden, den Einfluss aktueller Ausprägungen hinsichtlich der Qualität determinierender Indikatoren filtert und somit dem Reputationsverständnis entsprechend der aufgezeigten Implikationen der Dissonanztheorie entspricht. Im Mittelpunkt des Qualitätskonzeptes nach *Grönroos* (1984) steht der Vergleich der tatsächlich erhaltenen Leistung mit den Erwartungen des Dienstleistungsempfängers durch diesen und führt zu einer Beurteilung der erfahrenen Dienstleistungsqualität. Der Qualitätsbegriff wird dabei in zwei Dimensionen unterteilt. Die technische Qualitätsdimension beinhaltet eine objektive Beurteilung darüber, was der Dienstleistungsempfänger erhält. Die funktionale Qualitätsdimension umschreibt dagegen, wie eine Dienstleistung übermittelt wird und unterliegt der subjektiven Einschätzung des Dienstleistungsempfängers.⁶⁷³ Insbesondere interessant ist die Erkenntnis, welche Bedeutung das Image des Dienstleistungserstellers für das gesamte Qualitätsurteil liefert. Die Beurteilung des Images ergibt sich aus früheren Beurteilungen der beiden Qualitätsdimensionen und dient zugleich als Filter für den Einfluss, den die Qualitätsdimensionen auf die aktuelle Beurteilung der erfahrenen Dienstleistungsqualität ausüben.⁶⁷⁴ Das Qualitätskonzept von *Grönroos* (1984) leistet für die Konzeptualisierung der Qualität der Abschlussprüfung insoweit einen Beitrag, als die Reputation einer Prüfungsgesellschaft – unterstellt man, dass diese mit ihrem Image gleichzusetzen ist – aufgegriffen und in einen funktionalen Zusammenhang zur wahrgenommenen Prüfungsqualität gestellt werden kann.

Übergeordnete Reputationseffekte führen schließlich zu einer Qualitätsbeurteilung unabhängig von der Ausprägung einzelner Leistungsmerkmale. Insofern scheint es sachgerecht zu sein, die Reputation als übergeordneten Qualitätsindikator zu erfassen. Der Einfluss einzelner Indikatoren der Urteilsfreiheit und Urteilsfähigkeit wie auch die Qualitätsdimensionen selbst würden bei Existenz eines übergeordneten Reputationseffektes irrelevant – d.h. im statisti-

---

⁶⁷⁰ Vgl. *Spremann* (1988): 613.

⁶⁷¹ Verwendet wurde der Begriff im deutschen Schrifttum von *Spremann* (1988): 613 sowie im angloamerikanischen Schrifttum von *Helm* (2011): 3.

⁶⁷² Siehe auch die früheren Werke: *Grönroos* (1983); *Grönroos* (1982). Das Qualitätskonzept von *Grönroos* (1984) ist im Marketingkontext angesiedelt. Das Modell von *Grönroos* (1984) wurde im Kontext der Qualität der Abschlussprüfung bereits von *Marten* (1999): 197-202 aufgegriffen.

⁶⁷³ Vgl. *Grönroos* (1984): 38-39; *Grönroos* (1982): 61-62.

⁶⁷⁴ Vgl. *Grönroos* (1984): 39-40; *Grönroos* (1982): 64-67.

schen Sinne insignifikant – sein. Allein der erfasste Einfluss der Reputation würde den Ausschlag für die Qualitätsbeurteilung geben.

5.5.1.3 Relevante Forschungsergebnisse

Die Reputation einer Prüfungsgesellschaft – gemessen durch die Zugehörigkeit zu einer der Big-N-Prüfungsgesellschaften – stellt eine der in der Prüfungsliteratur am meisten untersuchten Einflussgrößen auf die Qualität der Abschlussprüfung dar. Entsprechend umfassend sind die empirischen Arbeiten, die den Einfluss dieses Indikators auf die Prüfungsqualität untersuchen.

Das Bekanntwerden des Bilanzskandals um die Firma Enron hatte für die verantwortliche Prüfungsgesellschaft Arthur Andersen massive Reputationsverluste zur Folge. *Chaney/Philipich* (2002) untersuchen die Reaktionen des Kapitalmarktes (CAR) für 284 bzw. 208 US-börsennotierter Unternehmen, die neben Enron ebenfalls durch die ehemalige Big-Five-Prüfungsgesellschaft Arthur Andersen geprüft wurden. Die Untersuchung stellt somit auf den Zusammenhang zwischen der verloren gegangenen Reputation einer Prüfungsgesellschaft und einer damit verbundenen negativen *Wahrnehmung* der Prüfungsqualität durch den Kapitalmarkt ab. Eine Ereignisstudie sowie eine multivariate Regressionsanalyse wurden für einen Zeitraum durchgeführt, in dem die Verfehlung von Arthur Andersen in der Öffentlichkeit diskutiert wurde. Die statistische Analyse zeigt, dass Mandate von Arthur Andersen eine negative Kapitalmarktreaktion auf das Bekanntwerden der Verfehlung von Arthur Andersen hinnehmen müssen. Für Unternehmen, die von der konkret betroffen Niederlassung Arthur Andersens in Houston betroffen waren, ist die Kapitalmarktreaktion noch stärker. Der zusätzlich untersuchte Einfluss von Beratungsleistungen konnte hingegen zu keiner Bestätigung einer negativen Kapitalmarktreaktion führen.[675]

Veränderungen auf dem Prüfungsmarkt und in Bezug auf die Wahrnehmung des Kapitalmarktes im Kontext des Skandals um Arthur Andersen und Enron greift auch die Studie von *Azizkhani/Monroe/Shailer* (2010) auf. Die Autoren untersuchen für den australischen Prüfungsmarkt, ob sich die *Wahrnehmung* des Kapitalmarktes in Bezug auf die Qualität der Abschlussprüfung von Big-Four-Prüfungsgesellschaften im Zeitablauf gewandelt hat. Um Veränderungen im Zeitablauf zu erfassen, definieren die Autoren für eine Stichprobe von insgesamt 2.170 Unternehmen-Jahr-Beobachtungen für die Jahre 1995-2005 drei Teilstichproben: Diese beziehen sich auf die Jahre 1995-2000, die Jahre 2001-2002 und die Jahre 2003-2005.[676] Der Zeitraum 2000-2001 kennzeichnet dabei die Jahre der Diskussion um die Ver-

---

[675] Vgl. *Chaney/Philipich* (2002): 1234-1244.
[676] Vgl. *Azizkhani/Monroe/Shailer* (2010): 757.

fehlungen durch Arthur Andersen. Die multivariate Regressionsanalyse, die den Einfluss der Größe einer Prüfungsgesellschaft auf die impliziten Eigenkapitalkosten für die drei Teilstichproben untersucht, führt zu dem Resultat, dass die Größe einer Prüfungsgesellschaft lediglich vor 2001-2002 signifikant zu einer Reduktion der Eigenkapitalkosten beiträgt und somit als qualitätserhöhend *wahrgenommen* wird.[677] Die Ergebnisse erlauben den Schluss, dass der Skandal um Arthur Andersen zu einem Verlust des Vertrauens in die Prüfungsqualität von großen Prüfungsgesellschaften geführt hat.

Khurana/Raman (2004) untersuchen für anglo-amerikanische Prüfungsmärkte, die unterschiedlich strengen Haftungsregelungen unterliegen, den *wahrgenommenen* Qualitätsunterschied zwischen Big-N-Prüfungsgesellschaften[678] und Nicht-Big-N-Prüfungsgesellschaften. Für die USA unterstellten die Autoren strengere Haftungsregeln gegenüber Australien, Großbritannien und Kanada. Auf Basis von insgesamt 19.517 Unternehmen-Jahr-Beobachtungen in einem Zeitraum zwischen 1990 und 1999 führen die Autoren eine multivariate Regressionsanalyse durch.[679] Implizite Eigenkapitalkosten bilden dabei die abhängige Variable. Für die USA können die Autoren feststellen, dass die Beauftragung einer Big-N-Prüfungsgesellschaft mit geringeren Eigenkapitalkosten verbunden ist und schließen daraus, dass der Kapitalmarkt mit einer großen Prüfungsgesellschaft eine höhere Qualität der Abschlussprüfung verbindet. Für die übrigen Länder kann dieser Zusammenhang nicht festgestellt werden. Die Autoren führen die unterschiedliche Wahrnehmung auf die Haftungsrisiken im Fall der Bereitstellung einer geringen Prüfungsqualität zurück und stellen eine Begründung aufgrund von Reputationsaspekten in Frage.[680]

Im Zusammenhang zu länderspezifischen Kontextfaktoren wie den von *Khurana/Raman* (2004) berücksichtigten Haftungsrisiken ist auch die Untersuchung von *Hope et al.* (2009), welche das Ausmaß des länderspezifischen Investorenschutzes für 14 Länder berücksichtigt, für die *Wahrnehmung* der Reputation einer Prüfungsgesellschaft aufschlussreich. *Hope et al.* (2009) untersuchen in ihrer Studie für – je nach Modellspezifikation – maximal 9.008 Unternehmen-Jahr-Beobachtungen in den Jahren 1995-2003 primär den Einfluss unerwarteter Prüferhonorare auf die Höhe impliziter Eigenkapitalkosten.[681] Die Größe einer Prüfungsgesellschaft nehmen sie jedoch als Kontrollvariable in ihr Modell auf. Für Länder, die einen hohen Investorenschutz aufweisen, ist auf statistisch signifikantem Niveau eine Prämie auf implizite

---

[677] Vgl. *Azizkhani/Monroe/Shailer* (2010): 758.

[678] Die Autoren untersuchen einen Zeitraum, in dem der Prüfungsmarkt einer mehrfachen Konsolidierung unterlag. Aus Vereinfachungsgründen wird daher allgemein auf Big-N-Prüfungsgesellschaften verwiesen.

[679] Vgl. *Khurana/Raman* (2004): 482.

[680] Vgl. *Khurana/Raman* (2004): 492-493.

[681] Vgl. *Hope et al.* (2009): 187-188.

Eigenkapitalkosten festzustellen, sofern das Unternehmen von einer Big-Four-Prüfungsgesellschaft geprüft wurde.[682] Herrscht in dem untersuchten Land jedoch – wie auch in Deutschland –[683] ein schwacher Investorenschutz vor, so kann bei Vorliegen einer Big-Four-Prüfungsgesellschaft ein Abschlag auf implizite Eigenkapitalkosten festgestellt werden, der je nach Modellspezifikation statistisch signifikant ist.[684]

Die Bedeutung der Reputation einer Prüfungsgesellschaft für den US-amerikanischen Kapitalmarkt für die Jahre 1980-1989 untersuchen auch *Teoh/Wong* (1993) für einen Datensatz von 1.282 bzw. 134 Unternehmen-Jahr-Beobachtungen.[685] Sie ziehen Kapitalmarktreaktionen auf Gewinnveröffentlichungen (ERC) als Maßstab für die Wahrnehmung des Kapitalmarktes heran. Die multivariate Regressionsanalyse führt zu dem Ergebnis, dass der Kapitalmarkt bei Unternehmen, deren Rechnungslegung durch eine Big-Eight-Prüfungsgesellschaft geprüft wurde, stärker auf die Veröffentlichung von Gewinnen reagiert und schließen daraus, dass große Prüfungsgesellschaften aus Sicht des Kapitalmarkts qualitativ hochwertiger sind.[686]

5.5.1.4 Abschließende Würdigung und Operationalisierung

Die Dissonanztheorie weist darauf hin, dass die Reputation einer Prüfungsgesellschaft einen übergeordneten Effekt darstellt, der den Einfluss der Qualitätsdimensionen sowie einzelner Qualitätsindikatoren irrelevant werden lässt, wenn allein diese Variable für die Wahrnehmung der Prüfungsqualität ausschlaggebend ist. Die Untersuchung dieser Vermutung erfolgt durch die Aufnahme der Reputation als exogene Variable und wird unmittelbar in ihrer Beziehung zur Risikoprämie modelliert.

Ausgehend von den vorangehenden Ausführungen wird folgende Hypothese 3 *[H3]* formuliert:

H3: Die Abschlussprüfung durch eine Prüfungsgesellschaft mit hoher Reputation [REP] ist mit einer geringeren Risikoprämie [RPfaktor] verbunden c.p.

Die Reputation und damit verbundene Assoziationen hinsichtlich der Qualität einer Prüfungsgesellschaft sind im theoretischen und empirischen Schrifttum eng mit der Größe einer Prüfungsgesellschaft verbunden. Daneben wird auch die Internationalität einer Prüfungsgesell-

---

[682] Vgl. *Hope et al.* (2009): 198.
[683] Deutschland selbst ist nicht in der Analyse von *Hope et al.* (2009) berücksichtigt.
[684] Vgl. *Hope et al.* (2009): 199.
[685] Vgl. *Teoh/Wong* (1993): 352-353.
[686] Vgl. *Teoh/Wong* (1993): 364.

schaft als Reputationsindikator angeführt.[687] Diesem Ansatz wird auch im Rahmen dieser Arbeit gefolgt.

Die im Schrifttum vielfach vorgenommene Gleichsetzung der Reputation einer Prüfungsgesellschaft mit ihrer Größe, die implizit das Umsatzvolumen erfasst, kann intuitiv mit der Darstellung des kausalen Zusammenhangs zwischen Umsatz und Reputation veranschaulicht werden. Verfügt eine Prüfungsgesellschaft über eine hohe Reputation, so ist davon auszugehen, dass die Leistungen dieser Gesellschaft eine besonders große Nachfrage oder eine hohe Zahlungsbereitschaft erfahren. Wird die Nachfrage befriedigt, sind damit unmittelbar auch höhere Umsätze verbunden. Dieser theoretische Zusammenhang ist auch empirisch belegt und unterstreicht somit die gewählte Vorgehensweise.[688] Die massive Verschlechterung der Reputation von Arthur Andersen in Verbindung mit dem Bekanntwerden des Bilanzskandals der Firma Enron[689] und der unmittelbare finanzielle Zusammenbruch von Arthur Anderson machen eindrucksvoll den geschilderten Zusammenhang zwischen Reputation und Umsatz und der daraus abgeleiteten Größe einer Prüfungsgesellschaft deutlich. Nach dem Bekanntwerden seiner Verfehlung musste Arthur Andersen aufgrund massiver Mandatsverluste Umsatzeinbußen hinnehmen, die schließlich zu einem Ausscheiden Arthur Andersens aus dem Prüfungsmarkt geführt haben.[690]

Aufgrund der einfachen Operationalisierbarkeit wird die Größe der Prüfungsgesellschaft vielfach mit der Zugehörigkeit zu den Big-Four-Prüfungsgesellschaften[691], welche gemessen an

---

[687] Vgl. *Mandler* (1997): 105 zur Größe und zur Internationalität einer Prüfungsgesellschaft.

[688] Diverse Studien belegen einen Zusammenhang zwischen unternehmerischen Zielgrößen und der Reputation eines Unternehmens. Vgl. für eine Übersicht über derartige Studien *Eberl* (2006): 21-24, darunter insbesondere *Eberl/Schwaiger* (2005), welche in ihrem Modell zusätzlich einen möglichen inversen Effekt herausfiltern, der einen möglichen Einfluss unternehmerischer Zielgrößen und der Reputation des Unternehmens aus kognitiver Sicht beschreibt. Vgl. *Eberl/Schwaiger* (2005): 846-847.

[689] Vgl. insgesamt die Beiträge von *Hartgraves* (2004); *Bixby* (2003); *Callen/Morel* (2002) sowie *Chaney/Philipich* (2002): 1222-1224.

[690] Vgl. *Bixby* (2003): 28-29.

[691] Im Schrifttum wird heutzutage überwiegend eine Unterscheidung zwischen Prüfungsgesellschaften, die den Big Four zugeordnet werden, und den übrigen Prüfungsgesellschaften vorgenommen. Teilweise findet man auch eine Kategorisierung in Big Four, Mid Tier (oder auch Second Tier) und die übrigen Prüfungsgesellschaften vor. Vgl. z.B. *Lenz/Ostrowski* (1999): 406 und Fn. 24. Siehe auch *Chang/Cheng/Reichelt* (2010): 91, die zusätzlich zu einer Dreiteilung des Prüfungsmarktes die Prüfungsgesellschaft Arthur Andersen als eigenständige Klasse einer Prüfungsgesellschaft ausweisen. Derzeit zählen die Prüfungsgesellschaften Pricewaterhouse Coopers, Deloitte Touche Tohmatsu, Ernst & Young sowie KPMG zu den weltweit agierenden Big-Four-Prüfungsgesellschaften. Die Ausprägung Big Four variiert im Zeitablauf. Bis zur Auflösung von Arthur Andersen im Jahre 2002 erfolgte eine Zusammenfassung der Big-Five-Prüfungsgesellschaften. Bis 1989 herrschte die Abgrenzung der Big Eight vor. Die Veränderungen resultieren aus Fusionen oder des Ausscheidens vom Prüfungsmarkt. Vgl. für die Entwicklung der Prüfungsgesellschaften im Zeitablauf *Jany* (2011): 67-70 mit weiteren Nachweisen.

der Höhe ihres Umsatzes im Bereich der Abschlussprüfung[692] und korrespondierend dazu der Anzahl der Mitarbeiter zu den „Größten" zu rechnen sind, gleichgesetzt. Der Bekanntheitsgrad von Big-Four-Prüfungsgesellschaften lässt zusätzlich darauf schließen, dass diese Gruppe einen eigenen und über die einzelnen Prüfungsgesellschaften einheitlichen Reputationswert besitzt.[693]

Die Operationalisierung der Reputation einer Prüfungsgesellschaft *[REP]* erfolgt auf Basis der dichotomen Variablen *BIG4*, welche mit 1 kodiert ist, sofern die Prüfungsgesellschaft der Klasse der Big-Four-Prüfungsgesellschaften – und somit den großen Prüfungsgesellschaften – zuzuordnen ist und andernfalls mit 0.[694] Die Information über die prüfende Gesellschaft wird den einzelnen Bestätigungsvermerken über die Abschlussprüfung der Konzernabschlüsse der in der Stichprobe enthaltenen Unternehmen entnommen.

5.5.2 Dauer der Vertragsbeziehung zwischen Abschlussprüfer und Mandant

Hinsichtlich der Mandatsdauer ist zwischen der Dauer der Betrauung des Mandats durch den verantwortlichen oder die verantwortlichen Prüfungspartner und der Dauer der Beauftragung der Prüfungsgesellschaft zu unterscheiden. Ein Wechsel der Prüfungsgesellschaft wird als externe Rotation bezeichnet. Unter interner Rotation wird der Wechsel des verantwortlichen Prüfungspartners bzw. Unterzeichners verstanden. Während bei einer internen Rotation das gesamte oder Teile der für die Durchführung der Abschlussprüfung verantwortlichen Prüfungspartner wechseln und die beauftragte Prüfungsgesellschaft identisch bleibt, wechselt bei einer externen Rotation neben dem gesamten Prüfungsteam samt verantwortlicher Prüfungspartner auch die Prüfungsgesellschaft. Aufgrund dieser unterschiedlichen Erscheinungsformen der Mandatsdauer sind beide Rotationsformen bzw. Arten der Mandatsdauer nicht gleichzusetzen.[695] Im Folgenden wird die Vertragsdauer zwischen der beauftragten Prüfungsgesellschaft und dem Mandanten – also eine externe Rotation – betrachtet und als Mandatsdauer bezeichnet.

---

[692] Vgl. *Möller/Höllbacher* (2009): 648. Lünendonk gibt jährlich eine Liste mit den Umsätzen und Mitarbeiterzahlen der führenden Wirtschaftsprüfungs- und Steuerberatungsgesellschaften heraus. Vgl. für die derzeit aktuellste Liste für das Jahr 2011 *Lünendonk* (2012).

[693] Vgl. *Kitschler* (2005): 102; *Mandler* (1997): 105-106.

[694] Den Big-Four-Prüfungsgesellschaften werden KMPG, Ernst & Young, PwC und Deloitte zugerechnet. Big-Four-Prüfungsgesellschaften zählen zu denjenigen Prüfungsgesellschaften, die den größten Umsatz und damit korrespondierend auch die größte Anzahl an Mitarbeitern aufweisen. Eine Operationalisierung der Variable Größe könnte auch anhand des Umsatzes oder der Anzahl der Mitarbeiter durch ein metrisches Messniveau erfolgen. Eine Überführung des metrischen Messniveaus in ein nominales wird aufgrund der Vergleichbarkeit zu anderen Studien und dem Ansehen der Big-Four-Prüfungsgesellschaften als eigene Klasse favorisiert.

[695] Vgl. *Bamber/Bamber* (2009): 395. *Chi et al.* (2009) sehen entgegen dieser Argumentation keine Bedenken in einer Übertragbarkeit von Überlegungen hinsichtlich der Effekte einer externen Rotation auf eine interne Rotation. Vgl. *Chi et al.* (2009): 362.

5.5.2.1 Normativer Kontext

Die *externe* Rotation unterliegt derzeit keinen rechtlichen Vorgaben und wird durch die Wahl der Hauptversammlung auf Basis des Vorschlags des Aufsichtsrats determiniert.[696] Die europäische Kommission diskutiert derzeit die Einführung einer externen Rotationspflicht, da sie die interne Rotationspflicht hinsichtlich der Bekämpfung der Unabhängigkeitsgefährdung für nicht ausreichend erachtet.[697] Sie sieht eine externe Rotationspflicht in der Form vor, dass die Prüfungsgesellschaft von Unternehmen des öffentlichen Interesses nach maximal sechs Perioden nicht erneut den Prüfungsauftrag annehmen kann.[698]

5.5.2.2 Konsequenzen für die Prüfungsqualität

Kein anderer Indikator der Qualität der Abschlussprüfung ist hinsichtlich seiner Wirkung auf die Vertrauenswürdigkeit des Abschlussprüferurteils so facettenreich. Insgesamt sollen drei Aspekte beleuchtet werden, über die die Mandatsdauer einen Einfluss auf die Qualität der Abschlussprüfung ausüben kann. Als qualitätswirksame Mechanismen können Lern- und Erfahrungseffekte, Effekte zunehmender Betriebsblindheit sowie Vertrautheit konstatiert werden.[699] Für diese drei Mechanismen wird untersucht, inwiefern sie durch die Mandatsdauer beeinflusst werden und wie diese Aspekte, die Urteilsfreiheit sowie Urteilsfähigkeit berühren.

Die Durchführung einer Abschlussprüfung erfordert Kenntnisse des Abschlussprüfers über den Mandanten sowie dessen Branche inklusive des Wettbewerbsumfeldes. Insbesondere bei

---

[696] Vgl. zur Wahl und Bestellung des Abschlussprüfers Kapitel 2.2.3.

[697] Vgl. *Europäische Kommission* (2010): 13. Neben einer Verbesserung der Unabhängigkeit erhofft sich die Europäische Kommission mit der Einführung einer externen Pflichtrotation eine erhöhte Dynamik und Kompetenz auf dem europäischen Prüfungsmarkt. Vgl. *Europäische Kommission* (2010): 18-19.
Mit Italien, Österreich, Spanien und Griechenland wenden oder wendeten bereits vier der derzeit 27 Mitgliedstaaten der Europäischen Union bereits eine externe Rotationspflicht an. Österreich, Spanien und Griechenland schafften sie mittlerweile wieder ab. Österreich sah bis 2005 eine Rotationspflicht in der Form vor, dass eine Prüfungsgesellschaft nach maximal sechs Jahren und einer dreijährigen Cooling-Off-Periode erneut wiederbestellt werden kann, schaffte sie jedoch vor dem erstmaligen Inkrafttreten wieder ab. Spanien sah von 1989 bis 1996 nach maximal neun Jahren eine externe Rotation der Prüfungsgesellschaft vor. In Griechenland war bis 1994 ein Rotationsturnus von maximal sechs Jahren vorgesehen. Bis heute schreibt Italien seit 1974 zunächst für Prüfungsgesellschaften börsennotierter Unternehmen und später für weitere Unternehmen bestimmter Branchen eine Rotationspflicht nach maximal neun Jahren vor. Eine Wiederbestellung kann erst nach einer Cooling-Off-Periode von drei Jahren erfolgen. Vgl. *Velte* (2012): 318 und ausführlich *Wiemann* (2011): 71-72. Vgl. auch *Quick* (2004): 488 mit weiteren Nachweisen. Vgl. zum italienischen System der externen Rotation *Quick/Ungeheuer* (2000): 24. Für einen Vergleich der Rotationsanforderungen in ausgewählten europäischen Staaten siehe den Beitrag von *Sipple/Glemser* (2012).

[698] Vgl. Artikel 33 Nr. 1 des Verordnungsentwurfs *Europäische Kommission* (2011b).

[699] *Lim/Tan* (2010) systematisieren hinsichtlich der Wirkung der Dauer der Vertragsbeziehung zwischen Prüfungsgesellschaft und Mandant auf die tatsächliche Qualität der Abschlussprüfung zwischen kognitiven und anreizwirksamen Argumenten. Vgl. *Lim/Tan* (2010): 925.

der Anwendung eines geschäftsrisikoorientierten Prüfungsansatzes wird dies deutlich.[700] Mit der erstmaligen Aufnahme eines Prüfungsmandats tritt der Abschlussprüfer in eine Prüfungssituation ein, in der er den Mandanten, sein relevantes Umfeld und dessen Geschäftsprozesse nicht kennt. Aufgrund des *Erfahrungsdefizits* bei einer Erstprüfung entsteht ein gegenüber einer Folgeprüfung erhöhter Einarbeitungsbedarf. Die neue Prüfungsgesellschaft muss sich zunächst mit den Umfeldbedingungen, Organisationsstrukturen und Geschäftsabläufen des Mandaten vertraut machen und erkennen, wo die besonderen Risiken liegen, die sich auf die Ordnungsmäßigkeit der Rechnungslegung niederschlagen können.[701] Insbesondere eine Analyse des internen Kontrollsystems ist dabei bedeutsam.[702] Die auf diese Weise erlangten Erkenntnisse über die inhärenten Risiken *[IR]* und Kontrollrisiken *[KR]* des Mandanten erlauben erst eine adäquate Festlegung von Prüfungshandlungen, die zu einer Reduktion des Prüfungsrisikos *[PR]* auf ein zuvor festgelegtes Niveau führen.[703] Weist die Risikobeurteilung aufgrund der geschilderten informationellen Defizite Mängel auf, kann dies zu einem erhöhten Prüfungsrisiko *[PR]* führen wodurch die Effektivität der Abschlussprüfung gefährdet würde.[704]

Mit der Dauer der Vertragsbeziehung zwischen Abschlussprüfer und Mandant wird Erfahrungswissen aufgebaut,[705] das bei jeder erneuten Bestellung abgerufen wird, sich weiterentwickelt und gefestigt werden kann. Gerade in den ersten Jahren der Vertragsbeziehung entsteht neues Wissen. Auch das *IDW* (2010b) betont in seiner Stellungnahme zum aktuellen Grünbuch der Europäischen Kommission zur Abschlussprüfung, dass das für eine verlässliche Abschlussprüfung notwendige Detailwissen hinsichtlich der Geschäftstätigkeit, des ökonomischen Umfeldes, der Systeme und Prozesse des Mandanten nicht „ad hoc" zur Verfügung steht, sondern in einem mehrjährigen Prozess des Erfahrungs- und Lernprozesses aufgebaut werden muss.[706] Hinzu kommt, dass der Abschlussprüfer in den ersten Jahren der Prüfung stärker von den Auskünften des Mandanten abhängig ist, deren Richtigkeit er zu Beginn einer Prüfung nur schlecht einzuschätzen vermag.[707] Selbst wenn der erhöhte Einarbeitungsaufwand bei einer Erstprüfung bereits antizipiert wird, ist anzunehmen, dass ein Teil des für die

---

[700] Vgl. zum geschäftsrisikoorientierten Prüfungsansatz allgemein Kapitel 2.5 sowie speziell im Kontext der Branchenspezialisierung einer Prüfungsgesellschaft Kapitel 5.5.3.

[701] Vgl. *United States General Accounting Office (GAO)* (2003): 13.

[702] Vgl. *Schindler* (2012): 2480; Rz. 270; *Fölsing* (2009): 33.

[703] Vgl. *Fölsing* (2009): 33 und die Ausführungen zum geschäftsrisikoorientierten Prüfungsansatz in Kapitel 2.5.

[704] Vgl. *United States General Accounting Office (GAO)* (2003): 13.

[705] Vgl. *Weißenberger* (1997b): 2316.

[706] Vgl. *IDW* (2010b): 24-25.

[707] Vgl. *Quick* (2004): 492.

Risikoeinschätzung notwendigen Erfahrungswissens nicht vorhanden ist, da es sich erst mit der Zeit und damit korrespondierend der Erfahrung aufbaut.[708] Es ist daher davon auszugehen, dass die *Urteilsfähigkeit* bei einer Erstprüfung am geringsten ist, danach in einer unbekannten Anzahl von Folgejahren wächst[709] und danach konstant bleibt, wenn zunächst andere Aspekte aus der Betrachtung vernachlässigt werden.

Ein relevantes Thema in der Diskussion um den Einfluss der Mandatsdauer auf die Qualität der Abschlussprüfung ist der Aspekt der *Betriebsblindheit*. Für Folgeprüfungen baut der Abschlussprüfer auf Erkenntnissen der Vorjahre auf. Derartig entwickelte Routinen bergen jedoch die Gefahr der Betriebsblindheit. So scheint es fraglich, ob ein Abschlussprüfer, der bereits seit Jahren das Mandat betraut, sensibel für Veränderungen im Unternehmen des Mandanten ist und seine Prüfungsstrategie entsprechend anpasst.[710] Ein neuer Abschlussprüfer wendet gegebenenfalls alternative Prüfungstechniken, die der vorherige Abschlussprüfer nicht angewendet hat, an und kann somit Fehler entdecken, die zuvor nicht erkannt wurden.[711] Die mit der Mandatsdauer zunehmende Betriebsblindheit wirkt sich auf die *Urteilsfähigkeit* des Abschlussprüfers aus, da dieser versäumt, seine Prüfungsstrategie adäquat anzupassen.

Ein weiterer Aspekt, der im Kontext der Mandatsdauer einer Diskussion bedarf, ist jener der *Vertrautheit*. Mit zunehmender Mandatsdauer nimmt der Abschlussprüfer an, die Einstellung des Mandanten hinsichtlich seiner Rechnungslegungspraxis zu kennen. Er kann bei einer langen Mandatsdauer dazu geneigt sein, Prüfungshandlungen auszulassen oder nur eingeschränkt vorzunehmen, weil er von der Integrität des Mandanten überzeugt ist. Eine zunehmende Vertrautheit kann Einbußen in Bezug auf die professionelle Skepsis, welche aus Sicht eines effektiven Prüfungsprozesses unverzichtbar ist,[712] zur Folge haben.[713] Gründe für derartige kognitive Verzerrungen im Zeitablauf einhergehend mit Einbußen in der Objektivität des Abschlussprüfers können mit dem Streben nach Vermeidung kognitiver Dissonanzen begründet

---

[708] Den Nachweis über eine verminderte Urteilsfähigkeit in den ersten Prüfungsjahren erbringen verschiedene Studien. Vgl. z.B. *Quick/Wiemann* (2011): 931, die für die ersten drei Jahre der Mandatsdauer eine schlechtere Prüfungsqualität gegenüber weiteren Jahren feststellen. Siehe auch die folgende Studie zu den Effekten der externen Rotation *United States General Accounting Office (GAO)* (2003).

[709] Man geht davon aus, dass mit einer Mandatsdauer zwischen zwei und drei Jahren, das Defizit des Erfahrungswissens aus dem Jahr der Erstprüfung aufgeholt ist. Vgl. z.B. *Johnson/Khurana/Reynolds* (2002): 654. Die Studie von *Boone/Khurana/Raman* (2008): 134 liefert hingegen den Nachweis dafür, dass eine Verbesserung der Qualität der Abschlussprüfung über 13 Jahre erfolgt und erst danach abfällt.

[710] Vgl. *Velte* (2012): 319; *Quick* (2004): 491.

[711] Vgl. *Quick* (2004): 491-491, der gleichzeitig jedoch auch das Innovationspotenzial der Prüfungsmethoden bei einem Wechsel von einer großen Prüfungsgesellschaft zu einer anderen großen Prüfungsgesellschaft bezweifelt, dass die Prüfungsmethoden sich bei den Big-Four-Prüfungsgesellschaften vorwiegend ähnlich sind.

[712] Vgl. IDW PS 200.17 und Kapitel 5.2.1.

[713] Vgl. *Quick* (2004): 491.

werden. Die "fresh perspective"[714] eines neuen Abschlussprüfers erlaubt ihm unabhängig von Vorurteilen und impliziten Wünschen über Eigenschaften des Managements, die Ordnungsmäßigkeit der Rechnungslegung durch die Anwendung geeigneter Prüfungshandlungen zu überprüfen. Mit zunehmender Dauer der Betrauung eines Abschlussprüfers mit dem Mandat entwickelt der Abschlussprüfer eine *Vertrautheit* und gegebenenfalls Solidarität und Identifikation mit den Problemen seines Mandanten und seinen Mitarbeitern. Eine Folge aus dieser Vertrautheit kann darin münden, dass er in seinem Streben nach Reduktion entstehender Dissonanzen kritische Sachverhalte ignoriert. Diese Dissonanzen können sich daraus ergeben, dass bestimmte kritische Sachverhalte, die auf eine Manipulation der Rechnungslegung deuten und bei einem „frischen" Abschlussprüfer zu adäquaten Prüfungshandlungen führen würden, vom Abschlussprüfer ignoriert werden. Eine lange Mandatsdauer führt insoweit zu einer Reduktion der *Urteilsfreiheit*.

5.5.2.3 Relevante Forschungsergebnisse

Boone/Khurana/Raman (2008) leisten mit ihrer empirischen Analyse des Zusammenhangs der Dauer der Vertragsbeziehung zwischen Prüfungsgesellschaft und Mandant und der impliziten Risikoprämie einen Beitrag zur Klärung der Frage, wie die Mandatsdauer vom Kapitalmarkt *wahrgenommen* wird. Die Autoren grenzen sich durch die Unterstellung eines nichtlinearen Zusammenhangs zwischen der Mandatsdauer und der Prüfungsqualität wie auch *Davis/Soo/Trompeter* (2009) von anderen Studien ab.[715] Die Autoren analysieren für 12.493 bzw. 3.264 US-amerikanische Unternehmen als Mandanten von Big-Five-Prüfungsgesellschaften den Zusammenhang zwischen der Dauer der Vertragsbeziehung zwischen Prüfungsgesellschaft und Mandant und der impliziten Risikoprämie. Sie erbringen als Ergebnis einer multivariaten Regressionsanalyse zunächst den Nachweis eines signifikanten negativen Zusammenhangs zwischen der Länge der Vertragsbeziehung und der Risikoprämie. Durch die zusätzliche Berücksichtigung der Dauer der Vertragsbeziehung in ihrer quadrierten Funktion können sie zudem den Nachweis eines signifikanten positiven u-förmigen Zusammenhangs erbringen.[716] Eine Zunahme der Mandatsdauer wird anfänglich positiv in Bezug auf die Qua-

---

[714] *Lim/Tan* (2010): 926. *Fölsing* (2009) weist in diesem Zusammenhang auf einen "fresh approach", *United States General Accounting Office (GAO)* (2003): 13 bezeichnen diesen Aspekt als "fresh look".

[715] *Davis/Soo/Trompeter* (2009) untersuchen den Einfluss der Mandatsdauer auf das Ausmaß von Bilanzpolitik (Meet or Beat Earnings Forecasts), in dem sie wie auch *Boone/Khurana/Raman* (2008) die untransformierte Mandatsdauer in Jahren sowie die quadratisch transformierte Mandatsdauer in Jahren als Untersuchungsvariablen in ihr Modell aufnehmen und somit einen u-förmigen Zusammenhang untersuchen. Vgl. *Davis/Soo/Trompeter* (2009): 523.

[716] Hinsichtlich des Subsamples, welches unverzerrte Werte der Dauer der Vertragsbeziehung berücksichtigt, ist für beide Untersuchungsvariablen ein signifikanter Zusammenhang festzustellen. Dies gilt bei dem erweiterten Sample lediglich für die nicht transformierte Variable. Vgl. *Boone/Khurana/Raman* (2008): 132. Für die Umsetzung empirischer Studien ist es teilweise schwierig, unverzerrte Werte für die Mandatsdauer zu ermitteln, da die Historie der amtierenden Prüfungsgesellschaften lediglich bis zu einem be-

lität der Abschlussprüfung durch den Kapitalmarkt aufgefasst; diese Einschätzung kehrt sich jedoch ab einer Mandatsdauer von ca. 13 Jahren um.[717]

Ziel der empirischen Analyse von *Ghosh/Moon* (2005) ist eine Einschätzung darüber zu erlangen, wie Investoren und Informationsintermediäre – stellvertreten durch unabhängige Ratingagenturen und Finanzanalysten – die Bedeutung der Mandatsdauer für die Qualität der Abschlussprüfung *wahrnehmen*. Sie analysieren für einen US-amerikanischen Datensatz mit 38.794 Beobachtungen für den Zeitraum 1990-2000 zu diesem Zweck den Zusammenhang zwischen der Mandatsdauer und dem ERC, Aktienrankings, Kreditratings und Gewinnprognosen von Finanzanalysten.[718] Die Autoren sehen es als Ergebnis der multivariaten Regressionsanalyse schließlich als bestätigt an, dass Investoren und Informationsintermediäre eine zunehmende Mandatsdauer als prüfungsqualitätserhöhend wahrnehmen. Ihrer Ansicht nach würde eine verpflichtende Unterbrechung der Mandatsdauer unnötige Kosten aus Sicht der Kapitalmarktteilnehmer darstellen.[719]

Mansi/Maxwell/Miller (2004) widmen sich in ihrer empirischen Arbeit der *Wahrnehmung* von Indikatoren der Prüfungsqualität – neben der Mandatsdauer beziehen sie auch die Größe einer Prüfungsgesellschaft in die Untersuchung mit ein – durch Fremdkapitalgeber. Durch Rückgriff auf Daten des Kreditmarktes, in dem entsprechend der Annahme der Autoren gegenüber dem Aktienmarkt ein besseres Informationsumfeld herrscht und folglich die Informationsfunktion eine geringere Rolle spielt,[720] und eine entsprechende Modellformulierung gelingt es den Verfassern, die Versicherungs- und die Informationsfunktion der Abschlussprüfung isoliert voneinander zu betrachten. In einer multivariaten Regressionsanalyse für – in Abhängigkeit vom gewählten Modell – mind. 8.529 Unternehmen-Jahr-Beobachtungen im Zeitraum 1974-1998 in den USA untersuchen die Autoren neben dem Einfluss der Qualitätsindikatoren auf die Credit Spreads – als Stellvertreter der Risikoprämie der Fremdkapitalgeber – den Einfluss auf Bond-Ratings, welche die Risikoeinschätzung von Ratingagenturen wiedergeben und für die Höhe der Risikoprämie für Fremdkapital eine Rolle spielen. Die Verfasser können schließlich für beide abhängigen Variablen einen signifikanten negativen Einfluss der Mandatsdauer feststellen.[721] Weitere Analysen, die einen Split des Datensatzes in Unternehmen, die als risikoreich und andere, die als risikoarm eingestuft werden, vorsieht, führte zu dem

---

	stimmten Zeitpunkt zurück verfolgt werden kann. Eindeutig sind die Werte nur dann, sofern eine Rückverfolgung bis zum letzten Prüferwechsel erfolgen konnte.
717	Vgl. *Boone/Khurana/Raman* (2008): 134.
718	Vgl. *Ghosh/Moon* (2005): 593.
719	Vgl. *Ghosh/Moon* (2005): 609.
720	Vgl. *Mansi/Maxwell/Miller* (2004): 771.
721	Vgl. *Mansi/Maxwell/Miller* (2004): 772 und 773.

Resultat, dass der Einfluss der Mandatsdauer für risikoreiche Unternehmen stärker ausfällt.[722] Aus der Feststellung, dass mit steigender Mandatsdauer die Renditeforderungen der Fremdkapitalgeber rückläufig sind, zweifeln sie den Nutzen aus einer pflichtmäßigen Prüferrotation an und führen an, dass dies insbesondere für riskantere Investments negativ vom Kapitalmarkt wahrgenommen werden kann.[723] Betroffene Unternehmen müssten folglich einen höheren Preis für die Deckung ihres Kapitalbedarfs aufbringen.

5.5.2.4 Abschließende Würdigung und Operationalisierung

Wie aus den theoretischen Erörterungen hervorgeht, ist der Einfluss der Mandatsdauer auf die Qualität der Abschlussprüfung differenziert zu betrachten und nicht in Form einer einfachen linearen Wirkungsbeziehung zu erfassen. Für den Zusammenhang zwischen der Mandatsdauer in Jahren und der Urteilsfähigkeit des Abschlussprüfers *[FÄHIG]* ist ein nicht-linearer Zusammenhang zugrunde zu legen: Es ist davon auszugehen, dass der Erfahrungsaufbau zwar im Laufe der Jahre zunimmt, diese Zunahme jedoch aufgrund wachsender Betriebsblindheit rückläufig ist. Dieser degressive Zusammenhang zwischen der Mandatsdauer und der Urteilsfähigkeit *[FÄHIG]* wird durch eine logarithmische Beziehung modelliert. Zwischen der Mandatsdauer und der Urteilsfreiheit *[FREI]* ist hingegen ein linearer Zusammenhang zu vermuten. Entsprechend wird ein linearer Zusammenhang zwischen der Mandatsdauer in Jahren und der Urteilsfreiheit *[FREI]* modelliert.

Für die wahrgenommene Urteilsfähigkeit *[FÄHIG]* und Urteilsfreiheit *[FREI]* in Bezug zur Mandatsdauer *[TENURE]* werden folgende Zusammenhänge formuliert:

Die Mandatsdauer [TENURE][724] hat einen degressiven Einfluss auf die Höhe der wahrgenommenen Urteilsfähigkeit des Abschlussprüfers [FÄHIG] c.p.

Die Mandatsdauer [TENURE] hat einen negativen Einfluss auf die Höhe der wahrgenommenen Urteilsfreiheit des Abschlussprüfers [FREI] c.p.

Ziel der Untersuchung der Mandatsdauer ist die Analyse, ob die Dauer der Vertragsbeziehung zwischen Prüfungsgesellschaft und Mandant einen Einfluss auf die Dimensionen der Qualität

---

[722] Vgl. *Mansi/Maxwell/Miller* (2004): 776.

[723] Vgl. *Mansi/Maxwell/Miller* (2004): 790.

[724] Im weiteren Verlauf der Arbeit werden neben *TENURE* auch weitere Symbole in Bezug auf die Mandatsdauer verwendet: *TENURELIN* und *TENURELN*. TENURE betrifft den Einfluss der Mandatsdauer in Jahren auf die Dimensionen der Prüfungsqualität. TENURELIN (linear) und TENURELN (logarithmisch) beschreiben hingegen den technischen Modus, in dem die Variablen für die Spezifikation der aufgezeigten Zusammenhänge, in das Messmodell aufgenommen werden. Dies ist erforderlich, da für die Mandatsdauer *[TENURE]* in Bezug auf die Urteilsfähigkeit *[FÄHIG]* ein nicht linearer Zusammenhang modelliert wird.

der Abschlussprüfung hat. Es wird daher für jedes betrachte Geschäftsjahr die Dauer der Vertragsbeziehung zwischen der amtierenden Prüfungsgesellschaft und dem Mandanten in Jahren ermittelt. Hat zuletzt ein Wechsel der Prüfungsgesellschaft stattgefunden so beträgt die Dauer der Vertragsbeziehung zwischen Abschlussprüfer und Mandant 1 Jahr. Idealerweise sollte die Mandatsdauer solange zurückverfolgt werden bis das Geschäftsjahr erreicht wurde, in dem der amtierende Abschlussprüfer das Mandat erstmalig aufgenommen hat.[725] Die Rückverfolgung muss jedoch aus Gründen der Datenverfügbarkeit[726] begrenzt werden. Im konkreten Fall wird die Verfügbarkeit der historischen Prüfungsgesellschaft mit Hilfe der durch den Informationsdienstleister Bloomberg bereitgestellten Informationen 20 Jahre zum untersuchten Geschäftsjahr zurückverfolgt. Entspricht der Abschlussprüfer des betrachteten Geschäftsjahres dem Abschlussprüfer 20 Geschäftsjahre zuvor und fand zwischenzeitlich kein Wechsel statt, so beträgt die maximale Merkmalsausprägung der Mandatsdauer 20 Jahre. Die Jahreszahl des betrachteten Geschäftsjahres abzüglich 20 Geschäftsjahre entspricht der Jahreszahl des fingierten Jahres der Erstprüfung. Kann die Mandatsdauer nicht vollständig bis zum festgelegten Jahr zurückverfolgt werden, wird die Anzahl der Jahre als Mandatsdauer zugrunde gelegt, die konkret ermittelt werden konnte.[727] Verzerrungen aufgrund der gewählten Ermittlungssystematik müssen leider in Kauf genommen werden, um die Stichprobe nicht weiter zu schmälern. Begründet sich ein formaler Wechsel der Prüfungsgesellschaft in dem Zusammenschluss von Prüfungsgesellschaften und führt die aus der Fusion entstandene bzw. die übernehmende Gesellschaft das Mandat fort, so wird bei der Ermittlung der Mandatsdauer von einer Fortführung des Mandats ausgegangen.[728]

---

[725] Die Rückverfolgung der Mandatsdauer bis zu dem Jahr, in dem der amtierende Abschlussprüfer das Mandat übernahm, stellt sicher, dass keine Verzerrungen aufgrund eines begrenzten Rückverfolgungshorizonts entstehen. Verzerrungen treten auf, wenn eine Rückverfolgung für maximal N Jahre erfolgt, die Prüfungsgesellschaft jedoch N+K Jahre prüfte und eine andere N+K+J Jahre prüfte. Beiden geprüften Unternehmen würde eine identische Mandatsdauer zugewiesen.

[726] Neben notwendigen forschungsökonomischen Erwägungen spielt insbesondere auch die Datenverfügbarkeit eine Rolle für diese Vorgehensweise, die im empirischen Schrifttum breite Anwendung findet. Siehe zur verzerrten Ermittlung der Dauer der Vertragsbeziehung zwischen Prüfungsgesellschaft und Mandant Vgl. *Quick/Wiemann* (2011): 923; *Davis/Soo/Trompeter* (2009): 523; *Boone/Khurana/Raman* (2008): 126-127 mit weiteren Nachweisen sowie *Ghosh/Moon* (2005): 593.

[727] Eine entsprechende Rückverfolgung ist dann nicht möglich und auch nicht notwendig, wenn die Unternehmenshistorie innerhalb der maximalen Rückverfolgungsperiode beginnt.
Fehlen zwischenzeitlich Informationen über den Abschlussprüfer, dann wird bei Identität des Abschlussprüfers vor und nach Fehlen dieser Information angenommen, dass kein Prüferwechsel stattfand. Selbst wenn diese Annahme nicht zutrifft, so kann davon ausgegangen werden, dass ein ein- bis zweijähriges Aussetzen der Mandatsdauer keine oder kaum Auswirkungen auf die Bindung zwischen Mandant und Abschlussprüfer haben wird.

[728] Vgl. z.B. *Davis/Soo/Trompeter* (2009): 523. Z.B. sind ehemalige Arthur Andersen Mandate in Deutschland durch Ernst & Young im Zuge eines Zusammenschlusses beider Gesellschaften im September 2002 übernommen worden. Vgl. *Ernst & Young* (2004): 25 und 56. Eine derartige Übernahme wird als Fortführung des Mandats aufgefasst. Vgl. *Wiemann* (2011): 351.

Für die Modellierung des degressiven Einflusses der Mandatsdauer *[TENURE]* auf die Urteilsfähigkeit *[FÄHIG]*, geht die Variable Mandatsdauer als logarithmische Funktion *[TENURELN]* in die Analyse ein. Hinsichtlich des linearen Zusammenhangs zwischen der Mandatsdauer und der Urteilsfreiheit *[FREI]* fließt die Variable Mandatsdauer entsprechend untransformiert *[TENURELIN]* in das Modell ein.

5.5.3 Know-How des Abschlussprüfers

5.5.3.1 Motive und Formen für die Spezialisierung einer Prüfungsgesellschaft

Motive für den Aufbau einer Spezialisierung seitens der Prüfungsgesellschaften werden vor allem in der Verfolgung einer Differenzierungsstrategie gesehen.[729] Zwar ist grundsätzlich auch die Verfolgung einer Kostenführerschaftsstrategie vorstellbar, diese ist jedoch aufgrund des Risikos der Wahrnehmung der Erbringung einer systematisch gewollten schlechten Prüfungsqualität und damit verbundenen Reputationseffekten aufgrund des Bekanntwerdens einer schlechten Prüfungsqualität[730] sowie der Gefahr des Versagens einer Bescheinigung über die Teilnahme an einer Qualitätskontrolle gemäß § 57a WPO zu verneinen. Mit der Verfolgung einer Differenzierungsstrategie strebt die Prüfungsgesellschaft die Erbringung einer Leistung an, die seitens der Kunden als einzigartig wahrgenommen wird und für den Kunden einen Nutzen stiftet.[731] Aufgrund des Wertes, den der Kunde durch Konsum der einzigartigen Leistung gegenüber einer Leistung der Konkurrenz generiert, entstehen für die Konkurrenz Markteintrittsbarrieren, da der Kunde den Konsum der Leistung des Spezialisten präferiert.[732] Als Bestätigung dafür, dass eine Spezialisierung aus Sicht des Mandanten einen Nutzen darstellt, kann der festzustellende statistische Zusammenhang zwischen einer Branchenspezialisierung und der Höhe von Prüfungshonoraren angesehen werden. So stellen z.B. *Craswell/Francis/Taylor* (1995) für australische Prüfungsgesellschaften fest, dass Prüfungshonorare für Abschlussprüfungen, die durch einen Branchenspezialisten durchgeführt werden,

---

[729] Vgl. *Dunn/Mayew* (2004): 37 sowie insgesamt *Simunic/Stein* (1987). Eine Systematisierung generischer Wettbewerbsstrategien geht auf Porter zurück. Danach kann ein Unternehmen seine Wettbewerbsposition aufbauen oder aufrechterhalten, wenn er entweder eine Kostenführerschaftsstrategie, eine Differenzierungsstrategie oder die Strategie der Konzentration auf Schwerpunkte wählt. Vgl. für eine ausführlich Darstellung der Implikationen der drei generischen Wettbewerbsstrategien *Porter* (2010): 37-44; *Porter* (2008): 71-78 sowie zur Kostenführerschaftsstrategie *Porter* (2010): 97-167 und zur Differenzierungsstrategie *Porter* (2010): 166-222. Nach Porter führt die Verfolgung einer „stuck-in-the-middle-Strategie", welche eine Kombination der drei Strategien vorsieht, zu keinen Wettbewerbsvorteilen. Vgl. *Porter* (2010): 44-48; *Porter* (2008): 79-82. Hybride Wettbewerbsstrategien sind daher bis auf spezielle Ausnahmen nicht sachgerecht um nachhaltige Wettbewerbsvorteile zu generieren. Vgl. zu diesen Ausnahmen *Porter* (2010): 45-48. Vgl. zu einer Darstellung ausgewählter hybrider Wettbewerbsstrategien *Winkler/Slamanig* (2009): 547-552.

[730] Vgl. hierzu Kapitel 5.5.1.

[731] Vgl. *Dunn/Mayew* (2004): 37; *Mayhew/Wilkins* (2003): 35.

[732] Vgl. *Mayhew/Wilkins* (2003): 35.

signifikant höher sind, als für Abschlussprüfungen, für die kein Branchenspezialist beauftragt war[733] und somit eine höhere Zahlungsbereitschaft seitens des Mandaten vorliegt.[734]

Der Aufbau von Know-How durch eine Prüfungsgesellschaft kann auf unterschiedliche Weise erfolgen. Die im Schrifttum vorwiegend untersuchte Form der Erfahrung stellt die Branchenspezialisierung einer Prüfungsgesellschaft dar. Die Notwendigkeit spezifischen Wissens des Abschlussprüfers ist jedoch vielfältig und hängt von dem jeweiligen Prüfungsobjekt ab. Eine weitere Form der Erfahrung des Abschlussprüfers ist daher auch in der Durchführung von Abschlussprüfungen von Jahresabschlüssen, die unter bestimmten Rechnungslegungsnormen, wie etwa der IFRS, aufgestellt wurden, zu vermuten.[735] Die Umsetzung des Spezialisierungswillens ist mit dem Einsatz von Ressourcen wie Personal und Technologien verbunden,[736] die bei einem Ausscheiden der Prüfungsgesellschaft aus dem Markt verloren gehen und somit Sunk Costs darstellen.[737] Eine Spezialisierung erfordert z.B. gezielte Schulungen des Personals sowohl in Fragen der Rechnungslegungsnormen als auch der Branchencharakteristika. Auch der Ausbau von Grundsatzabteilungen, die in Zweifelsfragen eine normenkonforme Abschlussprüfung sicherstellen, kann als Investition in Rahmen einer Spezialisierung auf IFRS-Konzernabschlüsse angesehen werden. Mit der Ausweitung von Marktanteilen in einer bestimmten Branchen ist es einer spezialisierten Prüfungsgesellschaft möglich, Economies of Scales zu generieren.[738]

---

[733] Vgl. *Craswell/Francis/Taylor* (1995): 319. Der belegte Zusammenhang konnte lediglich für einen Grenzwert von 10 % für die Bestimmung des Branchenspezialisten nach der Marktanteilsmethode festgestellt werden, eine Analyse mit einem Grenzwert von 20 % führte dagegen zu keinen statistisch signifikanten Ergebnisse. Vgl. *Craswell/Francis/Taylor* (1995): 318. Die Studie von *Ferguson/Francis/Stokes* (2003) für den australischen Prüfungsmarkt für das Jahr 1998 kann lediglich dann einen Honoraraufschlag feststellen, sofern der beauftragte Abschlussprüfer gleichzeitig landesweit und städteweit der Marktführer in der jeweiligen Branche ist. Vgl. *Ferguson/Francis/Stokes* (2003): 440. Teilweise können auch Economies of Scale realisiert werden, die an den Mandanten weitergegeben werden. Ein Honoraraufschlag ist damit lediglich für Spezialisten realisierbar, die sich hinsichtlich der Marktanteile gegenüber dem nächsten Wettbewerber abgrenzen. Vgl. *Mayhew/Wilkins* (2003): 34, die eine empirische Analyse für Big-Six-Prüfungsgesellschaften im Kontext eines Börsenganges durchgeführt haben.

[734] Vgl. für weitere Studien, die einen Einfluss der Branchenspezialisierung auf die Höhe von Prüfungshonoraren statistisch nachweisen *Grothe* (2005): 117-132. Einige Autoren wenden das Modell von *Klein/Leffler* (1981) zur Erklärung von Preisprämien und zur Bedeutung der Reputation, wie sie schließlich auch in der Abschlussprüfung bei der Honorargestaltung zu beobachten sind, auf die Abschlussprüfung an. Vgl. z.B. *Jany* (2011): 106-111; *Stefani* (2002): 234-237; *Doll* (2000): 123-127.

[735] Z.B. nennt *United States General Accounting Office (GAO)* (2003) die Kenntnis der für den Mandanten relevanten Rechnungslegungsnormen als relevanten Aspekt der notwendigen Wissensbasis des Abschlussprüfers. Vgl. *United States General Accounting Office (GAO)* (2003): 13.

[736] Vgl. *Lim/Tan* (2010): 928.

[737] Vgl. *DeAngelo* (1981b): 193-194.

[738] Vgl. *Mayhew/Wilkins* (2003): 36.

5.5.3.2 Normativer Kontext

Hinsichtlich der Notwendigkeit des Vorhandenseins konkreten Spezialwissens existieren explizit keine rechtlichen Vorgaben. Allerdings spricht die Berufssatzung der WP/vBP die Branchenkenntnis des Abschlussprüfers sowie dessen Verständnis von fachlichen Regeln als zu berücksichtigenden Aspekt im Rahmen der Prüfungsplanung an. Vorgaben hinsichtlich der personellen Anforderungen im Rahmen der Prüfungsplanung sind in § 24a Abs. 1 und 3 BS WP/vBP geregelt. Zunächst wird allgemein gefordert, dass ein Wirtschaftsprüfer von der Auftragsannahme an durch sachgerechte Prüfungsplanung dafür Sorge zu tragen hat, dass ein den tatsächlichen Verhältnissen des zu prüfenden Unternehmens angemessener und ordnungsgemäßer Prüfungsablauf in sachlicher, personeller und zeitlicher Hinsicht gewährleistet ist.[739] Diese Anforderung wird weiter konkretisiert, indem verlangt wird, dass bei der Zusammenstellung des Prüfungsteams darauf zu achten ist, dass ausreichende praktische Erfahrungen, Verständnis der fachlichen Regeln, die notwendigen Branchenkenntnisse sowie Verständnis für das Qualitätssicherungssystem der Praxis vorhanden sind.[740] Durch diese Anforderungen soll sichergestellt werden, dass die fachlichen Ansprüche an die Abwicklung des Auftrags sich in der Zusammensetzung des Prüfungsteams widerspiegeln.[741]

Auch wenn aufgrund der berufsrechtlichen Vorgaben, davon auszugehen ist, dass ein Mindestmaß an Kompetenz vorhanden ist, so kann der Abschlussprüfer sich durch zusätzliches Know-How von seinen Mitwettbewerbern abgrenzen. In welcher Weise diese Abgrenzung Einfluss auf die Qualität der Abschlussprüfung hat, wird im folgenden Kapitel erörtert.

5.5.3.3 Konsequenzen für die Prüfungsqualität

Die Branchenerfahrung des Abschlussprüfers spielt bei der Verfolgung eines geschäftsrisikoorientierten Prüfungsansatzes eine bedeutende Rolle.[742] Ein bezüglich der Branche erfahrener Abschlussprüfer verfügt über fundierte Kenntnisse in Bezug auf die branchenspezifischen Geschäftsabläufe seines Mandanten sowie spezielle Risiken der Branche, innerhalb derer sein Mandant agiert. Diese kann er sinnvoll in Techniken der strukturierten Analyse der Geschäftsrisiken des Mandanten einsetzen.[743] Mit steigender Branchenerfahrung entwickelt er ein Gespür für die in der Branche vorherrschenden spezifischen Risiken und Branchenent-

---

[739] Vgl. § 24a Abs. 1 BS WP/vBP.
[740] Vgl. § 24a Abs. 3 BS WP/vBP.
[741] Vgl. die Begründung des § 24a BS WP/vBP *WPK* (2012): 70.
[742] Vgl. zur Einordnung und zur Bedeutung der Branchenkenntnisse im Rahmen des risikoorientierten Prüfungsansatzes Kapitel 2.5.
[743] Eine Identifikation der Geschäftsrisiken kann z.B. über die Instrumente der SWOT-Analyse, die Balanced Scorecard oder über das Five-Forces-Modell von Porter erfolgen. Vgl. *Ruhnke* (2006): 194.

wicklungen sowie die unter anderem damit verbundenen Geschäftsrisiken des Mandanten und erlangt somit eine hohe Kompetenz hinsichtlich der Einschätzung der Fehlerwahrscheinlichkeit in der Rechnungslegung. Die geschilderten Zusammenhänge führen insgesamt über die *verbesserte Einschätzung inhärenter Risiken [IR]*, zu einer verbesserten Beurteilung des Prüfungsrisikos *[PR]*, welches den Ausgangspunkt für weiter vorzunehmende Prüfungshandlungen bildet, um eine hinreichende Prüfungssicherheit zu erlangen.[744] Insofern ist der Branchenerfahrung ein großer Stellenwert bei der Risikobeurteilung im Rahmen der Abschlussprüfung beizumessen.[745] Neben seiner verbesserten Fähigkeit bezüglich der Risikoeinschätzung ist ein Branchenspezialist zusätzlich vertrauter mit branchenspezifischen Rechnungslegungsspezifika und kann die Ordnungsmäßigkeit des Istobjektes Rechnungslegung besser beurteilen.[746]

Die in Kapitel 5.5.2.2 aufgezeigten Argumente für die Mandatsdauer bezüglich der Erfahrungseffekte gelten somit entsprechend für die Branchenspezialisierung.

5.5.3.4 Relevante Forschungsergebnisse

Knechel/Naiker/Pacheco (2007) untersuchen für US-amerikanische Unternehmen, die nicht dem Finanzsektor angehören, für den Zeitraum 2000-2003,[747] inwiefern das Vorhandensein einer Branchenspezialisierung bei den Big-N zugehörigen Prüfungsgesellschaften einen Einfluss auf die durch den Kapitalmarkt *wahrgenommene* Prüfungsqualität hat. Hierzu analysieren Sie in einer Ereignisstudie den Einfluss eines Prüferwechsels hinsichtlich der Erfüllung des Kriteriums Branchenspezialisierung auf kumulierte abnormale Aktienrenditen (CAR) als Maßstab für die Reaktion des Kapitalmarktes. Dabei gehen sie davon aus, dass der Wechsel von einer spezialisierten Prüfungsgesellschaft zu einer nicht-spezialisierten Prüfungsgesellschaft zu einer negativen Kapitalmarktreaktion führt, während ein Wechsel in entgegengesetzter Weise zu einer positiven Kapitalmarktreaktion führt.[748] Multivariate Regressionsanalysen unter Verwendung von 318 Unternehmen konnten den Erwartungen der Autoren entsprechend bestätigt werden. Aus diesem Ergebnis kann abgeleitet werden, dass die Branchenspe-

---

[744] Vgl. für empirische Evidenz hinsichtlich der Bedeutung von Branchenkenntnissen im Prüfungsprozess *Wright/Wright* (1997); *Maletta/Wright* (1996); *Bonner/Lewis* (1990). Siehe für die Einordnung des inhärenten Risikos *[IR]* im Prüfungsrisikomodell Kapitel 2.5 und dort Abbildung 1.
[745] Vgl. *Lim/Tan* (2010): 928; *Payne* (2008): 113.
[746] Vgl. *Payne* (2008): 113.
[747] Vgl. *Knechel/Naiker/Pacheco* (2007): 23.
[748] Vgl. *Knechel/Naiker/Pacheco* (2007): 22.

zialisierung einer Big-N-Prüfungsgesellschaft durch den Kapitalmarkt als prüfungsqualitätssteigernd wahrgenommen wird.[749]

Balsam/Krishnan/Yang (2003) widmen ihren Forschungsbeitrag der Erörterung des Zusammenhangs zwischen der Branchenspezialisierung eines Mandanten – operationalisiert gemäß der Marktanteilsmethode – und der Bilanzpolitik des Mandanten. Die Analyse erfolgt für den US-amerikanischen Prüfungsmarkt für Big-Six- bzw. später Big-Five-Prüfungsgesellschaften für die Jahre 1991-1999.[750] Die Operationalisierung des Ausmaßes an Bilanzpolitik erfolgt über die Messung diskretionärer Periodenabgrenzungen sowie die Messung des Earnings-Response-Koeffizienten (ERC). Für jedes der beiden Modelle wurden jeweils insgesamt sechs unterschiedliche Operationalisierungen der Branchenspezialisierung verwendet – neben der Festlegung des Marktführers sowie der Verwendung eines Grenzwertes und der Verwendung eines stetigen Maßstabs und Kombinationen dieser Methoden.[751] Die Ergebnisse der multivariaten Regressionsanalyse für 50.116 (diskretionäre Periodenabgrenzungen) bzw. 19.091 (ERC) Unternehmens-Jahr-Beobachtungen führt bis auf eines der insgesamt zwölf Modelle zu einer Bestätigung des von den Verfassern erwarteten Zusammenhangs. So kann bis auf einen Fall statistisch signifikant bestätigt werden, dass die Prüfung durch einen Branchenspezialisten zu geringeren diskretionären Periodenabgrenzungen und zu statistisch signifikant höheren Earnings-Response-Koeffizienten führt.[752] Der Forschungsbeitrag von *Balsam/Krishnan/Yang* (2003) lässt die Schlussfolgerung zu, dass die Branchenspezialisierung einen Einfluss sowohl auf die tatsächliche – approximiert als diskretionäre Periodenabgrenzung – als auch auf die *wahrgenommene* Qualität der Abschlussprüfung – approximiert über den ERC – von Big-N-Prüfungsgesellschaften hat.

5.5.3.5 Abschließende Würdigung und Operationalisierung

Auf Basis vorangehender Erkenntnisse wird folgender Zusammenhang formuliert:

Eine Erhöhung des Know-Hows einer Prüfungsgesellschaft hinsichtlich der Branche des Mandanten [SPEZ] führt zu einer höheren wahrgenommenen Urteilsfähigkeit des Abschlussprüfers [FÄHIG] c.p.

Die Operationalisierung der Branchenspezialisierung einer Prüfungsgesellschaft kann unter Zuhilfenahme unterschiedlicher *Methoden* erfolgen, die jeweils mit eigenen Annahmen und

---

[749] Vgl. *Knechel/Naiker/Pacheco* (2007): 34.
[750] Vgl. *Balsam/Krishnan/Yang* (2003): 78.
[751] Vgl. *Balsam/Krishnan/Yang* (2003): 74-75.
[752] Vgl. zu den Ergebnissen der multiplen Regressionsanalyse *Balsam/Krishnan/Yang* (2003): 83 und 90.

Implikationen verbunden sind. Als Methoden der Bestimmung des Ausmaßes der Branchenspezialisierung dienen die Marktanteilsmethode sowie die Portfoliomethode.[753]

Eine Bestimmung der Branchenspezialisierung mit Hilfe der *Marktanteilsmethode* unterstellt, dass die Spezialisierung von der Höhe des Marktanteils einer Prüfungsgesellschaft in einer Branche im Verhältnis zum Marktanteil aller Prüfungsgesellschaften in einer bestimmten Branche abhängt. Je größer der relative Marktanteil ist, desto größer ist der Spezialisierungsgrad der Prüfungsgesellschaft. Formal wird der Spezialisierungsgrad einer Prüfungsgesellschaft in einer bestimmten Branche für ein weiter zu spezifizierendes Erhebungsmerkmal[754] bestimmt aus:[755]

$$MAM_{i,j} = \frac{EM_{i,j}}{\sum_{n=1}^{N} EM_{n,j}}$$

Wobei:
i = Index der betrachteten Prüfungsgesellschaft
j = Index der Branche
n = Index der am Markt tätigen Prüfungsgesellschaften
EM = Erhebungsmerkmal

Die Berechnung des Ausmaßes der Branchenspezialisierung führt unabhängig von der gewählten Methode zunächst zu einer stetigen Größe. In vielen Arbeiten wird die Überführung der stetigen Variablen in eine diskrete Variable favorisiert. Hierzu wird ein Grenzwert bestimmt, von dem angenommen wird, dass bei dessen Überschreiten eine Spezialisierung vorliegt und andernfalls nicht. Verbunden mit einer derartigen Vorgehensweise ist jedoch die Unterstellung eines Grenzwertes, der subjektiver Natur ist. Dies zeigt sich unter anderem auch in der Uneinigkeit des Schrifttums über einen geeigneten Grenzwert. Weiterhin existieren Studien, die Prüfungsgesellschaften mit den höchsten Marktanteilen in einer Branche als Spezialisten klassifizieren. Im empirischen Schrifttum können daneben auch Methoden identifiziert werden, die beide Abgrenzungskriterien miteinander kombinieren und daher all denjeni-

---

[753] Vgl. zur Verwendung der Marktanteilsmethode *Reichelt/Wang* (2010): 656; *Lim/Tan* (2008): 208; *Knechel/Naiker/Pacheco* (2007): 22; *Dunn/Mayew* (2004): 41-42 und für die Verwendung beider Methoden sowie einer Kombination beider *Payne* (2008): 114. Vgl. zur Verwendung der Portfoliomethode *Behn/Choi/Kang* (2008): 331. Als weitere Methode der Bestimmung der Branchenspezialisierung eines Prüfungsgesellschaft wird die Analyse des Bewusstseins einer Prüfungsgesellschaft über sich selbst, welches häufig über die Internetpräsenz einer Prüfungsgesellschaft als Marketinginstrument veröffentlicht wird, vorgeschlagen. Vgl. z.B. *Cahan/Jeter/Naiker* (2011): 194-195; *Grothe* (2005): 253-258, der eine derartige Analyse für die Big-Four-Prüfungsgesellschaften auf dem deutschen Prüfungsmarkt durchgeführt hat, sowie *Hogan/Jeter* (1999): 7. Zu *Hogan/Jeter* (1999): 7 siehe auch *Gramling/Stone* (2001): 13-14. Aufgrund von Zweifeln an der Objektivität der Selbstdarstellung der Prüfungsgesellschaften scheidet diese Methode als mögliches Messinstrument aus der Betrachtung aus.

[754] Siehe hierzu weiter unten in diesem Kapitel.

[755] Vgl. *Mayhew/Wilkins* (2003): 40; *Hogan/Jeter* (1999): 4 für eine differenziertere Notation, auf die hier aus Gründen der Übersichtlichkeit verzichtet wird.

gen Prüfungsgesellschaften eine Branchenspezialisierung zusprechen, die den höchsten Marktanteil in einer Branche aufweisen und zugleich einen gewissen Grenzwert überschreiten.[756] Aufgrund der Subjektivität, die mit der Festlegung von Grenzwerten und einer Trennung zwischen hohen und niedrigen Marktanteilen verbunden ist, soll in dieser Arbeit das Ausmaß der Branchenspezialisierung als stetige Variable Eingang in die empirische Analyse finden. Insoweit wird nicht der Branchenspezialist oder die Branchenspezialisten bestimmt, sondern das Ausmaß der Branchenerfahrung erhoben.

Als Alternative zur Bestimmung des Ausmaßes der Branchenspezialisierung wurde bereits die *Portfoliomethode* genannt. Diese Methode unterstellt, dass die Branchenerfahrung einer Prüfungsgesellschaft von dem Anteil der Betätigung einer Prüfungsgesellschaft in einer bestimmten Branche am Gesamtportfolio der Prüfungsgesellschaft abhängig ist. Formal kann das Ausmaß der Branchenspezialisierung mit Hilfe der Portfoliomethode auf Basis eines weiter zu spezifizierenden Erhebungsmerkmals bestimmt werden aus:[757]

$$PM_{i,j} = \frac{EM_{i,j}}{EM_i}$$

Wobei:
i = Index der betrachteten Prüfungsgesellschaft
j = Index der Branche
EM = Erhebungsmerkmal

---

[756] Vgl. für eine Übersicht von Studien, die Grenzwerte für die Bestimmung des Branchenspezialisten festlegen *Verleyen/De Beelde* (2011): 278 bzw. zur Verwendung einer 25-%-Grenzwertes hinsichtlich der Marktanteilsmethode *Verleyen/De Beelde* (2011): 280. Ein stetiges Maß sowie einen 20-%- sowie einen 10-%-Grenzwert verwendet für die Marktanteilsmethode *Dunn/Mayew* (2004): 41-42. In Abhängigkeit von der Anzahl den Markt dominierender Prüfungsgesellschaften in unterschiedlichen Zeiträumen verwendet *Payne* (2008) für die Marktanteilsmethode Grenzwerte von 20 %, 25 % sowie 30 % für die Festlegung eines Spezialisten. Für die Bestimmung von Grenzwerten in Bezug auf die Portfoliomethode zieht er als Grenzwert einen Quotienten aus „3" und der Anzahl der Kategorien der gewählten Branchenklassifikation heran. Vgl. *Payne* (2008): 115. Einen Grenzwert im Rahmen der Marktanteilsmethode von 30 % verwenden *Reichelt/Wang* (2010): 656 sowie *Cahan/Jeter/Naiker* (2011): 198. *Reichelt/Wang* (2010) nutzen in einem späteren Sensitivitätstest auch ein kontinuierliches Maß. Vgl. *Reichelt/Wang* (2010): 679-680. *Lim/Tan* (2008) erklären die Prüfungsgesellschaft mit dem größten branchenspezifischen Marktanteil zum Spezialisten gemäß der Marktanteilsmethode, verwenden jedoch auch weitere Kategorisierungen. So benutzen sie zusätzlich einen stetigen Maßstab, erklären eine Prüfungsgesellschaft zum Spezialisten, sofern sie den größten Marktanteil innehat und der Marktanteil um mindestens 10 % höher ist als die des nächsten Wettbewerbers innerhalb der Branche sowie erklären all diejenigen Prüfungsgesellschaften zum Spezialisten, wenn diese einen Marktanteil von mindestens 24 % aufweisen. Vgl. *Lim/Tan* (2008): 208-209.

[757] Vgl. *Gramling/Stone* (2001): 12-13 für eine differenziertere Notation, auf die hier aus Gründen der Übersichtlichkeit verzichtet wird.

Analog zur Vorgehensweise bei der Marktanteilsmethode werden auch bei dieser Methode Schwellenwerte im Schrifttum diskutiert.[758] Aus den bereits im Rahmen der Erörterungen zur Marktanteilsmethode genannten Gründen wäre auch für die Portfoliomethode ein stetiger Maßstab zu wählen.

Eine kritische Betrachtung beider Methoden macht deutlich, dass keine der anderen eindeutig überlegen ist. Die Verwendung der Marktanteilsmethode führt unweigerlich dazu, das kleine Prüfungsgesellschaften keine Spezialisierung aufweisen können und stets über eine geringe Branchenerfahrung verfügen, selbst wenn sämtliche Prüfungsmandate, die von ihnen abgewickelt werden, einer Branche zuzuordnen sind. Dagegen ist es auch für kleine Prüfungsgesellschaften bei Verwendung der Portfoliomethode möglich, eine Branchenspezialisierung herauszustellen. Allerdings sollte bedacht werden, dass nicht allein die Ausrichtung sämtlicher verfügbarer Ressourcen einer Prüfungsgesellschaft – seien es zeitliche oder personelle – auf eine bestimmte Branche zu einem Erfahrungsanstieg führen müssen,[759] sondern dass es auch auf den absoluten Ressourceneinsatz auf Tätigkeiten in einer Branche ankommt.[760] Insofern scheint es fragwürdig, ob Prüfungsgesellschaften mit einem geringen Marktanteil trotz Ausschöpfung all ihrer zur Verfügung stehenden Ressourcen überhaupt eine Spezialisierung aufbauen können.[761] Ein weiteres Argument, welches für die Verwendung der Marktanteilsmethode spricht, resultiert aus dem Charakter der Daten, die zur Berechnung der Spezialisierungsgrade verwendet werden. Für die Berechnung des Spezialisierungsgrades kann aufgrund der Datenstruktur im Informationssystem Bloomberg lediglich ein Teil des Prüfungsmarktes abgedeckt werden und zwar der, der sich auf die Prüfung von börsennotierten Gesellschaften bezieht.[762] Während insbesondere größere Prüfungsgesellschaften den Markt für börsennotierte Gesellschaften relativ gut repräsentieren, ist dies für kleinere Prüfungsgesellschaften viel-

---

[758] Neben der grundsätzlich subjektiven Bestimmung von Schwellenwerten hängt die Sachgerechtigkeit von Schwellenwerten bei der Portfoliomethode von dem gewählten Detaillierungsgrad der zugrunde gelegten Branchenklassifikation ab. Wurde für diese einer feinerer Aggregationsgrad gewählt, dann sollten die Schwellenwerte niedriger angesetzt werden.

[759] Dies entspricht der Argumentation der Portfoliomethode.

[760] Dies entspricht der Argumentation der Marktanteilsmethode.

[761] Aus dem folgenden Beispiel wird unmittelbar deutlich, zu welchen falschen Schlüssen die Anwendung der Portfoliomethode führt. Prüfungsgesellschaft X stehen lediglich zehn Stunden pro Woche zur Verfügung, welche sie komplett auf Aktivitäten in einem bestimmten Bereich aufwendet. Dagegen stehen Prüfungsgesellschaft Y 40 Stunden pro Woche zur Verfügung, von denen sie ebenfalls zehn Stunden pro Woche für Tätigkeiten in einem bestimmten Bereich aufwendet. Prüfungsgesellschaft X würde eine eindeutige Spezialisierung nach der Portfoliomethode attestiert werden, da sie einen Anteil von 100 % ihres Portfolios in einem Bereich aufwendet. Prüfungsgesellschaft Y würde dagegen nach der gleichen Methode lediglich einen Spezialisierungsgrad von 25 % aufweisen und hätte selbst dann einen geringeren Spezialisierungsgrad, wenn Prüfungsgesellschaft X lediglich fünf ihrer zehn verfügbaren Stunden in einem bestimmten Bereich aufwendet. Der Spezialisierungsgrad von X läge dann mit 50 % immer noch um 25-%-Punkte höher als bei Prüfungsgesellschaft Y, obwohl Prüfungsgesellschaft Y fünf Stunden mehr pro Woche auf einen bestimmten Bereich aufwendet.

[762] Siehe für die Approximation des Prüfungsmarktes dieses Kapitel weiter unten.

mehr nicht anzunehmen. Es ist davon auszugehen, dass kleinere Prüfungsgesellschaften ihr Portfolio vorwiegend aus nicht börsennotierten Mandaten bilden. Mandanten von kleinen Prüfungsgesellschaften sind somit in der Analyse unterrepräsentiert. Bei Verwendung der Portfoliomethode kann es allein aufgrund der systematischen Vernachlässigung zahlreicher wesentlicher Mandate kleiner Prüfungsgesellschaften zu einer Verzerrung der Ergebnisse kommen. Da die Marktanteilsmethode in der vorangehenden Diskussion im konkreten Anwendungsfall die geeignetere ist, wird diese anstatt der Portfoliomethode in die empirische Analyse einfließen.

Für die Berechnung des Grades der Branchenspezialisierung ist eine *Branchenklassifikation* zu Grunde zu legen, denen die geprüften Unternehmen zuzuordnen sind. Auch hierfür existiert kein einheitliches Vorgehen. Für die eigene empirische Untersuchung wurde eine Branchenklassifikation in GICS[763]-Industriegruppen vorgenommen, welche im Informationssystem Bloomberg abgerufen werden können. Diese Brancheneinteilung ist mit 24 Ausprägungen[764] hinreichend tief differenziert, führt aber nicht zu einer zu atomistischen Aufteilung der Unternehmen in Branchen. Die Wahl der Klassifikation wurde durch die Einschätzung von Prüfungsassistenten als geeignet bestätigt, um die für eine Abschlussprüfung notwendigen Branchenkenntnisse wiederzugeben.[765] Die gewählte Branchenklassifikation nach GICS in unterschiedlichen Aggregationsgraden kann Tabelle 3 entnommen werden.

---

[763] Die GICS-Branchenklassifikation wurde von Standard & Poor's and MSCI Barra entwickelt und besteht je nach Differenzierungsgrad aus zehn Sektoren, 24 Industriegruppen, 68 Industriezweigen und 154 Branchen. Vgl. *Standard & Poor's* (2012).

[764] Aufgrund der Elimination von Unternehmen des Sektors „Finanzwesen" reduzieren sich die Ausprägungen auf 20. Siehe zur Abgrenzung der Stichprobe Kapitel 7.2.1.

[765] Den Befragten wurden hierzu neben der gewählten Einteilung eine feinere und eine gröbere Klassifikation vorgelegt.

Bezeichnung der GICS-Sektoren	Bezeichnung der GICS-Industriegruppen
Energie	Energie
Roh-, Hilfs- und Betriebsstoffe	Roh-, Hilfs- und Betriebsstoffe
Industrie	Gewerbliche Dienste & Betriebsstoffe
	Investitionsgüter
	Transportwesen
Nicht-Basiskonsumgüter	Automobile & Komponenten
	Gebrauchsgüter & Bekleidung
	Groß- und Einzelhandel
	Medien
	Verbraucherdienste
Basiskonsumgüter	Haushaltsartikel & Körperpflegeprodukte
	Lebensmittel- und Basisartikeleinzelhandel
	Lebensmittel, Getränke & Tabak
Gesundheitswesen	Ausstattung & Dienste
	Pharmazeutika, Biotechnologie & Biowissenschaften
Finanzwesen	Banken
	Diversifizierte Finanzdienste
	Immobilien
	Versicherungen
Informationstechnologie	Halbleiter & Geräte zur Halbleiterproduktion
	Hardware & Ausrüstung
	Software & Dienste
Telekommunikationsdienste	Telekommunikationsdienste
Versorgungsbetriebe	Versorgungsbetriebe

Tabelle 3: Branchenklassifikation nach GICS

Für die Bestimmung der Branchenspezialisierung nach der Marktanteilsmethode ist es notwendig, den gesamten *Prüfungsmarkt* innerhalb einer Branche sowie den Umfang der Prüfungsaktivitäten einer Prüfungsgesellschaft in einer bestimmten Branche abzubilden. Da hierfür keine exakten Werte existieren,[766] sind Approximationen erforderlich. Diese werden im Folgenden beschrieben.

---

[766] Zwar ist es möglich, den Geschäftsberichten größerer Prüfungsgesellschaften den Gesamtumsatz bzw. den auf Abschlussprüfungen entfallenden Anteil des Gesamtumsatzes für den Untersuchungszeitraum zu ermitteln, jedoch ist dies bei kleineren Prüfungsgesellschaften aufgrund fehlender Transparenz nicht möglich. Mit Verabschiedung des BARefG, welches gemäß Artikel 7 BARefG am 06.09.2007 in Kraft trat, wurde die Verpflichtung von Prüfungsgesellschaften, die sogenannte 319a-Mandate – dies sind Unternehmen des öffentlichen Interesses – prüfen, zur Transparenzberichterstattung gemäß § 55c WPO geschaffen. Gemäß § 55c Abs. 1 Satz 3 Nr. 3 WPO verlangt die Offenlegung des Gesamtumsatzes nach Honorarkategorien analog § 285 Satz 1 Nr. 17 HGB und entspricht damit der Offenlegungssystematik der Anhangangaben von geprüften Gesellschaften. Siehe hierzu Kapitel 5.4.2. Durch die verpflichtende Offenlegung wird für bestimmte Prüfungsgesellschaften die Portfoliostruktur mittlerweile ersichtlich.

Für die Ermittlung der branchenspezifischen Marktanteile der Prüfungsgesellschaften sind die Prüfungshonorare als *Erhebungsmerkmal* heranzuziehen.[767] Allerdings sind diese zum einen nicht für sämtliche geprüfte Gesellschaften offenlegungspflichtig und somit verfügbar und zum anderen werden Honorardaten nicht vom Informationssystem Bloomberg vorgehalten, sodass mit einer angestrebten Abdeckung des gesamten Prüfungsmarktes ein äußerst zeitaufwendiger händischer Erhebungsaufwand verbunden wäre. Aufgrund dieses Defizits in der Datenverfügbarkeit ist es erforderlich, Ersatzgrößen für das Erhebungsmerkmal Prüfungshonorar heranzuziehen. Viele Studien greifen auf Umsatzerlöse sowie die Bilanzsumme des Mandanten bzw. funktionale Transformationen[768] dieser Größen zurück.[769] Für die Approximation des Prüfungshonorars im Rahmen dieser Arbeit werden zusätzlich die Ergebnisse von Studien herangezogen, die sich mit der Bestimmung von Determinanten von Prüfungshonoraren befassen[770] und durch die Spezifikation eines Honorarmodells Implikationen für Determinanten der Höhe von Prüfungshonoraren liefern. Die Approximation des Prüfungshonorars erfolgt unter Verwendung von Determinanten, für die ein statistisch signifikanter Einfluss festgestellt wurde und für die automatisiert Daten aus dem Informationssystem Bloomberg erhoben werden können. Auf diese Weise wird eine maximale Genauigkeit unter Berücksichtigung forschungsökonomischer Aspekte erreicht.

Den bislang umfassendsten Überblick über Variablen, welche die Höhe von Prüfungshonoraren erklären, enthält der State-of-the-Art-Beitrag von *Hay/Knechel/Wong* (2006). Die Autoren werteten Prüfungshonorarstudien, die in den Jahren 1977 bis 2003 publiziert wurden, aus. Die dort identifizierten insgesamt 186 Variablen wurden zunächst 18 Kategorien zugeordnet und schließlich zu mandantenspezifischen[771], prüferspezifischen[772] und prüfungsauftragsspezifi-

---

[767] *Grothe* (2005): 109; *Lenz/Ostrowski* (1999): 399.

[768] Da vermutet werden kann, dass das Prüfungshonorar nicht linear mit der Höhe der Bilanzsumme oder der Umsatzerlöse steigt, sondern dieser Zusammenhang einen degressiven Verlauf annimmt, sollte eine Transformation mit der Quadratwurzel oder dem natürlichen Logarithmus eine bessere Approximation erlauben. Vgl. *Möller/Höllbacher* (2009): 663; *Lenz/Ostrowski* (1999): 400 zur Transformation durch Anwendung der Quadratwurzel.

[769] Vgl. *Verleyen/De Beelde* (2011): 281-282; *Lenz/Ostrowski* (1999): 399-400. Neben der Verwendung von Umsatzerlösen und Bilanzsumme der Mandate als Erhebungsmerkmal findet man teilweise auch die Anzahl der Prüfungsaufträge als Erhebungsmerkmal vor. Vgl. z.B. *Knechel/Naiker/Pacheco* (2007): 22. Da dieser Maßstab allerdings keine Gewichtung hinsichtlich des Ausmaßes der Prüfung berücksichtigt, scheidet diese Methode als geeignetes Erhebungsmerkmal aus. Vgl. *Grothe* (2005): 109. Vgl. auch zur Ablehnung dieser Methode *Möller/Höllbacher* (2009): 652-653.

[770] Siehe zum verwendeten Modell auch unmittelbar *Köhler et al.* (2010).

[771] Unter mandantenspezifischen Attributen wurden die Kategorien „Größe", Komplexität", „Inhärentes Risiko", „Ertragskraft", Verschuldungsgrad", „Eigentumsverhältnisse", „Interne Kontrollen", Führungs- und Kontrollstruktur" sowie „Branche" subsumiert.

[772] „Qualität der Abschlussprüfung", „Dauer der Vertragsbeziehung zwischen Abschlussprüfer und Mandant" sowie „Ort der Abschlussprüfung" wurden den prüferspezifischen Attributen zugeordnet.

schen[773] Attribute gruppiert.[774] *Köhler et al.* (2010) verfolgen in der Spezifikation ihres Prüfungshonorarmodells für den deutschen Prüfungsmarkt für kapitalmarktorientierte Unternehmen eine ähnliche Vorgehensweise. Sie differenzieren die Honorardeterminanten in prüferspezifische und mandantenspezifische, wobei letztere die Mandantengröße, die Mandantenkomplexität und das Mandantenrisiko umfassen.[775] Das getestete Modell weist dabei folgende Spezifikation auf:

$$\ln(AF) = \beta_0 + \beta_1 * \ln(TA) + \beta_2 * SQR(BUSSEG) + \beta_3 * RECV + \beta_4 * EBIT + \beta_5 * LEV + \beta_6 * BIG4 + \beta_7 * AUDCHG + \beta_8 * AC + \beta_9 * YDAX + \epsilon$$

Die Zuordnung der einzelnen Variablen zu den einzelnen Determinanten sowie deren Bedeutung kann folgender Tabelle 4 entnommen werden:

Honorardeterminante	Variable	Beschreibung
	Ln(AF)	natürlicher Logarithmus der Prüfungshonorare
Mandantengröße	Ln(TA)	natürlicher Logarithmus der Bilanzsumme
	SQR(BUSSEG)	Quadratwurzel der Geschäftsfelder
Mandantenkomplexität	YDAX	Dummy-Variable belegt mit 1, wenn das kapitalmarktorientierte Mutterunternehmen im DAX30, MDAX, TecDAX oder SDAX notiert ist; ansonsten 0
	AC	Dummy-Variable belegt mit 1, wenn ein Prüfungsausschuss eingerichtet ist; ansonsten 0
	LEV	Verhältnis von Fremdkapital und Bilanzsumme
Mandantenrisiko	EBIT	Verhältnis von Jahresüberschuss vor Finanzergebnis, Steuern sowie außerordentlichem Ergebnis und Bilanzsumme
	RECV	Verhältnis von Forderungen aus Lieferungen und Leistungen und Bilanzsumme
Prüferspezifische Determinanten	BIG4	Dummy-Variable belegt mit 1, wenn der Konzernabschlussprüfer eine Big-Four-Prüfungsgesellschaft war; ansonsten 0
nicht zugeordnet	AUDCHG	Dummy-Variable belegt mit 1, wenn die als Konzernabschlussprüfer bestellte Praxis im Vergleich zur Vorperiode gewechselt wurde; ansonsten 0
	ε	Fehlerterm

Tabelle 4: **Spezifikation des Prüfungshonorarmodells nach *Köhler et al.* (2010): 18**

Die Ergebnisse der multivariaten Regressionsanalyse sind in folgender Tabelle 5 dargestellt. Das Bestimmtheitsmaß des Modells liegt bei mindestens 80 % in Abhängigkeit von dem jeweiligen Jahr[776] und ist als hoch einzustufen. Somit erklären die in das Modell aufgenomme-

---

[773] „Dauer bis zur Unterzeichnung des Bestätigungsvermerks", „Prüfung während der Busy Season", „Auftreten von Problemen während der Prüfung", „Bereitstellung von Nichtprüfungsleistungen" und „Anforderungen an die Berichterstattungsverpflichtungen des Mandanten" sind unter den prüfungsauftragsspezifischen Attributen zusammen zufassen.

[774] Vgl. *Hay/Knechel/Wong* (2006): 147. Im Original "client attributes", "auditor attributes", "engagement attributes".

[775] Vgl. *Köhler et al.* (2010): 15-17.

[776] Das korrigierte Bestimmtheitsmaß liegt für das Jahr 2005 bei 82,1 %, für das Jahr 2006 bei 81,3 % und für das Jahr 2007 bei 81,9 %. Vgl. *Köhler et al.* (2010): 19-20.

nen unabhängigen Variablen die Varianz der logarithmierten Prüfungshonorare zu über 80 %.[777] Den Ergebnissen der Studie von *Köhler et al.* (2010) wird sich im Folgenden angeschlossen und auf die Verwendung der Ergebnisse einer eigenen Regression verzichtet. Diese Vorgehensweise begründet sich in der Verwendung einer großen Stichprobe von kapitalmarktorientierten Unternehmen in Deutschland (Jahr 2005: 445; Jahr 2006: 426; Jahr 2007: 427) durch *Köhler et al.* (2010).[778] Aus forschungsökonomischen Gründen kann der dort erfolgte händische Erhebungsaufwand nicht selbst nachvollzogen werden. Darüberhinaus – vermutlich ist dies dem vergleichsweise geringen Stichprobenumfang geschuldet – konnte eine mit der eigenen Stichprobe durchgeführte Regressionsanalyse zur Spezifikation eines Prüfungshonorarmodells sogar unter Ergänzung weiterer Einflussfaktoren keinen höheren Erklärungsbeitrag leisten.[779] Die Verwendung der Ergebnisse von *Köhler et al.* (2010): 19-20 für die Bestimmung der modellmäßigen Prüfungshonorare führt zu einer Steigerung der Reliabilität der Messung. Die erzielten nicht-standardisierten Regressionskoeffizienten sind der folgenden Tabelle 5 zu entnehmen.

	nicht-standardisierte Regressionskoeffizienten (kursiv: nicht signifikant)								
	c	ln(TA)	SQR(BUSSEG)	RECV	EBIT	LEV	BIG4	AUDCHG	AC	YDAX
ln(AF$_{2005}$)	-1,493	0,486	0,244	0,422	-0,348	0,525	0,124	-0,277	0,147	0,149
ln(AF$_{2006}$)	-1,427	0,478	0,310	*0,151*	-0,355	0,413	0,133	-0,149	*0,086*	0,286
ln(AF$_{2007}$)	-1,176	0,457	0,358	*0,062*	-0,689	0,378	0,117	-0,171	*0,071*	0,361

Tabelle 5: **Regressionskoeffizienten des Honorarmodells nach *Köhler et al.* (2010): 19-20**

Aufgrund der automatisierten Verfügbarkeit von Informationen in Bezug auf *TA, RECV, EBIT, LEV, BIG4, AUDCHG* können die nicht-standardisierten Regressionskoeffizienten neben der Regressionskonstanten dazu verwendet werden, das Prüfungshonorar eines Unternehmens annähernd modellmäßig zu bestimmen. In die Bestimmung des modellmäßigen Prüfungshonorars gehen jeweils nur die signifikanten – in der Tabelle nicht kursiv gedruckt – Koeffizienten ein. Da das Honorarmodell zunächst das logarithmierte Prüfungshonorar liefert, ist für die Bestimmung des weiter zu verwendenden Prüfungshonorars zunächst eine Transformation mit der natürlichen Exponentialfunktion vorzunehmen.

---

[777] *Choi/Kim/Zang* (2010) erreichen in dem von ihnen verwendeten Prüfungshonorarmodell, das in eine Untersuchung für den US-amerikanischen Prüfungsmarkt einfließt, ein Bestimmtheitsmaß von 80,98 %. Vgl. *Choi/Kim/Zang* (2010): 126. Das von *Krishnan/Sami/Zhang* (2005) verwendete Prüfungshonorarmodell, welches für eine Untersuchung auf dem US-amerikanischen Prüfungsmarkt konzipiert wurde, weist trotz Berücksichtigung zahlreicher signifikanter Variablen lediglich ein korrigiertes Bestimmtheitsmaß von 68,2 % auf. Vgl. *Krishnan/Sami/Zhang* (2005): 132.

[778] Vgl. zur Stichprobenbestimmung *Köhler et al.* (2010): 12-13 und zum in die Regressionsanalyse einfließenden Stichprobenumfang *Köhler et al.* (2010): 18.

[779] Die korrigierten Bestimmtheitsmaße des eigenen Modells liegen für das Jahr 2005 bei 76,3 %, für das Jahr 2006 bei 75 % und für das Jahr 2007 bei 76,3 % und sind somit niedriger als die des Modells von *Köhler et al.* (2010): 19-20.

Um eine aussagekräftige Einschätzung der Industriespezialisierung zu erreichen, wird auf sämtliche im Informationssystem Bloomberg verfügbare Unternehmen mit Sitz in Deutschland zurückgegriffen, für die zumindest die gewählte Branchenklassifikation hinterlegt ist. Auf diese Weise lassen sich jährlich 899 Unternehmen identifizieren.[780] Die so ermittelte Anzahl an Unternehmen wird nun als maßgeblich für die Abgrenzung des Prüfungsmarktes im Rahmen der folgenden empirischen Untersuchung angesehen. Um in die Analyse hinsichtlich der Ermittlung der Branchenspezialisierung einbezogen werden zu können, müssen für jedes Unternehmen die GICS-Klassifizierung, der Name der Prüfungsgesellschaft sowie die Merkmale der Prüfungshonorardeterminanten *TA, RECV, EBIT, LEV, BIG4, AUDCHG* auf Konzernebene vorliegen. Die Anzahl der in die Bestimmung der Branchenspezialisierung einfließenden Datensätze reduziert sich somit in Abhängigkeit von der vollständigen Datenverfügbarkeit. Eine Aufschlüsselung der verwendeten Datensätze auf die drei einbezogenen Geschäftsjahre kann folgender Tabelle 6 entnommen werden.

Anzahl der Unternehmen, die in die Ermittlung der Branchenspezialisierung aufgrund der Datenverfügbarkeit einbezogen wurden		
Jahr		
2005	2006	2007
552	595	620

Tabelle 6: Anzahl der Merkmalsträger, die in die Berechnung der Branchenspezialisierung eingehen

5.5.4 Existenz eines Prüfungsausschusses

Der Prüfungsausschuss kann bei einer börsennotierten Aktiengesellschaft als Unterausschuss aus dem Gesamtgremium des Aufsichtsrates gebildet werden. Das Aufsichtsratsgremium kann in bestimmten Grenzen dem Ausschuss Aufgaben übertragen, die primär dem Aufsichtsratsgremium obliegen. Von daher ist der Prüfungsausschuss nicht als eigenständige Funktionseinheit im System der Unternehmensleitung und -überwachung einer börsennotierten Aktiengesellschaft anzusehen. Vor diesem Hintergrund wird zunächst auf die Beziehung zwischen Abschlussprüfer und Aufsichtsrat in Bezug auf die Qualität der Abschlussprüfung eingegangen, um in dieser Beziehung die mögliche Rolle eines Prüfungsausschusses aufzuzeigen.

---

[780] Siehe zu einem analogen Vorgehen in Bezug auf die Verwendung von Datenbanken für die Abgrenzung des Prüfungsmarktes *Behn/Choi/Kang* (2008): 331. Die Vorselektion der Unternehmen erfolgte über die Analysefunktion "Equity-Screen". Es wurde die Gesamtheit der Werte abgefragt, die nach setzens eines Filters resultierten. Der Filter schloss folgende Abfragekriterien und -ausprägungen ein: Country of Domicile: German; Security Attributes: Show Primary Security of Company only; Sector (GICS): available; Screen as of: Ende des jeweiligen Jahres 2005, 2006 und 2007.

5.5.4.1 Normativer Kontext

Die zentrale Aufgabe des Aufsichtsrates liegt gemäß § 84 AktG in der Bestellung und Abberufung der Mitglieder des Vorstandes sowie gemäß § 111 Abs. 1 AktG der Überwachung des Vorstandes bei der Leitung der Gesellschaft.

Hinsichtlich der Überwachungsfunktion über die Rechnungslegung des Vorstandes konkretisiert der § 171 AktG. Er bestimmt gemäß § 171 Abs. 1 AktG, dass der Aufsichtsrat den Jahresabschluss und Lagebericht sowie bei Mutterunternehmen den Konzernabschluss und Konzernlagebericht zu überprüfen und gemäß § 171 Abs. 2 AktG das Ergebnis seiner Prüfung an die Hauptversammlung zu kommunizieren hat. Für die Prüfung hat der Aufsichtsrat jedoch gemäß § 111 Abs. 2 Satz 3 AktG auch einen Abschlussprüfer zu beauftragen.[781] Durch die Verpflichtung der Bestellung durch den Aufsichtsrat macht der Gesetzgeber deutlich, dass dem Abschlussprüfer eine Hilfsfunktion gegenüber dem Aufsichtsrat zukommt.[782] Aus dieser Konstellation heraus ergeben sich Berührungspunkte zwischen den Aufgaben des Aufsichtsrates und des Abschlussprüfers.[783]

Der *Gesetzgeber* äußert explizit in § 107 Abs. 3 Satz 1 AktG die Möglichkeit der Bildung von Ausschüssen aus seiner Mitte, um seine Verhandlungen und Beschlüsse vorzubereiten oder die Ausführung seiner Beschlüsse zu überwachen.[784] Verbunden mit der Umsetzung des Artikel 41 der Abschlussprüferrichtlinie durch das BilMoG hat der deutsche Gesetzgeber das Wahlrecht in Anspruch genommen, nach dem für Unternehmen von öffentlichem Interesse dann kein Prüfungsausschuss einzurichten ist, sofern ein Verwaltungs- oder Aufsichtsorgan die Aufgaben eines Prüfungsausschusses übernimmt.[785] Für Aktiengesellschaften besteht daher nach wie vor keine Pflicht zur Einrichtung eines Prüfungsausschusses.[786] Allerdings wird

---

[781] Vgl. zur Bestellung des gesetzlichen Abschlussprüfers auch Kapitel 2.2.3.

[782] Vgl. z.B. *IDW* (2012): 339; *Melcher/Nimwegen* (2010): 91. Bereits jetzt sei anzumerken, dass nicht nur der Abschlussprüfer den Aufsichtsrat bei der Erfüllung seiner Aufgaben unterstützt, sondern dass der Abschlussprüfer ebenfalls auf die Mithilfe des Aufsichtsrates angewiesen ist. Die Beziehung zwischen Aufsichtsrat und Abschlussprüfer kann demzufolge als wechselseitige Beziehung klassifiziert werden. Vgl. *Kraßnig* (2009): 21. Auf diesen Aspekt wird in einem späteren Punkt dieses Kapitels noch einmal eingegangen.

[783] Vgl. *Scheffler* (2004): 271. *Theisen* (1994) versucht Abschlussprüfer und Aufsichtsrat durch die folgende Formulierung voneinander abzugrenzen: „Der im Gesetz angelegte Dualismus der beiden Überwachungsträger mit unterschiedlich angegrenztem Überwachungsauftrag, aber demselben Überwachungsobjekt, der jeweiligen Unternehmung, wird sehr unterschiedlich interpretiert." *Theisen* (1994): 811.

[784] Vgl. *Hüffer* (2012): 581; Rz. 16.

[785] Vgl. zu diesem Wahlrecht Erwägungsgrund 24 der Abschlussprüferrichtlinie. Für die Erwägungen der Bundesregierung vgl. die Begründung zum Regierungsentwurf zum BilMoG *Bundestag* (2008): 92 und die Kommentierung von *Kozikowski/Röhm-Kottmann* (2012): 2241; Rz. 7.

[786] Vgl. *Velte* (2010a): 429-430. Mit der Umsetzung des BilMoG entstand gemäß § 324 Abs.1 HGB lediglich für kapitalmarktorientierte Kapitalgesellschaften, die aufgrund ihrer Rechtsform keinen Aufsichts- oder Verwaltungsrat inne haben, eine Verpflichtung zur Einrichtung eines Prüfungsausschusses und greift in-

nun in § 107 AktG zur inneren Ordnung des Aufsichtsrates ausdrücklich auf die Möglichkeit zur Einrichtung eines Prüfungsausschusses aus der Mitte des Gesamtgremiums[787] sowie auf mögliche Aufgaben und seine Besetzung verwiesen.[788] Der Gesetzgeber macht im Zuge der Gesetzgebung deutlich, dass an den Prüfungsausschuss nur solche Aufgaben delegierbar sind, die den originären Aufgaben des Aufsichtsrats zuzuordnen sind.[789]

Entscheidet sich der Aufsichtsrat für die Einrichtung eines Prüfungsausschusses, dann kann sich dieser gemäß § 107 Abs. 3 Satz 2 AktG mit der Überwachung des Rechnungslegungsprozesses, der Wirksamkeit des internen Kontrollsystems, des Risikomanagementsystems und des internen Revisionssystems sowie der Abschlussprüfung – insbesondere der Unabhängigkeit des Abschlussprüfers und der vom Abschlussprüfer zusätzlich erbrachten Leistungen – befassen.[790] Die Benennung möglicher Aufgaben eines Prüfungsausschusses hebt implizit die dem Aufsichtsrat obliegenden Überwachungspflichten hervor und konkretisiert diese. Eine Erweiterung des Aufgabenspektrums des Aufsichtsrats ergibt sich hierdurch nicht. Die Überwachung der Wirksamkeit der Systeme ist bereits in der allgemeinen Überwachungspflicht des Aufsichtsrats gemäß § 111 Abs. 1 AktG enthalten.[791]

Für die Zusammensetzung eines eingerichteten Prüfungsausschusses sieht der § 100 Abs. 5 AktG die Erfüllung bestimmter persönlicher Voraussetzungen vor. Danach hat für kapitalmarktorientierte Gesellschaften mindestens ein unabhängiges Mitglied des Aufsichtsrats über Sachverstand auf den Gebieten der Rechnungslegung oder Abschlussprüfung zu verfügen.[792]

Unabhängig von einer Einrichtung eines Prüfungsausschusses bleiben bestimmte Aufgaben dem Aufsichtsrat als Gesamtgremium vorbehalten. Der § 107 Abs. 3 Satz 3 AktG verweist in einem Katalog der Vorbehaltsaufgaben auch auf den § 171 AktG. Insofern kann die Prüfung durch den Aufsichtsrat nicht zur Beschlussfassung an den Prüfungsausschuss überwiesen

---

[787] sofern Auffangtatbestände auf. Diese Regelung trifft z.B. auf mitbestimmungsfreie GmbHs zu. Vgl. *Bundestag* (2008): 92.

Vgl. § 107 Abs. 3 Satz 1 und 2 HGB.

[788] Vgl. *Arbeitskreis Externe Unternehmensrechnung* (2009): 1279. Die Einführung des expliziten Wahlrechts macht deutlich, dass es sich um eine Empfehlung des Gesetzgebers zur Einrichtung eines Prüfungsausschusses bei Aktiengesellschaften handelt. Hierdurch soll eine Steigerung der Effizienz und der Qualität der Aufsichtsratsarbeit erreicht werden. Vgl. *Gelhausen/Fey/Kämpfer* (2009): 877; Rz. 54.

[789] Vgl. die Begründung zum Regierungsentwurf zum BilMoG *Bundestag* (2008): 102.

[790] Vgl. *Küting/Pfitzer/Weber* (2009): 618. Vgl. zu einer ausführlicheren Kommentierung der genannten Aufgaben *Nonnenmacher/Pohle/Werder* (2009): 1450-1452.

[791] Vgl. *Arbeitskreis Externe Unternehmensrechnung* (2009): 1279-1280.

[792] Entscheidet sich der Aufsichtsrat einen Prüfungsausschuss einzurichten, so genügt es nicht, wenn eines der Mitglieder des Aufsichtsrates, welches nicht im Prüfungsausschuss vertreten ist, die persönlichen Anforderungen erfüllt. Vgl. *Hüffer* (2012): 582-583; Rz. 17d.

werden.[793] Eine Beschlussfassung des Prüfungsausschusses über den an die Hauptversammlung zu richtenden Vorschlag zur Wahl des Abschlussprüfers gemäß § 124 Abs. 3 Satz 2 AktG wird hingegen empfohlen.[794]

Neben der gesetzlichen Verankerung zur fakultativen Einrichtung eines Prüfungsausschusses für börsennotierte Aktiengesellschaften empfiehlt der *Deutsche Corporate Governance Kodex* bereits seit der Kodexfassung von 07.11.2002 ausdrücklich gemäß Ziffer 5.3.2 Satz 1 für börsennotierte Aktiengesellschaften die Einrichtung eines Prüfungsausschusses durch den Aufsichtsrat. Dieser soll „sich insbesondere mit Fragen der Rechnungslegung, des Risikomanagements und der Compliance[795], der erforderlichen Unabhängigkeit des Abschlussprüfers, der Erteilung des Prüfungsauftrags an den Abschlussprüfer, der Bestimmung von Prüfungsschwerpunkten und der Honorarvereinbarung befass[en]"[796].[797]

Hinsichtlich der Besetzung des Prüfungsausschusses soll gemäß Ziffer 5.3.2 Satz 2 DCGK berücksichtigt werden, dass der Vorsitzende des Prüfungsausschusses „über besondere Kenntnisse und Erfahrungen in der Anwendung von Rechnungslegungsgrundsätzen und internen Kontrollverfahren verfügen"[798] soll.

Ca. 76 % der Beobachtungen der Stichprobe haben aus dem Aufsichtsrat einen Prüfungsausschuss gebildet. Dies entspricht dem Bild, welches der jährlich erhobene Kodex-Report zur Akzeptanz von Empfehlungen und Anregungen des Deutschen Corporate Governance Kodex beschreibt.[799] Für größere börsennotierte Gesellschaften hat sich die Einrichtung eines Prüfungsausschusses zur gängigen Praxis etabliert.[800]

---

[793] Vgl. *Gelhausen/Fey/Kämpfer* (2009): 879; Rz. 62.

[794] Vgl. *Berndt/Offenhammer/Luckhaupt* (2011): 134; *Gelhausen/Fey/Kämpfer* (2009): 879; Rz. 63. Mit der Einführung des § 124 Abs. 3 Satz 2 AktG durch das BilMoG wurde diese Möglichkeit explizit für kapitalmarktorientierte Aktiengesellschaften formuliert. Es besteht zwar keine Pflicht des Aufsichtsrates sich an den Vorschlag des Prüfungsausschusses zu halten, jedoch muss der Aufsichtsrat in seinem Beschlussvorschlag gegenüber der Hauptversammlung begründen, warum er dem Vorschlag des Prüfungsausschusses nicht folgt. Vgl. *Gelhausen/Fey/Kämpfer* (2009): 882; Rz. 74 und *Bundestag* (2008): 103 für die Begründung zum Regierungsentwurf zum BilMoG.

[795] Der Aspekt der Compliance wurde erstmalig mit der Kodexfassung vom 14.06.2007 aufgenommen und war somit in den älteren Fassungen, die teilweise den Regulierungsrahmen der Unternehmen der Stichprobe bildeten, nicht enthalten.

[796] Ziffer 5.3.2 Satz 1 DCGK. Anmerkung des Verfassers: Fn. nicht im Original.

[797] Weitere Aufgaben eines eingerichteten Prüfungsausschusses oder, wenn dieser nicht existiert, des Aufsichtsrats, enthalten die Empfehlungen des 7.2.1 DCGK. Diese konkretisieren nach Ansicht des Verfassers jedoch vielmehr die Forderung nach der Befassung des Prüfungsausschusses mit Fragen der Unabhängigkeit im Sinne des 5.3.2 Satz 1 DCGK und werden aus diesem Grund nicht weiter aufgegriffen.

[798] Ziffer 5.3.2 Satz 2 DCGK.

[799] Vgl. *Werder/Talaulicar* (2010) für die Kodexfassung 2009; *Werder/Talaulicar* (2009) für die Kodexfassung 2008; *Werder/Talaulicar* (2008) für die Kodexfassung 2007; *Werder/Talaulicar* (2007) für die Ko-

Abgesehen von den rechtlichen Möglichkeiten zur Einrichtung eines Prüfungsausschusses spielen bestimmte größengetriebene Aspekte des Aufsichtsrats hinsichtlich der Sinnhaftigkeit der Einrichtung eines Ausschusses eine Rolle. Besteht der Gesamtaufsichtsrat aus drei bis sechs Mitgliedern, so scheint es wenig sachgerecht, aus dieser kleinen Organisationsform heraus einen Prüfungsausschuss zu bilden, da hierdurch keine Effizienz und Effektivitätseffekte erzielt werden können. Insofern entspricht die Einrichtung eines Prüfungsausschusses bei derartig gering besetzten Aufsichtsratsgremien nicht praktiziertem Usus.[801]

Die im Zuge des BilMoG erfolgte Normierung zur Einrichtung, Besetzung und den Aufgaben von Prüfungsausschüssen entspricht der bereits im DCGK vorgesehenen Tätigkeitsinhalte und in Bezug darauf entstandener Interpretationen und Verlautbarungen.[802]

5.5.4.2 Konsequenzen für die Prüfungsqualität

Die Information des Aufsichtsrats durch den Abschlussprüfer, ist für die Umsetzung der Unterstützungsfunktion des Abschlussprüfers hinsichtlich der Überwachungsaufgabe des Aufsichtsrats offensichtlich und elementar.[803] So wie die Abschlussprüfung die Überwachungsfunktion des Aufsichtsrats stärkt, ermöglicht ein gezielter Informationsfluss vom Aufsichtsrat an den Abschlussprüfer auf Augenhöhe eine Erhöhung der Effektivität der Abschlussprüfung.[804]

Der Abschlussprüfer ist im Rahmen eines risikoorientierten Prüfungsansatzes dazu verpflichtet, Kenntnisse über das Geschäft des Mandanten selbst sowie dessen Umfeld und über das

---

dexfassung 2006; *Werder/Talaulicar* (2006) für die Kodexfassung 2005; *Werder/Talaulicar* (2005) für die Kodexfassung 2003. Die Erhebung im Rahmen des Kodex-Reports erfolgte nicht durch eine Analyse der Entsprechenserklärungen gemäß § 161 Abs. 1 AktG, sondern durch eine Befragung per Fragebogen. Auf diese Weise könnte gewährleistet werden, auch den Entsprechungsgrad von Anregungen, über deren Befolgung nicht zu berichten ist, zu erfassen und zu analysieren.

[800] Vgl. *Nonnenmacher/Pohle/Werder* (2009): 1447.

[801] Vgl. *Kremer* (2010b): 279; Rz. 989 sowie *Velte* (2010a): 430 und dieser mit einem Verweis auf *Quick/Höller/Koprivica* (2008): 26. Auch 5.3.1 Satz 1 DCGK macht die Bildung eines Prüfungsausschusses von den spezifischen Gegebenheiten des Unternehmens und der Anzahl der Aufsichtsratsmitglieder abhängig. Vgl. *Altmeppen* (2004): 404. Empirisch kann dies auch für die im Rahmen dieser Arbeit gewählte Stichprobe bestätigt werden. Entsprechen Gesellschaften nicht 5.3.2 des DCGK, so begründen sie dies häufig mit der geringen Größe des Aufsichtsratsgremiums. Weiterhin ist festzustellen, dass vor allem kleinere Unternehmen – die Anzahl der Mitglieder im Aufsichtsrat ist schließlich gemäß § 95 AktG größengetrieben – keinen Prüfungsausschuss etabliert haben.

[802] Vgl. *Erchinger/Melcher* (2009): 97.

[803] Vgl. zu den Berichtselementen im Rahmen der Abschlussprüfung insbesondere Kapitel 2.6.

[804] Die Kommunikation zwischen Aufsichtsrat und Abschlussprüfer sollte sich insgesamt positiv auf die Qualität der Abschlussprüfung auswirken. Vgl. *Scheffler* (2004): 272. *Berndt/Offenhammer/Luckhaupt* (2011) betonen, dass es sich in der Beziehung zwischen Abschlussprüfer und Prüfungsausschuss nicht um eine „Informationseinbahnstraße" (*Berndt/Offenhammer/Luckhaupt* (2011): 135) handelt. Diese Aussage gilt aufgrund der Inkorporation des Prüfungsausschusses im Aufsichtsrat auch für die Beziehung zwischen Abschlussprüfer und Aufsichtsrat.

interne Kontrollsystem zu erlangen.[805] Insofern ist er in besonderem Maße auf ein Gremium aus der Unternehmensmitte, welches an der Funktion des Abschlussprüfers interessiert sein sollte und unternehmensspezifisches Wissen besitzt – beides sollte auf den Aufsichtsrat zutreffen – angewiesen.[806] Dem Aufsichtsrat steht als grundlegendes Instrumentarium für die Wahrnehmung seiner Überwachungsfunktion die Berichterstattung des Vorstandes gemäß § 90 AktG zur Verfügung.[807] Als notwendige Voraussetzung für die Erfüllung seiner Kontrollfunktion verfügt der Aufsichtsrat über unternehmensspezifisches Wissen, welches sich nach Maßgabe des § 90 Abs. 1 Nr. 1-4 AktG aus den Informationspflichten des Vorstandes gegenüber dem Aufsichtsrat auf folgende Aspekte erstreckt:

- die vom Vorstand beabsichtigte Geschäftspolitik und andere grundsätzliche Fragen der Unternehmensplanung,
- die Rentabilität der Gesellschaft, insbesondere der des Eigenkapitals,
- den Gang der Geschäfte, insbesondere den Umsatz, und die Lage der Gesellschaft und
- Geschäfte, die für die Rentabilität oder Liquidität der Gesellschaft von erheblicher Bedeutung sein können.

Aufgrund dieser informationellen Teilhabe des Aufsichtsrats an der Geschäftsführung des Mandanten ist dieser umfassend über das Unternehmensgeschehen, die wirtschaftliche Lage und mögliche Risiken informiert.

Die Erfüllung der originären Überwachungsaufgabe durch den Aufsichtsrat beinhaltet – auch bereits vor der ausdrücklichen Hervorhebung durch das BilMoG –[808] die Überwachung des Rechnungslegungsprozesses sowie die Wirksamkeit der Systeme der internen Kontrolle, des Risikomanagements sowie der internen Revision. Ein Nachkommen dieser Überwachungsaufgabe erfordert eine konzentrierte Auseinandersetzung mit den angesprochenen Überwachungssystemen. Insofern ist davon auszugehen, dass der Aufsichtsrat über fundierte Kenntnisse des Rechnungslegungssystems des internen Kontrollsystems sowie der internen Revision und des Risikomanagementsystems verfügt.

Im Rahmen der Prüfungsplanung sollte der Abschlussprüfer gemeinsam mit dem Aufsichtsrat Aspekte der Geschäftstätigkeit des Mandanten sowie dessen wirtschaftliches und rechtliches Umfeld inklusive möglicher Risikobereiche erörtern, um zu einer gemeinsamen Einschätzung

---

[805] Vgl. allgemein ISA 315 und IDW PS 261.12 sowie im Kontext des geschäftsrisikoorientierten Prüfungsansatzes auch Kapitel 2.5.

[806] Vgl. *Kraßnig* (2009): 21.

[807] Vgl. *Melcher/Nimwegen* (2010): 89.

[808] Vgl. hierfür die Ausführungen zu den Aufgaben des Aufsichtsrats Kapitel 2.2.1 sowie *Arbeitskreis Externe Unternehmensrechnung* (2009): 1279-1280.

hinsichtlich möglicher Auswirkungen auf die zu prüfende Einzel- bzw. Konzernrechnungslegung zu gelangen.[809] Der Aufsichtsrat sollte aufgrund der Informationspflichten des Vorstandes ihm gegenüber und seiner ihm obliegenden Überwachungsaufgaben über umfassende Kenntnisse hinsichtlich der wirtschaftlichen Lage und Entwicklung des Unternehmens[810] sowie über den Aufbau und die Wirksamkeit von Überwachungssystemen generell sowie solcher Systeme, die die Rechnungslegung betreffen, informiert sein. Der Aufsichtsrat als gesellschaftsinterne Institution sollte der ideale Sparringspartner des Abschlussprüfers sein, um diesen mit relevanten Informationen hinsichtlich bestimmter Sachverhalte, die für die Durchführung der Prüfung relevant sind, zu versorgen.[811]

Nachdem nun erörtert wurde, woraus der Nutzen einer Zusammenarbeit zwischen Aufsichtsrat und Abschlussprüfer resultiert, soll nun in einem weiteren Schritt herausgearbeitet werden, welche *Bedeutung einem Prüfungsausschuss* in dieser Beziehung zukommt.

Ein Prüfungsausschuss wird als Unterausschuss aus dem Gesamtgremium des Aufsichtsrats gebildet und stellt demzufolge eine gegenüber dem Gesamtaufsichtsrat kleinere Organisationsform dar, die sich durch eine effizientere und zeitnahe Arbeitsweise auszeichnet.[812] Zusätzlich bestimmt sich die Zusammensetzung eines Prüfungsausschusses aus der Bündelung von fachlicher Expertise, die sich aus der Qualifikation der Ausschussmitglieder ergibt.[813] In jedem Aufsichtsrat der Stichprobe, der einen Prüfungsausschuss gebildet hat, verfügt der Ausschussvorsitzende über besondere Kenntnisse und Erfahrungen in der Anwendung von Rechnungslegungsgrundsätzen und internen Kontrollverfahren.[814] Ein Prüfungsausschuss bündelt insofern Fachexpertise in einer effizienten Organisationsform und verfügt aufgrund seines Ursprungs im Gesamtaufsichtsrat über konkrete Kenntnisse über die wirtschaftliche Lage und Entwicklung sowie interne Überwachungssysteme des Unternehmens. Die Vereinigung von prüfungs- und unternehmensspezifischem Wissen innerhalb des Prüfungsausschusses kombiniert mit einer konzentrierten Arbeitsweise, bietet eine geeignete kommunikative Schnittstelle zwischen Abschlussprüfung und unternehmensinternen Überwachungsorganen

---

[809] Vgl. *IDW* (2012): 343.

[810] Vgl. *Scheffler* (2004): 272.

[811] Vgl. *IDW* (2012): 343. Ähnlich auch *Kraßnig* (2009): 14.

[812] Vgl. *Erchinger/Melcher* (2009): 96.

[813] 5.3.1 Satz 2 DCGK sieht den Nutzen aus der Einrichtung eines Ausschusses generell in „der Steigerung der Effizienz der Aufsichtsratsarbeit und der Behandlung komplexer Sachverhalte".

[814] Diese Schlussfolgerung erfolgt auf Basis der Durchsicht der Entsprechenserklärungen der Unternehmen gemäß § 161 Abs. 1 AktG. Würde der Vorgabe von Ziffer 5.3.2 Satz 2 DCGK, welche eine Empfehlung für die Qualifikation des Prüfungsausschussvorsitzenden ausspricht, nicht entsprochen, so müsste darauf gemäß § 161 Abs. 1 Satz 1 AktG zumindest hingewiesen werden. Für keines der Unternehmen wurde auf die Nichterfüllung der entsprechenden Empfehlung hingewiesen, sodass bei Annahme einer ordnungsmäßigen Berichterstattung davon auszugehen ist, dass der Vorsitzende eines Prüfungsausschusses in der Stichprobe ein „Finanzexperte" ist.

und stellt eben die bedeutende Kommunikationsebene „auf Augenhöhe" her.[815] Gegenüber dem Aufsichtsratsgremium sollte ein Prüfungsausschuss daher als kompetenter Sparringspartner[816] für den Abschlussprüfer wahrgenommen werden und insgesamt zu einer Erhöhung der Urteilsfähigkeit des Abschlussprüfers beitragen.

Auch das IDW spricht sich im Kontext der Gesetzesänderungen durch das BilMoG aufgrund der engen wechselseitigen Zusammenarbeit des Abschlussprüfers und des Prüfungsausschusses für einen positiven Effekt u.a. für die Qualität der Abschlussprüfung aus.[817] Die Förderung der Kommunikation zwischen Abschlussprüfer und Aufsichtsrat diene einer Steigerung der Qualität der Abschlussprüfung.[818]

Führt man sich die Formulierung des 5.3.2 Satz 1 DCGK noch einmal vor Augen, wird deutlich, dass ein Prüfungsausschuss eine Überwachungsfunktion sowohl hinsichtlich der Urteilsfreiheit des Abschlussprüfers als auch hinsichtlich seiner Urteilsfähigkeit zukommen soll. So empfiehlt der Kodex, dass sich der Prüfungsausschuss explizit u.a. mit der Unabhängigkeit des Abschlussprüfers befasst sowie Prüfungsschwerpunkte bestimmt. Mit der Unabhängigkeit spricht der Kodex unmittelbar die Urteilsfreiheit des Abschlussprüfers an. Die Bestimmung von Prüfungsschwerpunkten betrifft die Urteilsfähigkeit des Abschlussprüfers. Unter Prüfungsschwerpunkten werden dabei solche zu prüfenden Sachgebiete gezählt, die im Rahmen der Abschlussprüfung ein „besonderes Augenmerk"[819] erfahren sollen. Die Prüfgebiete sollte der Abschlussprüfer gemeinsam mit dem Prüfungsausschuss vor Abschluss der Prüfungsplanung erörtern.[820] Auf diese Weise werden durch den Prüfungsausschuss an den Abschlussprüfer Hinweise auf mögliche Schwachstellen herangetragen, die schließlich in einer Steigerung der Effektivität der Abschlussprüfung münden können.

Im Kontext der Urteilsfreiheit des Abschlussprüfers gilt es auch immer wieder zu diskutieren, inwiefern das Management einen faktischen Einfluss auf die Wiederbestellung des Ab-

---

[815] Vgl. zur Skepsis hinsichtlich des Vorhandenseins ausreichender rechnungslegungs- und abschlussprüfungsspezifischer Expertise im Aufsichtsrat Kapitel 5.3.3.
[816] So auch *Honegger* (2012): 263.
[817] Ebenfalls sieht das IDW das Potenzial einer Qualitätssteigerung der Prüfungsausschüsse. So unterstütze der Abschlussprüfer den Prüfungsausschuss bei seiner internen Überwachungsaufgabe. Vgl. *IDW* (2004b): 4. Im Vordergrund dieser Arbeit steht die Qualität der Abschlussprüfung und nicht die Qualität anderer Überwachungsorgane im System der Corporate Governance. Dass die Abschlussprüfung einen Beitrag zur Effektivität der internen Überwachungsfunktionen beiträgt, ist aufgrund der Unterstützungsfunktion naheliegend. Siehe zur Unterstützungsfunktion des Abschlussprüfers Kapitel 2.2.3.
[818] Vgl. *IDW* (2004b): 4.
[819] *IDW* (2012): 343.
[820] Vgl. *IDW* (2012): 343. Die Festlegung von Prüfungsschwerpunkten und entsprechender Prüfungshandlungen liegt in der unabhängigen Verantwortung des Abschlussprüfers. Eine Abstimmung mit dem Prüfungsausschuss wird jedoch als zulässig und wünschenswert angesehen. Vgl. *Berndt/Offenhammer/Luckhaupt* (2011): 135 und 137.

schlussprüfers hat und somit glaubwürdig den Entzug des Prüfungsmandats androhen kann. Wenn es tatsächlich so ist, dass der Aufsichtsrat aufgrund von begrenzten zeitlichen und fachlichen Ressourcen den Finanzvorstand um seine Meinung hinsichtlich eines Vorschlags für die Wahl des Abschlussprüfers durch die Hauptversammlung befragt,[821] so sollte davon auszugehen sein, dass die Existenz eines Prüfungsausschusses den möglichen Einfluss des Managements reduziert. Der Grund dafür liegt in der gegenüber dem Gesamtaufsichtsrat effizienten und fachlich konzentrierten Arbeitsweise eines Prüfungsausschusses. Der Finanzvorstand als Sparringspartner wird mit der Einrichtung eines Prüfungsausschusses entbehrlich. Aufgrund der Argumentation kann davon ausgegangen werden, dass ein Prüfungsausschuss, welcher mit fachlich kompetenten Ausschussmitgliedern besetzt ist und effizient arbeitet, einen positiven Einfluss auf die Urteilsfreiheit des Abschlussprüfers ausübt.[822]

5.5.4.3 Relevante Forschungsergebnisse

In einem rechtlichen Umfeld, in dem – wie auch in Deutschland – die Einrichtung eines Prüfungsausschusses freiwillig erfolgt, untersuchen *Bédard/Coulombe/Courteau* (2008) unter anderem den Zusammenhang zwischen der Existenz, der Expertise sowie der Unabhängigkeit der Mitglieder eines Prüfungsausschusses und der Höhe des Underpricings bei einem Börsengang (IPO). Sie geben damit Hinweise auf die Wahrnehmung des Kapitalmarktes. In die Analyse werden 246 Unternehmen einbezogen, die zwischen 1982 bis 2002 einen Börsengang an einer kanadischen Börse durchgeführt haben.[823] Die multivariate Regressionsanalyse zeigt, dass die Existenz keinen Einfluss auf die Höhe des Underpricing aufweist. Hingegen trägt ein qualifizierter sowie unabhängiger Prüfungsausschuss zu einer Senkung des Underpricing bei.[824] Die Resultate zeigen, dass die bloße Existenz eines Prüfungsausschusses aus Sicht des Kapitalmarktes nicht ausreicht, um ihr Vertrauen in die Berichterstattung des Emittenten zu stärken. Ausschlaggebend dafür sind die Eigenschaften des Prüfungsausschusses.

Der Forschungsbeitrag von *DeFond/Hann/Hu* (2005) gibt Aufschluss über die *Wahrnehmung* des Kapitalmarktes hinsichtlich der Eigenschaften der Mitglieder von Prüfungsausschüssen. Sie untersuchen die Kapitalmarktreaktion (CAR) auf die Veröffentlichung der Ernennung eines neuen Mitgliedes eines Prüfungsausschusses (Audit Committee) und differenzieren motiviert durch die Ausgestaltung des Sarbanes-Oxley-Act hinsichtlich der fachlichen Qualifikation des Mitgliedes in "accounting financial experts", "nonaccounting financial experts" sowie "non financial experts". Die Autoren identifizieren für 509 Unternehmen in den Jahren

---

[821] Siehe hierzu Kapitel 2.2.3.
[822] Vgl. *Velte* (2012): 319.
[823] Vgl. *Bédard/Coulombe/Courteau* (2008): 524.
[824] Vgl. *Bédard/Coulombe/Courteau* (2008): 530.

1993-2002 702 Bestellungen eines Mitglieds des Prüfungsausschusses (Datenbasis).[825] Für die Ernennung von "accounting financial experts" können die Autoren eine positive Kapitalmarktreaktion messen, jedoch nur dann, wenn das Unternehmen ohnehin über eine starke Corporate Governance verfügt. Die Ernennung von "nonaccounting finacial experts" oder "non finacial experts" führt hingegen zu keiner Kapitalmarktreaktion.[826] An diesem Ergebnis ist zu erkennen, dass der Nutzen, der einem Prüfungsausschuss durch den Kapitalmarkt beigemessen wird, sowohl von den Fähigkeiten der Mitglieder, als auch von der Ausgestaltung der Corporate Governance im Unternehmen abhängt und somit kontextbezogen zu beurteilen ist.[827]

Anderson/Deli/Gillan (2003) untersuchen in ihrem Arbeitspapier für 1.241 Unternehmen, die im Jahr 2001 eine Hauptversammlung abhielten, den Einfluss diverser Charakteristika von Prüfungsausschüssen (Audit Committee) und der Unternehmensführung (Board) auf die Reaktion des Kapitalmarktes (ERC).[828] Sowohl für den Prüfungsausschuss als auch für die gesamte Unternehmensführung wurden Merkmale wie die Unabhängigkeit, das Aktivitätsniveau sowie die Größe untersucht. Die Ergebnisse der multivariaten Regressionsanalysen machen deutlich, dass die Charakteristika in unterschiedlicher Weise zusammenspielen und im Kontext der Unternehmensführungsstruktur zu unterschiedlichen Resultaten in Bezug auf die Reaktion des Kapitalmarktes führen. Sowohl die Unabhängigkeit als auch das Aktivitätsniveau des Prüfungsausschusses sind mit positiven Kapitalmarktreaktionen verbunden. Für die Größe des Ausschusses trifft dies nicht zu. Der Einfluss der Unabhängigkeit korrespondiert jedoch mit jener der Unternehmensführung. So führt ein unabhängiger Prüfungsausschuss dann nicht zu einer positiven Kapitalmarktreaktion, wenn nicht ebenfalls eine unabhängige Unternehmensführung vorliegt.[829]

5.5.4.4 Abschließende Würdigung und Operationalisierung

Die vorangehenden Ausführungen haben gezeigt, dass die Existenz eines Prüfungsausschusses sowohl einen Einfluss auf die Urteilsfreiheit als auch auf die Urteilsfähigkeit aufweisen kann. Da – wie bereits auch für die Reputation einer Prüfungsgesellschaft *[REP]* – keine eindeutige Zuordnung auf eine der Dimensionen der Prüfungsqualität erfolgen kann, wird der Einfluss der Existenz eines Prüfungsausschusses auf die Qualitätswahrnehmung des Kapitalmarktes unmittelbar auf die Höhe der Risikoprämie untersucht. Da die Existenz eines Prü-

---

[825] Vgl. *DeFond/Hann/Hu* (2005): 161-162.
[826] Vgl. *DeFond/Hann/Hu* (2005): 187.
[827] Vgl. *DeFond/Hann/Hu* (2005): 187.
[828] Vgl. *Anderson/Deli/Gillan* (2003): 11.
[829] Vgl. *Anderson/Deli/Gillan* (2003): 24.

fungsausschusses sowohl eine Verbesserung der Urteilsfreiheit als auch eine Verbesserung der Urteilsfähigkeit vermuten lässt und diese wiederum in einem negativen Zusammenhang zur Risikoprämie stehen, wird folgende Hypothese 4 *[H4]* formuliert:

H4: Die Existenz eines Prüfungsausschusses [ACc] wirkt sich negativ auf die Höhe der Risikoprämie [RPfaktor] aus c.p.

Die Aktivität eines Prüfungsausschusses wird mit seinem Vorhandensein gleichgesetzt und entspricht einem 1-Item-Konstrukt. Das Vorhandensein eines Prüfungsausschusses *[AC]* entspricht einer dichotomen Variablen, die bei Vorhandensein eines Prüfungsausschusses mit 1 und bei nicht Vorhandensein mit einer 0 kodiert ist. Die Erhebung der Information hinsichtlich des Vorhandenseins eines Prüfungsausschusses erfolgte händisch unter Zugrundelegung der Entsprechenserklärungen gem. § 161 Abs. 1 AktG des jeweiligen Unternehmens für das entsprechende Geschäftsjahr.

5.6 Zwischenfazit und Implikationen

Das Ziel der vorangehenden Ausführungen bestand in der Konzeptualisierung der Dimensionen der Abschlussprüfung – der Urteilsfreiheit *[FREI]* und Urteilsfähigkeit *[FÄHIG]* – durch geeignete Indikatoren. Sofern eine eindeutige Zuordnung eines Indikators aufgrund der theoretischen Erörterungen und gegebenenfalls empirischer Befunde im Schrifttum erfolgen konnte, wurden Wirkungsbeziehungen hinsichtlich der Beziehung zwischen Indikator und der Qualitätsdimension formuliert. Betrifft ein Indikator in gleicher Weise beide Qualitätsdimensionen oder handelt es sich um einen übergeordneten Effekt, wird der unterstellte Zusammenhang unmittelbar auf die Risikoprämie bezogen und geht somit als eigene Dimension in die weitere Analyse ein. Basierend auf den vorangehenden Ausführungen werden im Folgenden neben der Urteilsfreiheit *[FREI]* sowie der Urteilsfähigkeit *[FÄHIG]* auch die Reputation *[REP]* und das Vorhandensein eines Prüfungsausschusses *[ACc]* als Dimensionen der Prüfungsqualität bezeichnet. Sollte von einem anderen Verständnis ausgegangen werden, wird darauf explizit verwiesen. Die Beziehung dieser vier Dimensionen zu der Risikoprämie *[RPfaktor]* bildet die Grundlage der Hypothesenbildung. In Tabelle 7 sind die formulierten Hypothesen, die Zusammenhänge zwischen Indikatoren und Dimensionen sowie die Operationalisierung der Indikatoren zusammengefasst.

Qualitätsindi-katoren	Qualitätsdimensionen der Abschlussprüfung				Operationalisie-rung
	Urteilsfreiheit [FREI]	Urteilsfähig-keit [FÄHIG]	Reputation [REP]	Prüfungsaus-schuss [ACc]	
Umsatzbedeu-tung [ECDEP]	–				Verhältnis von Prüferhonoraren und approximier-tem Gesamtumsatz der Prüfungsge-sellschaft
Beratungsinten-sität [RELNAFAF]	–				Verhältnis von Beratungshonora-ren und Prüfungs-honoraren
Mandatsdauer [TENURE]	–	+ logarithmisch			Anzahl der Jahre der Mandatsdauer
Branchenspezi-alisierung [SPEZ]		+			Metrische Variable gemäß der Markt-anteilsmethode
Größe der Prü-fungsgesell-schaft [BIG4]			+		Dummy-Variable, welche den Wert 1 annimmt, wenn der Konzernabschluss-prüfer eine Big-Four-Prüfungs-gesellschaft war; ansonsten 0
Existenz eines Prüfungsaus-schusses [AC]				+	Dummy-Variable, welche den Wert 1 annimmt, wenn ein Prüfungsausschuss eingerichtet ist; ansonsten 0
	Urteilsfreiheit [FREI]	Urteilsfähig-keit [FÄHIG]	Reputation [REP]	Prüfungsaus-schuss [ACc]	
	H1	H2	H3	H4	
	Einfluss der Qualitätsdimensionen auf Risikoprämie [RPfaktor]				

Tabelle 7: Zusammenfassung der Beziehung zwischen Qualitätsindikatoren und Qualitätsdimensionen sowie deren Einfluss auf die Risikoprämie

Die folgende Abbildung 6 visualisiert die Beziehung zwischen den aufgezeigten Indikatoren der Prüfungsqualität und den Dimensionen der Qualität der Abschlussprüfung sowie der Risikoprämie des Unternehmens. Die Darstellung enthält an dieser Stelle keine Informationen über die Funktion des Zusammenhangs, wie sie für die Abbildung des aufgezeigten logarithmischen Zusammenhangs zwischen der Mandatsdauer *[TENURE]* und der Urteilsfähigkeit *[FÄHIG]* notwendig ist.

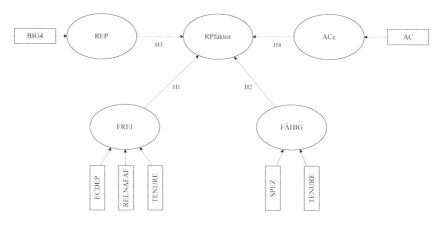

Abbildung 6: **Visualisierung der Beziehung zwischen Qualitätsindikatoren und Qualitätsdimensionen sowie deren Einfluss auf die Risikoprämie**

6 Implizite Risikoprämie als Messinstrument der Wahrnehmung des Kapitalmarktes

Das Urteil der Eigenkapitalgeber hinsichtlich der Dimensionen der Qualität der Abschlussprüfung bedingt deren Einschätzung in Bezug auf das Informationsrisiko. Das Informationsrisiko schlägt sich wie auch andere Risikofaktoren in der Risikoprämie nieder. Aus diesem Grund wird die Risikoprämie als geeignet dafür angesehen, die Wahrnehmung der Qualitätsdimensionen zu erfassen. Das Ziel der folgenden Ausführungen besteht darin, weitere Risikofaktoren jenseits der Abschlussprüfung und die empirische Ermittlung der Risikoprämie aufzuzeigen. Das Aufgreifen weiterer Risikofaktoren dient der Formulierung von Hypothesen, die eine Aufnahme der Risikofaktoren als Kontrollvariablen begründen.

6.1 Extraktion der Risikoprämie aus impliziten Eigenkapitalkosten

Die Eigenkapitalkosten als Renditeforderungen der Eigenkapitalgeber $[r_{EK}]$ setzen sich aus einem risikofreien Zinssatz $[r_{rf}]$ sowie einer Prämie für übernommene Risiken – der Risikoprämie $[rp]$ – zusammen:[830]

$$r_{EK} = r_{rf} + rp$$

Für die folgende Analyse ist die Renditeerwartung um den Teil der Vergütung der Eigenkapitalgeber zu bereinigen, der sich nicht auf die Risikovergütung bezieht. Für die Bestimmung der Risikoprämie $[rp]$ sind die ermittelten impliziten Eigenkapitalkosten[831] $[r_{EK}]$ somit um den Zins für risikofreie Anlagen $[r_{rf}]$ zu bereinigen:[832]

$$rp = r_{EK} - r_{rf}$$

Für die Approximation des risikofreien Zinssatzes wird der Effektivzinssatz von Staatsanleihen mit einer Restlaufzeit von 10 Jahren zum jeweiligen Bewertungszeitpunkt herangezogen. In Deutschland bildet der Subindex des REX mit einer 10-jährigen Restlaufzeit die Grundlage zur Bestimmung des risikofreien Zinssatzes.[833] Der risikofreie Zinssatz wird in der vorliegenden empirischen Analyse jeweils zum Bewertungsstichtag kalkuliert.[834]

---

[830] Vgl. für diesen Zusammenhang bereits Kapitel 4.2.1.
[831] Siehe für die Berechnung impliziter Eigenkapitalkosten Kapitel 6.3.
[832] Vgl. *Nölte* (2008): 234; *Botosan/Plumlee* (2005): 25.
[833] Siehe *Reese* (2005): 9.
[834] Siehe für die Ermittlung des Bewertungsstichtages Kapitel 7.2.2.

Der ermittelte risikofreie Zinssatz dient neben der Berechnung der Risikoprämie auch der Approximation weiterer Parameter, die in bestimmte Modelle zur Bestimmung impliziter Eigenkapitalkosten einfließen.[835]

Im Folgenden werden entsprechende Risikofaktoren aufgegriffen, denen im Schrifttum ein Einfluss auf die Risikoprämie zugesprochen wird. Die folgende Abbildung 7 verdeutlicht erneut den Zusammenhang zwischen Risikofaktoren und der Risikoprämie.

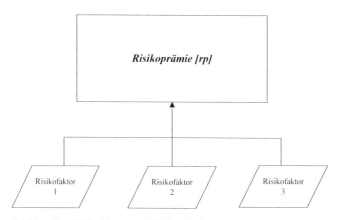

Abbildung 7: **Risikofaktoren und Risikoprämie**

6.2 Risikofaktoren jenseits der Dimensionen der Prüfungsqualität

Die Risikoprämie ergibt sich aus der Differenz impliziter Eigenkapitalkosten und risikofreiem Zinssatz. Die folgenden Ausführungen geben Aufschluss über Faktoren, die neben der Qualität der Abschlussprüfung einen Einfluss auf die Risikoprämie haben. Diese Risikofaktoren werden in die Analyse zur empirischen Überprüfung der Wahrnehmung der Dimensionen der Prüfungsqualität als Kontrollvariablen integriert.

6.2.1 Informationsumfeld und Liquidität

Sowohl das Informationsumfeld als auch die Liquidität eines Wertpapiers stellen Risikofaktoren dar, die einen Einfluss auf die Höhe der Risikoprämie $[rp]$ und somit auf die Eigenkapitalkosten $[r_{EK}]$ beinhalten. Beide Risikofaktoren sind eng miteinander verknüpft. Aus diesem Grund werden beide Faktoren gemeinsam aufgegriffen.

---

[835] Dies betrifft die langfristigen Gewinnwachstums- bzw. Inflationsraten in den Modellen nach *Claus/Thomas* (2001) und *Gebhardt/Lee/Swaminathan* (2001). Siehe hierzu die Kapitel 6.3.2.3.2 und 6.3.2.3.3.

Das *Informationsumfeld* eines Unternehmens umschreibt die Menge von Informationen, die grundsätzlich Relevanz für den Kapitalmarktteilnehmer besitzen. Da Unternehmen über die gesetzlich verpflichtenden Berichterstattungselemente hinaus auch freiwillig publizieren,[836] bilden beide Elemente das Informationsumfeld des Unternehmens im Sinne dieser Arbeit. Die Menge der gesetzlich vorgeschriebenen Publizität kann für alle in der empirischen Analyse einbezogenen Unternehmen aufgrund der Normierung als konstant angesehen werden. Unterschiede beziehen sich daher auf die freiwillige Publizität. Dieser Aspekt des Informationsumfeldes besitzt – wie empirische Studien zeigen – Relevanz für die Höhe der Eigenkapitalkosten.[837] Empirische Arbeiten, die sich dem Einfluss der über die gesetzliche Regelpublizität hinausgehenden freiwilligen Unternehmenspublizität auf die Eigenkapitalkosten widmen, ermitteln das Informationsumfeld meist über eine eigenständige Inhaltsanalyse der Unternehmenspublizität.[838] Die Unternehmenspublizität, welche über die geprüfte Regelpublizität hinausgeht, ist jedoch nicht primärer Gegenstand dieser Untersuchung, daher wird aus forschungsökonomischen Gründen darauf verzichtet, eine eigene Erhebung diesbezüglich durchzuführen.[839] Dennoch soll der beobachtbare Einfluss der Unternehmenspublizität nicht unberücksichtigt bleiben.

Es wird folgende Hypothese formuliert:

Es besteht ein negativer Zusammenhang zwischen dem Informationsumfeld [IUMfaktor] und der Höhe der Risikoprämie [RPfaktor] c.p.

Für die Operationalisierung des Informationsumfeldes *[IUMfaktor]* werden diverse Indikatoren verwendet. Das Informationsumfeld wird in empirischen Analysen häufig über die Größe des Unternehmens und die Anzahl der Analysten, die das Unternehmen abdecken, approximiert.[840] Der Zusammenhang zwischen diesen Proxies und dem Informationsumfeld wird

---

[836] Als Motiv für die freiwillige Berichterstattung an den Kapitalmärkten wird aus Managementsicht das Schließen einer Wertlücke gesehen, welche sich zwischen dem Marktpreis und dem fundamentalen Unternehmenswert ergibt. Vgl. *Wagenhofer/Ewert* (2007): 386-388. Ausführlich zu weiteren Motiven auch *Gierga* (2008): 86-92.

[837] Vgl. z.B. die Studien von *Francis/Khurana/Pereira* (2005); *Hail* (2002). Ein negativer Zusammenhang zwischen dem Informationsumfeld und den Eigenkapitalkosten konnte in diversen empirischen Untersuchungen bestätigt werden. Siehe z.B. *Nölte* (2008): 264; *Reese* (2007): 113.

[838] Vgl. z.B. *Junc* (2010): 81-83; *Gierga* (2008): 145-162; *Botosan* (1997): 329-334.

[839] Um den Erhebungsaufwand zu vereinfachen, besteht die Möglichkeit auf bestehende Analysen zurückzugreifen. Das Manager Magazin veröffentlicht jährlich ein Ranking zum Thema „Bester Geschäftsbericht". Dieses Ranking findet Eingang in empirische Untersuchungen wie etwa in die von *Häußler* (2008). Vgl. *Häußler* (2008): 40-42. *Nölte* (2008) greift auf ein Ranking zurück, welches unter der Leitung von Professor Küting, Universität des Saarlandes, jährlich erstellt und in unterschiedlichen Publikationsmedien publiziert wird. Vgl. *Nölte* (2008): 132-134.

[840] Vgl. z.B. *Nölte* (2008): 229-230; *Reese* (2007): 113; *Daske/Gebhardt/Klein* (2006): 21 und *Gode/Mohanram* (2003): 405 mit weiterführenden Hinweisen. *Wagenhofer/Ewert* (2007): 403-404 sehen

damit begründet, dass für große Unternehmen und solche, die ein größeres Interesse bei Analysten hervorrufen, mehr und leichter zugängliche Informationen vorhanden sind.[841]

Die Größe des Unternehmens wird häufig ausgedrückt durch die logarithmierte Marktkapitalisierung des Eigenkapitals *[MCAP]*.[842] Die Marktkapitalisierung entspricht der Anzahl ausstehender Aktien bewertet mit dem Aktienkurs zu einem bestimmten Zeitpunkt.[843] Die Messung der *Größe* des Unternehmens erfolgt durch Transformation der Marktkapitalisierung zum Bewertungsstichtag *[MCAP]* durch die Logarithmus-naturalis-Funktion:[844]

$$MCAP = ln(MCap_{BWST})$$

Wobei:
$MCap_{BWST}$ = Marktkapitalisierung zum Bewertungsstichtag

Die Interpretation der Unternehmensgröße als Risikofaktor ist jedoch vielschichtig und nicht ausschließlich auf das Informationsumfeld zu beschränken. Neben der Argumentation, die den Zusammenhang aufgrund des besseren und leichteren Informationszugangs des Kapitalmarktes für diese Unternehmen herstellt,[845] existiert eine Argumentationslinie, die hinsichtlich ihrer Marktkapitalisierung größeren Unternehmen eine höhere Aktienliquidität[846] und somit ein niedrigeres Liquiditätsrisiko zuspricht.[847]

---

[841] vor dem Hintergrund empirischer Ergebnisse, die Größe des Unternehmens ebenfalls als geeigneten Proxy für das Publizitätsverhalten an.
Vgl. *Häußler* (2008): 86. Für große Unternehmen ist die Bereitstellung von Informationen relativ gesehen weniger kostenintensiv, weswegen diese mehr publizieren. Darüber hinaus sind große Unternehmen auf die Kapitalbeschaffung von außen angewiesen. Um den Informationsbedürfnissen der (potenziellen) Kapitalgeber gerecht zu werden, werden diese Unternehmen mehr publizieren. Große Unternehmen stehen im Interesse der Öffentlichkeit und werden von Finanzanalysten kritischer beobachtet; dies stellt ebenfalls einen Anreiz dar, mehr Informationen bereitzustellen. Vgl. *Wagenhofer/Ewert* (2007): 399.

[842] Vgl. z.B. *Häußler* (2008): 86; *Nölte* (2008): 230; *Reese* (2007): 113; *Daske/Gebhardt/Klein* (2006): 21; *Botosan/Plumlee* (2005): 43.

[843] Vgl. *Damodaran* (2006): 255.

[844] *Hope et al.* (2009): 186 verwenden für eine internationale Stichprobe die Transformation der Marktkapitalisierung durch die Logarithmus-naturalis-Funktion. *Nölte* (2008): 237 geht für eine deutsche Stichprobe analog vor, bezieht die Feststellung der Marktkapitalisierung jedoch auf den Jahresbeginn und nicht auf den Bewertungsstichtag.
Aufgrund der Degression des Größeneffektes erfolgt die Logarithmierung der Marktkapitalisierung *[MCAP]*.

[845] Siehe hierzu auch z.B. *Nölte* (2008): 229-230; *Gebhardt/Lee/Swaminathan* (2001): 145-146.

[846] Zur Berücksichtigung der Liquidität als Risikofaktor vgl. *Gebhardt/Lee/Swaminathan* (2001): 146 und die Arbeit von *Brennan/Subrahmanyam* (1996).

[847] Vgl. *Penman* (2010): 681; *Amihud/Mendelson* (1986): 243. Vgl. grundlegend zum Einfluss der Marktkapitalisierung *Fama/French* (1995) auf die Höhe der Renditeerwartungen.

Die Studie von *Lang/Lundholm* (1996) konnte belegen, dass Unternehmen mit informativer und aktuellerer Finanzberichterstattung eine höhere Analystenabdeckung[848] aufweisen.[849] Insofern stellt auch die Analystenabdeckung einen geeigneten Indikator zur Messung des Informationsumfeldes dar. Die Anzahl der Analysten, die das Unternehmen abdecken *[ACOVER]*, dient daher neben der Marktkapitalisierung des Unternehmens *[MCAP]* als Approximation für das Informationsumfeld. In die Analyse geht die Anzahl an Analysten ein, die zum Bewertungsstichtag eine Ein-Jahres-Prognose für den Gewinn je Aktie ausgesprochen haben. Wie bereits für die Marktkapitalisierung kann auch für die Analystenabdeckung basierend auf empirischen Befunden eine alternative Interpretationsmöglichkeit aufgezeigt werden: Mit einer zunehmenden Analystenabdeckung ist demnach eine höhere Liquidität eines Wertpapiers verbunden.[850]

Die vorgestellten Operationalisierungsmöglichkeiten des Informationsumfeldes stellen – wie dargelegt – gleichzeitig Indikatoren der Liquidität eines Wertpapiers dar.[851] Diese Gemeinsamkeit in der Operationalisierung von Informationsumfeld und Liquidität kann für die empirische Analyse genutzt werden, denn die *Liquidität* eines Wertpapieres ist ebenfalls ein relevanter Risikofaktor, der sich in der Höhe der Risikoprämie niederschlägt.[852] Weist ein Wertpapier eine niedrigere Liquidität auf, dann sind damit Nachteile im Transaktionsprozess, die sich auf die Höhe der geforderten Risikoprämie auswirken können, verbunden.[853] Für den

---

[848] Zur Rolle von Finanzanalysten und deren Tätigkeit siehe Kapitel 4.1.2.

[849] Vgl. *Lang/Lundholm* (1996): 190. Die Anzahl der Analysten, die das Unternehmen abdecken, resultiert in einem Gleichgewichtsmodell aus der Übereinstimmung des Angebots und der Nachfrage. Vgl. zu einer derartigen Modellierung die Studie von *Bhushan* (1989). *Lang/Lundholm* (1996): 190 diskutieren in diesem Sinne welchen Einfluss das Informationsumfeld auf das Gleichgewicht hat. Ist es für den Analysten günstiger, Informationen direkt vom Unternehmen zu erhalten anstatt über andere Quellen, erhöht sich das Angebot und folglich steigt die Anzahl der Analysten, die das Unternehmen abdecken. *Fishman/Hagerty* (1989): 634 argumentieren ähnlich für Investoren allgemein: Investoren verfügen nur über begrenzte Kapazitäten und beobachten somit nur die Unternehmen, die ihnen die meisten Informationen bereitstellen. Hinsichtlich des Zusammenhangs des Informationsumfeldes und der Nachfrage nach Analystenabdeckung unterscheiden *Lang/Lundholm* (1996): 190 zunächst zwischen Analysten in einer Rolle als Informationsintermediäre und als Informationsbereitsteller. Im ersteren Fall, der auch bestätigt wurde, würde eine Verbesserung des Informationsumfeldes zu einer steigenden Nachfrage nach Analysten führen. In einer Rolle als Informationsbereitsteller wäre der Zusammenhang negativ. Vgl. *Lang/Lundholm* (1996): 190. Siehe zur Rolle der Finanzanalysten als Informationsintermediäre auch Kapitel 4.1.2.

[850] Vgl. *Brennan/Subrahmanyam* (1995): 380-381.

[851] Vgl. allgemein zu Liquiditätsmaßen *Uzik* (2004): 116-119; *Kempf* (1999): 45-50 sowie die Beiträge von *Kempf* (1998) und *Brunner* (1996).

[852] *Amihud/Mendelson* (1986) weisen einen positiven konkaven Zusammenhang zwischen der relativen Geld-Brief-Spanne, als Liquiditätsindikator, nach. Vgl. *Amihud/Mendelson* (1986): 230-231.

[853] *Brennan/Chordia/Subrahmanyam* (1998) können ebenfalls für den US-amerikanischen Kapitalmarkt einen negativen Einfluss der Liquidität eines Wertpapiers auf die Höhe zukünftiger realisierter Aktienrenditen nachweisen. Als Proxy für die Liquidität eines Wertpapieres verwenden sie das Handelsvolumen des Wertpapiers – gemessen als Wertvolumen. Vgl. *Brennan/Chordia/Subrahmanyam* (1998): 366-367. *Amihud/Mendelson* (1986) weisen für den US-amerikanischen Kapitalmarkt einen positiven, aber degres-

Begriff der Liquidität einer Aktie bzw. dessen Markt, auf dem die Aktie gehandelt wird, existieren verschiedene Definitionen, die sich hinsichtlich ihres Schärfegrades der formulierten Definition unterscheiden. Nach *Harris* (1990) ist ein Markt liquide, "if traders can quickly buy or sell large numbers of shares when they want and at low transaction costs".[854] Die Liquidität des Aktienmarktes betrifft somit die Möglichkeit der Anleger, in einem angemessenen Zeitrahmen ohne die Inkaufnahme signifikanter monetärer Nachteile Wertpapiere in großen Mengen zu kaufen oder zu verkaufen. *Kempf* (1999) definiert die Liquidität eines Wertpapiers auf die im Folgenden dargestellte schärfere Weise: „Ein Wertpapier ist liquide, wenn es jederzeit in beliebiger Menge ohne Preiszuschlag gekauft und ohne Preisabschlag verkauft werden kann."[855] Der Aktienmarkt ist demnach liquide, wenn Anleger zum fairen Preis eine beliebige Menge an Aktien unverzüglich kaufen oder veräußern können.[856] Letzterer Definition kann ein „Referenzmaßstab perfekter Liquidität"[857] entnommen werden.

Sowohl das Informationsumfeld als auch die Liquidität eines Wertpapiers sind Risikofaktoren, die die Höhe der Risikoprämie beeinflussen. Die Operationalisierung beider Risikofaktoren kann sowohl durch die Marktkapitalisierung eines Unternehmens *[MCAP]* als auch die Analystenabdeckung *[ACOVER]* erfolgen. Aufgrund der Identität der Indikatoren beinhaltet eine Berücksichtigung des Informationsumfeldes zugleich eine Berücksichtigung der Liquidität eines Wertpapiers. Im Folgenden wird auf das Informationsumfeld *[IUMfaktor]* als Risikofaktor verwiesen. Dieser Risikofaktor umfasst gleichzeitig die Liquidität eines Wertpapiers.

6.2.2 Systematisches Risiko

Das systematische Risiko einer Aktie ist entsprechend der Aussagen des CAPM positiv mit den Renditeforderungen und somit den Eigenkapitalkosten korreliert und spiegelt den Beitrag einer Aktie für die Übernahme des systematischen und nicht diversifizierbaren Marktrisikos in einem Portfolio wider.[858] Es ist folglich eine positive Korrelation zwischen dem systematischen Risiko und der Risikoprämie zu erwarten.[859]

---

[854] siven Zusammenhang zwischen der Höhe der relativen Geld-Brief-Spanne – als Maßgröße für Illiquidität – und realisierten Aktienrenditen nach. Vgl. *Amihud/Mendelson* (1986): 238.
Harris (1990): 3.
[855] *Kempf* (1999): 13.
[856] Vgl. *Kempf* (1999): 13-16; *Kempf* (1998): 299.
[857] *Hitz* (2005): 218-219.
[858] Vgl. *Steiner/Bruns/Stöckl* (2012): 26 und 54.
[859] Vgl. *Hope et al.* (2009): 186 und in Bezug auf eine Untersuchung für den deutschen Kapitalmarkt *Gierga* (2008): 51-52; *Häußler* (2008): 84; *Nölte* (2008): 226; *Reese* (2007): 111; *Daske/Gebhardt/Klein* (2006): 20.

Es wird folgende Hypothese formuliert:

Es besteht ein positiver Zusammenhang zwischen der Höhe des systematischen Risikos [SYSRISK] und der Höhe der Risikoprämie [RPfaktor] c.p.

Das systematische Risiko *[SYSRISK]* wird regelmäßig durch den Beta-Faktor *[BETA]* operationalisiert. Zur Bestimmung des Beta-Faktors stehen unterschiedliche Ansätze zur Verfügung.[860] Der unternehmensspezifische Beta-Faktor wird im Rahmen dieser Arbeit nach dem Marktmodell geschätzt. Der damit verbundene Verstoß gegen das Prinzip der Zukunftsbezogenheit von Renditeerwartungen und damit auch von Risikoprämien[861] durch die Verwendung historischer Renditen wird erkannt, muss jedoch aufgrund fehlender in der Empirie umsetzbarer Alternativen hingenommen werden. Die Akzeptanz dieser Vorgehensweise in der derzeitigen Forschungslandschaft bestärkt die Angemessenheit der gewählten Vorgehensweise.[862]

Der Beta-Faktor *[BETA]* lässt sich im Marktmodell durch eine univariate, lineare Zeitregression erfassen. Während die Aktienrendite des betrachteten Unternehmens dabei die abhängige Variable darstellt, ist die einzige unabhängige Variable die Rendite des Marktportfolios.[863] Analytisch drückt sich die zu lösende Regressionsgleichung wie folgt aus:

$$r_{i,t} = \alpha_i + \beta_i * r_m + \varepsilon_{i,t}$$

Wobei:
- $r_{i,t}$: Rendite der Aktie i in Periode t
- α_i: Von der Marktentwicklung unabhängiger, konstanter Renditebestandteil
- β_i: Regressionskoeffizient entspricht dem zu schätzenden Beta-Faktor [BETA]
- r_m: Rendite des Marktportfolios in Periode t
- $\varepsilon_{i,t}$: Störterm in Periode t im Marktmodell für Aktie i

---

[860] Neben einer Ableitung von Beta-Faktoren anhand fundamentaler Unternehmensdaten existieren die zukunftsorientierte Bestimmung von Beta-Faktoren sowie die Ableitung von Beta-Faktoren anhand unternehmensspezifischer Kapitalmarktdaten (Marktmodell). Vgl. zu den unterschiedlichen Ansätzen zur Bestimmung des Beta-Faktors *Dörschell/Franken/Schulte* (2012): 130-135 mit weiteren Nachweisen. Alle Modelle weisen unterschiedliche Vor- und Nachteile auf. Für eine praktische Anwendung wird das Marktmodell als am geeignetsten angesehen. Ungeeignet erscheint die Bestimmung von Beta-Faktoren auf Basis fundamentaler Unternehmensdaten, da dies zu Werten führt, die auf empirischer Ebene nicht eindeutig nachgewiesen worden sind. Vgl. *Jähnchen* (2009): 103. Zukunftsorientierte Modelle erfordern Marktpreise entsprechender Optionen. Besonders auf dem deutschen Kapitalmarkt werden für das relevante Marktportfolio nicht ausreichend Optionen gehandelt. Vgl. *Rausch* (2008): 193.

[861] Auch *Reese* (2007) merkt an, dass die Bestimmung eines historischen Beta-Faktors der „Grundmotivation von Ex-Ante-Schätzungen [...] widerspricht" (*Reese* (2007): 112) und verwendet diese aufgrund der vorwiegenden Vorgehensweise in der Literatur dennoch. Vgl. *Reese* (2007): 112 für weitere Literaturquellen, die den Beta-Faktor entsprechend vergangenheitsbezogen ermitteln.

[862] Siehe z.B. *Nölte* (2008): 227; *Reese* (2007): 112 mit weiteren Nachweisen und *Daske/Gebhardt/Klein* (2006): 20.

[863] Vgl. *Zimmermann* (1997): 19.

Im Rahmen dieser Arbeit wird der Beta-Faktor *[BETA]* durch eine Regression der monatlichen Renditen der einzelnen Unternehmen *[r$_{i,t}$]* über die letzen 60 Monate mit dem CDAX-Performance-Index r$_m$ ermittelt.[864] Der CDAX-Performance-Index spiegelt das Marktportfolio wider.[865] Hierzu wird über die letzten 60 Monate[866] zum jeweiligen Bewertungsstichtag der Schlusskurs des CDAX-Performance-Index sowie der Aktienschlusskurs des betrachteten Unternehmens bestimmt. Die Ermittlungssystematik für Beta-Faktoren des Informationssystems Bloomberg entspricht der des beschriebenen Marktmodells. Aus diesem Grund erfolgt die Bestimmung des Beta-Faktors *[BETA]* für die empirische Analyse nicht durch eigene Berechnungen, sondern wurde dem Informationssystem Bloomberg entnommen.[867]

Das systematische Risiko setzt sich bei einem durch Fremdkapital finanzierten Unternehmen aus dem operativen Risiko und einem finanzwirtschaftlichen Risiko zusammen. Während das operative Risiko das Risiko aus der betrieblichen Tätigkeit bezeichnet, stellt das finanzwirtschaftliche Risiko den Teil des systematischen Risikos dar, welcher das Kapitalstrukturrisiko ausdrückt und somit vom Verschuldungsgrad des Unternehmens abhängig ist.[868] Bei Unternehmen, die sich ausschließlich über Eigenkapital finanzieren, entspricht der Beta-Faktor stets dem operativen Risiko und bezeichnet somit ein unlevered Beta. Um ein unlevered Beta für ein verschuldetes Unternehmen zu erhalten, muss das levered Beta hinsichtlich des Verschuldungsgrades korrigiert werden.[869] Auf eine Bereinigung des Beta-Faktors um finanzierungsbedingte Effekte wird allerdings verzichtet, da empirische Studien eine starke Korrelation

---

[864] Die Entscheidung für eine monatliche Periodizität der Renditemessung birgt gegenüber einer kürzeren – wie sie z.B. bei der Verwendung täglicher Renditen vorliegt – den Vorteil, dass diese keiner stochastischen Abhängigkeit im Zeitablauf unterliegen. Die Nutzung von 60 Monatsrenditen gewährleistet einerseits eine ausreichende Anzahl berücksichtigter Renditebeobachtungen. Andererseits kann für den Zeitraum von fünf Jahren eine weitgehende Stabilität der Marktstrukturen unterstellt werden, welche eine wichtige Voraussetzung für die Gültigkeit des Betas zum Bewertungsstichtag darstellt. Vgl. *Schmidt/Trede* (2006): 211.

[865] Vgl. *Nölte* (2008): 226; *Reese* (2007): 112; *Daske/Gebhardt/Klein* (2006): 20.

[866] Vgl. *Reese* (2007): 112. *Hope et al.* (2009) sowie *Daske/Gebhardt/Klein* (2006) berechnen den Beta-Faktor ebenfalls auf Basis von 60 Monatsrenditen zum Bewertungsstichtag und fordern bei eingeschränkter Datenverfügbarkeit aufgrund einer teilweise verkürzten Börsenhistorie mindestens 24 Monatsrenditen als Dateninput. Vgl. *Hope et al.* (2009): 186 und dort Fn. 22; *Daske/Gebhardt/Klein* (2006): 20 und dort Fn. 24. *Nölte* (2008): 227 berechnet den Beta-Faktor auf Basis der letzten 30 Monate zum Bewertungsstichtag. Auch eine Berechnung auf Basis von nur 20 Monatsrenditen wird als ausreichend erachtet. Vgl. *Häußler* (2008): 84; Fn. 102. Für die eigene Bestimmung wird die Verwendung von mindestens 20 Monatsrenditen gefordert. Eine Nichterfüllung bei einzelnen Beobachtungen führt zum Ausschluss dieser aus der empirischen Analyse.

[867] Vgl. zur Verwendung von Beta-Faktoren, die durch den Informationsdienstleister Bloomberg zur Verfügung gestellt werden, ausführlich *Dörschell/Franken/Schulte* (2012): 229-241.

[868] Vgl. *Dörschell/Franken/Schulte* (2012): 13-15.

[869] Vgl. *Damodaran* (2006): 51-52.

zwischen dem um den Verschuldungsgrad bereinigten und dem unbereinigten Beta-Faktor nachweisen.[870]

6.2.3 Unsystematisches Risiko

Empirische Studien belegen einen Zusammenhang zwischen Eigenkapitalkosten und dem unsystematischen Risiko eines Wertpapiers.[871] Das unsystematische Risiko bezeichnet jenes Risiko, welches wertpapierspezifisch ist und nicht im Markt begründet liegt.[872]

Es wird folgende Hypothese formuliert:

Es besteht ein positiver Zusammenhang zwischen der Höhe des unsystematischen Risikos [UNSYSRISK] und der Höhe der Risikoprämie [RPfaktor] c.p.

Für die Operationalisierung des unsystematischen Risikos *[UNSYSRISK]* wird häufig die Volatilität des Aktienkurses *[VOLA]* herangezogen und durch die Standardabweichung der täglichen Aktienrenditen des zum Bewertungsstichtag vergangenen Kalenderjahres operationalisiert.[873] Die Verwendung von Aktienrenditen anstelle von Aktienkursen wird der unterschiedlichen absoluten Höhe der Kurse unterschiedlicher Aktien gerecht. Durch die Verwendung von Aktienrenditen erfolgt eine Nivellierung der Schwankungen der Aktienkurse in Bezug auf ihren Ausgangswert.[874] Die rechnerische Bestimmung der Volatilität *[VOLA]* über n Handelstage erfolgt auf diese Weise:

---

[870] Vgl. z.B. die Studie von *Botosan/Plumlee* (2005): 34-35 und 39. Dem folgt auch *Häußler* (2008): Fn. 102 auf S. 84-85; *Nölte* (2008): 227.

[871] Vgl. grundlegend *Malkiel/Xu* (1997): 13 sowie *Nölte* (2008): 246; *Reese* (2007): 118-119; *Daske* (2006): 358-359. Das aus der Portfoliotheorie abgeleitete CAPM sieht keinen Aufschlag für dieses Risiko vor, da es durch geeignete Portfoliodiversifikation eliminiert werden kann. Vgl. *Perridon/Steiner/Rathgeber* (2012): 279. Aufgrund der unrealistischen Annahmen des CAPM in Bezug auf die Informationsversorgung des Kapitalmarktes ist diese Sichtweise jedoch abzulehnen. Vgl. zu dieser Annahme des CAPM *Steiner/Bruns/Stöckl* (2012): 21; *Zimmermann* (1997): 16.

[872] Vgl. *Faust* (2002): 89.

[873] Vgl. *Nölte* (2008): 226-227; *Reese* (2007): 112; *Daske/Gebhardt/Klein* (2006): 20; *Gode/Mohanram* (2003): 404; *Gebhardt/Lee/Swaminathan* (2001): 145. *Daske/Gebhardt/Klein* (2006): 20 verwenden diskrete annualisierte Aktienrenditen. Streng genommen stellt die Volatilität des Aktienkurses bzw. der Aktienrenditen ein Surrogat für das Gesamtrisiko dar. Vgl. *Steiner/Bruns/Stöckl* (2012): 55. Die Bestimmung des unsystematischen Risikos sollte dann vielmehr auf Basis der Residualvolatilität erfolgen. Vgl. *Steiner/Bruns/Stöckl* (2012): 65; *Lehmann* (1990): 96-97. Z.B. verwenden *Hope et al.* (2009): 187; *Khurana/Raman* (2006): 987; *Gode/Mohanram* (2003): 404 die Residualvolatilität als Surrogat für das unsystematische Risiko. Vgl. für die rechnerische Bestimmung der Residualvolatilität *Steiner/Bruns/Stöckl* (2012): 65-66.

[874] Vgl. zu dieser Vorgehensweise *Möller/Hüfner/Kavermann* (2004): 826.

$$VOLA = \sigma_{i,t} = \sqrt{\frac{1}{n-1} \sum_{td=1}^{n} (r_{i,td} - E[r_i])^2} \times \sqrt{n}$$

Wobei:

$\sigma_{i,t}$ = annualisierte Volatilität
n = Anzahl der stetigen Renditen[875]
td = täglicher Zeitindex
$r_{i,td}$ = tägliche Rendite der Aktie i in Periode td
$E[r_i]$ = Erwartungswert der täglichen Aktienrenditen über n Handelstage

Der Faktor $\sqrt{n}$ dient der Annualisierung der Volatilität bei der Verwendung von täglichen Renditen.[876] Da die Anzahl der verwendeten Tagesrenditen aufgrund einer abweichenden Anzahl an Handelstagen leicht variieren kann, wird die Volatilität aus Gründen der Vergleichbarkeit entsprechend der beschriebenen Vorgehensweise auf 250 Handelstage annualisiert.[877]

6.2.4 Verschuldungsgrad

Empirische Arbeiten bestätigen einen Zusammenhang zwischen dem Verschuldungsgrad und der Risikoprämie und somit der Eigenkapitalkosten.[878] Ein Anstieg der Risikoprämie mit wachsendem Verschuldungsgrad wird auf einen Anstieg des Risikos der Eigenkapitalgeber aufgrund der Kapitalstruktur zurückgeführt.[879] Ein steigender Anteil von Fremdkapital bedeutet ein Risiko dahin gehend, dass das Unternehmen die fälligen Renditeforderungen der Fremdkapitalgeber nicht aus den laufenden Erträgen abgelten kann. Für Eigenkapitalgeber steigt mit der Zunahme des Verschuldungsgrades das Risiko des Ausfalls ihrer nachrangig zu befriedigenden Ansprüche.[880] Dieses Risiko sollte mit einem Risikoaufschlag in Form erhöhter Eigenkapitalkosten berücksichtigt werden.

---

[875] Es werden die stetigen Renditen verwendet, da diese gegenüber diskreten Renditen eher als normalverteilt angesehen werden können (vgl. *Steiner/Bruns/Stöckl* (2012): 57) und somit einer der Regressionsvoraussetzungen genügen. Ein Nachteil der Verwendung stetiger Renditen ergibt sich allerdings darin, dass sie nicht der Portfolioeigenschaft genügen. Vgl. *Drobetz* (2003): 2. Die Bedeutung der Einhaltung der Annahme der Normalverteilung von Renditen ergibt sich daraus, dass die Parameter Mittelwert und Standardabweichung lediglich eine Normalverteilung vollständig beschreiben. Vgl. *Steiner/Bruns/Stöckl* (2012): 56-57. Zu Eigenschaften von diskreten und stetigen Renditen siehe *Schmidt/Trede* (2006): 5-8.

[876] Vgl. *Perridon/Steiner/Rathgeber* (2012): 358.

[877] Vgl. *Daske/Gebhardt/Klein* (2006): 20; *Daske* (2006): 350 zur Verwendung der annualisierten Volatilität.

[878] Vgl. *Reese* (2007): 118-119; *Daske/Gebhardt/Klein* (2006): 27-28; *Botosan/Plumlee* (2005): 43; *Hail* (2002): 759 für implizite Risikoprämien. *Fama/French* (1992): 441-444 für realisierte Aktienrenditen.

[879] Vgl. *Modigliani/Miller* (1958): 267-271 zum theoretischen Einfluss der Kapitalstruktur auf die Eigenkapitalkosten.

[880] Vgl. *Bieker* (2006): 37; *Barnea/Haugen/Senbet* (1985): 25.

Es wird folgende Hypothese formuliert:

Es besteht ein positiver Zusammenhang zwischen der Höhe des Verschuldungsgrades [LEVc] und der Höhe der Risikoprämie [RPfaktor] c.p.

Der Verschuldungsgrad *[LEV]* wird als der Quotient aus dem Buchwert der langfristigen Verbindlichkeiten und dem Marktwert des Eigenkapitals zum Ende des Geschäftsjahres operationalisiert:[881]

$$LEV = \frac{Verb_{lt}}{EK_{MW}}$$

Wobei:
$Verb_{lt}$ = Buchwert der langfristigen Verbindlichkeiten zum Ende des Geschäftsjahres
EK_{MW} = Marktwert des Eigenkapitals zum Ende des Geschäftsjahres

6.2.5 Buchwert-Marktwert-Verhältnis

Der Einfluss des Buchwert-Marktwert-Verhältnisses auf die Risikoprämie und somit auf die Eigenkapitalkosten wird auch als Marktanomalie bezeichnet, da keine theoretischen Begründungen für den empirisch feststellbaren Zusammenhang existieren.[882] *Fama/French* (1992) sehen im Buchwert-Marktwert-Verhältnis *[BWMVc]* einen Indikator für „angeschlagene" Unternehmen ("distress factor").[883] Der nachgewiesene Zusammenhang wird damit begründet, dass ein höheres Buchwert-Marktwert-Verhältnis das Ergebnis sinkender Marktpreise ist, die aus sinkenden Erwartungen hinsichtlich der Ertragskraft des Unternehmens resultieren.[884] Ein steigendes Buchwert-Marktwert-Verhältnis stellt demnach aus Sicht der Eigenkapitalgeber einen Risikofaktor dar.

Es wird folgende Hypothese formuliert:

Es besteht ein positiver Zusammenhang zwischen der Höhe des Buchwert-Marktwert-Verhältnisses [BWMVc] und der Höhe der Risikoprämie [RPfaktor] c.p.

---

[881] Vgl. *Daske/Gebhardt/Klein* (2006): 20; *Daske* (2006): 350. Alternativ werden die Werte zu Beginn des Geschäftsjahres und demnach zum Ende des Vorjahres gemessen. Vgl. *Nölte* (2008): 228. *Gode/Mohanram* (2003); *Gebhardt/Lee/Swaminathan* (2001) logarithmieren den Quotienten zusätzlich. Vgl. *Gode/Mohanram* (2003): 414-415; *Gebhardt/Lee/Swaminathan* (2001): 164.

[882] *Reese* (2007): 113-114; *Daske/Gebhardt/Klein* (2006): 21 verwenden z.B. den Begriff der Marktanomalie. Für den Nachweis des empirischen Zusammenhangs zwischen dem Marktwert-Buchwert-Verhältnis und realisierten Renditen vgl. *Lakonishok/Shleifer/Vishny* (1994): 1555; *Fama/French* (1992): 441. Zum empirischen Nachweis des Zusammenhangs zwischen dem Buchwert-Marktwert-Verhältnis und erwarteten Renditen vgl. *Reese* (2007): 118-119; *Daske/Gebhardt/Klein* (2006): 27; *Gebhardt/Lee/Swaminathan* (2001): 164-165.

[883] *Fama/French* (1992): 451. Vgl. auch *Fama/French* (1995): 132.

[884] Vgl. *Fama/French* (1992): 441.

Das Buchwert-Marktwert-Verhältnis *[BWMW]* wird aus dem Buchwert des Eigenkapitals und dem Marktwert des Eigenkapitals zum Ende des Geschäftsjahres ermittelt:[885]

$$BWMW = \frac{EK_{BW}}{EK_{MW}}$$

Wobei:
EK_{BW} = Buchwert des Eigenkapitals zum Bewertungsstichtag
EK_{MW} = Marktwert des Eigenkapitals zum Bewertungsstichtag

6.2.6 Unsicherheit über Erträge

Da die Ertragssituation des Unternehmens über den ausschüttungsfähigen Bilanzgewinn eng mit dem Eigenkapitalgeber zufließenden Zahlungsströmen in Form von Dividenden und Kursgewinnen verbunden ist,[886] stellt die Einschätzung zukünftiger Erträge einen bedeutsamen Parameter aus Sicht des Eigenkapitalgebers dar. Ist die Einschätzung der Renditeparameter mit zunehmender Unsicherheit *[UNSERT]* behaftet, ist der Eigenkapitalgeber einem zusätzlichen Risiko ausgesetzt. Das mit der beschriebenen Parameterunsicherheit verbundene erhöhte Schätzrisiko ist mit höheren Risikoprämien und somit auch höheren Eigenkapitalkosten verbunden.[887]

Es wird folgende Hypothese formuliert:

Es besteht ein positiver Zusammenhang zwischen der Unsicherheit über Erträge [UNSERT] und der Höhe der Risikoprämie [RPfaktor] c.p.

Liegen bereits in der Vergangenheit volatile Erträge vor, so ist auch die Bestimmung zukünftiger Erträge mit Unsicherheit behaftet.[888] Ein Operationalisierungsansatz knüpft an diesen Zusammenhang an und erfasst die Unsicherheit über Erträge *[UNSERT]* über den Variationskoeffizienten des Ergebnisses je Aktie der letzten fünf Geschäftsjahre *[VARK]*:[889]

---

[885] Vgl. für die Verwendung des Buchwert-Marktwertverhältnisses auch *Nölte* (2008): 237; *Reese* (2007): 116; *Daske/Gebhardt/Klein* (2006): 27; *Gode/Mohanram* (2003): 413; *Gebhardt/Lee/Swaminathan* (2001): 164. In die Analysen von *Gode/Mohanram* (2003) und *Gebhardt/Lee/Swaminathan* (2001) geht der Quotient als logarithmierte Größe ein. Vgl. *Gode/Mohanram* (2003): 414-415; *Gebhardt/Lee/Swaminathan* (2001): 164. *Häußler* (2008): 86; Fn. 111 bezieht den Marktwert auf den Bewertungsstichtag.

[886] Vgl. *Steinhauer* (2007): 15.

[887] Vgl. für die empirische Bestätigung des Zusammenhangs z.B. *Gode/Mohanram* (2003): 416.

[888] Vgl. *Saelzle/Kronner* (2004): 155.

[889] Vgl. *Nölte* (2008): 229; *Gode/Mohanram* (2003): 404; *Gebhardt/Lee/Swaminathan* (2001): 146-147.

$$VARK = \frac{\sqrt{VAR[reps_{1-5}]}}{E[reps_{1-5}]}$$

Wobei:
VAR[reps$_{1-5}$] = Varianz des Ergebnisses je Aktie der letzten fünf Geschäftsjahre
E[reps$_{1-5}$] = Erwartungswert des Ergebnisses je Aktie der letzten fünf Geschäftsjahre

Die Unsicherheit über zukünftige Erträge *[UNSERT]* schlägt sich ebenfalls in den Prognosen von Finanzanalysten über zukünftige Ertragsgrößen – wie z.B. dem Gewinn pro Aktie – nieder. Herrscht große Unsicherheit über den zukünftigen Gewinn pro Aktie, so kann davon ausgegangen werden, dass die Streuung von Gewinnprognosen unterschiedlicher Finanzanalysten *[DISP]* zunimmt.[890] Liegt wiederum eine höhere Streuung der Analystenprognosen vor, so stellt dies eine Unsicherheit aus Sicht der Investoren dar, deren Anlagestrategien auf Analystenprognosen basieren.[891] Die Unsicherheit der Analysten fließt somit in die Renditeerwartung der Kapitalmarktteilnehmer ein. Die Streuung der Analystenprognosen geht als Standardabweichung der einjährigen Gewinnprognosen skaliert mit dem Aktienkurs zum Bewertungsstichtag in die Untersuchung ein:[892]

$$DISP = \frac{\sqrt{VAR[eps_{2-n}]}}{P_{BWST}}$$

Wobei:
VAR[eps$_{2-n}$] = Varianz der Einzelprognosen von zwei bis n Finanzanalysten für den Gewinn je Aktie
P$_{BWST}$ = Aktienkurs zum Bewertungsstichtag

Die Skalierung der Streuung von Analystenprognosen mit dem Aktienkurs dient der Vergleichbarkeit von Unternehmen mit unterschiedlichen Gewinnniveaus.[893]

6.2.7 Zusammenfassende Darstellung der Risikofaktoren

In folgender Tabelle 8 sind die im vorangehenden Kapitel erörterten Hypothesen und Operationalisierungen über den Zusammenhang zwischen Risikovariablen und der Risikoprämie zusammenfassend dargestellt.

---

[890] Vgl. *Abarbanell/Lanen/Verrecchia* (1995): 32.
[891] Siehe zur Verwendung von Analystenprognosen durch die übrigen Kapitalmarktteilnehmer Kapitel 4.1.2.
[892] Vgl. *Boone/Khurana/Raman* (2008): 124; *Nölte* (2008): 229; *Daske/Gebhardt/Klein* (2006): 21; *Gode/Mohanram* (2003): 404; *Gebhardt/Lee/Swaminathan* (2001): 147 zur Verwendung einer unskalierten Größe. Sowie *Behn/Choi/Kang* (2008): 333; *Nölte* (2008): 106; *Zhang* (2006): 570; *Lang/Lundholm* (1996): 476 zur Verwendung einer skalierten Größe.
[893] Vgl. *Lang/Lundholm* (1996): 476.

Risikofaktor	Operationalisierung	eV
Informationsumfeld [IUMfaktor]	Logarithmierte Marktkapitalisierung zum BwSt [MCAP]	–
	Anzahl der Analysten, die zum BwSt Ein-Jahres-Prognose für eps aussprechen [ACOVER]	–
Systematisches Risiko [SYSRISK]	Beta-Faktor auf Basis von 60 Monatsrenditen zum BwSt [BETA]	+
Unsystematisches Risiko [UNSYSRISK]	Annualisierte Volatilität der stetigen täglichen Aktienrendite ein Jahr zum BwSt: [VOLA]	+
Verschuldungsgrad [LEVc]	Quotient des Buchwerts des langfristigen Fremdkapitals und des Marktwerts des Eigenkapitals zum letzten BilSt [LEV]	+
Buchwert-Marktwert-Verhältnis [BWMWc]	Quotient des Buchwertes des Eigenkapitals zum letzten BilSt und des Marktwerts des Eigenkapitals zum BwSt [BWMW]	+
Unsicherheit über Erträge [UNSERT]	Variationskoeffizient des Ergebnisses je Aktie der letzten fünf Geschäftsjahre [VARK]	+
	Mit dem Aktienkurs skalierte Streuung der Ein-Jahres-eps-Prognosen durch Analysten zum BwSt [DISP]	+

Tabelle 8: Zusammenfassung der Hypothesen und Operationalisierung der Risikofaktoren

Die diskutierten Risikofaktoren gehen als Kontrollvariablen in das Strukturmodell für die Analyse des Zusammenhangs zwischen den Dimensionen der Abschlussprüfung und der Risikoprämie ein.

6.3 Schätzung impliziter Eigenkapitalkosten

6.3.1 Grundlagen

Die folgenden Ausführungen vermitteln die Ermittlungssystematik impliziter Eigenkapitalkosten $[r_{GG}, r_{CT}, r_{GLS}, r_{GM}, r_E]$, die – nach Abzug des risikofreien Zinssatzes $[r_{rf}]$ – als Indikatoren der impliziten Risikoprämie [RPfaktor] in das empirisch zu überprüfende Strukturmodell eingehen. Im Strukturmodell nimmt die implizite Risikoprämie [RPfaktor] die Rolle der endogenen Variablen ein. Diese endogene Variable wird durch die fünf Indikatoren rp_{GG}, rp_{CT}, rp_{GLS}, rp_{GM}, rp_E spezifiziert, deren Ermittlungssystematik es im Folgenden darzustellen gilt.

Im Schrifttum haben sich unterschiedliche Verfahren für die Approximation von Eigenkapitalkosten eines Unternehmens im Sinne einer durch den Investor erwarteten Rendite etabliert. Methoden, die auf die Zusammenhänge des CAPM oder Mehrfaktorenmodelle wie die APT zurückgreifen, sind allerdings durch Schwächen gekennzeichnet. Diese Schwächen sind beispielsweise auf die Vergangenheitsorientierung dieser Methoden zurückzuführen, die sich gezwungenermaßen aus der Verwendung historischer bereits realisierter Renditen ergibt.

Neue Methoden versuchen diesen Widerspruch zwischen dem zukunftsbezogenen Konzept der Eigenkapitalkosten im Sinne einer erwarteten Rendite und der Zugrundelegung vergangenheitsorientierter Größen aufzuheben. Dabei wird versucht, die in den Markterwartungen implizit enthaltenen Renditeerwartungen offenzulegen. Die daraus resultierenden zukunftsorientierten Renditeerwartungen werden daher als implizite Eigenkapitalkosten bezeichnet.[894] Dem Ansatz der Bestimmung *zukunftsorientierter, impliziter Eigenkapitalkosten* und daraus abgeleiteter impliziter Risikoprämien wird im Rahmen dieser Arbeit gefolgt.

Die Modelle zur Operationalisierung impliziter Eigenkapitalkosten sind auf ein Grundmodell aus der Unternehmensbewertung zurückzuführen.[895] In der spezifischen Ausgestaltung des konkreten Bewertungsmodells sind sie jedoch in zahlungsorientierte und rechnungswesenbasierte Modelle zu unterscheiden.[896] Den zahlungsorientierten Modellen sind Dividendendiskontierungsmodelle zuzuordnen. Unter die rechnungswesenbasierten Modelle sind die Residualgewinnmodelle und die Gewinnkapitalisierungsmodelle zu subsumieren. Die Ermittlung der impliziten Eigenkapitalkosten erfolgt jeweils auf individueller Unternehmensebene.[897] In den folgenden Kapiteln werden unterschiedliche Modelle zur Ermittlung impliziter Eigenkapitalkosten vorgestellt, die sich im Schrifttum etabliert haben.[898]

---

[894] Vgl. *Gsell* (2011): 143; *Daske/Wiesenbach* (2005a): 229. Realisierte Renditen bezeichnen im Folgenden solche Renditen, die sich aus vergangenheitsorientierten Konzepten ableiten lassen und aus Sicht des Kapitalmarktes historisch und somit realisiert sind. Implizite Renditen entsprechen impliziten Eigenkapitalkosten auf Basis zukunftsorientierter Konzepte. Aufgrund der Risikobehaftung von erwarteten Renditen stimmen Erwartungen an eine Rendite (zukunftsorientiert) häufig nicht mit der realisierten Rendite (vergangenheitsorientiert) überein. Vgl. *Pratt/Grabowski* (2010): 4. Dauerhaftes Ziel ist die Befriedigung der Renditeerwartungen durch realisierte Renditen, die sich bei Anteilseignern insgesamt aus Kursgewinnen und Dividenden zusammensetzt (Total Shareholder Return). Vgl. *Schmidt-Tank* (2005): 61; *Rappaport* (1999): 68.

[895] Die im Folgenden verwendeten Bewertungsmodelle determinieren den Unternehmenswert entsprechend dem Equity-Ansatz – bezeichnet auch als Nettoverfahren. Vgl. *Gsell* (2011): 143-144. Vgl. zur Systematisierung der Methoden der Unternehmensbewertung *Ballwieser* (2011): 8-10.

[896] Vgl. *Daske/Wiesenbach* (2005a): 229-230. *Nölte* (2009): 204 weist auf die theoretisch bessere Eignung von Discounted-Cash-Flow-Modellen hin. Die Verwendung von Discounted-Cash-Flow-Ansätzen setzt jedoch die Approximation von Größen voraus, die sich auch auf den Investitions- und Finanzierungsbereich des Unternehmens erstrecken. Vgl. *Koch* (2005): 14-19 und 132. Außerdem sind die durchaus vorhandenen Cash-Flow-Schätzungen von Finanzanalysten durch eine große Subjektivität gekennzeichnet. Die Prognose von Komponenten des freien Cash Flows wird insgesamt als schwierig angesehen. Vgl. *Koch* (2005): 20-22.

[897] Simultane Methoden wie z.B. im simultanen Residualmodell von *Easton et al.* (2002) oder im simultanen Gewinnkapitalisierungsmodell von *Easton* (2004) Anwendung finden, ermitteln Eigenkapitalkosten nicht auf individueller Unternehmensebene, sondern auf Portfolioebene. Neben dem Nachteil der sich aus der Ermittlung auf Portfolioebene ergibt, bietet die Methode den Vorteil geringerer zu treffender Annahmen wie z.B. Annahmen über die langfristige Entwicklung von Residualgewinnen. Vgl. *Daske/Wiesenbach* (2005b): 410. Diese Methoden scheiden jedoch aufgrund der im Rahmen dieser Arbeit aufgegriffenen Forschungsfragen aus, da die Messung des Einflusses der Qualität der Abschlussprüfung auf Unternehmensebene und nicht auf Portfolioebene erfolgt.

[898] Siehe für eine Systematisierung unterschiedlicher Schätzmethoden für implizite Eigenkapitalkosten *Daske/Wiesenbach* (2005a): 230.

6.3.2 Modellüberblick

6.3.2.1 Grundmodell

Die im Folgenden beschriebenen Modelle zur Bestimmung impliziter Eigenkapitalkosten beruhen stets auf der einfachen Gleichung, nach der der Wert eines Investitionsobjektes[899] V_0 zu einem bestimmten Bewertungsstichtag seinen mit den erwarteten Diskontierungsfaktor $[i]$ abgezinsten erwarteten Zahlungszuflüssen $[Z_t]$ gegenübergestellt wird.[900] Formal stellt sich die allgemeine Bewertungsgleichung wie folgt dar:[901]

$$V_0 = \sum_{t=1}^{\infty} \frac{Z_t}{(1+i)^t}$$

Wobei:
V_0 = Wert eines Investitionsobjektes zum Zeitpunkt t = 0
Z_t = erwartete Zahlungszuflüsse zum Zeitpunkt t > 0
i = Diskontierungsfaktor

Zur Ermittlung impliziter Eigenkapitalkosten $[r_{EK}]$ wird die Gleichung nach dem Diskontierungsfaktor $[i]$ aufgelöst,[902] der die Gleichheit zwischen dem Barwert der von den Eigenkapitalgebern erwarteten Zahlungszuflüssen und dem Wert der Investition herstellt.[903] Für die empirische Bestimmung des Wertes des Investitionsobjektes Aktie $[V_0]$ wird dabei die Annahme getroffen, er entspreche dem aktuellen Aktienkurs $[P_0]$.[904] Die vom Kapitalmarkt erwarteten Zahlungszuflüsse $[Z_t]$ werden über Größen – abhängig vom gewählten Bewertungsmodell – durch z.B. Dividenden- und Gewinnschätzungen von Finanzanalysten $[dps_t$ und $eps_t]$ approximiert.[905]

---

[899] Es handelt sich dabei um den inneren Wert des Investitionsobjektes. Vgl. *Jamin* (2006): 33. Der innere Wert beschreibt den Wert eines Unternehmens, der ihm aufgrund objektiver Maßstäbe – wie interner und externer Unternehmensdaten – beigemessen wird. Vgl. *Perridon/Steiner/Rathgeber* (2012): 215.

[900] Vgl. *Perridon/Steiner/Rathgeber* (2012): 230; *Damodaran* (2006): 196.

[901] Um die Notation übersichtlich zu halten, werden auf Tilden zur Kennzeichnung von Zufallsvariablen sowie die Verwendung von Erwartungswertoperatoren verzichtet.

[902] Für einige der im Folgenden beschriebenen Modelle existiert keine analytische Lösung für i. Die Ermittlung erfolgt bei diesen Modellen mit Hilfe einer iterativen Nullstellensuche, die sich in dem Tabellenkalkulationsprogramm Excel über den Excel Solver implementieren und mittels der Implementierung eines in VBA programmierten Makros beschleunigen lässt. Vgl. für eine Darstellung von Implementierungsfragen zur Berechnung von Eigenkapitalkosten *Daske/Wiesenbach* (2005b): 414-416.

[903] Vgl. *Dausend/Schmitt* (2011): 460.

[904] Siehe zur Kritik dieser Annahme Kapitel 6.3.3.

[905] Vgl. *Daske/Gebhardt/Klein* (2006): 4; *Daske/Wiesenbach* (2005b): 408. Die empirische Erhebung sowohl der Aktienkurse als auch der Analystenprognosen erfolgt auf Basis von Informationen, die der Informationsdienstleister Bloomberg zur Verfügung stellt. Das Modul, auf dem die Analystenprognosen aufbauen und sogenannte BEST-Prognosen bereitstellt, enthält – laut Aussage des Bloomberg Help Desk – Analys-

Letztlich wird bei dieser Vorgehensweise auf eine Modellierung im Kontext einer herkömmlichen Unternehmensbewertung abgestellt. Allerdings wird angenommen, dass der – in der Unternehmensbewertung üblicherweise gesuchte – Marktwert des Investitionsobjektes Aktie bekannt sei und in Form des Aktienkurses[906] vorliegt.[907] Vor diesem Hintergrund lässt sich durch die Messung der Gewinn- und Dividendenprognosen von Finanzanalysten *[eps/dps]*, des Aktienkurses *[P]* sowie des risikofreien Zinssatzes *[r_{rf}]* die implizite Risikoprämie *[rp]* als Residualgröße ermitteln. Die folgende Abbildung 8 veranschaulicht diese Zusammenhänge nochmals.

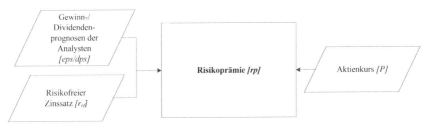

Abbildung 8: Zusammenhang zwischen Messung und Risikoprämie im Grundmodell

6.3.2.2 Dividendendiskontierungsmodelle

Dividendendiskontierungsmodelle sind den zahlungsorientierten Verfahren der Unternehmensbewertung zuzuordnen. Ausgehend von einem Grundmodell wird im Folgenden die Bestimmung impliziter Eigenkapitalkosten in den Modellspezifikationen nach *Gordon/Shapiro* (1956) *[r_{GS}]* sowie nach *Gordon/Gordon* (1997) *[r_{GG}]* aufgezeigt.

---

tenprognosen für diverse Zielkennzahlen seit 2005. Auf diese wird im Rahmen dieser Arbeit zurückgegriffen. In vielen Untersuchungen – *Nölte* (2008): 233; *Reese* (2007): 63; *Daske/Gebhardt/Klein* (2006): 13 – findet man auf die Nutzung von IBES-Prognosen, die sich ebenfalls aus dem Bloomberg-System erheben lassen. Diese IBES-Prognosen wurden im Zuge der Umstellung auf BEST-Prognosen allerdings aus dem Bloomberg-System eliminiert. Eine Vergleichbarkeit zu anderen Studien kann daher nur eingeschränkt erfolgen.

In die empirische Implementierung der Modelle fließen ausschließlich sogenannte Konsensusprognosen ein. Diese entsprechen dem Median einer Anzahl individueller Analystenprognosen zu einer bestimmten Kennzahl. Hierdurch kann gewährleistet werden, dass nicht einzelne Analystenmeinungen, sondern eben der weitgehende Konsens unter Analysten berücksichtigt wird. Vgl. zu dieser Vorgehensweise auch *Nölte* (2008): 190; *Reese* (2007): 110; *Daske/Gebhardt/Klein* (2006): 6. Die Verwendung des Medians als Lageparameter beinhaltet gegenüber dem Mittelwert den Vorteil, der geringeren Empfindlichkeit gegenüber Ausreißern. Vgl. *Wooldridge* (2006): 709.

[906] Implizit wird unterstellt, dass sich im Aktienkurs die Erwartungen der Kapitalmarktteilnehmer hinsichtlich des Wertes der Aktie widerspiegeln. Es wird davon ausgegangen, dass der fundamentale Wert einer Aktie durch den Aktienkurs wiedergegeben wird. Vgl. *Ballwieser* (2005): 323; *Kothari* (2001): 178.

[907] Vgl. *Reese* (2007): 62-63; *Daske/Wiesenbach* (2005a): 229.

6.3.2.2.1 Grundmodell

Das Modell nach *Williams* (1938 (Dritter Nachdruck 1964)) wird zur Bestimmung impliziter Eigenkapitalkosten in der Praxis nicht eingesetzt, dient jedoch für weitere Bewertungsmodelle häufig als Grundlage[908] und soll daher an dieser Stelle erläutert werden. Nach dem Modell entspricht der Wert einer Aktie zum Bewertungsstichtag *[P_{BWST}]* den mit den Eigenkapitalkosten *[r_{EK}][909]* diskontierten erwarteten Dividenden *[dps_t]* je Aktie:

$$P_{BWST} = \sum_{t=1}^{\infty} \frac{dps_t}{(1 + r_{EK})^t}$$

Wobei:
P_{BWST} = Aktienwert zum Bewertungsstichtag
dps_t = erwartete Dividende je Aktie zum Zeitpunkt t
r_{EK} = erwartete Eigenkapitalkosten

Problematisch an der Bestimmung impliziter Eigenkapitalkosten ist die praktische Umsetzung. Die Bewertungsgleichung sieht vor, dass für einen unendlichen Zeitraum Dividendenprognosen vorliegen. Finanzanalysten stellen derartige Prognosen allerdings nur für einen begrenzten Zeitraum zur Verfügung. Das Modell nach *Gordon/Shapiro* (1956) greift diese Problematik auf und stellt eine Weiterentwicklung des Modells nach *Williams* (1938 (Dritter Nachdruck 1964)) dar.[910]

6.3.2.2.2 Modell nach *Gordon/Shapiro* (1956)

Gordon/Shapiro (1956) unterstellen ein ab dem Bewertungszeitpunkt konstantes Dividendenwachstum. Hierdurch kann dem Problem der mangelnden Verfügbarkeit von Dividendenprognosen über einen ewigen Prognosezeitraum begegnet werden. Das Bewertungsmodell ergibt sich danach als:[911]

$$P_{BWST} = \frac{dps_1}{r_{GS} - g_{Div}}$$

$$r_{GS} = \frac{dps_1}{P_{BWST}} + g_{Div}$$

---

[908] Vgl. *Kothari* (2001): 174; *Williams* (1938 (Dritter Nachdruck 1964)): 55-57.

[909] Das Modell nach *Williams* (1938 (Dritter Nachdruck 1964)) ist auch in der Form vereinfacht dargestellt, als dass die Eigenkapitalkosten nicht konstant sind, sondern für jede Periode spezifisch bestimmt werden müssen. Vgl. *Nölte* (2008): 187, Fn. 693. *Reese* (2007): 62 nehmen ebenfalls eine intertemporale Konstanz der Eigenkapitalkosten an.

[910] Vgl. *Reese* (2007): 62; *Gordon/Shapiro* (1956): 104.

[911] Vgl. *Gordon/Shapiro* (1956): 105-106.

Wobei:
P_{BWST} = Aktienwert zum Bewertungsstichtag
dps_1 = erwartete Dividende je Aktie zum Zeitpunkt t = 1
r_{GS} = erwartete Eigenkapitalkosten nach *Gordon/Shapiro (1956)*
g_{Div} = erwartete, langfristige Wachstumsrate der Dividenden

Anwendung findet dieser Ansatz zur Bestimmung impliziter Eigenkapitalkosten z.B. bei *Claus/Thomas* (2001). Sie kritisieren allerdings die Entstehung unplausibler Ergebnisse resultierend aus der Annahme unbegrenzten Wachstums der Dividenden.[912] Aufgrund dieses Defizits wird das Modell in der eigenen empirischen Analyse für die Berechnung impliziter Eigenkapitalkosten nicht angewendet.

6.3.2.2.3 Modell nach *Gordon/Gordon* (1997)

Im sogenannten Finite Horizon Expected Return Model nach *Gordon/Gordon* (1997) werden implizite Eigenkapitalkosten über ein Phasenmodell approximiert. Es wird davon ausgegangen, dass über einen Detailprognosezeitraum hinaus keine weiteren Überrenditen erzielt werden können und der Gewinn demnach voll ausgeschüttet wird.[913] In empirischen Arbeiten erstreckt sich der Detailprognosezeitraum – wie auch in dieser Arbeit – häufig über vier Jahre.[914] Für einen vierjährigen Detailprognosezeitraum gilt daher im fünften Jahr: $eps_5 = dps_5$. Die Bewertungsgleichung im Modell nach *Gordon/Gordon* (1997) ergibt sich als:[915]

$$P_{BWST} = \sum_{t=1}^{4} \frac{dps_t}{(1 + r_{GG})^{t-0,5}} + \frac{eps_5}{r_{GG} \times (1 + r_{GG})^{4-0,5}}$$

Wobei:
P_{BWST} = Aktienwert zum Bewertungsstichtag
dps_t = erwartete Dividende je Aktie zum Zeitpunkt t
eps_t = erwarteter Gewinn je Aktie zum Zeitpunkt t
r_{GG} = erwartete Eigenkapitalkosten im Modell nach *Gordon/Gordon* (1997)

---

[912] Vgl. *Nölte* (2008): 189 in Bezug auf *Claus/Thomas* (2001): 1634. *Reese* (2007) fordert $r_{EK} < g_{DIV}$ als ökonomisch sinnvolle Restriktion, da hierdurch unendlich große Unternehmenswerte ausgeschlossen werden. Vgl. *Reese* (2007): 62.

[913] Vgl. *Gordon/Gordon* (1997): 54.

[914] Einen Detailprognosezeitraum von vier Jahren unterstellen z.B. *Guay/Kothari/Shu* (2011): 131 und *Junc* (2010): 175-177. Einen Detailprognosezeitraum von fünf Jahren unterstellen *Botosan/Plumlee* (2005): 25.

[915] Der Diskontierungszeitraum entspricht in diesem und in allen anderen Modellen, dem Zeitraum zwischen der erwarteten Zahlung und dem Bewertungsstichtag. Da der Bewertungsstichtag auf ca. ein halbes Jahr nach dem Ende des letzten Geschäftsjahres festgelegt wurde, verkürzt sich der Diskontierungszeitraum um den Zeitraum zwischen dem Bewertungsstichtag und dem Ende des Geschäftsjahres für das die erste Prognose getätigt wird. Dieser Zeitraum beträgt hier ein halbes Jahr, was einer Verkürzung des Diskontierungszeitraumes um 0,5 entspricht. Siehe für die Beschreibung des Bewertungsstichtages in der vorliegenden empirischen Untersuchung Kapitel 7.2.2.

Die empirische Erhebung des Aktienwertes erfolgt durch die Bestimmung des Aktienkurses zum Bewertungsstichtag. Die erforderlichen Dividenden- und Gewinnprognosen von Finanzanalysten sind nicht immer für den gesamten Prognosezeitraum verfügbar.[916] Häufig liegen Gewinnprognosen für maximal drei Jahre vor. Fehlende Gewinnprognosen werden über absolute, geschätzte Gewinnänderungen folgendermaßen ermittelt:[917]

$$eps_4 = eps_3 + \frac{eps_3 - eps_1}{2}$$

$$eps_5 = eps_4 + \frac{eps_4 - eps_1}{3}$$

Beim Vorliegen von Gewinnschätzungen über lediglich zwei Jahre, wird die Differenz der beiden Schätzungen $eps_2 - eps_1$ als konstantes Wachstum angenommen und zur Ermittlung der fehlenden Gewinnschätzungen herangezogen.[918]

Fehlende Dividendenprognosen werden aus verfügbaren Gewinnschätzungen und einer als konstant angenommenen Ausschüttungsquote ermittelt. Die Ausschüttungsquote entspricht dabei der letzten verfügbaren Dividendenschätzung (Zukunftsapproximation) oder der zuletzt bekannten Dividendenzahlung (Vergangenheitsapproximation) – entnehmbar aus dem letzten verfügbaren Geschäftsbericht – in Relation zu dem entsprechenden prognostizierten oder tatsächlichen Gewinn.[919]

Als Indikator für die implizite Risikoprämie *[RPfaktor]* gehen die impliziten Eigenkapitalkosten nach *Gordon/Gordon* (1997) *[r_{GG}]* nach Abzug des risikofreien Zinssatzes *[r_{rf}]* ein. Die implizite Risikoprämie nach *Gordon/Gordon* (1997) wird mit *[rp_{GG}]* bezeichnet und bestimmt sich aus:

$$rp_{GG} = r_{GG} - r_{rf}$$

---

[916] Die empirische Bestimmung des Wertes der Aktie zum Bewertungsstichtag sowie die der erwarteten Dividenden und Gewinne erfolgt bei allen im Folgenden beschriebenen Modellen analog.

[917] Vgl. *Nölte* (2008): 190; *Daske/Gebhardt/Klein* (2006): 9; *Gebhardt/Lee/Swaminathan* (2001): 143. *Daske/Wiesenbach* (2005b): 411; *Claus/Thomas* (2001): 1638 ziehen zusätzlich die langfristige Prognose von Finanzanalysten über das Gewinnwachstum zur Approximation fehlender Gewinnprognosen heran. Die Fortschreibung fehlender Gewinnprognosen über die erwartete, langfristige Gewinnwachstumsrate *[$g_{lf,FA}$]* gestaltet sich in folgender Form: $eps_t = eps_{t-1} \times (1 + g_{lf,FA})$. Diese Möglichkeit scheidet jedoch aus, da für die der Analyse zugrunde liegenden Unternehmen derartige Prognosen nicht in ausreichendem Maße vorliegen.

[918] Vgl. *Nölte* (2008): 190.

[919] Vgl. *Nölte* (2008): 191; *Gebhardt/Lee/Swaminathan* (2001): 144.

6.3.2.3 Residualgewinnmodelle

Residualgewinnmodelle sind den rechnungswesenbasierten Verfahren der Unternehmensbewertung zuzuordnen. Ausgehend von einem Grundmodell wird im Folgenden die Bestimmung impliziter Eigenkapitalkosten in den Modellspezifikationen nach *Claus/Thomas* (2001) *[r_{CT}]* sowie nach *Gebhardt/Lee/Swaminathan* (2001) *[r_{GLS}]* aufgezeigt.

6.3.2.3.1 Grundmodell

Nach Residualgewinnmodellen,[920] welche auf Größen des Rechnungswesens aufbauen, bestimmt sich der Wert einer Aktie und somit entsprechend seiner empirischen Implementierung der Aktienkurs aus der Summe des Buchwerts des Eigenkapitals je Aktie zum Bewertungsstichtag *[bps_{BWST}]* und den diskontierten erwarteten Residualgewinnen *[RG]*. Die Diskontierung der erwarteten Residualgewinne erfolgt dabei mit den Eigenkapitalkosten *[r_{EK}]*.[921]

$$P_{BWST} = bps_{BWST} + \sum_{t=1}^{\infty} \frac{RG_t}{(1 + r_{EK})^t}$$

Der Residualgewinn *[RG_t]* entspricht der Differenz aus erwartetem Gewinn je Aktie *[eps_t]* und den kalkulatorischen Eigenkapitalkosten, welche eine angemessene Vergütung des durch den Investor zur Verfügung gestellten Eigenkapitals darstellt.[922] Die kalkulatorischen Eigenkapitalkosten ergeben sich dabei aus der Multiplikation des Buchwertes des Eigenkapitals je Aktie zu Beginn der Periode *[bps_{t-1}]* und dem Eigenkapitalkostensatz *[r_{EK}]*:[923]

$$RG_t = eps_t - r_{EK} \times bps_{t-1}$$

Insgesamt ergibt sich folgende Bewertungsgleichung:

$$P_{BWST} = bps_{BWST} + \sum_{t=1}^{\infty} \frac{eps_t - r_{EK} \times bps_{t-1}}{(1 + r_{EK})^t}$$

Wobei:
P_{BWST} = Aktienwert zum Bewertungsstichtag
bps_t = erwarteter Buchwert des Eigenkapitals je Aktie zum Zeitpunkt t

---

[920] Residualansätze gehen auf *Edwards/Bell* (1961 (Nachdruck 1973)); *Preinreich* (1939); *Preinreich* (1937b); *Preinreich* (1937a) sowie im deutschen Schrifttum auf *Lücke* (1955) zurück. Ohlson (2005) stellt ein allgemeines Bewertungsmodell zur Verfügung, welches sich sowohl in Residualgewinnmodelle wie auch in die später thematisierten Gewinnkapitalisierungsmodelle überführen lässt. Vgl. *Reese* (2007): 64-65.

[921] Vgl. *Reese* (2007): 65; *Ohlson* (1995): 667.

[922] Vgl. *Jamin* (2006): 35.

[923] Vgl. *Crasselt/Nölte* (2007): 525.

eps_t = erwarteter Gewinn je Aktie zum Zeitpunkt t
RG_t = erwartete Residualgewinn je Aktie zum Zeitpunkt t
r_{EK} = erwartete Eigenkapitalkosten

Erwartete Buchwerte des Eigenkapitals werden unter Zugrundelegung des Clean-Surplus-Prinzips ermittelt,[924] wodurch die Gültigkeit dieses Prinzips zu einer Bedingung der Anwendung des Residualgewinnmodells wird. Die Einhaltung des Clean-Surplus-Prinzips fordert, dass alle Veränderungen des bilanziellen Eigenkapitals, die keine Transaktion mit Eigentümern darstellen – wie z.B. die Auszahlung von Dividenden –, in der Gewinn- und Verlustrechnung erfasst werden müssen.[925] Der Buchwert des Eigenkapitals in Periode t entspricht unter Berücksichtigung des Clean-Surplus-Prinzips dem Buchwert der Vorperiode zuzüglich der erzielten Gewinne und abzüglich der ausgeschütteten Dividenden. Formal ergibt sich der Buchwert des Eigenkapitals je Aktie unter Berücksichtigung des Clean-Surplus-Prinzips zum Zeitpunkt t aus:[926]

$$bps_t = bps_{t-1} + eps_t - dps_t$$

6.3.2.3.2 Modell nach *Claus/Thomas* (2001)

In der Spezifikation des Residualgewinnmodells nach *Claus/Thomas* (2001) wird von einem Detailprognosezeitraum von fünf Jahren ausgegangen und ein konstantes Wachstum der Residualgewinne über diesen Zeitraum hinaus unterstellt. Die Berechnung der Residualgewinne entspricht jener im Grundmodell. Man erhält folgende Bewertungsgleichung:

$$P_{BWST} = bps_{BWST} + \sum_{t=1}^{5} \frac{eps_t - r_{CT} \times bps_{t-1}}{(1 + r_{CT})^{t-0,5}} + \frac{(eps_5 - r_{CT} \times bps_4) \times (1 + g_{lt})}{(r_{CT} - g_{lt}) \times (1 + r_{CT})^{5-0,5}}$$

Wobei:
P_{BWST} = Aktienwert zum Bewertungsstichtag
bps_t = erwarteter Buchwert des Eigenkapitals je Aktie zum Zeitpunkt t
eps_t = erwarteter Gewinn je Aktie zum Zeitpunkt t

---

[924] Vgl. *Ohlson* (1995): 666. Grundsätzlich stellt der Informationsdienstleister Bloomberg auch Buchwertprognosen zur Verfügung. Es wäre daher denkbar diese – sofern verfügbar – für die Bestimmung erwarteter Buchwerte zu verwenden. Allerdings soll sich hier aus Gründen der Vergleichbarkeit an der etablierten Vorgehensweise orientiert werden, weshalb bei der Bestimmung erwarteter Buchwerte des Eigenkapitals gemäß dem Clean-Surplus-Prinzip gefolgt wird. Außerdem würde die Verwendung des Medians von Buchwertprognosen zu einer Verletzung des Clean-Surplus-Prinzips führen. Vgl. *Häußler* (2008): 66; Fn. 64.

[925] Vgl. *Ewert/Wagenhofer* (2008): 537-538. *Jamin* (2006): 37 und *Ballwieser* (2005): 323 setzen das Clean-Surplus-Prinzip mit dem Kongruenzprinzip gleich. Nach dem Kongruenzprinzip entspricht die Summe der Einzahlungsüberschüsse der Totalperiode der Summe der Gewinne. Vgl. *Ewert/Wagenhofer* (2008): 537-538. Das Kongruenzprinzip stellt jedoch eine weniger strenge Bedingung als das Clean-Surplus-Prinzip dar. Vgl. *Reese* (2007): 66.

[926] Vgl. *Reese* (2007): 66.

r_{CT} = erwartete Eigenkapitalkosten im Modell nach *Claus/Thomas* (2001)
g_{lf} = erwartete, langfristige Gewinnwachstumsrate

Der Buchwert des Eigenkapitals je Aktie zum Bewertungsstichtag *[bps$_{BWST}$]* bestimmt sich aus der Division des Wertes des Eigenkapitals und der Anzahl der Aktien.[927] Die Prognosewerte für den Buchwert des Eigenkapitals je Aktie *[bps$_{t>0}$]* werden unter der Annahme der Gültigkeit des Clean-Surplus-Prinzips aus Gewinnprognosen *[eps$_t$]* und Dividendenprognosen *[dps$_t$]* bestimmt.[928] Die Approximation fehlender Gewinn- und/oder Dividendenprognosen erfolgt analog zur empirischen Implementierung des Modells nach *Gordon/Gordon* (1997).[929]

Die Ermittlung eines Restwertes erfolgt unter Heranziehen einer konstanten, langfristigen Wachstumsrate *[g$_{lf}$]*. *Claus/Thomas* (2001) folgend wird angenommen, dass diese Wachstumsrate der Inflationsrate entspricht.[930] Diese wird annäherungsweise durch den risikofreien Zins *[r$_{rf}$]* zum Bewertungsstichtag abzüglich 3 % bestimmt.[931]

Die Bewertungsstichtage, die für die Bestimmung impliziter Eigenkapitalkosten zugrunde gelegt werden, weichen vom Bilanzstichtag deutlich ab.[932] Aufgrund dessen ist der Buchwert des Eigenkapitals je Aktie zum Ende des letzten Geschäftsjahres *[bps$_0$]*, nicht jedoch zum Bewertungsstichtag *[bps$_{BWST}$]* bekannt.[933] Zur Lösung dieses Problems wird der Buchwert des Eigenkapitals je Aktie unter der Annahme, dass er konstant mit der erwarteten Eigenkapitalrendite *[FROE]* bis zum Bewertungsstichtag wächst, angepasst. Die erwartete Eigenkapitalrendite *[FROE$_1$]* entspricht dabei dem Quotienten aus dem erwarteten Gewinn je Aktie für das laufende Jahr *[eps$_1$]* und dem Buchwert des Eigenkapitals je Aktie zu Beginn des Jahres *[bps$_0$]*. Die Berechnung des Buchwertes des Eigenkapitals zum Bewertungsstichtag stellt sich wie folgt dar:

$$bps_{BWST} = bps_0 \times (1 + FROE_1)^{0,5}$$

$$FROE_t = \frac{eps_t}{bps_{t-1}}$$

---

[927] Vgl. *Claus/Thomas* (2001): 1642.
[928] Vgl. *Daske/Wiesenbach* (2005b): 412.
[929] Siehe hierzu bereits Kapitel 6.3.2.2.2.
[930] Vgl. *Claus/Thomas* (2001): 1640.
[931] Vgl. *Reese* (2007): 68; *Gode/Mohanram* (2003): 403; *Claus/Thomas* (2001): 1640 und 1642.
[932] In diesem Fall ist dies konkret ein halbes Jahr, das zwischen Ende des letzten Geschäftsjahres und Bewertungsstichtag liegt. Siehe für die Erwägungsgründe, die zur Festlegung des Bewertungsstichtages geführt haben Kapitel 7.2.2.
[933] Vgl. zu Buchwertanpassungen *Daske/Gebhardt/Klein* (2006): 11; *Gebhardt/Lee/Swaminathan* (2001): 143-144.

$$bps_{BWST} = bps_0 \times (1 + \frac{eps_1}{bps_0})^{0,5}$$

Der Exponent in Höhe von 0,5 ergibt sich aus dem auf das Jahr bezogenen Anteil der Tage, die zwischen dem Bilanzstichtag und dem Bewertungsstichtag vergangen sind: $\frac{Tage(t=0;BWST)}{365}$. Da der Bewertungsstichtag regelmäßig sechs Monate nach dem Bilanzstichtag liegt, ergibt sich der Exponent zu 0,5.

Unter der beschriebenen Vorgehensweise ist die synthetische Steigerung des Buchwertes des Eigenkapitals je Aktie zwischen Beginn des Geschäftsjahres und dem Bewertungsstichtag als bereits realisierter Gewinn zu interpretieren. Der für das gesamte Geschäftsjahr erwartete Gewinn muss folglich um die bereits im „fortgeschriebenen" Buchwert vorweggenommen Gewinne gemindert werden. Der erwartete Gewinn im übrigen Geschäftsjahr $eps_{1\,unterjährig}$ ergibt sich folgendermaßen:

$$eps_{1\,unterjährig} = eps_1 - (bps_{BWST} - bps_0)$$

Der Residualgewinn der ersten unterjährigen Periode ergibt sich aus:[934]

$$RG_{1\,unterjährig} = eps_{1\,unterjährig} - [(1 + r_{CT})^{0,5} - 1] \times bps_{BWST}$$

Residualgewinne der Perioden 2 bis 5 beziehen sich auf vollständige Geschäftsjahre. Sie können dementsprechend mit dem vollen Diskontierungssatz abgezinst werden.[935] Die Eigenkapitalkosten im Nenner werden ebenfalls jeweils auf den Bewertungsstichtag bezogen. Der Diskontierungszeitraum verkürzt sich damit um jeweils ca. sechs Monate.[936]

$$P_{BWST} = bps_{BWST}$$

$$+ \frac{RG_{1\,unterjährig}}{(1 + r_{CT})^{0,5}}$$

$$+ \sum_{t=2}^{5} \frac{eps_t - r_{CT} \times bps_{t-1}}{(1 + r_{CT})^{t-0,5}}$$

$$+ \frac{(eps_5 - r_{CT} \times bps_4) \times (1 + g_{lt})}{(r_{CT} - g_{lt}) \times (1 + r_{CT})^{5-0,5}}$$

---

[934] Vgl. *Nölte* (2008): 194.

[935] Vgl. *Daske* (2005): 151.

[936] Vgl. *Daske/Gebhardt/Klein* (2006): 6. Siehe hierzu auch die weiteren Ausführungen von *Nölte* (2008): 195.

Als Indikator für die implizite Risikoprämie *[RPfaktor]* gehen die impliziten Eigenkapitalkosten nach *Claus/Thomas* (2001) *[r_CT]* nach Abzug des risikofreien Zinssatzes *[r_rf]* ein. Die implizite Risikoprämie nach *Claus/Thomas* (2001) wird mit *[rp_CT]* bezeichnet und bestimmt sich aus:

$$rp_{CT} = r_{CT} - r_{rf}$$

6.3.2.3.3 Modell nach *Gebhardt/Lee/Swaminathan* (2001)

Das Residualgewinnmodell nach *Gebhardt/Lee/Swaminathan* (2001) unterscheidet eine Detailprognoseperiode, eine Übergangsperiode sowie eine Periode zur Bestimmung des Endwertes.[937] Die Bewertungsgleichung stellt sich – aufgeteilt auf die drei Stufen und unter Berücksichtigung der pauschalen Differenz zwischen Bewertungsstichtag und Jahresbeginn – wie folgt dar:[938]

Detailprognoseperiode (t = BWST bis t = 5):

$$P_{BWST} = bps_{BST} + \frac{RG_{1 unterjährig}}{(1 + r_{GLS})^{0,5}} + \sum_{t=2}^{5} \frac{RG_t}{(1 + r_{GLS})^{(t-0,5)}}$$

Übergangsperiode (t = 6 bis t = 11):

$$+ \sum_{t=6}^{11} \frac{(FROE_t - r_{GLS}) \times bps_{t-1}}{(1 + r_{GLS})^{(t-0,5)}}$$

Periode zur Bestimmung des Endwertes (t = 12):

$$+ \frac{(FROE_{12} - r_{GLS}) \times bps_{11}}{r_{GLS} \times (1 + r_{GLS})^{(11-0,5)}}$$

Wobei:
P_{BWST} = Aktienwert zum Bewertungsstichtag
bps_t = (erwarteter) Buchwert des Eigenkapitals je Aktie zum Zeitpunkt t
eps_t = erwarteter Gewinn je Aktie zum Zeitpunkt t
$FROE_t$ = erwartete Eigenkapitalrendite zum Zeitpunkt t
RG_t = erwarteter Residualgewinn je Aktie zum Zeitpunkt t
r_{GLS} = erwartete Eigenkapitalkosten im Modell nach *Gebhardt/Lee/Swaminathan* (2001)

Werte, welche für die Spezifikation der Detailprognoseperiode benötigt werden, werden entsprechend der Vorgehensweise im Modell nach *Claus/Thomas* (2001) bestimmt.

---

[937] Vgl. *Gebhardt/Lee/Swaminathan* (2001): 141-143.
[938] Vgl. zur Darstellung der drei Perioden *Nölte* (2008): 195, aber auch *Daske/Gebhardt/Klein* (2006): 6.

In der Übergangsperiode ist die erwartete Eigenkapitalrendite $[FROE_t = \frac{eps_t}{bps_{t-1}}]$ zu ermitteln. Es wird angenommen, dass sich die erwartete Eigenkapitalrendite vom Ende der Periode fünf bis zum Ende des Prognosezeitraums in Periode zwölf an eine durchschnittliche, branchenspezifische Ziel-Eigenkapitalrendite annähert.[939] Die Legitimation für die Annahme eines solchen Konvergenzprozesses liefert die Annahme, dass ein Unternehmen in einem kompetitiven Umfeld langfristig keine Überrenditen erzielen kann.[940] Die Approximation erfolgt durch lineare Interpolation zwischen der erwarteten Eigenkapitalrendite der Periode fünf und der branchenspezifischen Ziel-Eigenkapitalrendite.[941] Die branchenspezifische Ziel-Eigenkapitalrendite entspricht dem gleitenden Median der Eigenkapitalrenditen über die jeweils letzten fünf Jahre der Branchen, denen die Unternehmen zuzuordnen sind.[942] Unternehmen mit einer negativen Eigenkapitalrendite werden für die Bestimmung der Ziel-Eigenkapitalrendite aus der Berechnung eliminiert, da davon auszugehen ist, dass Unternehmen mit einer positiven Eigenkapitalrendite die langfristige Renditeerwartung einer Branche besser widerspiegeln.[943] In der eigenen empirischen Untersuchung wird dieser Vorgehensweise gefolgt.[944]

Ab der Periode zur Bestimmung des Endwertes (t =12) wird davon ausgegangen, dass jedes Unternehmen langfristig die durchschnittliche, branchenspezifische Ziel-Eigenkapitalrendite

---

[939] Vgl. *Nölte* (2008): 195. Die Annäherung kann sowohl in Form einer Senkung als auch einer Steigerung erfolgen. Vgl. *Reese* (2007): 68. Dies hängt davon ab, ob die erwartete Eigenkapitalrendite in t=5 $[FROE_5]$ größer oder kleiner als die branchenübliche Ziel-Eigenkapitalrendite $[FROE_{12}]$ ist.

[940] Vgl. *Nölte* (2008): 196; *Reese* (2007): 68. Zur Kritik hinsichtlich dieser Annahme siehe *Nölte* (2008): 196; Fn. 726; *Reese* (2007): 68.

[941] Vgl. *Reese* (2007): 68.

[942] Vgl. *Gebhardt/Lee/Swaminathan* (2001): 143. Da einige Branchen nur wenige Unternehmen enthalten approximieren *Dausend/Schmitt* (2011) die Ziel-Eigenkapitalrendite durch die durchschnittliche Eigenkapitalrendite des betrachteten Index, der rollierend über die letzten fünf Jahre berechnet wird. Die Autoren weisen darauf hin, dass bei einer Berechnung über einen fünfjährigen Zeitraum ein relativ konstantes Erwartungsumfeld angenommen werden kann. Vgl. *Dausend/Schmitt* (2011): 465 und dort Fn. 67. *Daske/Wiesenbach* (2005b) ermitteln die Ziel-Eigenkapitalrendite über den historischen 16-jährigen Branchenmedian aus dem Dow Jones Euro STOXX. Vgl. *Daske/Wiesenbach* (2005b): 412.

[943] Vgl. *Gebhardt/Lee/Swaminathan* (2001): 143.

[944] Die Zugrundelegung einer Ziel-Eigenkapitalrendite basiert auf der Annahme, dass sich Unternehmen, die in dem gleichen wettbewerblichen Umfeld agieren, an dieser ausrichten. Die Bestimmung der Ziel-Eigenkapitalrendite sollte folglich mit dem Wettbewerbsumfeld eines Unternehmens korrespondieren. Um zu vermeiden, dass bei Branchen, die im eigenen Sample zu wenige Unternehmen enthalten, diese wenigen Unternehmen maßgeblich für die Bestimmung der Ziel-Eigenkapitalrenditen sind, erfolgt die Ermittlung der Ziel-Eigenkapitalrenditen anhand eines breiten Portfolios von Unternehmen, die im Informationssystem Bloomberg verfügbar sind und nicht lediglich auf Basis der Unternehmen der untersuchten Stichprobe. Die Einteilung in Branchen entspricht der GICS-Klassifikation in 24 Industriegruppen. Vgl. zu der Branchenklassifikation nach GICS *Standard & Poor's* (2012).

$[FROE_{12}]$ erzielt.[945] Zwischen der Zieleigenkapitalrendite und Residualgewinnen besteht folgende Beziehung:[946]

$$RG_t = (FROE_t - r_{GLS}) * bps_{t-1} = \left(\frac{eps_t}{bps_{t-1}} - r_{GLS}\right) * bps_{t-1} = eps_t - r_{GLS} * bps_{t-1}$$

Durch die Gleichung wird deutlich, dass die Annahme einer dauerhaften Erzielung einer branchenüblichen Ziel-Eigenkapitalrendite nach Periode 12 automatisch zur Unterstellung konstanter Residualgewinne ab Periode 12 führt.[947]

Als Indikator für die implizite Risikoprämie [RPfaktor] gehen die impliziten Eigenkapitalkosten nach *Gebhardt/Lee/Swaminathan* (2001) $[r_{GLS}]$ nach Abzug des risikofreien Zinssatzes $[r_{rf}]$ ein. Die implizite Risikoprämie nach *Gebhardt/Lee/Swaminathan* (2001) wird mit $[rp_{GLS}]$ bezeichnet und bestimmt sich aus:

$$rp_{GLS} = r_{GLS} - r_{rf}$$

6.3.2.4 Gewinnkapitalisierungsmodelle

Residualgewinnmodelle sind den rechnungswesenbasierten Verfahren der Unternehmensbewertung zuzuordnen. Ausgehend von einem Grundmodell wird im Folgenden die Bestimmung impliziter Eigenkapitalkosten in den Modellspezifikationen nach *Gode/Mohanram* (2003) $[r_{GM}]$ sowie nach *Easton* (2004) $[r_E]$ aufgezeigt.

6.3.2.4.1 Grundmodell

Gewinnkapitalisierungsmodelle definieren den Wert des Unternehmens als die Summe aus dem kapitalisierten Gewinn des Folgejahres (das erste Prognosejahr) und dem kapitalisierten Barwert des abnormalen Gewinnwachstums (engl.: Abnormal Earnings Growth AEG), welches den kapitalisierten Barwert künftiger Übergewinne darstellt.[948]

Der kapitalisierte Gewinn des Folgejahres entspricht $\frac{1}{r_{EK}} * eps_1$. Das ebenfalls mit dem Faktor $\frac{1}{r_{EK}}$ zu kapitalisierende und als Barwert (Multiplikation mit $\frac{1}{1+r_{EK}}$) anzusetzende abnormale Gewinnwachstum resultiert aus einem Gewinnzuwachs $eps_{t+1} - eps_t$, welches verbleibt, nachdem thesaurierte Gewinne reinvestiert wurden $r_{EK} * (eps_t - dps_t)$. Das abnormale Gewinnwachstum in t ist zu formulieren als:

---

[945] Vgl. *Daske/Wiesenbach* (2005b): 412; *Gebhardt/Lee/Swaminathan* (2001): 142.
[946] Vgl. *Reese* (2007): 68.
[947] Vgl. *Reese* (2007): 68.
[948] Vgl. *Nölte* (2008): 197; *Reese* (2007): 73; *Crasselt/Nölte* (2007): 523; *Daske/Wiesenbach* (2005b): 409.

$$AEG_t = eps_{t+1} - eps_t - r_{EK} * (eps_t - dps_t)$$

Durch Umformen ergibt sich die Gleichung als:

$$AEG_t = eps_{t+1} + r * dps_t - (1 + r_{EK}) * eps_t$$

Insgesamt lässt sich folgende Bewertungsgleichung aus der Summe des kapitalisierten Gewinns des Folgejahres und dem kapitalisierten Barwert des abnormalen Gewinnwachstums ableiten:[949]

$$P_{BWST} = \frac{eps_1}{r_{EK}} + \frac{1}{r_{EK}} \sum_{t=1}^{\infty} \frac{AEG_t}{(1 + r_{EK})^t}$$

Wobei:
AEG = abnormales Gewinnwachstum
P_{BWST} = Aktienwert zum Bewertungsstichtag
eps_t = erwarteter Gewinn je Aktie zum Zeitpunkt t
dps_t = erwartete Dividende je Aktie zum Zeitpunkt t
r_{EK} = erwartete Eigenkapitalkosten

Die Unterstellung des Clean-Surplus-Prinzips[950] wird gegenüber dem Residualgewinnmodell entbehrlich, da im Vergleich zu diesem der Buchwert des Eigenkapitals je Aktie durch den für die Folgeperiode erwarteten, kapitalisierten Gewinn je Aktie ersetzt wurde.[951] Durch das Abwenden von Buchwerten wird erreicht, dass keine Annahmen über die Entwicklung des Buchwertes – wie sie in Form der Anwendung des Clean-Surplus-Prinzips umgesetzt werden konnten – erfolgen müssen.[952]

6.3.2.4.2 Modell nach *Gode/Mohanram* (2003)

Gode/Mohanram (2003)[953] spezifizieren das grundlegende Gewinnkapitalisierungsmodell in der Form, in dem sie eine konstante Thesaurierungsquote *[eps_t − dps_t]* und eine langfristige

---

[949] Vgl. *Crasselt/Nölte* (2007): 524. Der Ausgangswert in der Bewertungsgleichung *[$\frac{eps_1}{r_{EK}}$]* wird damit begründet, dass sich Kapitalmarktteilnehmer im Wesentlichen auf prognostizierte Gewinne bei ihrer Entscheidungsfindung stützen. Vgl. *Ohlson* (2005): 331.

[950] Siehe hierzu im Kontext der Residualgewinnmodelle bereits Kapitel 6.3.2.3.

[951] Vgl. *Daske/Wiesenbach* (2005b): 409. *Reese* (2007) wendet zur besseren Veranschaulichung dennoch zusätzlich das Clean-Surplus-Prinzip auf das Gewinnkapitalisierungsmodell an. Vgl. *Reese* (2007): 73.

[952] Vgl. *Reese* (2007): 73 und implizit *Gode/Mohanram* (2003): 426.

[953] Streng genommen stellt das im Folgenden beschriebene Modell eine empirische Implementierung der theoretischen Modellierung nach *Ohlson/Juettner-Nauroth* (2005) dar. Da in empirischen Anwendungen jedoch auch praktische Probleme bei der Umsetzung adressiert werden müssen, soll hier auf das Modell nach *Gode/Mohanram* (2003) verwiesen werden. *Nölte* (2008): 197-199 sowie *Daske/Wiesenbach* (2005b): 409-410 gehen analog vor. *Reese* (2007): 73-75 weist dieses Modell direkt als Modell nach

Gewinnwachstumsrate $[g_{lf}]$, die für alle Unternehmen identisch ist, annehmen.[954] Über die erwartete Dividende der Periode 1 hinaus sind keine weiteren Annahmen hinsichtlich der Dividendenpolitik des Unternehmens notwendig. Die unendliche Detailprognosephase wird durch ein ewiges Rentenmodell ersetzt.[955] Es resultiert folgende Bewertungsgleichung:

$$P_{BWST} = \frac{eps_1}{r_{GM}} + \frac{eps_2 - eps_1 - r_{GM} \times (eps_1 - dps_1)}{r_{GM} \times (r_{GM} - g_{lf})}$$

Wobei:
P_{BWST} = Aktienwert zum Bewertungsstichtag
eps_t = erwarteter Gewinn je Aktie in t
dps_1 = erwartete Dividende je Aktie in t = 1
r_{GM} = erwartete Eigenkapitalkosten nach *Gode/Mohanram* (2003)
g_{lf} = erwartete, langfristige Wachstumsrate der Gewinne

Die Gleichung lässt sich weiter zu einer analytischen Lösung von r_{GM} umformen und zusammenfassen als:[956]

$$r_{GM} = A + \sqrt{A^2 + \frac{eps_1}{P_{BWST}} \times (g_{kf} - g_{lf})}$$

Wobei:
P_{BWST} = Aktienwert zum Bewertungsstichtag
A = $\frac{1}{2}(g_{lf} + \frac{dps_1}{P_0})$
g_{kf} = $(\frac{eps_2 - eps_1}{eps_1})$ = erwartete, kurzfristige Wachstumsrate
g_{lf} = $r_f - 3\%$ = erwartete, langfristige Wachstumsrate

Innerhalb der Gleichung wird zwischen einem erwarteten, kurzfristigen, unternehmensspezifischen Gewinnwachstum und einem erwarteten, langfristigen, über alle Unternehmen identischen Gewinnwachstum unterschieden.[957] Die kurzfristige Gewinnwachstumsrate $[g_{kf}]$ entspricht der relativen Veränderung der Gewinne von Periode 1 auf Periode 2.[958] Die langfristi-

---

Ohlson/Juettner-Nauroth (2005) aus. Das Modell findet ebenfalls Anwendung in der empirischen Analyse von *Botosan/Plumlee* (2005): 30-31.

[954] Vgl. *Gode/Mohanram* (2003): 402-403.

[955] Vgl. *Reese* (2007): 73.

[956] Vgl. *Reese* (2007): 74; *Ohlson/Juettner-Nauroth* (2005): 359.

[957] Vgl. *Reese* (2007): 74.

[958] Vgl. *Ohlson/Juettner-Nauroth* (2005): 361. *Gode/Mohanram* (2003): 403 und 407-408 glätten die erwartete, kurzfristige Wachstumsrate $[g_{kf,smooth}]$ für jedes Unternehmen, indem sie den Mittelwert aus der erwarteten, kurzfristigen Wachstumsrate $[g_{kf}]$ und der erwarteten, langfristigen Wachstumsrate von Finanzanalysten $[g_{lf,FA}]$ bilden. Auf diese Weise sollen unplausible Ergebnisse aufgrund von teilweise hohen Gewinnwachstumsraten zwischen Periode 2 und 1 verringert werden: $g_{kf,smooth} = \frac{\frac{eps_2 - eps_1}{eps_1} + g_{lf,FA}}{2}$. Leider kann diesem Ansatz nicht gefolgt werden, da für $[g_{lf,FA}]$ eine unzureichende Anzahl an Progno-

ge Gewinnwachstumsrate *[g_lf]* wird aus dem risikofreien Zins zum Bewertungsstichtag abzüglich 3 % approximiert.[959]

Um ökonomisch schwierig zu interpretierende Wachstumsraten auszuschließen, werden Unternehmen mit negativen erwarteten Gewinnen aus der Analyse eliminiert.[960] Die erhobenen Variablen für eps_1 und eps_2 müssen daher der Bedingung $eps_1, eps_2 > 0$ genügen.

Als Indikator für die implizite Risikoprämie *[RPfaktor]* gehen die impliziten Eigenkapitalkosten nach *Gode/Mohanram* (2003) *[r_{GM}]* nach Abzug des risikofreien Zinssatzes *[r_{rf}]* ein. Die implizite Risikoprämie nach *Gode/Mohanram* (2003) wird mit *[rp_{GM}]* bezeichnet und bestimmt sich aus:

$$rp_{GM} = r_{GM} - r_{rf}$$

6.3.2.4.3 Modell nach *Easton* (2004)

Das Gewinnkapitalisierungsmodell nach *Easton* (2004) stellt eine Modifikation des Modells nach *Ohlson/Juettner-Nauroth* (2005) dar.[961] Im Modell nach *Easton* (2004) werden implizite Eigenkapitalkosten in Abhängigkeit des Kurs-Gewinn-Wachstums-Verhältnisses hergeleitet.[962] Das Kurs-Gewinn-Wachstums-Verhältnis (engl.: Price-Earning to Growth-Ratio PEG-Ratio) ist definiert als:[963]

$$PEG_t = \frac{\frac{P_{BWST}}{eps_t}}{\frac{eps_{t+1} - eps_t}{eps_t} * 100} = \frac{P_{BWST}}{(eps_{t+1} - eps_t) * 100}$$

Wobei:
PEG_t = Kurs-Gewinn-Wachstums-Verhältnis
P_{BWST} = Aktienwert zum Bewertungsstichtag
eps_t = erwarteter Gewinn je Aktie in t

---

[959] sewerten vorliegt. Auch *Nölte* (2008): 199; Fn. 738 ist im Rahmen der empirischen Implementierung des Modells mit diesem Problem konfrontiert. *Reese* (2007): 74 greift hingegen auf diese Spezifikation nach *Gode/Mohanram* (2003): 403 und 407-408 zurück.

Vgl. *Ohlson/Juettner-Nauroth* (2005): 361. Dies entspricht auch der im Rahmen dieser Arbeit gewählten Vorgehensweise für das Modell nach *Claus/Thomas* (2001). Siehe hierzu bereits Kapitel 6.3.2.3.2.

[960] Vgl. *Nölte* (2008): 199; *Reese* (2007): 74; *Gode/Mohanram* (2003): 403 und 407-408. Zwangsläufig ist diese Vorgehensweise mit einer Verringerung der Stichprobe verbunden.

[961] Vgl. *Easton* (2004): 74; dort allerdings mit Verweis auf das damals verfügbare Arbeitspapier aus dem Jahr 2000 von *Ohlson/Juettner-Nauroth* (2005). Das Modell nach *Easton* (2004) findet z.B. in der im Prüfungskontext angesiedelten empirischen Analyse von *Khurana/Raman* (2006): 986-987 Anwendung. Vgl. zu dieser Studie auch bereits die Kapitel 5.4.3 und 5.4.4.4.

[962] Vgl. *Easton* (2004): 77-81.

[963] Vgl. *Easton* (2004): 77.

Im Modell nach *Easton* (2004) werden konstante Werte für das abnormale Gewinnwachstum (AEG-Werte) und eine für Periode 1 erwartete Dividende von Null angenommen.[964] Es gilt demnach g_{lf} = 0, da bei konstanten AEG-Werten ein Wachstum ausgeschlossen wird, und dps_1 = 0.[965] Zur Ableitung der Bewertungsgleichung sei noch einmal das Modell nach *Gode/Mohanram* (2003) herangezogen, in dem der ewige Detailprognosezeitraum in ein ewiges Rentenmodell transformiert wurde:

$$P_{BWST} = \frac{eps_1}{r_{GM}} + \frac{eps_2 - eps_1 - r_{GM} \times (eps_1 - dps_1)}{r_{GM} \times (r_{GM} - g_{lf})}$$

Wendet man nun die Bedingung g_{lf} = 0 und dps_1 = 0 an, reduziert sich die Bewertungsgleichung auf die folgende Form:

$$P_{BWST} = \frac{eps_1}{r_E} + \frac{eps_2 - eps_1 - r_E \times eps_1}{r_E \times r_E}$$

Weitere Umformungen führen zu folgender Bewertungsgleichung, die sich in eine analytische Lösung von $[r_E]$ überführen lässt:[966]

$$P_{BWST} = \frac{eps_2 - eps_1}{r_E^2}$$

$$r_E = \sqrt{\frac{eps_2 - eps_1}{P_{BWST}}} = \sqrt{\frac{1}{PEG \times 100}}$$

Wobei:
P_{BWST} = Aktienwert zum Bewertungsstichtag
eps_t = erwarteter Gewinn je Aktie in t
r_E = erwartete Eigenkapitalkosten nach *Easton* (2004)
PEG = Kurs-Gewinn-Wachstums-Verhältnis

Das Modell verlangt aufgrund der Wurzelfunktion die Bedingung $eps_2 > eps_1$. Beobachtungen, für die diese Bedingung nicht erfüllt ist, sind aus der Analyse zu eliminieren,[967] da für diese keine Lösung existiert.

---

[964] Vgl. *Easton* (2004): 81-81.
[965] Vgl. *Reese* (2007): 74.
[966] Vgl. *Easton* (2004): 80-81.
[967] Vgl. *Nölte* (2008): 200.

Als Indikator für die implizite Risikoprämie *[RPfaktor]* gehen die impliziten Eigenkapitalkosten nach *Easton* (2004) *[r_E]* nach Abzug des risikofreien Zinssatzes *[r_{rf}]* ein. Die implizite Risikoprämie nach *Easton* (2004) wird mit *[rp_E]* bezeichnet und bestimmt sich aus:

$$rp_E = r_E - r_{rf}$$

6.3.3 Kritische Würdigung der Bestimmung impliziter Eigenkapitalkosten

Eigenkapitalkosten als Renditeerwartungen von Eigenkapitalgebern können nicht direkt gemessen werden. Auf empirischer Ebene handelt es sich bei den Eigenkapitalkosten demnach nicht um eine manifeste, sondern vielmehr um eine latente Variable. In den vorangehenden Ausführungen wurde dargestellt, wie die in den Aktienkursen implizit enthaltenen Renditeerwartungen durch diverse Modelle zur Approximation der „tatsächlichen" Eigenkapitalkosten offengelegt werden können. Die aus den Bewertungsmodellen ermittelten impliziten Eigenkapitalkosten unterliegen diverser Kritik, die sich auf die in den Modellen formulierten Annahmen sowie auf die empirische Umsetzung beziehen.[968]

Die Anwendung der Modelle setzt die Kenntnis des *Wertes des Unternehmens* voraus.[969] Die praktische Bestimmung dieses Unternehmenswertes orientiert sich an der Börsenkapitalisierung der Unternehmensanteile, welche die mit dem Aktienkurs bewerteten Aktien beschreibt. Inwiefern die Börsenkapitalisierung jedoch tatsächlich den Wert des Unternehmens abbildet, ist fraglich und hängt von der Effizienz der Informationsverarbeitung des Kapitalmarktes ab.[970] Zusätzlich kann in Frage gestellt werden, inwiefern die Börsenkapitalisierung überhaupt dem Marktpreis des Unternehmens entspricht. Auf dem Kapitalmarkt werden üblicherweise kleine Mengen von Wertpapieren gehandelt. Bei der Übertragung von großen Unternehmensanteilen werden jedoch Paketzuschläge gezahlt. Der Unternehmenswert läge somit über dem der Börsenkapitalisierung.[971]

Die Gültigkeit des *Clean-Surplus-Prinzips* stellt eine Voraussetzung für Residualgewinnmodelle dar. Für die Bilanzierung bedeutet dies, dass alle Veränderungen des Eigenkapitals, sofern sie nicht auf Transaktionen mit den Eigentümern beruhen, die Gewinn- und Verlustrechnung tangieren müssen. Tatsächlich liegen Durchbrechungen dieses Prinzips in der Rech-

---

[968] Für eine ausführliche Diskussion der Modelle sei auf das Schrifttum verwiesen: Siehe *Nölte* (2008): 203-206; *Häußler* (2008): 61-72; *Reese* (2007): 76-96. Siehe *Reichert* (2007) für eine kritische Analyse von Residualgewinnmodellen. Der Gegenstand dieser Arbeit liegt nicht darin, bestehende Modelle zur Bestimmung impliziter Eigenkapitalkosten fortzuentwickeln. Aus diesem Grund wird an die folgenden Ausführungen lediglich der Anspruch erhoben, für Problembereiche im Rahmen der Bestimmung impliziter Eigenkapitalkosten zu sensibilisieren, jedoch nicht eine abschließende Modellkritik zu leisten.

[969] Vgl. *Häußler* (2008): 61; *Ballwieser* (2005): 329.

[970] Vgl. *Häußler* (2008): 61; *Reese* (2007): 93-94.

[971] Vgl. *Ballwieser* (2005): 329-330.

nungslegung – nicht nur in der nach IFRS – vor:[972] In der Konzernrechnungslegung werden Unterschiedsbeträge aus Fremdwährungsumrechnungen im Rahmen der Konsolidierung z.b. erfolgsneutral verbucht.[973] Weitere Durchbrechungen ergeben sich aus den Neubewertungen von Sachanlagen und immateriellen Vermögensgegenständen, für welche gemäß IAS 16.31 und IAS 38.75 das Wahlrecht besteht, sie zu Zeitwerten anzusetzen. Wertsteigerungen sind entsprechend erfolgsneutral gemäß IAS 16.39 und IAS 38.85 in die Neubewertungsrücklage einzustellen. Eine mögliche Wertminderung ist erneut erfolgsneutral zu behandeln.[974]

In jedes der Modelle gehen für die empirische Spezifikation *Prognosen von Finanzanalysten* ein. Aufgrund möglicher Verzerrungen von Analystenprognosen wohnt den resultierenden Eigenkapitalkosten eine Unsicherheit inne,[975] da die Prognosen dann nicht die Erwartung des Marktes widerspiegeln. Ein weiteres Problem hinsichtlich der Güte impliziter Eigenkapitalkosten besteht insofern, dass Finanzanalysten nicht sämtliche Informationen, die der Kapitalmarkt bereits in den Aktienkursen verarbeitet hat, in ihren Prognosen berücksichtigen.[976] Fehlt der „informationelle Match" zwischen Analystenprognosen und Aktienkursen, resultieren zu hohe oder zu niedrige implizite Eigenkapitalkosten.[977]

Schließlich sind weitere Annahmen, z.B. die, die über ein *Gewinnwachstum* zu treffen sind,[978] wie auch die Bestimmung einer branchenspezifischen *Ziel-Eigenkapitalrendite* subjektiv und demnach kritisierbar.

Trotz der verlautbarten Kritik stellen die formulierten Modelle zur Ermittlung impliziter Eigenkapitalkosten vielfach angewandte Verfahren dar, um sich den „tatsächlichen" Renditeerwartungen der Eigenkapitalgeber und somit den „tatsächlichen" Eigenkapitalkosten zu nähern. Die Methoden erfüllen den Anspruch der Zukunftsorientierung, der an Erwartungen – hier jene an Renditen – zu stellen ist und sind diesbezüglich Renditeerwartungen, die in der empirischen Umsetzung des CAPM vergangenheitsorientiert sind, vorzuziehen. Auch zeigen die zahlreichen Beiträge der letzten Jahre, die eine Spezifizierung von Renditeerwartungen in

---

[972] Vgl. *Reichert* (2007): 144; *Ballwieser* (2005): 330.

[973] Vgl. *Reichert* (2007). 144; *Ballwieser* (2005): 330.

[974] Vgl. *Reichert* (2007): 145 hierzu und zu weiteren Beispielen für die Durchbrechung des Clean-Surplus-Prinzips in einer Rechnungslegung nach HGB, IFRS sowie US-GAAP.

[975] *Healy/Palepu* (2001): 417 erklären, dass Analystenprognosen häufig zu optimistisch und hierdurch verzerrt sind.

[976] Vgl. *Guay/Kothari/Shu* (2011): 126.

[977] Vgl. *Guay/Kothari/Shu* (2011): 135-137.

[978] Siehe zu diesem Aspekt ausführlicher *Nölte* (2008): 203-204.

Form impliziter Eigenkapitalkosten vornehmen, den wahrgenommenen Einfluss und Nutzen der dargestellten Methoden.[979]

Die Güte der Schätzungen für implizite Eigenkapitalkosten wird durch die Bestimmung des statistischen Zusammenhangs mit diversen etablierten Risikomaßen, wie sie als Kontrollvariablen in das empirisch zu überprüfende Kausalmodell eingehen, überprüft.[980] Um Messfehler der latenten Variablen Risikoprämie *[RPfaktor]* zudem zu verringern, findet im empirischen Teil dieser Arbeit eine konsolidierte Größe Anwendung.[981]

6.4 Zwischenfazit und Implikationen

Die Dimensionen der Qualität der Abschlussprüfung schlagen sich als Risikofaktor in der Risikoprämie *rp* der Eigenkapitalgeber nieder. In den voranstehenden Ausführungen wurden *weitere Risikofaktoren* aufgezeigt, die möglicherweise einen Einfluss auf die Höhe der Risikoprämie aufweisen. Für die aufgezeigten Risikofaktoren wurden Hypothesen in Bezug auf ihren Zusammenhang zur Risikoprämie aufgezeigt. Diese Hypothesen bilden die Grundlage für die Einbeziehung von *Kontrollvariablen* in das Strukturmodell.

Eine Operationalisierung der Risikoprämie erfolgt über die Bestimmung impliziter Risikoprämien. Diese resultieren aus den impliziten Eigenkapitalkosten *[r_{EK}]* nach Abzug eines risikofreien Zinssatzes *[r_{rf}]*. In den vorangehenden Ausführungen wurde neben der Operationalisierung des risikofreien Zinssatzes *[r_{rf}]* die grundsätzliche Ermittlungssystematik impliziter Eigenkapitalkosten *[r_{EK}]* vorgestellt. Insgesamt soll die Messung der in das Strukturmodell einfließenden impliziten Risikoprämie *[RPfaktor]* auf Basis von fünf Modellen für die Ermittlung impliziter Eigenkapitalkosten *[r_{EK}]* erfolgen. Tabelle 9 fasst die Modelle zur Bestimmung impliziter Eigenkapitalkosten und die in die empirische Analyse einfließenden Indikatoren der impliziten Risikoprämie zusammen.

Modell zur Bestimmung impliziter Eigenkapitalkosten *[r_{EK}]*		Risikofreier Zinssatz		Indikatoren der impliziten Risikoprämie *[RPfaktor]*
Gordon/Gordon (1997)	r_{GG}			rp_{GG}
Claus/Thomas (2001)	r_{CT}			rp_{CT}
Gebhardt/Lee/Swaminathan (2001)	r_{GLS}	–	r_{rf} =	rp_{GLS}
Gode/Mohanram (2003)	r_{GM}			rp_{GM}
Easton (2004)	r_E			rp_E

Tabelle 9: **Ermittlungssystematik der Indikatoren der impliziten Risikoprämie**

---

[979] Vgl. *Ohlson/Juettner-Nauroth* (2005); *Easton* (2004); *Gode/Mohanram* (2003); *Easton et al.* (2002); *Claus/Thomas* (2001); *Gebhardt/Lee/Swaminathan* (2001); *Gordon/Gordon* (1997) als Beiträge im Schrifttum, die zur Entwicklung von Bewertungsmodellen beigetragen haben.

[980] Siehe hierzu ausführlich Kapitel 6.2.

[981] Siehe hierzu ausführlich Kapitel 7.3.1.1.

Mit den vorangehenden Ausführungen wurde die Operationalisierung der endogenen Variablen Risikoprämie *[RPfaktor]* des empirisch zu überprüfenden Strukturmodells aufgezeigt: Durch die direkte Messung der Gewinn- und Dividendenprognosen von Finanzanalysten, des Aktienkurses sowie des risikofreien Zinssatzes lässt sich die implizite Risikoprämie als Residualgröße ermitteln. Unter Berücksichtigung diverser Risikofaktoren als Kontrollvariablen kann auch der Einfluss der Qualität der Abschlussprüfung – als in dieser Arbeit primär zu untersuchender Risikofaktor – auf die Risikoprämie analysiert werden. Durch die Unterscheidung zwischen Urteilsfreiheit und Urteilsfähigkeit können differenzierte Rückschlüsse auf die Wahrnehmung der Eigenkapitalgeber in Bezug auf die Qualität der Abschlussprüfung gewonnen werden. Die folgende Abbildung 9 stellt diese Zusammenhänge noch einmal anschaulich dar.

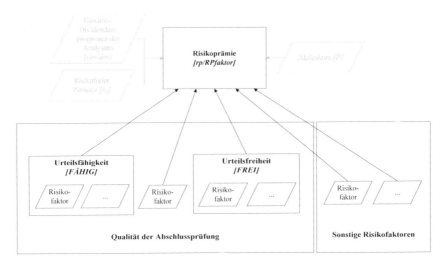

Abbildung 9: Zusammenhang zwischen Messung und Risikoprämie bei Berücksichtigung der einzelnen Risikofaktoren

7 Empirische Analyse

Die folgende Analyse dient der empirischen Überprüfung der bislang theoretisch aufgezeigten Zusammenhänge zwischen den Dimensionen der Prüfungsqualität – abgebildet durch Qualitätsindikatoren – und der Risikoprämie des geprüften Unternehmens.

7.1 Methodenwahl und Spezifikation

Der empirische Teil dieser Arbeit verfolgt das Ziel zu überprüfen, ob ein statistischer Zusammenhang zwischen den Dimensionen der Qualität der Abschlussprüfung und der Renditeforderung der Eigenkapitalgeber – operationalisiert durch die implizite Risikoprämie *[RPfaktor]* – vorliegt. Basierend auf den bisherigen Erörterungen ist davon auszugehen, dass sich ein Urteil der Eigenkapitalgeber über die Urteilsfreiheit *[FREI]* und Urteilsfähigkeit des Abschlussprüfers *[FÄHIG]* sowie die Reputation der Prüfungsgesellschaft *[REP]* und das Vorhandenseins eines Prüfungsausschusses *[ACc]* in der Höhe der impliziten Risikoprämie *[RPfaktor]* widerspiegelt. Zur Überprüfung der Assoziation zwischen den Dimensionen der Qualität der Abschlussprüfung und der impliziten Risikoprämie *[RPfaktor]* stehen Analyseverfahren, wie die klassische Regressionsanalyse, und andere kausalanalytische Verfahren, wie die Strukturgleichungsanalyse, zur Verfügung.

Im Rahmen dieser Arbeit wird die Überprüfung der unterstellten kausalen Zusammenhänge auf Basis einer Strukturgleichungsanalyse erfolgen. Der Vorzug dieser Analysemethode gegenüber einer Regressionsanalyse scheint gerechtfertigt, da das theoretisch unterstellte Hypothesensystem Wirkungsbeziehungen zwischen nicht unmittelbar beobachtbaren Variablen – sogenannten latenten Variablen oder latenten Konstrukten – aufzeigt.[982] Latente Variablen zeichnen sich durch ihr hohes Abstraktionsniveau und die Unsicherheit, ob der Inhalt der latenten Variablen in der Realität vorliegt, aus.[983] Sowohl die Dimensionen der wahrgenommenen Prüfungsqualität, als auch die Renditeforderungen der Eigenkapitalgeber sowie ein Teil der Kontrollvariablen stellen latente Konstrukte dar, die sich zunächst einer direkten *Messung* entziehen. Die Strukturgleichungsanalyse ermöglicht die Einbindung dieser latenten Konstrukte und geht zudem – anders als die Regressionsanalyse – nicht von einer fehlerfreien Messung latenter Variablen aus.

Die Modellierung der unterstellten Kausalzusammenhänge erfolgt über die Statistiksoftware SmartPLS Version 2.0.M3[984]. Die Software modelliert Struktur- und Messmodelle als Be-

---

[982] Vgl. *Huber et al.* (2007): 3. Siehe zur Abgrenzung latenter und manifester Variablen auch *Weiber/Mühlhaus* (2010): 19.
[983] Vgl. *Huber et al.* (2007): 3.
[984] Vgl. für den lizenzrechtlichen Hinweis *Ringle/Wende/Will* (2005).

standteile eines Strukturgleichungsmodells unter Zugrundelegung eines Partial-Least-Square-Algorithmus.[985] Der im Rahmen dieser Arbeit verwendete PLS-Ansatz ist den varianzbasierten Analyseverfahren zuzuordnen und grenzt sich von den kovarianzbasierten Verfahren ab.[986] Die Entscheidung für die Verwendung eines varianzanalytischen Verfahrens begründet sich im Wesentlichen in der gegenüber kovarianzanalytischen Verfahren vergleichsweise einfachen Implementierung formativer Messmodelle, mit deren Hilfe eine Operationalisierung der beiden Dimensionen der Qualität der Abschlussprüfung erfolgt.[987] Zudem sind varianzbasierte Verfahren insbesondere dann den kovarianzbasierten vorzuziehen, wenn über die Wirkungsbeziehungen zwischen latenten Variablen und/oder zwischen Indikatoren und latenter Variable kein abschließend gesichertes Wissen besteht.[988] Auch dieser Aspekt trifft auf die eigene empirische Untersuchung zu, da bislang kein Forschungsbeitrag existiert, der die Dimensionen der Qualität der Abschlussprüfung einer konkreten Messung in Form einer latenten Variablen unterzieht.

PLS-Schätzungen eines Kausalmodells zählen zu den Methoden des „Soft Modelling". Gegenüber den „harten" Methoden der Kausalanalyse wie z.B. der OLS-Regression, sind beim PLS-Ansatz weniger restriktive Voraussetzungen hinsichtlich der *Messung*, der *Verteilung* oder der *Stichprobengröße* einzuhalten.[989]

Um in einem Strukturgleichungsmodell die Ausprägungen latenter Variablen erfassen zu können, müssen zunächst *Messmodelle* spezifiziert werden. Die Strukturgleichungsmodellierung ermöglicht eine Einbindung dieser Messmodelle im Strukturmodell. Messfehler auf Indikatorebene finden durch die Spezifikation von Messmodellen Berücksichtigung.[990] Ein

---

[985] Für eine Darstellung des PLS-Algorithmus vgl. z.B. *Gödde* (2010): 101-103; *Henseler/Ringle/Sinkovics* (2009): 287-288; *Huber et al.* (2007): 6-9; *Eberl* (2006): 89-92; *Herrmann/Huber/Kressmann* (2006): 36-38; *Chin/Newsted* (1999): 315-324; *Lohmöller* (1989): 29-31. In Bezug auf die Unterscheidung in Strukturmodell und Messmodell wird auch zwischen dem inneren und dem äußeren Modell unterschieden. Vgl. stellvertretend für viele *Henseler/Ringle/Sinkovics* (2009): 284.

[986] Für eine Gegenüberstellung varianzbasierter und kovarianzbasierter Verfahren der Strukturgleichungsanalyse vgl. die Beiträge von *Herrmann/Huber/Kressmann* (2006); *Scholderer/Balderjahn* (2006) sowie *Chin/Newsted* (1999): 308-314 und den Beitrag von *Fornell/Bookstein* (1982).

[987] Vgl. *Herrmann/Huber/Kressmann* (2006): 43.

[988] Vgl. *Huber et al.* (2007): 14; *Weiber/Mühlhaus* (2010): 253.

[989] Vgl. *Henseler/Ringle/Sinkovics* (2009): 283 in Bezug auf die Zusammenfassung der Ansicht der analysierten Forschungsgemeinschaft; *Scholderer/Balderjahn* (2006): 57 sowie *Chin/Newsted* (1999): 324-326; *Falk/Miller* (1992): 3. Da Aspekte der Stichprobengröße für die eigene Untersuchung nicht relevant sind, wird auf Ausführungen diesbezüglich verzichtet. Vgl. jedoch für Eigenschaften der PLS-Schätzung in Bezug auf die Stichprobengröße *Huber et al.* (2007): 10; *Scholderer/Balderjahn* (2006): 66-67.

[990] Der PLS-Algorithmus berechnet zunächst konkrete Konstruktwerte auf Basis der gegebenenfalls mit Messfehlern behafteten Indikatoren und schätzt anschließend die Strukturparameter. Zwar sind die Parameter im Messmodell aufgrund dieses Umstands insoweit inkonsistent, als diese überschätzt werden. Die Pfadkoeffizienten im Strukturmodell werden jedoch hingegen tendenziell unterschätzt. Vgl. *Chin/Newsted* (1999): 328-329. Die Überschätzung auf Messmodellebene sowie die Unterschätzung auf

Messmodell beinhaltet eine Vorschrift darüber, wie eine latente Variable, die sich einer direkten Messbarkeit entzieht durch die Zuordnung messbarer Sachverhalte – sog. Indikatoren – erfasst werden kann.[991] In der Strukturgleichungsmodellierung werden grundsätzlich zwei *Messphilosophien* unterschieden.[992] Die Spezifikation eines *reflektiven* Messmodells unterstellt einen kausalen Zusammenhang, bei dem die Veränderung der latenten Variablen zu einer Veränderung einzelner – auf empirischer Ebene messbarer – Indikatoren führt. Die einzelnen Indikatoren stellen dabei alternative Messungen der reflektiven latenten Variablen dar.[993] Reflektive Messmodelle gehen auf einen faktoranalytischen Ansatz zurück, da unterstellt wird, dass alle Indikatorvariablen kausal durch Veränderungen des reflektiven Konstruktes verändert werden und somit in der Regel hoch miteinander korrelieren.[994]

Die Spezifikation *formativer* Messmodelle hingegen geht von einer umgekehrten Kausalität aus. Veränderungen des Indikators verursachen Veränderungen der latenten Variablen.[995] Die einzelnen Indikatorvariablen sind nicht austauschbar, sondern stellen Komponenten der formativen latenten Variablen dar.[996] Das Entfernen eines Indikators wäre mit einer Bedeutungsänderung der formativen latenten Variablen verbunden.[997] Formative Messmodelle basieren auf einem regressionsanalytischen Ansatz mit der Besonderheit, dass auf empirischer Ebene keine messbaren Werte für die formativen latenten Variable vorliegen, sondern in Relation zu anderen latenten Variablen des Strukturgleichungsmodells bestimmt werden.[998]

Einen Spezialfall von Messmodellen bilden sogenannten *1-Item-Konstrukte*. Die Spezifikation des Messmodells erfolgt durch Zuordnung eines einzigen Indikators (1-Item). Die latente Variable ist in diesem Fall identisch mit dem zugrunde liegenden Indikator.[999]

Strukturmodellebene gleichen sich aus. Vgl. *Huber et al.* (2007): 13; *Herrmann/Huber/Kressmann* (2006): 43.

[991] Vgl. *Weiber/Mühlhaus* (2010): 35.

[992] Vgl. *Weiber/Mühlhaus* (2010): 35. Siehe für Kriterien zur Unterscheidung formativer und reflektiver Messmodell *Jarvis/Mackenzie/Podsakoff* (2003): 203 sowie die den Beitrag von *Edwards/Bagozzi* (2000).

[993] Vgl. *Backhaus et al.* (2011): 528; *Huber et al.* (2007): 4.

[994] Vgl. *Backhaus et al.* (2011): 528; *Weiber/Mühlhaus* (2010): 35.

[995] Vgl. *Huber et al.* (2007): 5.

[996] Vgl. *Backhaus et al.* (2011): 528. Im Schrifttum wird anstelle des Begriffs „Komponente" der Begriff „Dimension" verwendet. Da dieser jedoch bereits im Zusammenhang mit den Dimensionen der Qualität der Abschlussprüfung Anwendung findet, soll aus Gründen der Eindeutigkeit an dieser Stelle darauf verzichtet werden.

[997] Vgl. *Huber et al.* (2007): 38; *Jarvis/Mackenzie/Podsakoff* (2003): 201.

[998] Vgl. *Backhaus et al.* (2011): 528; *Weiber/Mühlhaus* (2010): 35.

[999] *Huber et al.* (2007) nennen ausdrücklich die Möglichkeit der Operationalisierung einer latenten Variablen durch einen Indikator. Vgl. *Huber et al.* (2007): 3.

Eine PLS-Schätzung erfordert anders als die klassische OLS-Regression nicht die Erfüllung bestimmter *Verteilungsannahmen* wie z. B. eine symmetrische Normalverteilung sowie die Unkorreliertheit der Beobachtungen. So stellt das Vorliegen einer schiefen Verteilung in PLS-Schätzungen kein Problem für die Parameterschätzung dar.[1000] Aufgrund der weitgehenden Freiheit von Verteilungsannahmen erfolgt die Inferenzstatistik zur Durchführung eines Signifikanztests durch die Durchführung einer Bootstrapping-Prozedur. Die Durchführung einer Bootstrapping-Prozedur wird durch wiederholtes Generieren einer Zufallsstichprobe aus der untersuchten Stichprobe erzielt. Die Zufallsstichproben werden durch zufälliges Ziehen von Beobachtungen aus dem Stichprobensample (Ziehen mit Zurücklegen) generiert. Die Anzahl der in der Zufallsstichprobe generierten Beobachtungen entspricht derer der Stichprobe.[1001] Auf Grundlage der generierten Zufallsstichproben wird ein Signifikanztest durchgeführt. Für die im folgendenden durchgeführte Analyse werden zur Durchführung eines Signifikanztests 1000 Bootstrapping-Prozeduren durchlaufen. Als kritischer t-Wert auf einem 10-%-igen Signifikanzniveau wird für einseitige Hypothesentests ein Grenzwert von 1,28239957 herangezogen. Bei zweiseitigen Hypothesentests beträgt der kritische t-Wert 1,646380346.[1002] Im weiteren Verlauf der Arbeit werden die erzielten Signifikanzniveaus für 999 Freiheitsgrade in Abhängigkeit vom erzielten t-Wert wie in folgender Tabelle 10 dargestellt gekennzeichnet:

Signifikanzniveau	Einseitiger Signifikanztest		Zweiseitiger Signifikanztest	
	Kritischer t-Wert	Kennzeichnung	Kritischer t-Wert	Kennzeichnung
≤ 1 %	2,330	***	2,581	***
≤ 5 %	1,646	**	1,962	**
≤ 10 %	1,282	*	1,646	*

Tabelle 10: **Kritische t-Werte für 999 Freiheitsgrade**

Alle Hypothesen des Strukturmodells und die Beziehungen zwischen den Indikatoren und latenten Konstrukten in den Messmodellen sind einseitig formuliert. Aus diesem Grund wird diesbezüglich ausschließlich auf die Ergebnisse eines einseitigen Signifikanztest verwiesen.

Wie auch bei der OLS-Regressionsanalyse sind bei der Strukturgleichungsmodellierung bestimmte Voraussetzungen zu erfüllen, um aus den erzielten Ergebnissen zuverlässige Aussagen treffen zu können. Neben der Durchführung des beschriebenen Signifikanztest der ermit-

---

[1000] Vgl. *Henseler/Ringle/Sinkovics* (2009): 295 in Bezug auf die Ergebnisse der Studie von *Vilares/Almeida/Coelho* (2010): 301, die sich zum Zeitpunkt der Zitation im Druck befand; *Chin/Newsted* (1999): 325-326.

[1001] Vgl. *Henseler/Ringle/Sinkovics* (2009): 305; *Davison/Hinkley* (1997 (Nachdruck 2003)): 22; *Efron/Tibshirani* (1993): 17-18.

[1002] Ein Signifikanzniveau von 10 % wird im Schrifttum als ausreichend erachtet. Vgl. *Mertenskötter* (2011): 156; insb. Fn. 607 mit weiteren Nachweisen. Der kritische t-Wert orientiert sich neben dem gewünschten Signifikanzniveau an der Anzahl der Freiheitsgrade, welche für 1000 Bootstrapping-Samples 999 betragen. Vgl. *Henseler/Ringle/Sinkovics* (2009): 305-306. Vgl. für eine Übersicht der bestimmten Freiheitsgraden zuzuordnenden t-Werte *Backhaus et al.* (2011): 566.

telten Parameter sind bestimmte Tests durchzuführen, welche die Güte formativer und reflektiver Messmodelle sowie die Güte des Strukturmodells überprüfen. Auf diese Teststatistiken wird im Rahmen der konkreten Beschreibung der erzielten Ergebnisse in Kapitel 7.3.4.2 eingegangen.

7.2 Datenherkunft und Datenstruktur

7.2.1 Auswahl der Stichprobe

Die Auswahl der Stichprobe orientiert sich an sachlichen und forschungsökonomischen Erwägungen, die im Folgenden beschrieben werden. Als Ziel der Arbeit gilt es zu erfassen, inwiefern der Kapitalmarkt die Dimensionen der Prüfungsqualität wahrnimmt. Die Motivation für diese Zielsetzung begründet sich in der Intention des Gesetzgebers, mit der Einführung der Honorarpublizität für alle nach dem 31.12.2004 beginnenden Geschäftsjahre dem Kapitalmarkt einen Indikator zur Einschätzung der Urteilsfreiheit des Abschlussprüfers zur Verfügung zu stellen. Ausgehend von dem Eintreten der normativen Rahmenbedingungen soll sich die Stichprobe daher zunächst auf Unternehmen erstrecken, die der Honorarpublizitätspflicht für nach dem 31.12.2004 beginnende Geschäftsjahre unterliegen. Weiterhin ist davon auszugehen, dass sich das Interesse des Kapitalmarktes vorwiegend auf Informationen der Konzernrechnungslegung und nicht der Einzelrechnungslegung erstreckt. Seit 2005 ist diese mit bereits thematisierten Ausnahmen in der Regel nach IFRS aufzustellen. Insofern wird die Stichprobe auf deutsche[1003] Mutterunternehmen, die einen IFRS-Konzernabschluss erstellen, weiter eingegrenzt.

Viele Ausprägungen von – insbesondere prüfungsspezifischen Indikatoren – müssen händisch erhoben werden; daher ist es notwendig eine Stichprobe auszuwählen, die die Datenerhebung aus praktischen Gründen möglich macht. Die Analyse kann daher nicht für alle kapitalmarktorientierten Unternehmen, die der Publizitätspflicht in Deutschland unterliegen, durchgeführt

---

[1003] Die Anknüpfung an Unternehmen, deren Sitz im Inland liegt, ergibt sich aus der handelsrechtlichen Pflicht zur Honorarpublizität, die sich nicht auf ausländische Unternehmen erstreckt. Siehe hierzu bereits Kapitel 5.4.2. Auch die Regelungen des DCGK richten sich beispielsweise an börsennotierte Unternehmen, deren Sitz in Deutschland liegt. Demnach richtet sich der Kodex nicht an Unternehmen, die zwar an einer inländischen Börse notiert sind, ihren gesellschaftsrechtlichen Sitz jedoch im Ausland haben. Vgl. *Werder* (2010a): 63-64; Rz. 128-128b. Darüber hinaus wird durch den Ausschluss von Unternehmen, deren eingetragener Sitz nicht in Deutschland ist, gewährleistet, dass sie durch einen Abschlussprüfer im Sinne des § 318 HGB geprüft wurden. Der Abschlussprüfer ist demnach ein in Deutschland zugelassener Abschlussprüfer. Diese Abgrenzung ist erforderlich, da Aussagen über die Spezialisierung der Prüfungsgesellschaft sowie zur wirtschaftlichen Abhängigkeit auf einen gemeinsamen Nenner zurückgeführt werden müssen. Die Einbeziehung ausländischer Unternehmen würde auch eine Abwägung dahingehend erforderlich machen, ob bei der Bestimmung des Beta-Faktors der CDAX – als Stellvertreter des Marktportfolios – ebenso für ausländische Unternehmen geeignet wäre. Zwischen inländischen und ausländischen Gesellschaften kann sich auch das Publizitätsniveau unterscheiden, sodass für diese Unterschiede kontrolliert werden müsste. Vgl. insbesondere zu Letzterem *Häußler* (2008): 103 insb. Fn. 5.

werden.¹⁰⁰⁴ Neben den forschungsökonomischen Erwägungen spricht jedoch auch ein weiterer Grund für eine Eingrenzung der Stichprobe: Die Ermittlung impliziter Eigenkapitalkosten erfordert Daten über die Erwartung von Analysten hinsichtlich bestimmter Parameter (Analystenprognosen) zu einem bestimmten Bewertungsstichtag. Bei Untersuchungen, die auf implizite Eigenkapitalkosten zurückgreifen, ist regelmäßig mit einer starken Reduktion des Stichprobenumfangs aufgrund fehlender Parameter zur Bestimmung dieser zu rechnen.¹⁰⁰⁵ Es ist demnach erforderlich, dass sich Analysten für ein Unternehmen interessieren und ihre Prognosen veröffentlichen.¹⁰⁰⁶ Die angesprochene Analystenabdeckung hängt jedoch von dem Ausmaß des öffentlichen Interesses an einem Unternehmen ab, da erst dann die Erstellung von Analystenprognosen und deren Distribution ökonomisch sinnvoll ist. Unternehmen, deren Wertpapiere in einem der Auswahlindizes DAX30, MDAX, TecDAX und SDAX notiert sind, kommt regelmäßig eine größere Aufmerksamkeit durch Finanzanalysten zu.¹⁰⁰⁷ Die Stichprobe schränkt sich demnach weiter auf Unternehmen ein, die zum Bilanzstichtag in einem der genannten Auswahlindizes notiert sind.¹⁰⁰⁸

Um die Homogenität der Stichprobe sicherzustellen, wurden Finanzdienstleistungs-, Versicherungs- und Immobilienunternehmen aus den ursprünglich zu beobachtenden Unternehmensjahren eliminiert.¹⁰⁰⁹ Die Identifikation entsprechender Unternehmen erfolgte über die Branchenklassifikation in GICS¹⁰¹⁰-Sektoren. Es erfolgte eine Eliminierung der Werte, denen

---

[1004] Es existiert keine eindeutige Erhebung, aus der die Anzahl börsennotierter Unternehmen in Deutschland hervorgeht. Aus der Literatur können aber regelmäßig Informationen über die Anzahl börsennotierter Unternehmen entnommen werden. Vgl. für die einbezogenen Zeiträume *WPK* (2008): 19; Tabelle 1.

[1005] *Häußler* (2008): 104 z.B. reduziert seinen Stichprobenumfang auf schließlich 34,3 % der Ausgangsdatenbasis.

[1006] Siehe *Nölte* (2008): 231-234 und insbesondere *Daske/Wiesenbach* (2005b).

[1007] Unternehmen, die in einem bekannten Auswahlindex notiert sind, kommt ein höherer Bekanntheitsgrad zu und genießen aufgrund dessen eine höhere Aufmerksamkeit des Kapitalmarktes. Vgl. *Schmidt-Tank* (2005): 54-57. Siehe für Determinanten der Analystenabdeckung auch die Arbeit von *Pietzsch* (2004).

[1008] Die historische Indexzusammensetzung wurde mit Hilfe der Angaben der Deutschen Börse AG zur historischen Indexzusammensetzung rekonstruiert. Vgl. *Deutsche Börse* (2010). Die Auswahlkriterien für eine Aufnahme von Werten in die Auswahlindizes kann dem Leitfaden zu den Aktienindizes der Deutschen Börse entnommen werden, der derzeit in der Version 6.17 vorliegt. Vgl. *Deutsche Börse* (2012): 23-27. Die Notierung in einem der Auswahlindizes ist aufgrund der Auswahlkriterien unter anderem mit einem höheren Börsenumsatz und einer höheren Free-Float-Marktkapitalisierung verbunden. Vgl. *Deutsche Börse* (2012): 22.

[1009] Diese Unternehmen unterscheiden sich zum einen hinsichtlich ihrer Höhe der Bilanzsumme von anderen Unternehmen. Zum anderen gelten für Abschlussprüfer von Finanzdienstleistungs- und Versicherungsunternehmen andere Vorschriften. Vgl. *Köhler et al.* (2010): 12 und Endnote 13. Zu diesem Vorgehen siehe auch *Lenz/Bauer* (2004): 986.

[1010] Die GICS-Branchenklassifikation wurde von Standard & Poor's and MSCI Barra entwickelt und besteht je nach Differenzierungsgrad aus zehn Sektoren, 24 Industriegruppen, 68 Industriezweigen und 154 Branchen. Vgl. *Standard & Poor's* (2012).

der Sektor „Finanzwesen" zugeordnet wurde. Werte, für die keine Branchenklassifikation durch GICS vorlag, wurden aus der Analyse eliminiert.[1011]

Da ein tatsächlicher Einfluss der Dimensionen der wahrgenommenen Qualität der Abschlussprüfung auf Größen des Kapitalmarktes von schwierig zu kontrollierenden Einflussfaktoren überlagert werden könnte, soll der Untersuchungszeitraum auf die Jahre vor dem Übergreifen der Finanz- und Wirtschaftskrise auf die Realwirtschaft beschränkt werden. Insbesondere wird vermutet, dass Finanzanalysten von den aus der Krise hervorgehenden Unsicherheiten betroffen sind, was folglich in einer geringeren Güte ihrer Prognosen resultiert. Wann genau, die Finanz- und Wirtschaftskrise auch die Realwirtschaft erreichte, kann kaum genau eruiert werden. Die Analyse der Entwicklung des Bruttoinlandsproduktes – als Konjunkturindikator – kann jedoch Aufschluss über ein mögliches Übergreifen der Finanz- und Wirtschaftskrise auf die Realwirtschaft in Deutschland liefern. Zwar ist für das Gesamtjahr 2008 insgesamt ein positives Wachstum des Bruttoinlandsproduktes gegenüber dem Vorjahr zu verzeichnen, jedoch zeigt die quartalsweise Betrachtung ein etwas anderes Bild. Bereits im zweiten und dritten Quartal war die Entwicklung des Bruttoinlandsprodukts leicht rückläufig. Im vierten Quartal war gegenüber dem dritten Quartal jedoch ein deutlicher Einbruch der wirtschaftlichen Leistung zu verzeichnen.[1012] Mit starken Einflüssen der Finanz- und Wirtschaftskrise auf Kapitalmarktparameter der Realwirtschaft ist aufgrund des aufgezeigten, deutlichen Einschnitts zum vierten Quartal 2008 ab diesem zu rechnen.[1013] Sollen die Auswirkungen der Finanz- und Wirtschaftskrise nun aus der Untersuchung ausgeschlossen werden, so sollten mit Beginn des vierten Quartals 2008 Kapitalmarktparameter nicht in die Analyse einbezogen werden und sind folglich auszuschließen. Der letzte Handelstag, zu dem ein Kapitalmarktparameter bestimmt wird und in die Analyse einfließt, ist der 30.09.2008. Unterstellt man weiterhin, dass der Bewertungsstichtag, zu dem die implizite Risikoprämie *[RPfaktor]* zu bestimmen ist, wenigstens sechs Monate nach dem Ende des Geschäftsjahres liegen sollte,[1014]

[1011] Es wäre möglich gewesen bei Unternehmen, für die keine Branchenklassifikation nach GICS vorlag, diese mit hinreichender Sicherheit selbst vorzunehmen. Für die feinere Untergliederung in 24 Industriegruppen, die die Ausgangsbasis der Analyse für die Branchenspezialisierung des Abschlussprüfers bildet, wäre dies jedoch nicht möglich gewesen. Daher war eine Eliminierung nicht zugeordneter Unternehmen unumgänglich. Siehe zur Operationalisierung der Branchenspezialisierung Kapitel 5.5.3.5.

[1012] Vgl. *Räth* (2009): 205. Preis- sowie saison- und kalenderbereinigt ist das BIP von 2008 im Vergleich zum Vorjahr um 0,8 % gestiegen. Vgl. *Statistisches Bundesamt* (2012): Tabellenblatt BIP(1970-2011). Sowohl im zweiten als auch dritten Quartal ist das BIP preis- sowie saison- und kalenderbereinigt gegenüber dem jeweiligen Vorquartal um 0,4 % gesunken. Der Einbruch im vierten Quartal gegenüber dem dritten Quartal ist mit 2 % zu quantifizieren. Vgl. *Statistisches Bundesamt* (2012): Tabellenblatt BIP(1991Q1-2012Q2).

[1013] Der Beginn der Finanzkrise, die den Finanzsektor betrifft, wird vielfach mit dem Datum der Beantragung der Insolvenz der US-amerikanischen Investmentbank Lehman Brothers Inc. am 15.09.2008 gleichgesetzt. Die Realwirtschaft außerhalb des Finanzsektors war erst später von der Krise betroffen. Für weitere Hinweise zum Einfluss der Finanzkrise siehe *Pratt/Grabowski* (2010): 137-144.

[1014] Siehe zur Bestimmung des Bewertungszeitpunktes ausführlich Kapitel 7.2.2.

dann sind die Informationen der zum 31.03.2008 endenden Geschäftsjahre, die zuletzt in die Analyse einzubeziehenden. Da – wie bereits beschrieben – vor den zum 01.01.2005 beginnenden Geschäftsjahren keine Pflicht zur Honorarpublizität bestand, ist das zum 31.12.2005 endende das zuerst betrachtete Geschäftsjahr. Zusammenfassend erstreckt sich die Analyse auf Unternehmen, deren Geschäftsjahre zwischen dem 31.12.2005 und dem 31.03.2008 liegen. In diesem Zeitraum sind zusätzlich auch keine relevanten Strukturbrüche zu konstatieren, die sich aus Gesetzesinitiativen ergeben würden.

In sachlicher Hinsicht sind auch solche Unternehmen aus der Stichprobe zu eliminieren, für die aufgrund bestimmter Merkmalsausprägungen keine eindeutige Zuordnung getroffen werden kann. Dies betrifft insbesondere einige Gemeinschaftsprüfungen – sogenannte Joint Audits –, bei denen mehr als eine Prüfungsgesellschaft den Konzernabschluss einer Abschlussprüfung unterzogen hat. Aus der Stichprobe wurden insgesamt sieben Unternehmen-Jahr-Beobachtungen, die in Zusammenhang mit einem Joint Audit stehen, eliminiert.[1015]

Die Vorgehensweise zur Bestimmung der Stichprobe stellt sich nun konkret wie folgt dar: Da sich die Bilanzstichtage der zu untersuchenden Unternehmen zwischen dem 31.12.2005 und dem 31.03.2008 befinden, werden für diesen Zeitraum zunächst alle Unternehmen erfasst, deren Wertpapiere im DAX30, MDAX, TecDAX oder SDAX notiert sind. Für diese Unternehmen, sofern sie den oben beschriebenen Branchenanforderungen entsprechen, wird in einem weiteren Schritt ermittelt, wann das jeweilige Geschäftsjahr endet. Ein Unternehmen wird mit dem entsprechenden Wert in die Analyse einbezogen, sofern dieser zum Bilanzstichtag des Emittenten in einem der genannten Indizes notiert war. Einbezogen werden demnach jene börsennotierte Unternehmen, die der Honorarpublizitätspflicht aufgrund der Notierung ihrer Wertpapiere im DAX30, MDAX, TecDAX oder SDAX zum Bilanzstichtag für die in 2005, 2006 und 2007 beginnenden und spätestens zum 31.03.2008 endenden Geschäftsjahre unterliegen.

Keiner der einbezogenen Emittenten erhielt einen Versagensvermerk, insofern ist eine diesbezügliche Eliminierung weiterer Datensätze nicht erforderlich. Tabelle 11 fasst die Vorgehensweise bei der Bestimmung der Stichprobe und die resultierende Stichprobengröße zusammen.

[1015] Zur Vorgehensweise siehe z.B. *Zimmermann* (2008): 117, Fn. 637.

Abgrenzungskriterien der Stichprobe	Anzahl der Beobachtungen			
	2005	2006	2007	Insgesamt
Werte, deren Emittenten nachweislich nicht dem GICS-Sektor „Finanzwesen" angehören und die zum Bilanzstichtag des Emittenten in einem Zeitraum vom 31.12.2005 und 31.03.2008 in einem der Indizes DAX30, MDAX, TecDAX oder SDAX notiert sind	117	119	107	343
– Werte, deren Emittenten ihren Sitz im Ausland haben	6	8	5	19
– Werte, deren Emittenten nicht nach IFRS bilanzieren	6	4	0	10
– Werte, deren Emittenten durch ein Prüfungskonsortium geprüft wurden (Joint Audit)	3	2	2	7
= Grundgesamtheit	102	105	100	307
– Werte, für deren Emittenten kein Geschäftsbericht vorlag	0	1	1	2
– Werte, für deren Emittenten kein Konzernabschluss des Vorjahres vorlag	2	0	0	2
= Resultierende Stichprobe	100	104	99	303

Tabelle 11: Ermittlungsmethodik der Stichprobe

Darüber hinaus begrenzt sich die Stichprobe schließlich auf solche Beobachtungen, für die – in Abhängigkeit von dem gewählten statistischen Modell – alle Variablen vollständig und unter Erfüllung vorgenommener Restriktionen – wie z. B. der Nachweis von mind. 20 Renditen für die Bestimmung des systematischen Risikos[1016] – ermittelt werden konnten. Der größte Verlust an Beobachtungen ergab sich in Bezug auf die Erhebung der modellspezifischen, impliziten Risikoprämien rp_{GG}, rp_{CT}, rp_{GLS}, rp_{GM}, rp_E. Die in die Analyse einbezogenen Beobachtungen sind den Auswertungen zu den entsprechenden Modellen zu entnehmen.

7.2.2 Zeitpunkt der Messung der Kapitalmarktparameter

Möchte man – wie auch in dieser Arbeit – den kausalen Zusammenhang zwischen bestimmten Informationen auf Parameter des Kapitalmarktes bestimmen, so muss aus logischen Gründen gewährleistet sein, dass diese Informationen zum Zeitpunkt und Zeitraum, in dem die Messung des Kapitalmarktparameters erfolgt, bereits vorliegen und vom Kapitalmarkt adaptiert wurden. Anderenfalls würde ausgeschlossen, dass sich diese Informationen in den erhobenen Kapitalmarktparametern widerspiegeln können. Die Informationen über die Indikatoren der Abschlussprüfung müssen daher in einem geeigneten zeitlichen Zusammenhang zu der impliziten Risikoprämie *[RPfaktor]* und somit den Eigenkapitalkosten des Unternehmens stehen.

Wie auch in anderen Studien, die den Zusammenhang zwischen der jährlichen Unternehmensberichterstattung und der Risikoprämie eines Unternehmens untersuchen, wird der Bewertungsstichtag auf den Tag sechs Monate nach dem Ende des korrespondierenden Ge-

---

[1016] Siehe zur Operationalisierung des systematischen Risikos Kapitel 6.2.2 und Fn. 866.

schäftsjahres festgelegt.[1017] Die Festlegung des Bewertungsstichtages auf diesen Zeitpunkt resultiert aus einer unterstellten Fiktion der Veröffentlichung des Geschäftsberichts und der Dauer der Verarbeitung der darin enthaltenen Informationen durch den Kapitalmarkt.[1018] Z.B. wird für Unternehmen, deren Geschäftsjahr mit dem Kalenderjahr endet, unterstellt, dass diese ihren Geschäftsbericht in den auf das Ende des Geschäftsjahres folgenden Monaten insoweit veröffentlichen, dass die darin enthaltenen Informationen zum 30.06. durch die Kapitalmarktteilnehmer verarbeitet wurden.[1019]

7.2.3 Datenherkunft

Die in die Analysen einbezogenen Daten stammen aus unterschiedlichen Quellen. Neben dem Informationssystem Bloomberg[1020], welches ein großes Spektrum historischer Fundamental- und Kapitalmarktdaten börsennotierter Unternehmen vorhält, erfolgte die Erhebung eines Großteils der in die empirische Analyse eingeflossenen Daten durch händische Auswertung von Geschäftsberichten, Corporate-Governance-Erklärungen bzw. Entsprechenserklärungen gemäß § 161 Abs. 1 AktG sowie durch die Erhebung von Informationen, die die Deutsche Börsen AG kostenlos auf ihrer Homepage zur Verfügung stellt. Sofern die Erhebung bestimmter Daten einen Vorjahresvergleich oder gar eine längere Historie vorsieht, wurden die entsprechenden Datenquellen des Vorjahres oder der Vorjahre herangezogen. Der folgenden Tabelle 12 kann die Herkunft der Daten sowie die Information über eine analytische Weiterverarbeitung entnommen werden.

[1017] Vgl. z.B. *Häußler* (2008): 103; *Nölte* (2008): 193. Fällt der so ermittelte Bewertungsstichtag auf keinen Handelstag, so wird der unmittelbar vorangehende Handelstag als Bewertungsstichtag herangezogen.

[1018] Es ist ausdrücklich der Geschäftsbericht und nicht der gesetzlich offenzulegende Konzernabschluss gemeint, da dort nicht pflichtmäßig der Bericht des Aufsichtsrates sowie die Entsprechenserklärung aufzunehmen sind. Der tatsächliche Zeitpunkt der Veröffentlichung ist historisch weder über die Homepage des Unternehmens noch über den Informationsdienstleister Bloomberg vollständig bestimmbar, weswegen auf eine fiktive Bestimmung zurückgegriffen werden muss.

[1019] *Junc* (2010): 188 unterstellt für den Zeitpunkt der Veröffentlichung eines Geschäftsberichts für das Jahr t sogar bereits das Ende des ersten Quartals in t+1 und geht bereits von einer früheren Verarbeitung der jährlichen Unternehmensberichterstattung aus.

[1020] Aktienkurse bzw. Aktienrenditen hängen in ihrer konkreten Ausprägung von dem jeweiligen Handelsplatz ab. Der Informationsdienstleister stellt nach Auskunft des Help Desk diesbezüglich Daten zur Verfügung, die alle deutschen Börsenplätze inkl. der elektronischen Handelsplattform XETRA berücksichtigt. Die Abfrage in Bloomberg bezieht sich demnach z.B. für die Aktie der Adidas AG auf das Kürzel „ADS GR EQUITY". Diese Vorgehensweise entspricht der Vorgehensweise von *Daske/Wiesenbach* (2005b): 407, die in ihrem Aufsatz Probleme bei der praktischen Bestimmung impliziter Eigenkapitalkosten auf dem deutschen Kapitalmarkt adressieren.

Variable	Datenquellen				
	Bloomberg	Geschäfts-bericht	Corporate-Governance-Erklärung	Deutsche Börse AG	Analytische Weiterverarbeitung
Abhängige Variable					
implizite Risikoprämien $[rp_{GG}, rp_{CT}, rp_{GLS}, rp_{GM}, rp_E]$	x				x
Untersuchungsvariablen (Qualitätsindikatoren)					
Umsatzbedeutung $[ECDEP]$	x	x			x
Beratungsintensität $[RELNAF\text{-}AF]$		x			x
Mandatsdauer $[TENURE]$	x				
Branchenspezialisierung $[SPEZ]$	x				x
Größe der Prüfungsgesellschaft $[BIG4]$		x			
Prüfungsausschuss $[AC]$			x		
Kontrollvariablen (Risikofaktoren)					
Marktkapitalisierung $[MCAP]$	x				
Anzahl der Analystenprognosen $[ACOVER]$	x				
Beta-Faktor $[BETA]$	x				
Volatilität der Aktienrenditen $[VOLA]$	x				x
Verschuldungsgrad $[LEV]$	x				x
Buchwert-Marktwert-Verhältnis $[BWMW]$	x				x
Variationskoeffizient des Ergebnisses je Aktie $[VARK]$					x
Standardabweichung der Analystenprognosen $[DISP]$	x				x
Sonstiges					
Industriezugehörigkeit $[INDUSTRY]$	x				
Historische Indexzugehörigkeit (DAX30, MDAX, TecDAX und SDAX) zum Ende des Geschäftsjahres				x	

Tabelle 12: Informationen über Datenherkunft einzelner Variablen und Transformation

7.2.4 Charakterisierung der Stichprobe

Die Stichprobe stellt die Basis der im Folgenden durchgeführten Analyse der unterstellten Zusammenhänge dar. Wichtig für eine Einschätzung der Verallgemeinerungsfähigkeit der aus der statistischen Analyse abzuleitenden Aussagen, ist die Kennzeichnung der in die Analyse einfließenden Datensätze. Eine erste Einschätzung relevanter Charakteristika kann bereits der Beschreibung der Vorgehensweise für die Auswahl der Stichprobe in Kapitel 7.2.1 entnommen werden. Da aufgrund von Verfügbarkeitsrestriktionen hinsichtlich der in die PLS-Analyse einfließenden Daten nicht alle der 303 Datensätze herangezogen werden konnten, erfolgt die Charakterisierung der Stichprobe auf Basis der 245 gültigen Datensätze, die in das PLS-Modell einfließen.[1021]

Die 245 gültigen Datensätze verteilen sich auf drei Geschäftsjahre im Zeitraum 2005 bis 2007 sowie auf acht Sektoren gemäß der GICS-Branchenklassifikation.[1022] Da für die Branche „Telekommunikationsdienste" lediglich eine Beobachtung vorliegt, wurde diese Branche für die weitere Auswertung mit der Branche „Informationstechnologie" zusammengefasst. Die zusammengefasste Branche dient als Referenzgröße für Bildung von schließlich insgesamt sechs Branchendummies, die als Variablen für die Kontrolle möglicher Brancheneffekte in die Analyse einfließen.[1023] Für die Kontrolle von Jahreseffekten dient das Geschäftsjahr 2005 als Referenzgröße. Die Häufigkeiten für das Vorliegen bestimmter Jahre sowie Branchen kann der folgenden Tabelle 13 entnommen werden.

GICS-Sektoren	Jahre			Total n	Total %
	2005	*2006*	*2007*		
Nicht-Basiskonsumgüter [GICS_DIS]	22	23	20	65	26,53
Basiskonsumgüter [GICS_STAP]	3	4	4	11	4,49
Gesundheitswesen [GICS_HEALTH]	10	10	11	31	12,65
Industrie [GICS_IND]	25	27	24	76	31,02
Informationstechnologie [GICS_IT]	9	12	10	31	12,65
Roh-, Hilfs- und Betriebsstoffe [GICS_MAT]	7	8	8	23	9,39
Telekommunikationsdienste [GICS_TELKOM]	0	1	0	1	0,41
Versorgungsbetrieb [GICS_UT]	2	3	2	7	2,86
Total n	78	88	79	245	100
Total %	31,84	35,92	32,24	245	100

Tabelle 13: Verteilung der GICS-Sektoren

Die Aufteilung der Beobachtungen auf die vier Auswahlindizes DAX30, MDAX, TecDAX sowie SDAX, die die Grundlage für die Stichprobenzusammensetzung bilden, kann für den Zeitraum 2005 bis 2007 folgender Tabelle 14 entnommen werden.

[1021] Neben der Datenverfügbarkeit spielen Modellrestriktionen für die Reduktion der Stichprobe eine Rolle: Das Modell nach *Gode/Mohanram* (2003) führt lediglich dann zu plausiblen Ergebnissen, sofern positive Gewinnerwartungen vorliegen. Für die Bestimmung des Beta-Faktors wird eine Mindestanzahl von 20 Monatsrenditen gefordert. In den Modellen nach *Gode/Mohanram* (2003) und *Easton* (2004) müssen die Modellparameter zusätzlich der Lösbarkeit der Wurzelfunktionen genügen. Siehe hierzu die entsprechenden Unterkapitel in Kapitel 6.3.
Gemäß einer Daumenregel bestimmt sich die benötigte Stichprobengröße N aus der Anzahl der endogenen Variablen m – diese sind die 13 exogenen Konstrukte im Strukturmodell – gemäß der Gleichung N ≥ 50 + 8*m. Mit 245 Beobachtungen liegt die Stichprobengröße deutlich über dem geforderten Mindestwert von 154. Vgl. *Tabachnick/Fidell* (2007): 123.

[1022] Der Sektor „Finanzwesen" – dieser wurde aus der Stichprobe ausgeschlossen – sowie der Sektor „Energie" sind nicht in der Stichprobe vertreten. Siehe zur Abgrenzung der Stichprobe Kapitel 7.2.1.

[1023] Die somit neu definierte Branche GICS_IT_TELKOM dient als Referenzmaßstab für die Bildung von Branchendummies.

Auswahlindizes	Jahre			Total n	Total %
	2005	2006	2007		
DAX30	14	17	16	47	19,18
MDAX	24	26	27	77	31,43
TecDAX	29	26	21	76	31,02
SDAX	11	19	15	45	18,37
Total n	78	88	79	245	100
Total %	31,84	35,92	32,24	245	100

Tabelle 14: Verteilung der Auswahlindizes

Die Abschlussprüfung börsennotierter Gesellschaften, insbesondere derer, deren Wertpapiere in einem der Auswahlindizes notiert sind, erfolgt vorwiegend durch Big-Four-Prüfungsgesellschaften. Dass dieses Bild auch für die vorliegende Stichprobe zutrifft, kann der konkreten Verteilung der in der Stichprobe vertretenen Prüfungsmandate in folgender Tabelle 15 entnommen werden.

Auswahlindizes	Jahre			Total n	Total %
	2005	2006	2007		
Big-Four-Prüfungsgesellschaften	60	71	66	197	80,41
Nicht-Big-Four-Prüfungsgesellschaften	18	17	13	48	19,59
Total n	78	88	79	245	100
Total %	31,84	35,92	32,24	245	100

Tabelle 15: Aufteilung der Prüfungsmandate zwischen Big-Four- und Nicht-Big-Four-Prüfungsgesellschaften

7.3 Überprüfung der theoretischen Wirkungsbeziehungen

7.3.1 Vorbemerkungen

7.3.1.1 Verwendung einer konsolidierten Größe der impliziten Risikoprämie

Die Messung impliziter Risikoprämien erfolgt mit Hilfe von Surrogaten, von denen man ausgeht, dass sie mit den „tatsächlichen" Renditeerwartungen der Eigenkapitalgeber korrelieren; eine Bestimmung impliziter Risikoprämien ist folglich unsicherheitsbehaftet. Die Beurteilung der Güte der Schätzungen für implizite Risikoprämien erfolgt durch die Überprüfung des statistischen Zusammenhangs zwischen den modellierten impliziten Eigenkapitalkosten und Risikomaßen, die einen Einfluss auf die Höhe der Eigenkapitalkosten aufzeigen sollten.[1024]

Grundsätzlich ist für die Verwendung einer Variablen eine exakte und fehlerfreie Messung der Werte anzustreben. Die Messung insbesondere der modellspezifischen impliziten Risi-

---

[1024] Vgl. für die zu diesem Zwecke aufgezeigten bivariaten Korrelationen zwischen modellspezifischen impliziten Risikoprämien sowie Risikofaktoren Kapitel 7.3.1.2.

koprämie kann jedoch zufällige und/oder systematische Messfehler enthalten.[1025] Um das Risiko von Messfehlern zu reduzieren, wurden implizite Risikoprämien auf Basis *diverser Modelle* bestimmt: rp_{GG}, rp_{CT}, rp_{GLS}, rp_{GM}, rp_E. Neben der Prüfung der Güte der impliziten Risikoprämie verwenden zahlreiche Studien zusätzlich den arithmetischen Mittelwert der modellspezifischen impliziten Risikoprämien und streben auf diese Weise eine Verringerung der Unsicherheit hinsichtlich der Ermittlung impliziter Risikoprämien an.[1026] Durch die Ermittlung eines gleichgewichtigen arithmetischen Mittelwertes wird jedoch ein modellspezifischer Messfehler gleichgewichtet durchschnittlich auf die implizite Risikoprämie übertragen. Aufgrund der immanenten Schwierigkeit, Renditeerwartungen der Eigenkapitalgeber sicher zu bestimmen, ist die Übertragung eines Messfehlers wahrscheinlich.

Die im Rahmen dieser Arbeit verwendete Methode der Strukturgleichungsmodellierung mit SmartPLS ermöglicht in reflektiven Messmodellen, das Risiko eines Messfehlers zu reduzieren.[1027] Die Renditeerwartung der Eigenkapitalgeber und somit die implizite Risikoprämie *[RPfaktor]* wird hierbei als reflektive latente Variable verstanden, welche die modellspezifischen impliziten Risikoprämien *[rp_{GG}, rp_{CT}, rp_{GLS}, rp_{GM}, rp_E]* beeinflusst. Die auf diese Weise spezifizierte latente Variable Risikoprämie *[RPfaktor]* stellt das Ergebnis eines aus einer Hauptkomponentenanalyse extrahierten Faktors dar, der reliablere Indikatoren – hier die fünf modellspezifischen Risikoprämien *[rp_{GG}, rp_{CT}, rp_{GLS}, rp_{GM}, rp_E]* – mit einem größeren Gewicht für die Faktorbestimmung berücksichtigt.[1028] Unter Faktoren sind die Werte zu verstehen, die die Ausprägungen der latenten Variablen Renditeerwartung darstellen. Mit diesen Werten geht die latente Variable Risikoprämie in die Strukturanalyse der Wirkungsbeziehungen zwischen weiteren Variablen des Strukturmodells und der Renditeerwartung ein.

7.3.1.2 Prüfung der Güte der Bestimmung der impliziten Risikoprämie

Aufgrund der Komplexität der Bestimmung impliziter Eigenkapitalkosten bzw. der daraus abzuleitenden Risikoprämie ist es notwendig, die Güte der ermittelten Risikoprämien zu validieren. Die Korrelationen mit bestimmten Risikofaktoren, von denen ausgegangen wird, dass sie einen Zusammenhang zu der Höhe der Risikoprämie aufweisen, können Aufschluss über

---

[1025] Vgl. *Christophersen/Grape* (2007): 105; *Haenlein/Kaplan* (2004): 284. Vgl. in Bezug auf implizite Risikoprämien *Hope et al.* (2009): 183.

[1026] Vgl. für die Verwendung eines arithmetischen Mittelwertes *Hope et al.* (2009): 183; *Nölte* (2008): 234; *Hail/Leuz* (2006): 493.

[1027] Vgl. zum Problem messfehlerbehafteter Variablen *Hillmer* (1993): 19.

[1028] Eine weitere Reduktion des Messfehlers könnte durch eine Hauptachsenanalyse – die jedoch nicht der Systematik zur Ermittlung reflektiver Konstrukte in SmartPLS entspricht – erzielt werden, da dort im Gegensatz zur Hauptkomponentenanalyse nur die gemeinsame Varianz der Indikatoren zerlegt wird. Die Hauptkomponentenanalyse zerlegt hingegen die gemeinsame Varianz der Indikatoren. Vgl. *Tabachnick/Fidell* (2007): 634-635.

die Güte der impliziten Risikoprämie geben.[1029] Die folgende Tabelle 16 gibt die bivariaten Korrelationen (nach Pearson sowie Spearman)[1030] zwischen den fünf modellspezifischen, impliziten Risikoprämien $[rp_{GG}, rp_{CT}, rp_{GLS}, rp_{GM}, rp_E]$, dem daraus gebildeten arithmetischen Mittelwert rp_{AM}, dem aus der Faktoranalyse extrahierten Faktor für die implizite Risikoprämie *[RPfaktor]* und den Risikofaktoren jenseits der Dimensionen der Qualität der Abschlussprüfung wieder. Für den Risikofaktor Informationsumfeld wurde ein Faktor *IUMfaktor* aus der Faktorenanalyse extrahiert. Auf diesen Faktor laden die Marktkapitalisierung *[MCAP]* sowie die Anzahl der Analysten, die das Unternehmen abdecken *[ACOVER]*. Um den Einfluss von Ausreißern gering zu halten, wurden die Ausprägungen aller in die Analyse einfließenden Größen entsprechend der Vorgehensweise in vergleichbaren Studien auf das 1-%-Perzentil für die darunterliegenden Werte sowie das 99-%-Perzentil für die darüberliegenden Werte winsorisiert.[1031] Auf Basis dieser Werte werden die folgenden Analysen vorgenommen.

[1029] Neben der Begutachtung der bivariaten Korrelationen kann die Güte der ermittelten Eigenkapitalkosten zusätzlich durch die Regression bestimmter Risikofaktoren auf die Eigenkapitalkosten überprüft werden.

[1030] Die folgenden Ausführungen beziehen sich auf die Korrelationen nach Pearson.

[1031] Vgl. zu diesem Vorgehen *Nölte* (2008): 237; *Daske/Gebhardt/Klein* (2006): 23. Für die methodische Behandlung von Ausreißern allgemein vgl. *Schendera* (2007): 198-200; *Tukey* (1962): 17-19.

219

		1	2	3	4	5	6	7	8	9	10	11	12	13	14	15	16
		rp$_{GG}$	rp$_{CT}$	rp$_{OLS}$	rp$_{OM}$	rp$_E$	rp$_{AM}$	RPfaktor	IUMfaktor	MCAP	ACOVER	BETA	LEV	VOLA	DISP	BWMW	VARK
rp$_{GG}$	1	1	0,992***	0,866***	0,617***	0,536***	0,889***	0,915***	-0,112*	-0,133**	-0,088	0,180***	0,290***	0,172***	0,488***	0,446***	0,033
rp$_{CT}$	2	0,597***	1	0,818***	0,622***	0,537***	0,873***	0,901***	-0,106*	-0,124*	-0,086	0,179***	0,243***	0,181***	0,450***	0,368***	0,019
rp$_{OLS}$	3	0,858***	0,822***	1	0,534***	0,498***	0,856***	0,861***	-0,099	-0,124*	-0,071	0,182***	0,444***	0,142***	0,582***	0,724***	0,106*
rp$_{OM}$	4	0,644***	0,648***	0,551***	1	0,957***	0,851***	0,832***	-0,251***	-0,293***	-0,206***	0,183***	0,095	0,295***	0,364***	0,184***	0,172***
rp$_E$	5	0,530***	0,531***	0,494***	0,964***	1	0,813***	0,785***	-0,272***	-0,323***	-0,217***	0,219***	0,083	0,322***	0,366***	0,171***	0,234***
rp$_{AM}$	6	0,905***	0,896***	0,852***	0,885***	0,826***	1	0,997***	-0,186***	-0,225***	-0,145**	0,213***	0,293***	0,259***	0,509***	0,455***	0,144**
RPfaktor	7	0,931***	0,924***	0,858***	0,861***	0,792***	0,998***	1	-0,175***	-0,212***	-0,135**	0,213***	0,293***	0,250***	0,504***	0,448***	0,128**
IUMfaktor	8	-0,097	-0,094	-0,058	-0,231***	-0,265***	-0,176***	-0,166***	1	0,948***	0,956***	0,051	0,121*	-0,440***	-0,116*	-0,051	-0,186***
MCAP	9	-0,099	-0,095	-0,067	-0,259***	-0,298***	-0,194***	-0,182***	0,960***	1	0,821***	-0,002	0,172***	-0,457***	-0,150**	-0,054	-0,199***
ACOVER	10	-0,087	-0,086	-0,045	-0,184***	-0,211***	-0,143**	-0,137**	0,960***	0,841***	1	0,087	0,069	-0,407***	-0,076	-0,047	-0,157***
BETA	11	0,110*	0,109*	0,119*	0,131**	0,147**	0,143**	0,140**	0,028	-0,008	0,061	1	-0,035	0,300***	0,244***	0,061	0,394***
LEV	12	0,248***	0,219***	0,400***	0,143**	0,114*	0,262***	0,259***	0,233***	0,275***	0,172***	-0,013	1	-0,328***	0,413***	0,583***	0,073
VOLA	13	0,239***	0,247***	0,189***	0,337***	0,352***	0,316***	0,309***	-0,398***	-0,400***	-0,364***	0,306***	-0,312***	1	0,158**	-0,102	0,280***
DISP	14	0,462***	0,441***	0,483***	0,450***	0,431***	0,523***	0,518***	-0,110*	-0,126**	-0,085	0,122**	0,320***	0,218***	1	0,453***	0,366***
BWMW	15	0,478***	0,415***	0,747***	0,312***	0,286***	0,523***	0,514***	-0,049	-0,055	-0,039	0,043	0,489***	0,006	0,483***	1	0,025
VARK	16	0,213***	0,217***	0,150***	0,281***	0,295***	0,266***	0,262***	-0,063	-0,096	-0,024	0,013	-0,020	0,194***	0,231***	0,093	1

Korrelationen zwischen impliziten Risikoprämien und Risikofaktoren nach Pearson (unteres Dreieck) sowie Spearman (oberes Dreieck). */**/*** entspricht einem mindestens 10-%-/5-%-/1-%-Signifikanzniveau (zweiseitiger Signifikanztest).

Tabelle 16: Korrelationen zwischen impliziten Risikoprämien und Risikofaktoren

Die mittels diverser Modelle ermittelten impliziten Risikoprämien sind durchgehend auf einem 1-%-Signifikanzniveau hoch miteinander korreliert. Dieses Ergebnis weist im ersten Schritt auf eine hohe Verlässlichkeit der ermittelten impliziten Risikoprämien hin. Zwischen jeder der modellspezifischen Risikoprämien und den Risikofaktoren liegen Korrelationen entsprechend der erwarteten Richtung vor; Unterschiede zwischen den Modellen sind jedoch in Bezug auf die Stärke des Zusammenhangs sowie auf das Signifikanzniveau festzustellen. Dies entspricht durchaus den Ergebnissen vergleichbarer Studien, die sogar divergierende Vorzeichen für die Korrelation zwischen modellspezifischen Risikoprämien und Risikofaktoren verzeichnen.[1032] Zunächst überraschend ist die nicht signifikante und gegenüber vergleichbaren Studien schwache Korrelation der rp_{GG}, rp_{CT} und rp_{GLS} mit den für das Informationsumfeld *[IUMfaktor]* korrespondierenden Variablen Marktkapitalisierung *[MCAP]* sowie Analystenabdeckung *[ACOVER]*. Bezogen auf den im weiteren Verlauf der empirischen Analyse weiter zu verwendenden Faktor der impliziten Risikoprämie *[RPfaktor]* ist jedoch ausnahmslos zu erkennen, dass alle der berücksichtigten Risikofaktoren eine mit dem erwarteten Vorzeichen hoch signifikante Korrelation aufweisen.[1033] Aufgrund dessen kann insgesamt von einer hohen Assoziation des ermittelten Faktors der impliziten Risikoprämie *[RPfaktor]* und Risikofaktoren und folglich von einer hohen Güte der Bestimmung der impliziten Risikoprämien ausgegangen werden. Der für das weitere Vorgehen relevante Faktor der impliziten Risikoprämie *[RPfaktor]* bildet eine solide Basis für die Einschätzung der Dimensionen der Qualität der Abschlussprüfung als Risikofaktoren aus Sicht der Eigenkapitalgeber.

7.3.2 Deskriptive Analyse der Modellparameter

Die folgenden Ausführungen enthalten eine deskriptive Analyse der Indikatoren der exogenen und endogenen latenten Variablen, welche in das Modell zur Bestimmung der statistischen Assoziation zwischen den Dimensionen der Prüfungsqualität und der impliziten Risikoprämie *[RPfaktor]* eingehen. Die implizite Risikoprämie *[RPfaktor]* wird als einzige endogene Variable in das Strukturmodell aufgenommen. Alle übrigen latenten Variablen sind exogen.[1034]

[1032] *Nölte* (2008): 241 stellt z.B. für das systematische Risiko ein nicht eindeutiges Vorzeichen in Bezug auf die Korrelation mit modellspezifischen Risikoprämien fest. Auch die Stärke des Zusammenhangs des unsystematischen Risikos mit den modellspezifischen Risikoprämien divergiert in Abhängigkeit der Modelle. *Häußler* (2008): 91-92 verzeichnet einen signifikanten negativen Zusammenhang zwischen dem systematischen Risiko und den Eigenkapitalkosten. *Reese* (2007): 116 verzeichnet modellabhängig verschieden starke Korrelationen der impliziten Risikoprämien sowie z.B. des Verschuldungsgrades.

[1033] Die Korrelation der durchschnittlichen Risikoprämie rp_{AM} mit den Risikofaktoren hält einem Vergleich mit den Ergebnissen von *Nölte* (2008) ebenfalls stand. Vgl. *Nölte* (2008): 241.

[1034] Vgl. für die abschließende Modellspezifikation die Ausführungen in Kapitel 7.3.4.1.

7.3.2.1 Deskriptive Analyse der Indikatoren der endogenen Variablen

Der folgenden Tabelle 17 sind die durchschnittlichen modellspezifischen impliziten Risikoprämien für die jeweiligen Jahre zu entnehmen.

Jahr	n	\multicolumn{6}{c}{Implizite Risikoprämien in %}					
Jahr	n	rp_{GG}	rp_{CT}	rp_{GLS}	rp_{GM}	rp_E	rp_{AM}
2005	78	4,62	5,03	1,65	7,83	6,44	5,11
2006	88	3,43	4,08	0,16	7,33	6,00	4,20
2007	79	6,25	6,64	4,47	9,19	7,30	6,77
Total	245	4,72	5,21	2,03	8,09	6,56	5,32

Tabelle 17: Durchschnittliche implizite Risikoprämien

Wie auch bereits von *Nölte* (2008) in einer Analyse für den deutschen Kapitalmarkt festgestellt wurde, ergeben sich aus dem Modell nach *Gebhardt/Lee/Swaminathan* (2001) rp_{GLS} über alle Jahre die niedrigsten impliziten Risikoprämien.[1035] Sehr niedrige Risikoprämien wie im Jahr 2006 für rp_{GLS} stehen durchaus im Einklang mit weiteren Studien, in denen sogar durchschnittlich negative Risikoprämien ermittelt wurden. Wenn auch in der eigenen Erhebung keine negativen durchschnittlichen Risikoprämien festzustellen sind, sind auf Ebene einzelner Beobachtungen dennoch Negativwerte zu beobachten. Auf diesen Aspekt wird in der späteren detaillierten Beurteilung der Verteilung der impliziten Risikoprämien eingegangen.

Der intertemporale Vergleich der impliziten Risikoprämien zeigt, dass über alle Modelle ein leichter Rückgang von 2005 auf 2006 zu erkennen ist. Deutlich zu verzeichnen ist ein Anstieg der Risikoprämien für das Jahr 2007 gegenüber 2005 und 2006. Da die Risikoprämien mit einem zeitlichen Nachlauf auf das Ende eines Geschäftsjahres gemessen wurden, erfolgte die Bestimmung der impliziten Risikoprämie für Geschäftsjahre, die 2007 begannen, zwischen dem 30.06. und 30.09.2008. Zwar sollte ein Effekt der Wirtschaftskrise auf die Realwirtschaft durch die Auswahl der Stichprobe ausgeschlossen sein, jedoch könnte eine Antizipation der zeitlich bereits in Erscheinung getretenen Finanzkrise durch Anleger eine gewisse Unsicherheit begründen, die sich in höheren Renditeerwartungen und somit höheren impliziten Risikoprämien widerspiegelt. Ob der Anstieg der impliziten Risikoprämien gegenüber dem Jahr 2005 signifikant ist, soll die multivariate Analyse zeigen.

Eine detaillierte Betrachtung der Verteilung der modellspezifischen Risikoprämien in Tabelle 18 lässt erkennen, dass außer im Modell nach *Claus/Thomas* (2001) *[rp_{CT}]* in allen Modellen für den Minimalwert negative implizite Risikoprämien konstatiert werden können. Diese Feststellung relativiert die Annahme risikoscheuer Anleger und legt die Vermutung nahe, dass Kapitalmarktteilnehmer in Bezug auf einzelne Unternehmen Risikofreude aufweisen. Auch

---

[1035] Vgl. *Nölte* (2008): 234-235.

negative Beta-Faktoren für Unternehmen mit negativen Risikoprämien würden eine plausible Erklärung darstellen, jedoch weist keines der untersuchten Unternehmen solche auf.[1036] *Nölte* (2008) schlägt als weitere Ursache für das Vorliegen negativer Risikoprämien eine mangelnde Erwartungstreue der Analysenprognosen und/oder der übrigen Kapitalmarktteilnehmer vor.[1037] Implizite Risikoprämien entsprechen dem Diskontierungssatz, durch welchen die Gleichsetzung der erwartungstreuen Aktienkurse und den erwartungstreuen Analystenprognosen erreicht wird. Sind die Analysenprognosen und/oder die Erwartungen der Kapitalmarktteilnehmer nicht erwartungstreu, so ergibt sich ein verzerrter Diskontierungssatz. Sind z.B. Aktienkurse aufgrund der erwartungstreuen Anpassung an neue Informationen gegenüber den nicht erwartungstreuen Analystenprognosen zu hoch bzw. zu niedrig, dann ergeben sich aus der Bewertungsgleichung zu niedrige bzw. zu hohe implizite Risikoprämien.[1038] Passen sich die Analystenprognosen gegenüber den Aktienkursen nur verzögert an neue Informationen an,[1039] dann sind Erwartungsänderungen, die zu einem Aufwärtstrend (Abwärtstrend) der Aktienkurse führen, mit zu hohen (niedrigen) impliziten Risikoprämien verbunden.[1040] Hierin könnte das Auftreten negativer impliziter Risikoprämien begründet werden.

Variable	n	Werte in %						
		AM	SD	Min	p25	p50	p75	Max
rp_{GG}	245	4,72	2,96	-0,48	3,02	3,98	6,28	21,63
rp_{CT}	245	5,21	2,81	0,00	3,63	4,56	6,70	21,77
rp_{GLS}	245	2,03	4,20	-8,21	-0,72	2,11	4,44	15,99
rp_{GM}	245	8,09	3,92	-0,55	5,74	7,52	10,02	25,38
rp_E	245	6,56	3,75	-1,99	4,38	5,97	8,39	23,12
rp_{AM}	245	5,32	3,07	-1,42	3,24	4,60	6,97	21,07

Tabelle 18: **Deskriptive Statistik der impliziten Risikoprämien**

Eine vergleichende Beurteilung der Extremwerte, sowie der Lage- und Streuungsparameter lässt keine Vermutung für das Vorliegen extremer Ausreißerwerte zu.[1041] Da die Verwendung des PLS-Algorithmus auf Annahmen hinsichtlich der Verteilung der Variablen verzichtet,[1042] ist eine weitere Beurteilung der vorliegenden Verteilung nicht notwendig.

[1036] Vgl. *Nölte* (2008): 236 mit weiteren Nachweisen.

[1037] Vgl. *Nölte* (2008): 236-237.

[1038] Vgl. *Guay/Kothari/Shu* (2011): 135-137.

[1039] Die Aktienkurse weisen insofern einen höheren Grad an Informationseffizienz auf als die Analystenprognosen. Vgl. zu den Stufen der Informationseffizienz *Fama* (1970): 383.

[1040] Vgl. *Guay/Kothari/Shu* (2011): 135-137.

[1041] Vgl. für eine ähnliche Verteilung der dort untersuchten Risikoprämie z.B. die deskriptive Statistik von *Daske/Gebhardt/Klein* (2006): 22.

[1042] Vgl. hierzu die Ausführungen in Kapitel 7.1.

7.3.2.2 Deskriptive Analyse der Indikatoren der exogenen Variablen

Die folgende Tabelle 19 zeigt die deskriptive Statistik der exogenen in das Strukturmodell einfließenden Kontrollvariablen.

Variable	n	AM	SD	Min	p25	p50	p75	Max
MCAP	245	14,43	1,55	11,90	13,25	14,18	15,50	17,93
ACOVER	245	14,39	7,79	2,00	8,00	13,00	20,00	30,00
BETA	245	0,90	0,41	0,02	0,62	0,88	1,17	2,34
VOLA	245	0,35	0,12	0,19	0,27	0,32	0,41	0,75
LEV	245	0,43	0,41	0,00	0,12	0,30	0,57	1,87
BWMW	245	0,46	0,28	0,06	0,27	0,41	0,61	1,42
VARK	245	3,68	17,31	0,08	0,33	0,53	1,33	137,84
DISP	245	0,0072	0,0078	0,0003	0,0026	0,0049	0,0087	0,0604

Tabelle 19: Deskriptive Statistik der Indikatoren der exogenen Kontrollvariablen

Insbesondere fällt die Verteilung der Variablen Variationskoeffizient des Ergebnisses je Aktie *[VARK]* auf. Die Einbindung dieser Variablen in das Strukturmodell soll neben der Variablen Streuung der Analystenprognosen *[DISP]* der Kontrolle für die Unsicherheit über Erträge *[UNSERT]* dienen. Für den Variationskoeffizienten des Ergebnisses je Aktie *VARK* als Indikator ist festzustellen, dass trotz der Winsorisierung auf das 99-%-Perzentil Extremwerte nach oben vorliegen. Auf eine Einbindung dieser Variablen in die Strukturgleichungsanalyse wird daher verzichtet und für die Approximation der Unsicherheit über Erträge *[UNSERT]* lediglich auf die Streuung der Analystenprognosen *[DISP]* zurückgegriffen. Zwar ist auch die Verteilung dieser Variablen nicht unauffällig, jedoch liegt sie in einem Bereich, den auch andere Studien implizit akzeptieren.[1043] Auch bezüglich der übrigen exogenen Kontrollvariablen werden von anderen Studien explizit oder implizit akzeptierte Extremwerte unterschritten. In diesen Studien führte eine weiterführende Ausreißerdiagnostik zu keinen Veränderungen hinsichtlich der Ergebnisse multivariater Regressionsanalysen.[1044]

Die folgende Tabelle 20 zeigt die deskriptive Statistik der metrischen, exogenen in das Strukturmodell einfließenden Untersuchungsvariablen.

Variable	n	AM	SD	Min	p25	p50	p75	Max
SPEZ	245	0,24	0,18	0,01	0,09	0,19	0,36	0,83
TENURELIN	245	8,75	5,83	1,00	4,00	7,00	14,00	20,00
ECDEP	245	0,36	0,68	0,00	0,03	0,08	0,29	3,53
RELNAFAF	245	0,57	0,67	0,00	0,13	0,32	0,74	3,77

Tabelle 20: Deskriptive Statistik der metrischen Indikatoren der exogenen Untersuchungsvariablen

---

[1043] Vgl. z.B. *Daske/Gebhardt/Klein* (2006): 22, welche eine unskalierte Größe der Streuung der Analystenprognosen in ihr Modell aufnehmen.

[1044] Vgl. *Häußler* (2008): 88-90 sowie Fn. 120; *Nölte* (2008): 238 und 256-257 für die deskriptive Statistik und weiterführende Ausreißerdiagnostik sowie *Daske/Gebhardt/Klein* (2006): 22 für die deskriptive Statistik.

Der durchschnittliche Spezialisierungsgrad der Prüfungsgesellschaften *[SPEZ]* hinsichtlich der Branche des Mandanten beträgt 24 %. Während einige Beobachtungen von Prüfungsgesellschaften geprüft werden, die nahezu keinen Spezialisierungsgrad aufweisen, werden andere Beobachtungen durch solche Prüfungsgesellschaften geprüft, die einen Marktanteil von 83 % in der Branche des Mandanten einnehmen. Die Mandatsdauer *[TENURELIN]* beträgt minimal ein Jahr und betrifft in diesem Fall Beobachtungen, deren Abschlussprüfer das Prüfungsmandat erstmalig aufgenommen hat. Sie kann – aufgrund des begrenzten Erhebungshorizonts – bis zu 20 Jahre betragen; durchschnittlich liegt sie bei 8,75 Jahren. Die erzielten Werte für die Umsatzbedeutung *[ECDEP]* unterliegen einer Verzerrung, die der approximativen Vorgehensweise der Bestimmung dieser Kennzahl geschuldet ist. Der Relation der bei einem Mandanten erzielten Honorare und der gesamten Umsätze einer Prüfungsgesellschaft ist es immanent, keine Werte größer eins anzunehmen. Während für die Ermittlung des Zählers die tatsächliche Höhe der Prüferhonorare verwendet wurde, musste für die Bildung des Nenners der Kennzahl eine Approximation der Höhe der Gesamtumsätze der Prüfungsgesellschaft herangezogen werden. Aussagen hinsichtlich des beobachtungsspezifischen Ausmaßes der Umsatzbedeutung *[ECDEP]* und somit eine sinnvolle Interpretation der Assoziation dieser Variablen mit anderen sind dennoch möglich. Während einige der in der Stichprobe enthaltenen Unternehmen keine Beratungsleistungen beim Abschlussprüfer nachfragen und somit die Relation zwischen Beratungshonoraren- und Prüfungshonoraren *[RELNAFAF]* einen Wert von Null annimmt, übersteigen bei anderen Beobachtungen im Extremfall die Beratungshonorare die Prüfungshonorare um mehr als das 3,5-fache.

Für die dichotomen Variablen *BIG4* sowie *AC* ist eine Häufigkeitsverteilung der Ausprägungen 0 und 1 aussagekräftig. Sie kann der folgenden Tabelle 21 entnommen werden.

	Ausprägungen der dichotomen Variablen					
	0		*1*		Total	
Variable	*n*	*%*	*n*	*%*	*n*	*%*
BIG4	48	19,59	197	80,41	245	100
AC	58	23,67	187	76,33	245	100

Tabelle 21: **Deskriptive Statistik der dichotomen Indikatoren der exogenen Untersuchungsvariablen**

Die große Aufmerksamkeit, die den in der Stichprobe enthaltenen Unternehmen aufgrund der Notierung ihrer Wertpapiere in einem der Auswahlindizes zukommt, spiegelt sich in dem hohen Anteil von Beobachtungen, deren Jahresabschlüsse durch eine Big-Four-Prüfungsgesellschaft *[BIG4]* testiert wurden und deren Aufsichtsratsgremien einen Prüfungsausschuss *[AC]* eingerichtet haben, wider.

7.3.3 Kollinearitätsdiagnostik

Ziel der Kollinearitätsdiagnostik für die im Folgenden durchgeführte Strukturgleichungsmodellierung ist das Aufzeigen von hohen Korrelationen sowie Multikollinearität zwischen den in das Modell einfließenden Indikatoren der exogenen Variablen. Hierzu werden die bivariaten Korrelationen sowie des VIF der Indikatoren – abgebildet in Tabelle 22 und Tabelle 23 – betrachtet. Während die Korrelationsmatrix lediglich Auskunft über eine Abhängigkeit zweier Indikatoren gibt, kann der VIF überprüfen, in welchem Umfang ein Indikator der Linearkombination aller weiteren Indikatoren entspricht. Für die rechnerische Ermittlung des VIF werden bei einer Anzahl von n Indikatoren n Regressionen durchgeführt. Die abhängige Variable der Regressionsgleichung bildet dabei eine der n Indikatoren; die übrigen Indikatoren bilden die unabhängigen Variablen der Regressionsgleichung. Es werden so häufig Regressionen durchgeführt bis jeder der n Indikatoren die Rolle der abhängigen Variablen eingenommen hat. Aus jeder der n Regressionen geht für einen Indikator i ein Bestimmtheitsmaß R_i^2 hervor, welches dem Anteil der Varianz des Indikators i entspricht, der durch die übrigen Indikatoren erklärt werden kann. Der VIF eines Indikators i ergibt sich formal als:[1045]

$$VIF_i = \frac{1}{1 - R_i^2}$$

Bei einer klassischen Regressionsanalyse dient die Beurteilung der Korrelationsmatrix zusätzlich einer ersten Einschätzung über statistische Zusammenhänge zwischen den exogenen und der endogenen Variablen. Da in der Strukturgleichungsanalyse jedoch gegenüber der Regressionsanalyse über Messmodelle latente Konstrukte generiert werden, die in eine Korrelationsbeziehung zum endogenen Konstrukt gestellt werden, ist eine Beurteilung der Indikatoren im Sinne einer anschließenden klassischen Regressionsanalyse für die Strukturgleichungsmodellierung nicht zielführend.

[1045] Vgl. *Backhaus et al.* (2011): 95; *Huber et al.* (2007): 39.

		1	2	3	4	5	6	7	8	9	10	11	12	13	14
		MCAP	ACOVER	BETA	LEV	VOLA	DISP	BWMW	SPEZ	TENUR-ELN	TENUR-ELN	BIG4	ECDEP	AC	RELN-AFAF
MCAP	1	1	0,821***	-0,002	0,172***	-0,457***	-0,150**	-0,054	0,478***	0,279***	0,279***	0,291***	0,286***	0,313***	0,070
ACOVER	2	0,841***	1	0,087	0,069	-0,407***	-0,076	-0,047	0,412***	0,319***	0,319***	0,233***	0,220***	0,332***	0,044
BETA	3	-0,008	0,061	1	-0,035	0,300***	0,244***	0,061	0,073	-0,173***	-0,173***	0,217***	-0,129**	0,152**	0,063
LEV	4	0,275***	0,172***	-0,013	1	-0,328***	0,413***	0,583***	0,184***	0,175***	0,175***	0,214***	0,202***	0,337***	0,052
VOLA	5	-0,400***	-0,364***	0,306***	-0,312***	1	0,158**	-0,102	-0,343***	-0,328***	-0,328***	-0,164**	-0,152**	-0,260***	0,089
DISP	6	-0,126**	-0,085	0,122*	0,320***	0,218***	1	0,453***	0,026	-0,012	-0,012	0,135**	-0,012	0,070	0,125**
BWMW	7	-0,055	-0,039	0,043	0,489***	0,006	0,483***	1	0,177***	0,131**	0,131**	0,207***	0,018	0,306**	-0,013
SPEZ	8	0,506***	0,452***	0,042	0,177***	-0,307***	0,018	0,084	1	0,069	0,069	0,605***	-0,335***	0,311***	-0,040
TENURELIN	9	0,342***	0,343***	-0,188***	0,207***	-0,311***	-0,012	0,079	0,129**	1	1***	-0,096	0,222***	0,088	0,074
TENURELN	10	0,250***	0,283***	-0,58***	0,135**	-0,257***	-0,038	0,062	0,042	0,924***	1	-0,096	0,222***	0,088	0,074
BIG4	11	0,302***	0,243***	0,219***	0,210***	-0,158**	0,118*	0,196***	0,490***	-0,072	-0,119*	1	-0,550***	0,451***	0,020
ECDEP	12	-0,005	-0,056	-0,153***	-0,017	0,006	-0,070	-0,101	-0,255***	0,119*	0,128**	-0,556***	1	-0,125**	0,091
AC	13	0,312***	0,327***	0,166***	0,296***	-0,219***	0,059	0,269***	0,226***	0,128**	0,046	0,451***	-0,269***	1	-0,071
RELNAFAF	14	-0,045	-0,046	-0,026	0,045	0,115*	0,151**	0,061	-0,097	0,043	0,040	-0,051	0,094	-0,097	1

Korrelationen zwischen den endogenen Modellvariablen nach Pearson (unteres Dreieck) sowie Spearman (oberes Dreieck). */**/*** entspricht einem 10-%-/5-%-/1-%-Signifikanzniveau (zweiseitiger Signifikanztest).

Tabelle 22: Korrelationen zwischen den Indikatoren der exogenen Modellvariablen

Variablen	VIF	
	A. ursprünglich	B. orthogonalisiert
TENURELIN	8,27	1,32
TENURELN	7,66	1,12
MCAP	4,52	4,52
ACOVER	3,90	3,90
BIG4	2,24	2,24
LEV	1,80	1,80
SPEZ	1,74	1,74
BWMW	1,73	1,73
VOLA	1,70	1,70
AC	1,57	1,57
ECDEP	1,57	1,57
DISP	1,53	1,53
BETA	1,29	1,29
RELNAFAF	1,06	1,06

Tabelle 23: VIF der exogenen Variablen

Die starke und hoch signifikante Korrelation in Höhe von 0,841 zwischen *MCAP* und *ACOVER* bestätigt die angestrebte Zusammenfassung beider Variablen in einem reflektiven Konstrukt *IUMfaktor* des Strukturgleichungsmodells. Ein hohes Informationsumfeld spiegelt sich in einer höheren Marktkapitalisierung *[MCAP]* sowie höheren Analystenabdeckung *[ACOVER]* wider.

Die bivariate Korrelationsanalyse (Tabelle 22) sowie die hohen VIF (Tabelle 23 A.) machen deutlich, dass die Variablen *TENURELIN* und *TENURELN* aufgrund der Transformationsbeziehung eine zu erwartende hohe Korrelation und Multikollinearität aufweisen.[1046] Die Korrelationen zwischen *TENURELIN* und *TENURELN* nehmen auf hoch signifikantem Niveau Werte von mehr als 0,92 an. Die VIF liegen in einem Wertebereich (8,27 bzw. 7,66), der nahe dem üblicherweise akzeptierten Niveau von zehn liegt. Insbesondere bei relativ kleinen Stichprobengrößen kann ein Akzeptanzniveau von zehn jedoch bereits als zu tolerant für die Beurteilung von Multikollinearität gewählt worden sein.[1047] Da Multikollinearität problematisch hinsichtlich der Effizienz von generierten Regressionsparametern – die insbesondere auch in formativen Messmodellen geschätzt werden – ist, erfolgt eine Orthogonalisierung dieser Variablen zueinander.[1048] Die Orthogonalisierung ermöglicht, den Teil einer Variablen zu extrahieren, den sie nicht gemeinsam mit weiteren in das Regressionsmodell oder Messmodell ein-

---

[1046] Vgl. *Jaccard/Turrisi* (2003): 27-28; *Aiken/West* (1998): 35-36.

[1047] Vgl. z.B. *Ringle/Spreen* (2007): 214.

[1048] Vgl. zum Verfahren der Orthogonalisierung die Beiträge von *Little/Bovaird/Widaman* (2006) und grundlegend *Lance* (1988) sowie *Kutner et al.* (2005): 305. *Lance* (1988): 173 macht insbesondere auch auf die Eignung der Orthogonalisierung im Zusammenhang mit Pfadmodellen, welche eine Sonderform der Strukturmodelle darstellen, aufmerksam.
Boone/Khurana/Raman (2008): 132 erkennen in ihrem Regressionsmodell zwar aufgrund von Transformationsbeziehungen weit über dem Richtwert von zehn liegende VIF an, kommentieren mögliche Auswirkungen auf die Regressionsergebnisse jedoch nicht.

fließenden Variablen hat. In das Messmodell für *FREI* – so viel sei in Bezug auf die Modellformulierung vorweg genommen – wird die Variable *TENURELIN* einfließen. Dem Messmodell für *FÄHIG* wird die Variable *TENURELN* zugewiesen. Bildet *TENURELIN* die Referenz für eine Orthogonalisisierung, stellt sich die Beziehungen der Variablen *TENURELN* zu *TENURELIN* in einer Regressionsgleichung folgendermaßen dar:

$$TENURELN = \beta_0 + \beta_1 * TENURELIN + \varepsilon_{TENURELN}$$

Für die Orthogonalisierung werden die standardisierten Residuen $\varepsilon_{TENURELN}$ der Regressionsgleichung ermittelt. Diese gehen anstelle der ursprünglichen Variablen in die weitere Analyse ein. Die weiter zu verwendenden Residuen gehen in folgender Schreibweise in die weitere Analyse ein:

$$\varepsilon_{TENURELN} = TENURELN\_RES$$

Eine erneute Berechnung der VIF (Tabelle 23 B.) unter Einbezug der nun orthogonalisierten Variablen macht deutlich, dass die VIF der zuvor problematischen Variablen reduziert werden konnten, sodass nun die VIF aller exogenen Variablen einen Wert weit unter dem maximal akzeptierten Grenzwert von zehn aufweisen.[1049] Auch zeigt die Konstanz der VIF der nicht orthogonalisierten Variablen vor und nach der Durchführung der Orthogonalisierung, dass durch die Orthogonalisierung lediglich redundante Informationen eliminiert wurden.[1050]

7.3.4 Strukturgleichungsanalyse

7.3.4.1 Modellformulierung und Bestimmung der Modellparameter

Ziel der folgenden Strukturgleichungsanalyse ist die Überprüfung des Zusammenhangs zwischen der impliziten Risikoprämie *[RPfaktor]* und den Dimensionen der Prüfungsqualität – Urteilsfreiheit *[FREI]*, Urteilsfähigkeit *[FÄHIG]*, Reputation *[REP]* sowie Vorhandensein eines Prüfungsausschusses *[ACc]*. Die in das Modell einbezogenen Konstrukte, ihre Bedeutung im Strukturmodell, ihre Operationalisierung sowie das Skalenniveau der Variablen sind in Tabelle 24 zusammengefasst.

Die Operationalisierung der Renditeerwartung der Eigenkapitalgeber und somit der impliziten Risikoprämie *[RPfaktor]* erfolgt durch die Spezifikation eines reflektiven Messmodells, dem die fünf modellspezifischen impliziten Risikoprämien rp_{GG}, rp_{CT}, rp_{GLS}, rp_{GM} und rp_E als Indikatoren zugewiesen werden. Die Wahl eines reflektiven Messmodells begründet sich in der

---

[1049] Vgl. zu den Grenzwerten in Bezug auf den VIF die Ausführungen in Kapitel 7.3.3.
[1050] Vgl. für die Konstanz des Erklärungsbeitrags der Variablen unabhängig von einer Orthogonalisierung auch *Lance* (1988): 166; Tabelle 2.

Kausalrichtung zwischen den Indikatoren und dem durch diese Indikatoren zu messenden Konstrukt. Eine Veränderung der Renditeerwartungen führt zu einer Veränderung jeder der modellspezifischen impliziten Risikoprämien. Zusätzlich sprechen die hohen Korrelationen der modellspezifischen Risikoprämien, wie sie im Kontext der vorgelagerten Kollinearitätsdiagnostik identifiziert wurden und Tabelle 16 zu entnehmen sind, für die Spezifikation eines reflektiven Messmodells.

Ausgehend von theoretischen Erwägungen und empirischen Befunden wurden für die Urteilsfreiheit *[FREI]* und die Urteilsfähigkeit *[FÄHIG]* Messmodelle spezifiziert. Zwischen den identifizierten prüfungsspezifischen Indikatoren und diesen beiden Dimensionen der Qualität der Abschlussprüfung wird aufgrund der Kausalität zwischen Indikatoren und Konstrukten ein formativer Zusammenhang modelliert. Als ursächlich für die Urteilsbildung des Kapitalmarktes über die Urteilsfreiheit des Abschlussprüfers *[FREI]* wird die Umsatzbedeutung *[ECDEP]*, die Beratungsintensität *[RELNAFAF]* sowie die Mandatsdauer *[TENURELIN]* erachtet. Die Urteilsbildung des Kapitalmarktes über die Urteilsfähigkeit des Abschlussprüfers *[FÄHIG]* wird durch den Spezialisierungsgrad der Prüfungsgesellschaft *[SPEZ]* sowie die Mandatsdauer *[TENURELN_RES]* beeinflusst. Die Qualitätsdimensionen Reputation einer Prüfungsgesellschaft *[REP]* und das Vorhandensein eines Prüfungsausschusses *[ACc]* gehen jeweils als 1-Item-Konstrukte in das Strukturmodell ein. Die Reputation *[REP]* wird durch die dichotome Variable Prüfung durch eine Big-Four-Prüfungsgesellschaft *[BIG4]* operationalisiert. Die Operationalisierung des Vorhandenseins eines Prüfungsausschusses *[ACc]* erfolgt über eine gleichnamige dichotome Variable *[AC]*.

Für die Operationalisierung des Informationsumfeldes *[IUMfaktor]* wird ebenfalls ein Messmodell spezifiziert. Da das Informationsumfeld sich in der Marktkapitalisierung *[MCAP]* sowie der Höhe der Analystenabdeckung *[ACOVER]* niederschlägt, ist ein reflektives Messmodell zu spezifizieren.

Unternehmen, die in gleichen Branchen tätig sind, sind gleichen Branchenrisiken ausgesetzt und verfolgen oft ähnliche Rechnungslegungspraktiken.[1051] Neben Brancheneffekten *[INDUSTRY]* sind auch Jahreseffekte *[YEAR]* auf die Risikoprämie und somit die Eigenkapitalkosten zu erwarten.[1052] Aus diesem Grund werden entsprechende dichotome Indikatorvariablen für die Branche, in der das Unternehmen agiert, und für das Jahr, dem die Beobachtung zuzuordnen ist, in das Modell aufgenommen.[1053] Für die Kontrolle möglicher Industrieeffekte *[INDUSTRY]* wird ein formatives Messmodell spezifiziert, in das jeweils sechs dichotome

---

[1051] Vgl. *Daske/Gebhardt/Klein* (2006): 21; *Daske* (2006): 351.

[1052] Vgl. *Boone/Khurana/Raman* (2008): 122, *Nölte* (2008): 244; *Daske/Gebhardt/Klein* (2006): 21.

[1053] Vgl. *Boone/Khurana/Raman* (2008): 122, *Nölte* (2008): 244; *Daske* (2006): 351.

Variablen, welche die Zugehörigkeit zu einer bestimmten Branche indizieren, einfließen. Für INDUSTRY bildet der GICS-Sektor Informationstechnologie & Telekommunikation [GICS_IT_TELKOM] die Referenzgröße.[1054] Als Referenz in Bezug auf YEAR wird das Jahr 2005 [YEAR2005] herangezogen. Für die Kontrolle möglicher Jahreseffekte wird jeweils für das Jahr 2006 und das Jahr 2007 ein 1-Item-Konstrukt gebildet, in welches die dichotomen Variablen YEAR2006 sowie YEAR2007 einfließen. Auf eine Zusammenfassung zu einem formativen Konstrukt analog INDUSTRY wird für YEAR verzichtet. Für die möglichen Industrieeffekte soll lediglich die Kontrolle möglicher Brancheneffekte erfolgen. Eine sinnvolle Interpretation der einzelnen Industrieindikatoren auf die Höhe der Renditeforderungen ist jedoch entbehrlich. Möglichen Jahreseffekten kommt eine andere Bedeutung zu: Da die deskriptive Analyse der impliziten Risikoprämien in Kapitel 7.3.2.1 einen positiven Einfluss des Jahres 2007 auf die Risikoprämie erwarten lässt, ist dieser Effekt auch gesondert zu untersuchen.

Alle übrigen „Konstrukte", die der Kontrolle möglicher Risikofaktoren dienen, werden über einen Indikator spezifiziert und gehen somit als 1-Item-Konstrukte in die weitere Analyse ein. Die Spezifikation eines Messmodells ist abkömmlich. Die Bezeichnungen der Indikatoren, durch welche eine Operationalisierung der Konstrukte vorgenommen wird, können Tabelle 24 entnommen werden. Insgesamt fließen eine endogene sowie 13 exogene Konstrukte in das Strukturmodell ein.

[1054] Während Boone/Khurana/Raman (2008): 125-126 der sehr feinen Branchenklassifikation nach Fama/French (1997): 157-158 mit 48 Branchen folgen, verwendet Nölte (2008): 244 und 276 analog der eigenen Vorgehensweise eine wesentlich größeren Aufteilung nach IBES in neun Branchen. Vgl. für eine Erläuterung der gewählten Branchenklassifikation Kapitel 7.2.4.

Konstrukt	Bedeutung im Strukturmodell	Messmodell-spezifikation	Indikator	Skalenniveau
RPfaktor	endogen	reflektiv	rp_{GG}	metrisch
			rp_{CT}	metrisch
			rp_{GLS}	metrisch
			rp_{GM}	metrisch
			rp_E	metrisch
Untersuchungsvariablen				
FREI →H1	exogen	formativ	ECDEP	metrisch
			RELNAFAF	metrisch
			TENURELIN	metrisch
FÄHIG →H2	exogen	formativ	SPEZ	metrisch
			TENURELN_RES	metrisch
REP →H3	exogen	n.a.	BIG4	dichotom
ACc →H4	exogen	n.a.	AC	dichotom
Kontrollvariablen				
IUMfaktor	exogen	reflektiv	MCAP	metrisch
			ACOVER	metrisch
SYSRISK	exogen	n.a.	BETA	metrisch
UNSYSRISK	exogen	n.a.	VOLA	metrisch
LEVc	exogen	n.a.	LEV	metrisch
BWMWc	exogen	n.a.	BWMW	metrisch
UNSERT	exogen	n.a.	DISP	metrisch
YEAR2006c	exogen	n.a.	YEAR2006	dichotom
YEAR2007c	exogen	n.a.	YEAR2007	dichotom
INDUSTRY	exogen	formativ	GICS_DIS	dichotom
			GICS_STAP	dichotom
			GICS_HEALTH	dichotom
			GICS_IND	dichotom
			GICS_MAT	dichotom
			GICS_UT	dichotom

Tabelle 24: Darstellung der in das Strukturgleichungsmodell einbezogenen Konstrukte und deren Operationalisierung

7.3.4.2 Beurteilung der Güte der Modellparameter

7.3.4.2.1 Beurteilung der Güte formativer Messmodelle

Im untersuchten Strukturmodell wurden insgesamt zwei formative Konstrukte aufgenommen, welche zugleich bedeutende Untersuchungsvariablen darstellen: die Urteilsfreiheit *[FREI]* sowie die Urteilsfähigkeit *[FÄHIG]*. Für die Beurteilung der Güte formativer Messmodelle sind verschiedene Kriterien zu beurteilen.

7.3.4.2.1.1 Darstellung der Gütekriterien formativer Messmodelle

Als Kriterien der Gütebeurteilung werden die *Inhaltsvalidität* der Indikatoren, die *Reliabilität* der Indikatoren, die *Diskriminanzvalidität* der Konstrukte sowie die *nomologische Validität* der zugrunde liegenden Konstrukte herangezogen.[1055]

Für die Überprüfung der *Inhaltsvalidität* formativer Konstrukte sind fundierte theoretische Erörterungen sowie die Einholung von Expertenmeinungen ausschlaggebend.[1056] Eine ausführliche und fundierte theoretische Erörterung der für die Messung der Urteilsfähigkeit *[FÄHIG]* sowie der Urteilsfreiheit *[FREI]* herangezogenen Indikatoren war Gegenstand von Kapitel 5. Die Überprüfung der *Inhaltsvalidität* aufgrund von Expertenmeinungen kann auf Basis eines Zuordnungstests erfolgen.[1057] Gegenüber Indikatorzuordnungstests weniger formalisiert und in Bezug auf nicht bereits a priori vom Forscher berücksichtigte Indikatoren offener, sind Expertendiskussionen. Diese Methode wurde aufgrund des offenen Diskussionscharakters gegenüber einem Indikatorzuordnungstest bevorzugt.

Die *Reliabilität* der Indikatoren zur Messung eines formativen Konstruktes erfolgt über die Beurteilung der Indikatorrelevanz sowie seiner Signifikanz und dem Grad der Multikollinearität der Indikatoren. Für eine Beurteilung der *Indikatorrelevanz* wird analysiert, inwiefern ein Indikator zur Messung des betrachteten Konstruktes beiträgt. Auskunft über die Bedeutung eines Indikators geben die Indikatorgewichte, für die im Schrifttum keine zu erreichende Mindestgrenze festgelegt ist. Für die Einschätzung der Verlässlichkeit dieser Indikatorgewichte wird deren *Signifikanz* getestet. Hierzu werden die im Rahmen der bereits beschriebenen Bootstrapping-Prozedur ermittelten t-Werte mit einem kritischen t-Wert, der sich an dem gewünschten Signifikanzniveau orientiert, ermittelt.[1058] In Bezug auf die Beurteilung der Indikatorrelevanz sind die Indikatoren formativer Modelle auf Multikollinearität zu überprüfen. Die Bildung formativer Messmodelle folgt einem regressionsanalytischen Ansatz. *Multikollinearität* von Regressoren führt zu Problemen bei der Parameterschätzung und somit in formativen Konstrukten zu Problemen in Bezug auf die genaue Bestimmung der Indikatorgewichte.[1059] Für eine erste Einschätzung der Multikollinearität von Indikatoren kann die Korrelati-

---

[1055] Vgl. ähnlich *Hansen* (2009): 119.

[1056] Vgl. *Henseler/Ringle/Sinkovics* (2009): 301.

[1057] Für die Durchführung eines Indikatorzuordnungstests werden Probanden gebeten, für die Gesamtheit von Indikatoren, die a priori bestimmten formativen Konstrukten zugewiesen wurden, eigenständig eine Zuordnung zu den Konstrukten vorzunehmen. Vgl. ausführlich zur Anwendung von Indikatorzuordnungstests *Anderson/Gerbing* (1991).

[1058] Vgl. *Huber et al.* (2007): 38; *MacKenzie/Podsakoff/Jarvis* (2005): 727.

[1059] Vgl. *Backhaus et al.* (2011): 94; *Huber et al.* (2007): 39.

onsmatrix der Indikatoren herangezogen werden.[1060] Für die dort abgebildeten bivariaten Korrelationen wird ein Grenzwert von maximal 0,7 empfohlen.[1061] Eine weiteres Verfahren zur Identifikation von Multikollinearität zwischen den Indikatoren stellt die Beurteilung des VIF dar.[1062] Hohe Werte des VIF weisen auf Multikollinearität zwischen den Indikatoren hin. Gemeinhin werden Werte von kleiner als zehn akzeptiert.[1063]

Die *Diskriminanzvalidität* formativer Konstrukte wird auf Basis der Korrelationsmatrix der durch den PLS-Algorithmus geschätzten Konstruktwerte überprüft und stellt auf die Eigenschaft der Prädiktorenspezifikation[1064] ab. Es wird dann von einer ausreichenden Diskriminanz der Konstrukte ausgegangen, wenn die bivariaten Korrelationen einen Wert von kleiner als 0,9 aufweisen.[1065]

Schließlich wird die *nomologische Validität* formativer Konstrukte beurteilt. Hierbei wird überprüft, ob das betrachtete formative Konstrukt entsprechend dem unterstellten Zusammenhang im Hypothesensystem zu einem anderen Konstrukt im Verhältnis steht. Eine Betrachtung der Pfadkoeffizienten, deren Richtung sowie die Signifikanzen geben somit Aufschluss über die Güte der Konstruktmessung zur Untersuchung der hypothetischen Zusammenhänge im Strukturmodell.[1066] Die Beziehung zwischen dem formativen Konstrukt und der endogenen Variablen sollte stark und statistisch signifikant sein.[1067] Die Richtung des Zusammenhangs ergibt sich aus dem theoretisch zu erwartenden Zusammenhang. Für die Feststellung der Signifikanz des Pfadkoeffizienten wird ein kritischer t-Wert herangezogen, der sich aus dem geforderten Signifikanzniveau ableitet.

[1060] Vgl. *Backhaus et al.* (2011): 94. Da nicht alle der betrachteten Indikatoren ein metrisches Skalenniveau vorweisen, welche eine Voraussetzung für die Anwendung der Korrelationen nach Pearson darstellt, werden zusätzlich die Korrelationen nach Spearman berichtet. Vgl. *Fahrmeir et al.* (2010): 144-145. Vgl. zu den Skalenniveaus der einbezogenen Variablen Tabelle 24.

[1061] Vgl. die Studie von *Cassel/Hackl/Westlund* (1999): 441-444 zur Ermittlung robuster Parameter in PLS. In den meisten Studien findet man keine konkreten Grenzwerte für bivariate Korrelationen in Strukturmodellen. Vgl. z.B. *Helm* (2005): 248; *Krafft/Götz/Liehr-Gobbers* (2005): 79.

[1062] Vgl. *Backhaus et al.* (2011): 95; *Henseler/Ringle/Sinkovics* (2009): 302. Vgl. für eine Erläuterung der Ermittlung des VIF Kapitel 7.3.3. Für ein formatives Konstrukt sind die beschriebenen Regressionen für die n Indikatoren des formativen Konstruktes durchzuführen.

[1063] Vgl. *Henseler/Ringle/Sinkovics* (2009): 302; *Huber et al.* (2007): 39; *Diamantopoulos/Winklhofer* (2001): 272. Für kleine Stichproben empfehlen *Ringle/Spreen* (2007): 214 weniger liberale Werte von 3 oder 4. *Weiber/Mühlhaus* (2010): 207 beurteilen VIF von größer 3 als kritisch.

[1064] Vgl. zur Prädiktorenspezifikation *Chin* (1998): 314-316; *Fornell/Cha* (1994 (Nachdruck 1995)): 54-57.

[1065] Vgl. *Herrmann/Huber/Kressmann* (2006): 57.

[1066] Vgl. *Hansen* (2009): 123

[1067] Vgl. *Henseler/Ringle/Sinkovics* (2009): 301. *Lohmöller* (1989): 60 schlägt für die Stärke der Pfadkoeffizienten einen Wert von mindestens 0,1 vor. Dieser Wert ist nicht als absolutes Ausschlusskriterium für die Annahme der nomologischen Validität zu verstehen, sondern vielmehr als Richtwert.

7.3.4.2.1.2 Prüfung der Gütekriterien der formativen Messmodelle

Die *Inhaltsvalidität* der formativen Konstrukte *FÄHIG* und *FREI* sollte aufgrund der ausführlichen theoretischen Fundierung der zwischen Indikatoren und Konstrukten zugrunde gelegten Wirkungsbeziehungen in Kapitel 5 gewährleistet sein. Um diesem Argument eine externe Bestätigung hinzuzufügen, wurden zur Überprüfung der *Inhaltsvalidität* zusätzlich Expertendiskussionen durchgeführt,[1068] die folgendes Resultat lieferten: Sowohl in Bezug auf die Relevanz als auch in Bezug auf die funktionalen Zusammenhänge zwischen den Indikatoren und den formativen Konstrukten *FÄHIG* und *FREI* wurde in wiederholten Diskussionen die Inhaltsvalidität der Konstrukte bestätigt. Insgesamt ist somit die Inhaltsvalidität der formativen Konstrukte *FÄHIG* und *FREI* gegeben.

Die formative latente Variable *FREI* wurde durch insgesamt drei Indikatoren gemessen. Der folgenden Tabelle 25 sind die Ergebnisse der PLS-Schätzung zu entnehmen. Die Ergebnisse der Korrelationsdiagnostik sind in Tabelle 26 zusammengefasst.

Indikatoren *FREI*	Gewicht	eV	t-Wert	Signifikanz (1-seitig)
ECDEP	-0,336	-	1,292	*
RELNAFAF	-0,605	-	1,961	**
TENURELIN	-0,632	-	2,361	***

Tabelle 25: Schätzergebnisse der latenten Variable *FREI*

	Bivariate Korrelationen			VIF
Indikatoren *FREI*	ECDEP	RELNAFAF	TENURELIN	
ECDEP	1	0,091	0,222	1,02
RELNAFAF	0,094	1	0,074	1,01
TENURELIN	0,119	0,043	1	1,02

Korrelationen zwischen den Indikatoren von *FREI* nach Pearson (unteres Dreieck) sowie Spearman (oberes Dreieck).

Tabelle 26: Korrelationsdiagnostik der Indikatorvariablen für *FREI*

ECDEP weist einen signifikanten Erklärungsbeitrag mit einem Gewicht von -0,336 auf *FREI* auf. Ebenso kann ein signifikanter statistischer Zusammenhang zwischen *FREI* und *RELNAFAF* mit einem Gewicht von -0,605 *FREI* sowie zwischen *FREI* und *TENURELIN* mit einem Gewicht von -0,632 bestätigt werden. Sowohl die VIF als auch die bivariaten Korrelationen liegen mit maximal 1,02 (VIF) und 0,119 bzw. 0,222 (Pearson bzw. Spearman) deutlich unter den geforderten Grenzwerten von zehn bzw. 0,7, sodass alle Indikatoren im Messmodell verbleiben. Insgesamt weist *TENURELIN*, knapp gefolgt von *RELNAFAF*, den stärksten Erklärungsbeitrag für die latente Variable *FREI* auf.

[1068] Die Expertendiskussionen wurden im Rahmen von Doktorandenkolloquien mit Doktoranden der Fachrichtung Wirtschaftsprüfung geführt.

Die latente Variable *FÄHIG* wurde durch zwei Indikatoren gemessen. Der folgenden Tabelle 27 sind die Ergebnisse der PLS-Schätzung zu entnehmen. Die Ergebnisse der Korrelationsdiagnostik sind in Tabelle 28 zusammengefasst.

Indikatoren *FÄHIG*	Gewicht	eV	t-Wert	Signifikanz (1-seitig)
SPEZ	0,723	+	1,233	n.s.
TENURELN_RES	-0,562	+	0,945	n.s.

Tabelle 27: Schätzergebnisse der latenten Variable *FÄHIG*

	Bivariate Korrelationen		VIF
Indikatoren *FÄHIG*	SPEZ	TENURELN_RES	
SPEZ	1	-0,209	1,04
TENURELN_RES	-0,198	1	1,04

Korrelationen zwischen den Indikatoren für *FÄHIG* nach Pearson (unteres Dreieck) sowie Spearman (oberes Dreieck).

Tabelle 28: Korrelationsdiagnostik der Indikatorvariablen für *FÄHIG*

Weder *SPEZ* noch *TENURELN_RES* leisten auf statistisch signifikantem Niveau einen Erklärungsbeitrag für *FÄHIG*: Den stärksten Beitrag zur Erklärung des Konstrukts *FÄHIG* weist *SPEZ* auf. Der Einfluss entspricht der zuvor prognostizierten Richtung, verfehlt jedoch knapp das geforderte 10-%-Signifikanzniveau. *TENURELN_RES* weist ein gegenüber der Prognose entgegengerichtetes Vorzeichen auf, welcher ebenfalls nicht signifikant ist. Wie bereits für die Indikatoren der latenten Variablen *FREI* liegt auch für die Indikatoren der latenten Variablen *FÄHIG* kein Hinweis auf Multikollinearität vor: Sowohl die VIF als auch die bivariaten Korrelationen liegen mit 1,04 (VIF) und -0,198 bzw. -0,209 (Pearson bzw. Spearman) weit unter den geforderten Grenzwerten. Folglich verbleiben alle Indikatoren im Messmodell. Die Ergebnisse ermöglichen jedoch keine Bestätigung des zuvor aufgestellten Messmodells für das Konstrukt *FÄHIG*. Dieses Ergebnis ist als Hinweis darauf zu verstehen, dass die Urteilsfähigkeit des Abschlussprüfers *[FÄHIG]* nicht in der spezifizierten Weise durch Eigenkapitalgeber als Risikofaktor wahrgenommen und folglich in der Risikoprämie eingepreist wird. Das Konstrukt *FÄHIG* verbleibt trotz der nicht erzielten Signifikanzen im Strukturmodell. Im Folgenden wird im Rahmen der Überprüfung von Gütekriterien weiterhin auf das Konstrukt *FÄHIG* verwiesen, um möglicherweise weitere Hinweise für die Verwerfung des Messmodells zu erhalten.

Zur Beurteilung der Diskriminanzvalidität der Konstrukte *FREI* sowie *FÄHIG* kann folgende Tabelle 29 herangezogen werden. Das Konstrukt *FREI* weist zum Konstrukt *REP* die größte Korrelation in Höhe von 0,263 auf. Für das Konstrukt *FÄHIG* beträgt die größte Korrelation 0,439 in Bezug auf das Konstrukt *IUMfaktor*. Insgesamt liegen für beide Konstrukte die höchsten Korrelationen mit anderen Konstrukten weit unter dem geforderten Grenzwert von 0,9. Die Diskriminanzvalidität der formativen Konstrukte *FREI* und *FÄHIG* ist somit gegeben.

Konstrukte	FREI	FÄHIG
FREI	1	0,063
FÄHIG	0,063	1
REP	0,263	0,432
ACc	0,068	0,269
RPfaktor	-0,155	-0,124
IUMfaktor	-0,187	0,439
SYSRISK	0,186	0,010
UNSYSRISK	0,125	-0,263
LEVc	-0,152	0,208
BWMWc	-0,053	0,077
UNSERT	-0,060	0,052
YEAR2006c	0,024	0,078
YEAR2007c	-0,004	0,000
INDUSTRY	0,171	0,218

Tabelle 29: Korrelationen *FREI* und *FÄHIG* mit allen weiteren Konstrukten zur Überprüfung der Diskriminanzvalidität

Die nomologische Validität ergibt sich schließlich aus der empirischen Bestätigung der hypothetischen Wirkungsbeziehung zwischen den formativen Konstrukten *FÄHIG* und *FREI* und dem endogenen Konstrukt *RPfaktor*. Für beide latenten Konstrukte kann bei der Begutachtung der bivariaten Korrelationen (Tabelle 29) ein Zusammenhang zu *RPfaktor* in der prognostizierten Richtung festgestellt werden (*FREI*: -0,155 bzw. *FÄHIG*: -0,124). Für eine abschließende Beurteilung der nomologischen Validität sind jedoch die Pfadkoeffizienten aus dem Strukturmodell heranzuziehen. Aus diesem Grund wird der Aspekt der nomologischen Validität in Kapitel 7.3.4.2.3.2 erneut aufgegriffen.

Vorbehaltlich der endgültigen Bestätigung der nomologischen Validität kann zusammenfassend festgehalten werden: Die Urteilsfreiheit des Abschlussprüfers *[FREI]* ist umso größer, je geringer die Umsatzbedeutung *[ECDEP]*, je geringer die Mandatsdauer in Jahren *[TENURE]* sowie je geringer die Beratungsintensität *[RELNAFAF]* ist. Unter zusätzlicher Berücksichtigung aller Gütekriterien ist von einer validen Messung des Konstruktes *FREI* auszugehen. Die Urteilsfähigkeit des Abschlussprüfers *[FÄHIG]* wird hingegen im Strukturmodell nicht wie zuvor erwartet signifikant durch den Grad der Branchenspezialisierung des Abschlussprüfers *[SPEZ]* und die Mandatsdauer in Jahren *[TENURELN_RES]* determiniert. Folglich kann das Konstrukt *FÄHIG* in der spezifizierten Weise empirisch nicht bestätigt werden.

7.3.4.2.2 Beurteilung der Güte reflektiver Messmodelle

In das Strukturmodell gehen zwei reflektive Konstrukte ein. Diese sind zum einen die endogene Variable Renditeerwartung der Eigenkapitalgeber *[RPfaktor]* sowie die Kontrollvariable Informationsumfeld *[IUMfaktor]*.

7.3.4.2.2.1 Darstellung der Gütekriterien reflektiver Messmodelle

Für die Beurteilung der Güte reflektiver Konstrukte sind die *Inhaltsvalidität*, die *Reliabilität* der Indikatoren sowie deren *Konvergenz-* und *Diskriminanzvalidität* zu überprüfen.[1069] Gegenüber formativen Konstrukten haben sich eigene Methoden zur Überprüfung der Kriterien etabliert, welche im Folgenden erläutert werden.

Eine Einschätzung der *Inhaltsvalidität* eines reflektiven Konstruktes erfolgt über die Durchführung einer explorativen Faktorenanalyse (Hauptkomponentenanalyse PCA).[1070] Die explorative Faktoranalyse zielt darauf ab, in einer Menge von Indikatoren Strukturen zu identifizieren, um anschließend eine Reduktion der Indikatoren zu erzielen. Hoch korrelierte Indikatoren werden dabei zu einem Faktor zusammengefasst.[1071] Von einer hohen Inhaltsvalidität der Indikatoren kann dann ausgegangen werden, wenn Unidimensionalität des reflektiven Konstruktes vorliegt. Unidimensionalität ist dann gegeben, wenn die explorative Faktorenanalyse auf Basis des Eigenwertkriteriums aus den Indikatoren des reflektiven Messmodells lediglich einen Faktor extrahiert.[1072] Zudem sollten die Faktorladungen mindestens einen Grenzwert von 0,4 erreichen und der erklärte Varianzanteil der Indikatoren durch den extrahierten Faktor mindestens 0,5 betragen.[1073]

Die *Indikatorreliabilität* drückt aus, wie verlässlich ein Indikator gemessen wurde. Diesbezüglich wird gefordert, dass mindestens 50 % der Varianz eines Indikators durch das zugrunde liegende reflektive Konstrukt erklärt werden muss. Folglich sollte die Faktorladung eines Indikators mindestens $0,7 \sim \sqrt{0,5}$ betragen.[1074] Neben der Höhe der Faktorladung ist zusätzlich seine Signifikanz zu beurteilen.[1075]

Die *Konvergenzreliabilität* eines Konstruktes kann durch den Reliabilitätskoeffizienten ρ_C sowie die durchschnittlich erfasste Relevanz AVE beurteilt werden. Formal stellen sich die Kennzahlen wie folgt dar:[1076]

[1069] Vgl. *Homburg/Giering* (1996): 7, welche zusätzliche die nomologische Validität anführen. Diese wird z.B. von *Henseler/Ringle/Sinkovics* (2009): 300 nicht angeführt. *Weiber/Mühlhaus* (2010) nennen die Kriterien der Inhaltsvalidität, Kriteriumsvalidität und Konstruktvalidität. Vgl. *Weiber/Mühlhaus* (2010): 128.

[1070] Vgl. *Homburg/Giering* (1996): 8; *Aaker/Bagozzi* (1979): 149.

[1071] Vgl. *Backhaus et al.* (2011): 330.

[1072] Vgl. *Homburg/Giering* (1996): 8 und 12 und dem folgend *Mertenskötter* (2011): 154-155.

[1073] Vgl. *Homburg/Giering* (1996): 12.

[1074] Vgl. *Henseler/Ringle/Sinkovics* (2009): 299; *Huber et al.* (2007): 35.

[1075] Vgl. *Henseler/Ringle/Sinkovics* (2009): 299; *Huber et al.* (2007): 35.

[1076] Vgl. *Henseler/Ringle/Sinkovics* (2009): 300; *Huber et al.* (2007): 35; *Chin* (1998): 320-321.

$$\rho_C = \frac{(\sum_{i=1}^{I} \lambda_i)^2}{(\sum_{i=1}^{I} \lambda_i)^2 + \sum_{i=1}^{I} Var[\varepsilon_i]}$$

$$AVE = \frac{\sum_{i=1}^{N} \lambda_i^2}{\sum_{i=1}^{N} \lambda_i^2 + \sum_{i=1}^{N} Var[\varepsilon_i]}$$

Wobei:
λ_i = geschätzte Faktorladung des Indikators i
$Var[\varepsilon_i]$ = geschätzte Varianz des Fehlerterms des Indikators i

Für den Reliabilitätskoeffizienten werden Werte von mindestens 0,6 akzeptiert. Die durchschnittlich erfasste Varianz sollte Werte größer 0,5 aufweisen.[1077]

Komplementär zur Konvergenzreliabilität ist das Kriterium der *Diskriminanzvalidität*.[1078] Zur Beurteilung der Diskriminanzvalidität eignen sich zwei Verfahren: Das Fornell-Larcker-Kriterium sowie die Beurteilung der Cross Loadings.[1079] Das Fornell-Larcker-Kriterium fordert, dass das zu beurteilende latente Konstrukt einen größeren Anteil seiner Varianz mit den ihm zugewiesenen Indikatoren teilt, als dies für andere latente Konstrukte zutrifft. Zur Erfüllung des Kriteriums muss die AVE größer sein, als jede der quadrierten Korrelationen des betrachteten Konstruktes mit anderen Konstrukten.[1080] Als liberaleres Verfahren kann die Beurteilung der Korrelationen der Indikatoren des betrachteten Konstrukts mit anderen Konstrukten herangezogen werden (Cross Loadings). Die betrachteten Indikatoren müssen dabei eine höhere Ladung mit dem eigenen Konstrukt aufweisen als mit anderen Konstrukten im Modell.[1081]

7.3.4.2.2.2 Prüfung der Gütekriterien reflektiver Messmodelle

Nachdem nun die Kriterien für die Beurteilung reflektiver latenter Variablen dargelegt wurden, schließt im Folgenden die konkrete Beurteilung der reflektiven latenten Variablen *RPfaktor* sowie *IUMfaktor* an.

[1077] Vgl. *Henseler/Ringle/Sinkovics* (2009): 300; *Bagozzi/Yi* (1988): 82. Der Wertebereich der Kennzahlen liegt zwischen 0 und 1. *Huber et al.* (2007): 35-36 schlagen etwas konservativere Mindestwerte von 0,7 für den Reliabilitätskoeffizienten sowie 0,6 für die AVE vor.

[1078] Vgl. *Henseler/Ringle/Sinkovics* (2009): 299.

[1079] Vgl. *Henseler/Ringle/Sinkovics* (2009): 299.

[1080] Vgl. *Henseler/Ringle/Sinkovics* (2009): 299-300; *Ringle/Spreen* (2007): 213 sowie ursprünglich *Fornell/Larcker* (1981): 46.

[1081] Vgl. *Henseler/Ringle/Sinkovics* (2009): 299-300; *Ringle/Spreen* (2007): 213; *Chin* (1998): 321.

Die reflektive endogene Variable *RPfaktor* wurde durch fünf Indikatoren operationalisiert. Die Ergebnisse der PLS-Schätzung können folgender Tabelle 30 entnommen werden. Tabelle 31 beinhaltet die Ergebnisse der PCA-Schätzung.

Indikatoren *RPfaktor*	PLS-Schätzung			
	PLS-Ladungen	eV	t-Wert	Signifikanz (1-seitig)
rp_{GG}	0,942	+	55,674	***
rp_{CT}	0,932	+	46,272	***
rp_{GLS}	0,885	+	69,158	***
rp_{GM}	0,834	+	19,998	***
rp_{E}	0,763	+	13,640	***

Tabelle 30: Ergebnisse PLS-Schätzung *RPfaktor*

	PCA-Schätzung	
Indikatoren *RPfaktor*	PCA-Ladungen	
rp_{GG}	0,476	Erklärter Varianzanteil: 0,765
rp_{CT}	0,472	
rp_{GLS}	0,439	Unidimensionalität: gegeben
rp_{GM}	0,440	
rp_{E}	0,405	

Tabelle 31: Ergebnisse PCA-Schätzung *RPfaktor*

Die Faktorladungen der PLS-Schätzungen sind für alle fünf Indikatoren hoch signifikant und weisen durchweg eine Faktorladung von mehr als dem geforderten Grenzwert von 0,7 auf. Das latente Konstrukt *RPfaktor* lädt auf den Indikator r_{GG} mit einer Faktorladung von 0,942 am stärksten und mit einer Faktorladung von 0,763 auf den Indikator rp_E am schwächsten. Insofern reflektiert der Indikator r_{GG} das Konstrukt am besten.

Die explorative Faktorenanalyse erlaubt die Extraktion eines Faktors auf Basis des Eigenwertkriteriums und erlaubt somit eine Bestätigung der Unidimensionalität des Konstrukts. Der erklärte Varianzanteil der Indikatoren durch den extrahierten Faktor beträgt 0,765 und liegt damit deutlich über dem Grenzwert von 0,5. Die Faktorladungen der explorativen Faktorenanalyse (PCA-Ladungen) liegen über dem geforderten Grenzwert von 0,4.

Die reflektive endogene Variable *IUMfaktor* wurde durch zwei Indikatoren operationalisiert. Die Ergebnisse der PLS-Schätzung können folgender Tabelle 32 entnommen werden. Tabelle 33 beinhaltet die Ergebnisse der PCA-Schätzung.

Indikatoren *IUMfaktor*	PLS-Schätzung			
	PLS-Ladungen	eV	t-Wert	Signifikanz (1-seitig)
MCAP	0,970	+	16,111	***
ACOVER	0,947	+	10,882	***

Tabelle 32: Ergebnisse PLS-Schätzung *IUMfaktor*

	PCA-Schätzung	
Indikatoren *IUMfaktor*	PCA-Ladungen	Erklärter Varianzanteil: 0,921
MCAP	0,707	
ACOVER	0,707	Unidimensionalität: gegeben

Tabelle 33: Ergebnisse PCA-Schätzung *IUMfaktor*

Die hoch signifikanten Faktorladungen der latenten Variablen *IUMfaktor* auf die Indikatoren *MCAP* und *ACOVER* liegen mit 0,970 und 0,947 deutlich über dem geforderten Grenzwert von 0,7. MACP repräsentiert die latente Variable *IUMfaktor* unwesentlich besser als *ACOVER*.

Wie bereits für den reflektiven Indikator *RPfaktor* ermöglicht die explorative Faktorenanalyse die Extraktion eines Faktors auf Basis des Eigenwertkriteriums und bestätigt somit die Unidimensionalität des Konstruktes *IUMfaktor*. Der extrahierte Faktor erklärt 92,1 % der Varianz der Indikatoren. Das Mindestmaß der Varianzerklärung durch den extrahierten Faktor wird somit bedeutend überschritten. Auch die Höhe der PCA-Ladungen liegt mit 0,707 für beide Variablen weit über dem gewünschten Grenzwert von 0,4.

Für die Beurteilung der Konvergenzreliabilität werden der Reliabilitätskoeffizient ρ_C sowie die durchschnittlich erfasste Varianz *AVE* herangezogen. Die entsprechenden Kennzahlen der Konstrukte *RPfaktor* und *IUMfaktor* können folgender Tabelle 34 entnommen werden.

Latente reflektive Variablen	ρ_C	AVE
RPfaktor	0,941	0,763
IUMfaktor	0,958	0,919

Tabelle 34: Kennzahlen zur Beurteilung der Konvergenzreliabilität

Für beide Faktoren werden sowohl der Grenzwert des Reliabilitätskoeffizienten ρ_C, der bei 0,6 liegt, als auch der der durchschnittlich erfassten Varianz *AVE*, der einen Wert von mindestens 0,5 aufweisen soll, deutlich überschritten. Die Reliabilitätskoeffizienten ρ_C für beide Konstrukte nehmen mit 0,941 (*RPfaktor*) bzw. 0,958 (*IUMfaktor*) Werte von fast eins an und sprechen somit für eine überaus hohe Konvergenzreliabilität auf Konstruktebene. Auch die Anteile der durchschnittlich erfassten Varianz *AVE* mit 0,763 (*RPfaktor*) und 0,919 (*IUMfaktor*) belegen eine hohe Konvergenzreliabilität.

Die Diskriminanzvalidität reflektiver Konstrukte erfolgt über die Beurteilung des Fornell-Larcker-Kriteriums sowie der Cross Loadings der Indikatoren. Wie aus Tabelle 35 hervorgeht, ist die durchschnittlich erfasste Varianz sowohl für *RPfaktor* als auch für *IUMfaktor* größer als jede quadrierte Korrelation dieser Konstrukte mit weiteren Konstrukten. Die höchste quadrierte Korrelation mit einem weiteren Konstrukt liegt für *RPfaktor* mit *BWMWc* in Höhe von 0,294 vor und liegt deutlich unter dem Wert der durchschnittlich erfassten Varianz *AVE* von 0,763. Für das Konstrukt *IUMfaktor* wiegt die Erfüllung des Fornell-Larcker-

Kriteriums noch stärker. Die durchschnittlich erfasste Varianz AVE reicht mit 0,919 deutlich über die höchste quadrierte Korrelation mit einem weiteren Konstrukt, welche zwischen *IUMfaktor* und *FÄHIG* bei 0,193 liegt.

Konstrukt	Quadrierte Korrelationen	
	RPfaktor	IUMfaktor
FREI	0,024	0,035
FÄHIG	0,015	0,193
REP	0,000	0,083
ACc	0,010	0,110
RPfaktor	1,000	0,025
IUMfaktor	0,025	1,000
LEVc	0,076	0,058
BWMWc	0,294	0,003
SYSRISK	0,019	0,001
UNSYSRISK	0,089	0,160
UNSERT	0,270	0,013
YEAR2006c	0,086	0,000
YEAR2007c	0,121	0,015
INDUSTRY	0,032	0,022
AVE	0,763	0,919

Tabelle 35: Beurteilung des Fornell-Larcker-Kriteriums

Die Betrachtung der Cross Loadings in Tabelle 36 zwischen den Indikatoren der reflektiven Konstrukte *RPfaktor* und *IUMfaktor* und weiteren in das Strukturmodell einbezogenen Konstrukten resultiert ebenfalls in einer Bestätigung der Diskriminanzvalidität der reflektiven Konstrukte. Jede der insgesamt sieben betrachteten Indikatorvariablen weist in Bezug auf ihr eigenes Konstrukt die höchste Faktorladung auf.

	Cross Loadings						
	Indikatoren *RPfaktor*					Indikatoren *IUMfaktor*	
Konstrukte	rp_{GG}	rp_{CT}	rp_{GLS}	rp_{GM}	rp_E	MCAP	ACOVER
RPfaktor	0,942	0,932	0,885	0,834	0,763	-0,169	-0,127
IUMfaktor	-0,097	-0,095	-0,060	-0,236	-0,271	0,970	0,947
FREI	-0,175	-0,177	-0,142	-0,102	-0,063	-0,187	-0,170
FÄHIG	-0,083	-0,092	-0,007	-0,207	-0,225	0,459	0,373
REP	-0,007	-0,025	0,140	-0,071	-0,075	0,302	0,243
ACc	0,072	0,053	0,213	0,023	0,017	0,312	0,327
SYSRISK	0,110	0,109	0,119	0,131	0,147	-0,008	0,061
UNSYSRISK	0,239	0,247	0,189	0,337	0,352	-0,400	-0,363
LEVc	0,248	0,219	0,400	0,143	0,114	0,275	0,172
BWMWc	0,478	0,415	0,747	0,312	0,286	-0,055	-0,039
UNSERT	0,462	0,441	0,483	0,450	0,431	-0,126	-0,085
YEAR2006c	-0,327	-0,301	-0,333	-0,145	-0,112	0,010	-0,019
YEAR2007c	0,358	0,353	0,403	0,193	0,137	0,133	0,097
INDUSTRY	-0,163	-0,159	-0,197	-0,138	-0,109	0,178	0,094

Tabelle 36: Beurteilung der Cross-Loadings

Abschließend ist festzuhalten, dass eine hohe Güte der Messung der Renditeerwartung der Eigenkapitalgeber durch *RPfaktor* sowie eine hohe Güte der Messung des Informationsumfeldes durch *IUMfaktor* erzielt wurde.

7.3.4.2.3 Beurteilung des Strukturmodells und Überprüfung der Forschungshypothesen

7.3.4.2.3.1 Darstellung der Gütekriterien des Strukturmodells

Nach der Beurteilung der Messmodelle der in das Strukturmodell einfließenden latenten Konstrukte ist das Strukturmodell an sich einer Güteprüfung zu unterziehen. Neben dem *Bestimmtheitsmaß* der endogenen Variablen – im vorliegenden Modell ist dies die Renditeerwartung der Eigenkapitalgeber *[RPfaktor]* –, sollte eine Beurteilung der *Güte der Pfadkoeffizienten*, welche eine Beurteilung der *Multikollinearität* der Prädiktoren umfasst, sowie der *Prognoserelevanz* des Modells erfolgen.[1082]

Das Bestimmtheitsmaß R^2 einer endogenen Variablen gibt Aufschluss darüber, wie gut die im Modell aufgenommenen endogenen Variablen die Varianz dieser erklären können. Je näher das R^2 einen Wert von eins aufweist, desto besser ist die Güte der Anpassung des formulierten Modells an die empirischen Daten. Zwar werden im Schrifttum allgemeingültige Richtwerte für die Höhe des R^2 angeführt,[1083] jedoch berücksichtigen derartige Richtwerte nicht den Forschungsstand der zum Zeitpunkt der Analyse zugrunde zu legen ist. Insbesondere in frühen Forschungsstadien, kann bereits ein kleines R^2 zufriedenstellend sein, wenn damit mehr erklärt wird, als bislang. Für die Beurteilung des Bestimmtheitsmaßes in der vorliegenden Analyse wird ein korrigiertes R^2_{korr} herangezogen. Dieses berücksichtigt die Anzahl der in das Modell einbezogenen exogenen Variablen und die davon abhängige Anzahl an Freiheitsgraden.[1084]

[1082] Vgl. *Herrmann/Huber/Kressmann* (2006): 58. Zusätzlich ist es üblich, den Erklärungsbeitrag der exogenen Variablen zu beurteilen. Da es im vorgestellten Modell jedoch nicht darauf ankommt, den Erklärungsbeitrag der Risikoprämie durch die Untersuchungsvariablen zu maximieren, sondern vielmehr auf eine Feststellung des statistischen Zusammenhangs zwischen der Untersuchungsvariablen und der endogenen Variablen, wird auf eine Betrachtung der Effektstärke verzichtet. Ob eine exogene Variable einen bedeutenden Einfluss auf die exogene Variable hat, kann durch die Betrachtung der Effektstärke f^2 der betrachteten exogenen Variablen beurteilt werden. Die Berechnung der Effektstärke erfolgt auf Basis zweier korrigierter Bestimmtheitsmaße: jenes unter Einschluss der betrachteten exogenen Variablen R^2_{incl} und jenes unter Ausschluss dieser R^2_{excl}. Die Größen werden für die Berechnung der Effektstärke folgendermaßen in Relation gesetzt: $f^2 = \frac{R^2_{incl} - R^2_{excl}}{1 - R^2_{incl}}$ Vgl. *Henseler/Ringle/Sinkovics* (2009): 303; *Chin* (1998): 316-317. Für die Beurteilung der Effektstärke f^2 empfiehlt *Cohen* (1988): 412-414 folgende Grenzwerte: 0,02 ("small"), 0,15 ("medium"), 0,35 ("large").

[1083] *Chin* (1998): 323 z.B. beurteilt die Güte eines Bestimmtheitsmaßes in Bezug auf die Ergebnisse des von ihm formulierten Modells folgendermaßen: 0,19 ("weak"), 0,33 ("moderate"), 0,67 ("substantial").

[1084] Da die Aufnahme jeder beliebigen exogenen Variablen – sei sie inhaltlich noch so unbedeutend – in das Strukturmodell zu einer zufälligen statistischen Vergrößerung des R^2 führt, ist der korrigierte Wert aussa-

Die Beurteilung der Pfadkoeffizienten erfolgt analog zur Beurteilung der Faktorladungen bzw. -gewichte über die Stärke und Richtung der Pfadkoeffizienten sowie deren Signifikanzen.[1085] Bezüglich der Pfadkoeffizienten der formativen Konstrukte schließt auch die abschließende Beurteilung der nomologischen Validität dieser an.

Hohe Multikollinearität zwischen den exogenen Konstrukten kann – wie bereits für die Bestimmung eines formativen Messmodells – zu Ineffizienzen in Bezug auf die Strukturparameter führen. Aus diesem Grund ist es ratsam die konkreten Konstruktwerte, für welche die Strukturparameter bestimmt werden, auf Multikollinearität zu überprüfen.[1086]

Für endogene reflektive Konstrukte kann das Stone-Geisser-Kriterium Q^2[1087] für eine Beurteilung der Prognoserelevanz herangezogen werden. Die Prognoserelevanz stellt ein Maß dafür dar, wie gut die empirischen Daten durch das Modell und seine Parameter bestimmt werden können.[1088] Durch die Anwendung eines Blindfolding-Verfahrens wird ein Teil der empirischen Daten blockweise ausgelassen und durch PLS-Schätzungen ersetzt. Die Prozedur wird so lange wiederholt, bis eine Auslassung jedes Blocks an Datensätzen vorgenommen wurde. Vor jedem weiteren Durchlauf werden die zuvor ausgelassenen Datensätze wieder in die Berechnung integriert. Aus dem Blindfolding-Prozess werden Werte für die Summe der quadrierten Fehlerterme der Modellschätzungen und die Höhe der Summe der quadrierten Fehlerterme für den Mittelwert der Schätzung gewonnen. Aus dem Blindfolding-Prozess berechnete Werte für das Stone-Geisser-Kriterium Q^2 von größer als Null sprechen für eine Progonoserelevanz des Modells. Es berechnet sich wie folgt:[1089]

$$Q^2 = 1 - \frac{\sum_D E_D}{\sum_D O_D}$$

Wobei:
E = Summe der quadrierten Fehlerterme der Modellschätzungen
O = Summe der quadrierten Fehlerterme für den Mittelwert der Schätzung
D = Abstand zwischen zwei nacheinander auszulassenden Fällen

---

gekräftiger. Das korrigierte Bestimmtheitsmaß berechnet sich folgendermaßen: $R^2_{korr} = R^2 - \frac{J*(1-R^2)}{K-J-1}$. Wobei J = Anzahl der exogenen Variablen; K = Anzahl der Beobachtungen; K-J-1 = Anzahl der Freiheitsgrade. Vgl. *Backhaus et al.* (2011): 76.

[1085] Vgl. *Weiber/Mühlhaus* (2010): 255 256.
[1086] Vgl. *Huber et al.* (2007): 43.
[1087] Vgl. grundlegend die Werke von *Stone* (1974) und *Geisser* (1975).
[1088] Vgl. *Chin* (1998): 318.
[1089] Vgl. *Henseler/Ringle/Sinkovics* (2009): 304-305; *Herrmann/Huber/Kressmann* (2006): 57; *Ringle* (2004): 16-17; *Fornell/Cha* (1994 (Nachdruck 1995)): 71-73 und *Chin* (1998): 317-318 am ausführlichsten.

7.3.4.2.3.2 Überprüfung der Gütekriterien des Strukturmodells sowie der Hypothesen

In der folgenden Tabelle 37 sind die Ergebnisse des Strukturmodells zusammengefasst. Die folgenden Ausführungen beziehen sich auf den einseitigen Signifikanztest, da die Hypothesen gerichtet formuliert wurden.

Endogene Variable:	*RPfaktor*
Anzahl der Beobachtungen:	245
Anzahl exogener Konstrukte:	13
R^2:	50,70 %
R^2 korrigiert:	47,93 %
Stone-Geisser-Kriterium Q^2:	0,287

	PLS-Schätzung			
Konstrukte	Pfadkoeffizienten	eV	t-Wert	Signifikanz (1-seitig)
Untersuchungsvariablen				
FREI →*H1*	-0,132	-	1,814	**
FÄHIG →*H2*	-0,084	-	0,812	n.s.
REP →*H3*	-0,032	-	0,576	n.s.
ACc →*H4*	0,067	-	1,527	*
Kontrollvariablen				
IUMfaktor	-0,112	-	1,559	*
SYSRISK	0,054	+	0,838	n.s.
UNSYSRISK	0,113	+	1,537	*
LEVc	0,111	+	1,821	**
BWMWc	0,265	+	3,683	***
UNSERT	0,282	+	3,151	***
YEAR2006c	-0,025		0,465	n.s.
YEAR2007c	0,207	+	2,926	***
INDUSTRY	-0,061		0,790	n.s.

Tabelle 37: Ergebnisse des Pfadmodells

Das korrigierte Bestimmtheitsmaß von 47,93 % indiziert, dass annähernd 50 % der Varianz der endogenen latenten Variablen *RPfaktor* durch das Strukturmodell erklärt werden kann. Da die Renditeerwartungen der Eigenkapitalgeber im Schrifttum durchaus als schwierig quantifizierbar gelten, ist dieser Wert als äußerst befriedigend anzusehen. Vergleicht man das erzielte Bestimmtheitsmaß mit Studien, die ebenfalls auf konsolidierte Größen der impliziten Risikoprämien auf Basis der verwendeten fünf Modelle zurückgreifen, dann ist der Erklärungsbeitrag des Strukturmodells als konkurrenzfähig anzusehen.[1090] Das Stone-Geisser-Kriterium Q^2

[1090] *Hope et al.* (2009): 198-199 erzielen in ihrer Studie für eine internationale Stichprobe korrigierte Bestimmtheitsmaße zwischen 43 und 50 %. *Nölte* (2008): 246 erzielt für eine Stichprobe deutscher börsennotierter Unternehmen Werte zwischen 33,34 und 41,28 %. Studien, die allein auf Risikoprämien basierend auf Varianten des Modells nach *Gebhardt/Lee/Swaminathan* (2001) *[rp$_{GLS}$]* zurückgreifen, erzielen hingegen höhere Bestimmtheitsmaße von je nach Modell bis zu 77 %. Vgl. *Daske/Gebhardt/Klein* (2006): 27. *Reese* (2007): 118 kann für die Erklärung der Risikoprämie nach *Gebhardt/Lee/Swaminathan* (2001) *rp$_{GLS}$* einen Erklärungsgehalt von bis zu 70,1 % erzielen.

weist einen Wert von 0,287. Da dieser Wert über Null liegt, kann dem Modell Prognoserelevanz zugesprochen werden.

Die Ergebnisse für die Untersuchungsvariablen *FREI* und *FÄHIG* bestätigen den vermuteten negativen Zusammenhang zwischen der Renditeerwartung der Eigenkapitalgeber und der Urteilsfreiheit sowie der Urteilsfähigkeit des Abschlussprüfers nur zum Teil. Eine negative Assoziation in Höhe von -0,132** kann auf signifikantem Niveau zwischen *RPfaktor* und *FREI* konstatiert werden. *Hypothese 1 [H1]* kann somit auf einem 5-%-Signifikanzniveau bestätigt werden. Der Einfluss von *FÄHIG* ist hingegen mit einem negativen Koeffizienten von -0,084$^{n.s.}$ nicht signifikant. Es erfolgt daher keine Bestätigung von *Hypothese 2 [H2]*. Nachdem das spezifizierte Messmodell für *FÄHIG* empirisch verworfen wurde,[1091] überrascht dieses Resultat an dieser Stelle nicht. Die Ergebnisse zeigen, dass die Urteilsfreiheit des Abschlussprüfers *[FREI]* als Risikofaktor durch die Eigenkapitalgeber wahrgenommen wird und sich folglich in der Risikoprämie niederschlägt. Die Urteilsfähigkeit *[FÄHIG]* bildet in der spezifizierten Weise hingegen keinen Risikofaktor aus Sicht der Eigenkapitalgeber. Da bislang keine Studie existiert, welche die Urteilsfähigkeit *[FÄHIG]* sowie die Urteilsfreiheit *[FREI]* als eigenständig interpretierbare Konstrukte operationalisiert und eine Assoziation zur den Renditeerwartungen der Eigenkapitalgeber *[RPfaktor]* aufgezeigt hat, können keine Vergleiche zu anderen Untersuchungen vorgenommen werden.

Die Reputation einer Prüfungsgesellschaft *[REP]* besitzt entgegen der Erwartung keinen Einfluss auf die Höhe der Renditeerwartung der Eigenkapitalgeber: Der ermittelte Koeffizient in Höhe von -0,032$^{n.s.}$ weist zwar das prognostizierte negative Vorzeichen auf, jedoch ist dieser im statistischen Sinne nicht signifikant. *Hypothese 3 [H3]* kann folglich nicht bestätigt werden. Die Vermutung, dass der Kapitalmarkt die Qualität der Abschlussprüfung auf einen „General Factor" zurückführt, kann demnach nicht bestätigt werden. Das Ergebnis steht in Konformität zu der von *Hope et al.* (2009) durchgeführten Analyse, bei der zwar der Zusammenhang zwischen unerwarteten Prüferhonoraren und impliziten Eigenkapitalkosten im Vordergrund steht, die Reputation einer Prüfungsgesellschaft *[REP]* jedoch als Kontrollvariable in das Modell aufgenommen wird. Die Autoren erzielen für Länder mit einem schwachen Investorenschutz[1092] einen je nach Modellspezifikation nicht signifikanten negativen Einfluss der Reputation einer Prüfungsgesellschaft auf die Risikoprämie.[1093] Deutschland entspricht nach der von *Hope et al.* (2009) verwendeten Klassifikation von *La Porta et al.* (1998) einem Land

---

[1091] Vgl. zur Überprüfung der Güte formativer Messmodelle bereits Kapitel 7.3.4.2.1.2.

[1092] Die Einstufung der Höhe des Investorenschutzes erfolgt anhand einer Skala (0-10) von *La Porta et al.* (1998), wobei die Werte der Skala mit steigender Stärke des Investorenschutzes ansteigen. *Hope et al.* (2009) nehmen eine dichotome Unterteilung in Länder mit starkem Investorenschutz und in Länder mit schwachem Investorenschutz vor. Vgl. *Hope et al.* (2009): 185-186 und 189.

[1093] Vgl. *Hope et al.* (2009): 198-199.

mit einem geringen Investorenschutz.[1094] Insofern sind die hier erzielten Ergebnisse konform mit jenen von *Hope et al.* (2009).

Für die Existenz eines Prüfungsausschusses *[ACc]* wird entgegen der Erwartung einer negativen Assoziation ein schwach signifikanter positiver Zusammenhang in Höhe von $0,067^*$ zu der Renditeerwartung der Eigenkapitalgeber nachgewiesen. *Hypothese 4 [H4]* kann folglich nicht bestätigt werden. Das Ergebnis überrascht vor dem Hintergrund der eigenen theoretischen Erwägungen zunächst, da die Existenz eines Prüfungsausschusses sowohl hinsichtlich der Urteilsfreiheit als auch hinsichtlich der Urteilsfähigkeit als zuträglich angesehen und somit eine Reduktion der Risikoprämie zu erwarten wäre. Bereits der Überblick relevanter Forschungsergebnisse lässt leichte Zweifel zu, ob die Existenz eines Prüfungsausschusses als Element der Unternehmensleitung und -überwachung solitär betrachtet werden kann.[1095] Weitere Nachforschungen im empirischen Schrifttum machen jedoch deutlich, dass das erzielte Ergebnis kein Einzelfall ist.[1096] Im Zuge der Erhebung der Variablen auf Basis der Erklärungen zum Corporate Governance Kodex wurde deutlich, dass insbesondere solche Unternehmen auf die Einrichtung eines Prüfungsausschusses verzichten, die über ein kleines Aufsichtsratsgremium verfügen. Insofern korrespondiert die Existenz eines Prüfungsausschusses *[AC]* mit der Größe des Aufsichtsratsgremiums. Wird die Kommunikation zwischen Prüfungsausschuss und Gesamtgremium nicht als ausreichend angesehen oder haben die Mitglieder des Prüfungsausschusses aus Sicht der Eigenkapitalgeber weit reichende Befugnisse, kann darin ein Risiko für die Gewährleistung der Überwachungsfunktion des Aufsichtsrats im Sinne eines Prinzipal-Agenten-Konflikts zwischen Aufsichtsratsgremium und Prüfungsausschuss gesehen werden. Zusätzlich kann die Meinung überwiegen, dass Prüfungsausschüsse fachlich weitgehend ineffektiv arbeiten. Eine vermutete fehlende fachliche Expertise und ein damit einhergehender sinkender Professionalisierungsgrad könnte der Grund dafür sein.[1097] Werden Prüfungsausschüsse demnach als fachlich ineffektiv angesehen, resultiert aus deren Einrichtung lediglich das Risiko einer mangelnden Kommunikation zwischen Aufsichtsratgremium und Prüfungsausschuss. Aufgrund des damit verbundenen Risikos für die Gewährleistung der Überwachungsfunktion des Aufsichtsrats ist mit der Existenz eines Prüfungsausschusses ein Risikozuschlag in Form einer höheren Risikoprämie verbunden.

[1094] Deutschland ist aufgrund der im Untersuchungszeitraum mangelnden Verfügbarkeit von Prüferhonorardaten nicht im untersuchten Sample enthalten. Die Einstufung der Stärke des Investorenschutzes für Deutschland erfolgt analog der Vorgehensweise *Hope et al.* (2009): 190 auf Basis von *La Porta et al.* (1998): 1143.

[1095] Vgl. die Zusammenfassung des Forschungsbeitrags von *DeFond/Hann/Hu* (2005) in Kapitel 5.5.4.3.

[1096] Vgl. *Lin/Hwang* (2010): 61 und 67 mit weiteren Nachweisen in Bezug auf das Ausmaß von Bilanzpolitik, welches mitunter ein Surrogat für die tatsächliche Prüfungsqualität darstellt.

[1097] Vgl. *Redmayne/Bradburry/Cahan* (2011): 311 für die Schlussfolgerung zur eigenen Untersuchung. Die Befragung von *Cohen/Krishnamoorthy/Wright* (2002) unter Abschlussprüfern bestätigt den Eindruck der mangelnden Expertise der Prüfungsausschüsse. Vgl. *Cohen/Krishnamoorthy/Wright* (2002): 585-586.

Für den überwiegenden Teil der Kontrollvariablen kann ein signifikanter Pfadkoeffizient in der prognostizierten Richtung identifiziert werden. Dies bestätigt erneut die Güte der Schätzung der Indikatorvariablen des endogenen Konstruktes *RPfaktor*. Die größte Bedeutung für die Höhe der Renditeerwartung der Eigenkapitalgeber *[RPfaktor]* weist dabei die Unsicherheit über Erträge *[UNSERT]* mit einem hoch signifikanten Koeffizienten von $0{,}282^{***}$ sowie das Buchwert-Marktwert-Verhältnis *[BWMWc]* mit einem ebenfalls hochsignifikanten Koeffizienten von $0{,}265^{***}$ auf. Das Informationsumfeld *[IUMfaktor]* besitzt einen signifikanten negativen Einfluss in Höhe von $-0{,}112^{*}$ auf *RPfaktor*. Einen annähernd gleichbedeutenden jedoch anders gerichteten Einfluss ist für den Verschuldungsgrad *[LEVc]* mit einem Koeffizienten von $0{,}111^{**}$ zu erkennen. Für das unsystematische Risiko *[UNSYSRISK]* kann auf schwachem Signifikanzniveau ein positiver Effekt in Höhe von $0{,}113^{*}$ festgestellt werden. Der nicht signifikante Einfluss des systematischen Risikos *[SYSRISK]* ist im Vergleich zu anderen Studien nicht untypisch und hängt oftmals von den in das Modell aufgenommenen Prädiktoren ab.[1098] Auf hoch signifikantem Niveau wird insgesamt auch der in der deskriptiven Analyse der impliziten Risikoprämien entstandene Eindruck gestiegener Renditeforderungen im Jahr 2007 gegenüber 2005 bestätigt. Dieses Ergebnis macht eine Antizipation der Verunsicherung der Kapitalmarktteilnehmer durch den Beginn der Finanzkrise wahrscheinlich. Der leichte Rückgang der Renditeforderungen im Jahr 2006 gegenüber 2005 ist hingegen nicht signifikant.

Die Überprüfung der nomologischen Validität der formativen Konstrukte erfordert einen Vergleich der empirisch ermittelten Pfadkoeffizienten mit den zuvor prognostizierten. Sowohl für *FÄHIG* als auch für *FREI* wurde ein negativer Zusammenhang zur Risikoprämie prognostiziert. Dieser lässt sich jedoch lediglich für das Konstrukt *FREI* auf einem 5-%-Signifikanzniveau bestätigen (*FREI*: $-0{,}132^{**}$ bzw. *FÄHIG*: $-0{,}084^{n.s.}$).[1099] Die nomologische Validität des formativen Konstruktes *FREI* kann somit abschließend bestätigt werden.

Die Betrachtung der VIF in Tabelle 38 für die endogenen Konstrukte gibt keine Hinweise auf das Vorliegen von Multikollinearität. Der höchste VIF liegt für das Konstrukt *UNSYSRISK* mit 2,33 weit unter dem kritischen Wert von zehn.

[1098] *Reese* (2007): 117-119 z.B. kann erst nach Einbindung der branchenspezifischen Risikoprämie des Vorjahres in das multivariate Regressionsmodell einen signifikanten Einfluss des Beta-Faktors auf die Höhe der impliziten Risikoprämie feststellen. Der Einfluss ist dort allerdings anders als erwartet negativ.

[1099] Der empfohlene Richtwert von 0,1 wird für das Konstrukt *FÄHIG* lediglich knapp unterschritten.

Konstrukt	VIF
UNSYSRISK	2,33
YEAR2007c	2,12
BWMWc	2,01
IUMfaktor	1,95
LEVc	1,70
REP	1,69
UNSERT	1,56
FÄHIG	1,49
ACc	1,48
YEAR2006c	1,45
FREI	1,34
SYSRISK	1,32
INDUSTRY	1,15

Tabelle 38: VIF der endogenen Konstrukte

7.3.4.2.4 Beurteilung des Einflusses von Indikatoren auf die endogene Variable

Schließlich ist es nach der Validierung der Messmodelle sowie des Strukturmodells möglich, den Einfluss der Veränderung einer Indikatorvariablen auf die exogene Variable zu quantifizieren. Hierzu ist eine Multiplikation der signifikanten Faktorgewichte der Messmodelle mit signifikanten Pfadkoeffizienten des Strukturmodells vorzunehmen.[1100] Sind Faktorgewichte und/oder Pfadkoeffizienten nicht signifikant, so kann keine Aussage bezüglich des direkten Einflusses einer Indikatorvariablen auf die endogene latente Variable getroffen werden.[1101] Für 1-Item-Konstrukte, wie sie z.B. für REP und ACc vorliegen, ist der Einfluss der Indikatoren unmittelbar in einem signifikanten Pfadkoeffizienten abzulesen. Im Folgenden werden Effekte für die Untersuchungsvariablen FÄHIG, FREI, REP sowie ACc betrachtet. Der folgenden Tabelle 39 sind die Effekte zu entnehmen.

Konstrukt	Pfadkoeffizient auf RPfaktor	Indikator	Faktorgewicht	Totaleffekt auf RPfaktor
FREI	-0,132**	ECDEP	-0,336*	0,044
		RELNAFAF	-0,605**	0,080
		TENURELIN	-0,632***	0,083
FÄHIG	-0,084$^{n.s.}$	SPEZ	0,723$^{n.s.}$	0,000
		TENURELN_RES	-0,562$^{n.s.}$	0,000
REP	-0,032$^{n.s.}$	BIG4	1,000$^{n.a.}$	0,000
ACc	0,067*	AC	1,000$^{n.a.}$	0,067

*/**/*** entspricht einem 10-%-/5-%-/1-%-Signifikanzniveau (einseitiger Signifikanztest)

Tabelle 39: Effekte der Indikatoren auf RPfaktor

Insgesamt weist die Mandatsdauer [TENURELIN] in Bezug auf die Höhe der Risikoprämie [RPfaktor] mit einem Koeffizienten in Höhe von 0,083 den stärksten Einfluss auf. Einen unwesentlich schwächeren Einfluss auf die Höhe der Risikoprämie [RPfaktor] besitzt die Bera-

---

[1100] Vgl. Fritz/Möllenberg/Dees (2005): 272-273.
[1101] Die Stärke des Totaleffektes wird in diesem Fall mit Null angesetzt.

tungsintensität *[RELNAFAF]*. So führt eine Erhöhung von *RELNAFAF* um eine Standardabweichung zu einem Anstieg von *RPfaktor* um 0,080 Standardabweichungen. Die Existenz eines Prüfungsausschusses *[AC]* führt zu einer Erhöhung von *RPfaktor* um 0,067 Standardabweichungen.[1102] Die Umsatzbedeutung *[ECDEP]* übt einen erhöhenden Einfluss auf die Risikoprämie *[RPfaktor]* in Höhe von 0,044 aus.

7.3.4.2.5 Behandlung von Ausreißern

Außergewöhnliche Datensätze, die hinsichtlich ihrer Struktur von allen weiteren Datensätzen abweichen, können die Ergebnisse einer statistischen Untersuchung derartig beeinflussen, dass Aussagen nicht für den Großteil der Stichprobe getroffen werden können.[1103] Um den Effekt von Ausreißern zu reduzieren, wurden die Variablen entsprechend der Vorgehensweise in vergleichbaren Studien auf das 1-%- bzw. 99-%-Perzentil winsorisiert.[1104] Variablen, die – wie der Variationskoeffizient des Ergebnisses je Aktie *[VARK]* – aufgrund der Beurteilung der deskriptiven Statistik dennoch als extrem ausreißerbehaftet eingestuft wurden, gingen nicht in das Strukturmodell ein.[1105]

Eine Wiederholung der Strukturgleichungsanalyse für die nicht winsorisierten Variablen (Ausgangsdaten) zeigt, dass die Aussagen über den Zusammenhang zwischen den Untersuchungsvariablen sowie der impliziten Risikoprämie, die aus der Verwendung der winsorisierten Daten gewonnen werden konnten, hinsichtlich der Stärke, der Richtung sowie des Signifikanzniveaus aufrecht erhalten werden können. In Bezug auf die Kontrollvariablen Informationsumfeld *[IUMfaktor]* und unsystematisches Risiko *[UNSYSRISK]* sind insgesamt schwächere Signifikanzen festzustellen. Für *IUMfaktor* führt dies dazu, dass ein gewünschtes 10-%-Signifikanzniveau nicht mehr erzielt werden kann.

Insgesamt kann davon ausgegangen werden, dass die Aussagen bezüglich der prüfungsspezifischen Variablen unabhängig von einer möglichen Ausreißerbereinigung getroffen werden können.

[1102] In Bezug auf die korrekte Interpretation des Einflusses der dichotomen Variablen *AC* auf die abhängige Variable *RPfaktor* ist zu beachten, dass SmartPLS standardisierte Parameter liefert. Für eine sinnvolle Interpretation einer dichotomen Variablen wie *AC* ist eine Transformation des Koeffizienten in einen nichtstandadisierten Koeffizienten notwendig. Aus Gründen der Vergleichbarkeit der Parameter wird jedoch auch bei der dichotomen Variablen *AC* auf den standardisierten Koeffizienten verwiesen. Vgl. zum Verhältnis von standardisierten und nicht-standardisierten Koeffizienten *Backhaus et al.* (2011): 70-71.

[1103] Vgl. *Schendera* (2007): 163.

[1104] Siehe Kapitel 7.3.1.2.

[1105] Auf Messmodellebene erhalten einzelne Indikatoren in Bezug auf das Gesamtmodell einen geringen Stellenwert. Insofern wird in PLS-Modellen empfohlen lediglich dann Datensätze zu eliminieren, sofern sie mehrere Ausreißer aufweisen. Vgl. *Huber et al.* (2007): 37; *Herrmann/Huber/Kressmann* (2006): 56.

8 Schlussbetrachtung

Die folgenden Ausführungen dienen dazu, die gewählte Vorgehensweise kurz zusammenzufassen und die empirischen Ergebnisse – insbesondere durch das Aufzeigen von Handlungsempfehlungen – zu würdigen. Abschließend werden die Grenzen dieser Arbeit und ein Ausblick auf zukünftige Forschungsarbeiten aufgezeigt.

8.1 Zusammenfassung der Vorgehensweise

Die vorliegende Arbeit wurde motiviert durch die Intention des Gesetzgebers mit der Einführung der Publizität über Prüferhonorare dem Kapitalmarkt Informationen zur Verfügung zu stellen. Mit deren Hilfe soll der Kapitalmarkt die Urteilsfreiheit des Abschlussprüfers wahrnehmen und somit beurteilen können. In diesem Kontext verfolgte die vorliegende Arbeit die Zielsetzung zu überprüfen, ob der Kapitalmarkt aus den Informationen der Honorarpublizität Indikatoren bildet, die aus seiner Sicht für die Beurteilung der Qualität der Abschlussprüfung relevant sind. Im Schrifttum werden jedoch auch diverse weitere Indikatoren bezüglich ihres Einflusses auf die Qualität der Abschlussprüfung diskutiert. Auch für diese wurde empirisch überprüft, ob sie durch den Kapitalmarktteilnehmer wahrgenommen und somit in das Qualitätsurteil einbezogen werden. Ausgehend von diesem Sachverhalt wurde folgende erste Forschungsfrage formuliert:

Welche Bedeutung besitzen bestimmte im Schrifttum diskutierte Indikatoren für die Bildung eines Qualitätsurteils hinsichtlich der Abschlussprüfung aus Sicht der Kapitalmarktteilnehmer?

Basierend auf dieser Forschungsfrage wurde die Qualität der Abschlussprüfung zunächst einer Konzeptualisierung unterworfen. Die Definition von *DeAngelo* (1981b) eignet sich für Zwecke der Konzeptualisierung aus zwei Gründen: Zum einen stellt sie mit den Dimensionen der Urteilsfreiheit *[FREI]* und Urteilsfähigkeit *[FÄHIG]* des Abschlussprüfers zwei Determinanten der Qualität der Abschlussprüfung vor, die die Qualität der Abschlussprüfung einer Operationalisierung zugänglich machen. Zum anderen berücksichtigt sie die Sichtweise Außenstehender. Die Sichtweise Außenstehender ist für die vorliegende Untersuchung bedeutend, da die Abschlussprüfung aus Sicht des Kapitalmarktes ein Vertrauensgut darstellt und aus diesem Grund eine Beurteilung der Qualität der Abschlussprüfung für diese nicht unmittelbar möglich ist.

Das aufgegriffene Konzept von *Steenkamp* (1990) hilft zu verstehen, wie ein wahrgenommenes Qualitätsurteil gebildet wird und dient zugleich der Begründung des weiteren Vorgehens. Ein wahrgenommenes Qualitätsurteil ist auf den wahrgenommenen Erfüllungsgrad bestimmter subjektiver Qualitätsattribute zurückzuführen. Für die Beurteilung des Erfüllungsgrades

251

dieser subjektiven Qualitätsattribute zieht der Beurteilende objektive Indikatoren heran, von denen er ausgeht, dass sie in einem Zusammenhang zu den Qualitätsattributen stehen. Übertragen auf die Qualität der Abschlussprüfung bedeutet dies, dass das Qualitätsurteil des Kapitalmarktes auf eine subjektive Beurteilung der Qualitätsdimensionen der Urteilsfähigkeit und Urteilsfreiheit des Abschlussprüfers mit Hilfe objektiver Qualitätsindikatoren zurückzuführen ist.

Die Beurteilung der Wahrnehmung des Kapitalmarktes bedarf eines Maßstabs, in welchem sich die Wahrnehmung des Kapitalmarktes niederschlägt. Kapitalgeber sind einer Situation ausgesetzt, in der sie Anlageentscheidungen treffen müssen. Hierfür benötigen sie entscheidungsnützliche Informationen. Entscheidungsnützlich sind Informationen dann, wenn sie relevant und zugleich verlässlich sind. Nimmt der Kapitalgeber die Qualität der Abschlussprüfung als eingeschränkt wahr, dann ist auch sein Vertrauen in die Verlässlichkeit der Information eingeschränkt. Sind die genannten Kriterien der Relevanz und Verlässlichkeit nicht vollumfänglich erfüllt, ist der Eigenkapitalgeber einem Informationsrisiko ausgesetzt. Risiken, denen der Eigenkapitalgeber ausgesetzt ist, preist er in einer Risikoprämie ein, die sich als Renditeforderung in den Eigenkapitalkosten des Unternehmens niederschlagen. Die Risikoprämie bildet aufgrund der aufgezeigten Zusammenhänge somit einen geeigneten Maßstab für die wahrgenommene Qualität der Abschlussprüfung aus Sicht des Kapitalmarktes. Wahrgenommene Einschränkungen in Bezug auf die Qualität der Abschlussprüfung sind somit als Risikofaktoren zu verstehen.

Der aufgezeigte Zusammenhang zwischen Qualitätsindikatoren und der Bildung eines Qualitätsurteils wurde aufgegriffen und konkretisiert. Im internationalen Schrifttum wurden insgesamt sechs Qualitätsindikatoren identifiziert, die einen Einfluss auf die Dimensionen der Qualität der Abschlussprüfung aufweisen können:

- Umsatzbedeutung *[ECDEP]*
- Beratungsintensität *[RELNAFAF]*
- Mandatsdauer der Prüfungsgesellschaft *[TENURE]*
- Branchenspezialisierung einer Prüfungsgesellschaft *[SPEZ]*
- Größe einer Prüfungsgesellschaft *[BIG4]*
- Existenz eines Prüfungsausschusses *[AC]*

Diese Indikatoren wurden aufgegriffen und es wurde ihre Bedeutung für die Qualitätsdimensionen Urteilsfreiheit *[FREI]* und Urteilsfähigkeit *[FÄHIG]* herausgearbeitet. Basierend auf diesen Zusammenhängen konnten Messmodelle für diese Qualitätsdimensionen formuliert werden. Für zwei der Indikatoren – Größe einer Prüfungsgesellschaft *[BIG4]* und Existenz eines Prüfungsausschusses *[AC]* – konnte keine eindeutige Zuordnung zu einer der beiden

Qualitätsdimensionen erfolgen. Aus diesem Grund wurden diese Indikatoren in eigenen Qualitätsdimensionen – Reputation einer Prüfungsgesellschaft *[REP]* und Existenz eines Prüfungsausschusses *[ACc]* – aufgegriffen. Ein möglicher begründeter Einfluss dieser Qualitätsdimensionen in Bezug auf die Risikoprämie *[RPfaktor]* wurde auf diese Weise berücksichtigt.

Eine Operationalisierung der Risikoprämie *[RPfaktor]*, die als endogene Variable in das Strukturmodell einging, erfolgte auf Basis impliziter Risikoprämien, die mit Hilfe fünf verschiedener Modelle spezifiziert wurden. Eine ausführliche Erfassung weiterer Risikofaktoren jenseits der Abschlussprüfung sollte sicherstellen, dass mögliche Ergebnisse der empirischen Auswertung auch verlässlich sind.

Die empirische Analyse erfolgte auf Basis der Formulierung eines Strukturmodells, dessen Messmodelle und Strukturparameter auf Basis des varianzbasierten PLS-Algorithmus geschätzt wurden.

Für Deutschland existiert bislang keine Studie, die den Einfluss von aus den Informationen der Honorarpublizität abgeleiteten Indikatoren auf die Beurteilung der Qualität der Abschlussprüfung auf Basis objektiver Kapitalmarktdaten untersucht. Zudem ist keine Studie bekannt, die die Qualitätsdimensionen Urteilsfrei *[FREI]* und Urteilsfähig *[FÄHIG]* unmittelbar als latente Konstrukte erfasst. Andere Untersuchungen verwenden diese Dimensionen lediglich als Argumentationsgrundlage für den dort unmittelbar untersuchten Einfluss der Qualitätsindikatoren auf die wahrgenommene Qualität der Abschlussprüfung. Die vorliegende Arbeit leistet insoweit einen Forschungsbeitrag, als sie zur Erklärung der Urteilsbildung des deutschen Kapitalmarktes in Bezug auf die Qualität der Abschlussprüfung beiträgt. Erkenntnisse diesbezüglich sind zum einen für den Gesetzgeber interessant, da die Funktionsfähigkeit der Kapitalmärkte insbesondere dann gewährleistet ist, wenn der Kapitalmarkt sich auch geschützt fühlt. Für die Unternehmensführung können sich aus der Kenntnis der Wahrnehmung des Kapitalmarktes Implikationen für die Ausgestaltung von Vertragsbeziehungen zum Abschlussprüfer ableiten lassen, um auf diese Weise zu einer Reduktion der Eigenkapitalkosten beizutragen. Für den Berufsstand der Abschlussprüfer ergeben sich Erkenntnisse über die Qualitätsbeurteilung ihrer Leistungen durch den Kapitalmarkt.

Die Beantwortung der ersten Forschungsfrage mündete in den empirischen Ergebnissen und verfolgte eine positive wissenschaftstheoretische Sichtweise. Mit der Ableitung von Handlungsempfehlungen an den Gesetzgeber und die Unternehmensführung wird mit der Beantwortung der zweiten Forschungsfrage eine normative wissenschaftstheoretische Sichtweise aufgegriffen:

Welche Ansatzpunkte existieren, um eine Verbesserung der Qualität der Abschlussprüfung aus Sicht der Kapitalmarktteilnehmer zu erzielen und somit die Eigenkapitalkosten zu senken?

Die Basis für die Beantwortung dieser Forschungsfrage bilden die aus dem positiven Ansatz resultierenden Ergebnisse der empirischen Analyse. Die Beantwortung der zweiten Forschungsfrage erfolgt im folgenden Kapitel in Form von Handlungsempfehlungen an den Gesetzgeber und die Unternehmensführung. Der Bezugsrahmen für diesen normativen wissenschaftstheoretischen Ansatz leitet sich zum einen aus der Intention des Gesetzgebers, die Funktionsfähigkeit der Kapitalmärkte zu schützen, und der Verfolgung einer wertorientierten Unternehmensführung ab.

8.2 Würdigung der empirischen Resultate und Aufzeigen von Handlungsempfehlungen

Die empirische Analyse der Wirkungsbeziehung zwischen der Urteilsfreiheit *[FREI]* und der Risikoprämie *[RPfaktor]* macht deutlich, dass Eigenkapitalgeber die Urteilsfreiheit *[FREI]* als Risikofaktor einpreisen und somit auch wahrnehmen. Eine Zunahme der Urteilsfreiheit des Abschlussprüfers *[FREI]* führt zu einer Verringerung der Risikoprämie und somit zu geringeren Eigenkapitalkosten.

Hinsichtlich der Wirkungsbeziehung zwischen der Urteilsfähigkeit *[FÄHIG]* und der Risikoprämie *[RPfaktor]* liefern die Ergebnisse der empirischen Analyse hingegen keinen Hinweis darauf, dass die Urteilfähigkeit *[FÄHIG]* in der spezifizierten Weise durch die Eigenkapitalgeber eingepreist und somit wahrgenommen wird. Führt man sich die Diskussion im Schrifttum über die Qualität der Abschlussprüfung vor Augen, die sich auf die Urteilsfreiheit und weniger auf die Urteilsfähigkeit fokussiert, überrascht es nicht, dass die Urteilsfähigkeit *[FÄHIG]* nicht durch die Eigenkapitalgeber wahrgenommen wird. Das Vertrauen der Eigenkapitalgeber in das Wirtschaftsprüferexamen bildet möglicherweise die Beurteilungsbasis für die Urteilsfähigkeit *[FÄHIG]* und ist somit eine Dimension der Prüfungsqualität mit einheitlicher Ausprägung. Bevor auf die Resultate in Bezug auf die weiteren Qualitätsdimensionen Reputation *[REP]* und Existenz eines Prüfungsausschusses *[ACc]* eingegangen wird, werden zunächst Implikationen auf Ebene der Qualitätsindikatoren in Bezug auf die Urteilsfreiheit *[FREI]* und Urteilsfähigkeit *[FÄHIG]* aufgezeigt.

Einschränkungen in Bezug auf die wirtschaftliche Abhängigkeit des Mandanten preisen Eigenkapitalgeber in Form einer höheren Risikoprämie und somit höheren Eigenkapitalkosten ein: Sowohl eine zunehmende Beratungsintensität *[RELNAFAF]* als auch eine zunehmende Umsatzbedeutung *[ECDEP]* führen aus Sicht der Eigenkapitalgeber zu Einschränkungen in

Bezug auf die Urteilsfreiheit des Abschlussprüfers *[FREI]* und münden somit in einer höheren Risikoprämie und folglich höheren Eigenkapitalkosten.

Eine zunehmende Beratungsintensität *[RELNAFAF]* wird von den Eigenkapitalgebern als Gefährdung der Urteilsfreiheit *[FREI]* des Abschlussprüfers angesehen. Beratungsleistungen werden vorwiegend durch den Vorstand einer Gesellschaft nachgefragt. An den Vorstand richtet sich somit die Empfehlung abzuwägen, ob eine Vergabe von Beratungsaufträgen an den gesetzlichen Abschlussprüfer sinnvoll ist, oder ob der Beratungsauftrag nicht vielmehr an eine nicht in die Abschlussprüfung involvierte Gesellschaft vergeben werden kann. Weiterhin richtet sich eine Handlungsempfehlung an den Aufsichtsrat dahingehend von einem Wahlvorschlag abzusehen, wenn eine Prüfungsgesellschaft einen hohen Anteil an Beratungsleistungen bereits erbringt oder voraussichtlich erbringen wird.

Ebenso wird eine hohe Umsatzbedeutung *[ECDEP]* in Bezug auf die Wahrung der Urteilsfreiheit *[FREI]* des Abschlussprüfers von den Eigenkapitalgebern kritisch gesehen. In Bezug auf die Umsatzbedeutung sind zwei Stellschrauben relevant: Zum einen kann eine Senkung der Umsätze, die eine Prüfungsgesellschaft bei einem bestimmten Mandanten erzielt, und zum anderen die Bestellung einer Prüfungsgesellschaft mit einem großen Mandantenstamm zu einer Reduktion der Umsatzbedeutung beitragen. Die Senkung der Umsätze, die eine Prüfungsgesellschaft bei einem bestimmten Mandanten erzielt, kann seitens des geprüften Unternehmens durch die Reduktion von Beratungsaufträgen erzielt werden. Handlungsempfehlungen diesbezüglich wurden bereits im Kontext der Beratungsintensität *[RELNAFAF]* aufgezeigt. Der Aufsichtsrat kann zusätzlich durch einen Wahlvorschlag, der die Bestellung einer großen Prüfungsgesellschaft berücksichtigt, auf eine Reduktion der Umsatzbedeutung hinwirken.

Vor dem Hintergrund der Resultate für die Umsatzbedeutung *[ECDEP]* sowie für die Beratungsintensität *[RELNAFAF]* können aktuelle Vorschläge der Europäischen Kommission in Bezug auf die Überwachung der Umsatzgrenzen sowie die grundsätzliche Einschränkung der Durchführung von Beratungsleistungen durch den Abschlussprüfer nachvollzogen werden.[1106] Sie sind vor dem Hintergrund der Zielsetzung, das Funktionieren der Kapitalmärkte zu sichern, zu begrüßen.

Eine Zunahme der Mandatsdauer *[TENURE]* führt aus Sicht der Eigenkapitalgeber zu einer Gefährdung der Urteilsfreiheit des Abschlussprüfers *[FREI]* und in Folge dessen zu einer Erhöhung der Risikoprämie *[RPfaktor]*. Eine mit der Anzahl der Jahre *[TENURE]* degressiv verlaufende Verbesserung der Urteilsfähigkeit *[FÄHIG]* konnte hingegen nicht empirisch

---

[1106] Vgl. Artikel 10 (zur Gleichzeitigkeit von Prüfung und Beratung) sowie Artikel 9 (zu Prüfungshonoraren) des Verordnungsentwurfs *Europäische Kommission* (2011b).

nachgewiesen werden. Möchte man einen Anstieg der Risikoprämie und somit der Eigenkapitalkosten vermeiden, besteht die Handlungsempfehlung an den Aufsichtsrat darin, so häufig wie möglich auf einen Wechsel der Prüfungsgesellschaft durch entsprechende Wahlvorschläge hinzuwirken. Hierbei hat er jedoch insbesondere mögliche Kosten eines Prüferwechsels zu berücksichtigen und diese dem Nutzen aus einer Reduktion der Eigenkapitalkosten gegenüberzustellen. Die Einführung einer externen Rotationspflicht wie sie derzeit von der Europäischen Kommission diskutiert wird, würde demnach das Vertrauen der Eigenkapitalgeber in die Qualität der Abschlussprüfung stärken und zu einer Reduktion der Risikoprämie beitragen.[1107]

Die Bestellung einer hinsichtlich der Branche des Mandanten spezialisierten Prüfungsgesellschaft *[SPEZ]* führt aus Sicht der Eigenkapitalgeber nicht zu einer Verbesserung der Urteilsfähigkeit des Abschlussprüfers *[FÄHIG]* und somit nicht zu einer Reduktion der Risikoprämie und folglich der Eigenkapitalkosten. Die Eigenkapitalgeber scheinen die Bestellung einer spezialisierten Prüfungsgesellschaft nicht mit geringeren Renditeforderungen zu honorieren. Der Bestellung einer spezialisierten Prüfungsgesellschaft, die möglicherweise mit einem Honoraraufschlag verbunden ist, führt nicht zu einer Reduktion der Eigenkapitalkosten. Vor diesem Hintergrund – ungeachtet anderer Tatbestände – sollte der Aufsichtsrat der Bestellung einer spezialisierten Prüfungsgesellschaft bei gleichen Honoraren neutral gegenüberstehen und auf eine Bestellung bei einem Honoraraufschlag verzichten. An ihn richtet sich daher die Handlungsempfehlung, eine entsprechend der Branche des Mandanten spezialisierte Prüfungsgesellschaft der Hauptversammlung nur dann zur Wahl vorzuschlagen, wenn die Bestellung nicht mit einem Honorarzuschlag verbunden ist.

Die Bestellung einer Prüfungsgesellschaft mit hoher Reputation *[REP]* trägt aus Sicht der Eigenkapitalgeber nicht zu einer signifikanten Reduktion der Risikoprämie *[RPfaktor]* und somit der Eigenkapitalkosten bei. Die Ergebnisse deuten darauf hin, dass aus Sicht der Eigenkapitalgeber nicht die Reputation einer Prüfungsgesellschaft per se ausschlaggebend für eine hohe Prüfungsqualität ist. Eigenkapitalgeber führen somit die Qualität der Abschlussprüfung nicht auf die Reputation der Prüfungsgesellschaft als "General Factor" zurück.

Die Existenz eines Prüfungsausschusses *[ACc]* ist mit einer höheren Risikoprämie *[RPfaktor]* und somit höheren Eigenkapitalkosten verbunden. Das Ergebnis in Bezug auf die Beziehung zwischen der Existenz eines Prüfungsausschusses und der Risikoprämie beinhaltet die Implikation, dem Aufsichtsrat von der Einrichtung eines Prüfungsausschusses abzuraten, da Eigenkapitalgeber diesen Umstand als Risiko empfinden. Eine diesbezügliche Handlungsempfehlung soll an dieser Stelle jedoch nicht ausgesprochen werden. Zum einen weist das Ergebnis

---

[1107] Vgl. Artikel 33 des Verordnungsentwurfs *Europäische Kommission* (2011b).

eine Richtung entgegen der Erwartung auf. Dies ist nachvollziehbar, wenn man bedenkt, dass eine geringe Abstimmung mit dem Gesamtgremium des Aufsichtsrats zu einem Kontrollverlust des Überwachungsorgans führen kann. Da mit der Betrachtung der Existenz eines Prüfungsausschusses letztlich nur ein Teil der Strukturen der Unternehmensleitung und -überwachung erfasst ist, ist es möglich, dass andere Einflussfaktoren dieses Ergebnis treiben. Auch die Ergebnisse anderer empirischer Studien weisen darauf hin, dass eine solitäre Betrachtung der Existenz eines Prüfungsausschusses zu kurz greift. Vielmehr ist der Prüfungsausschuss in den Gesamtkontext der Unternehmensführung und -überwachung einzubetten. Weitere Forschungsarbeiten könnten daher Analysen zur Wahrnehmung der Existenz eines Prüfungsausschusses in einen weiter gefassten Kontext einbetten.

8.3 Grenzen der Arbeit und Ausblick

Die voranstehenden Ausführungen beinhalten Handlungsempfehlungen, die auf eine Ausgestaltung der Vertragsbeziehung zwischen dem Mandanten und der Prüfungsgellschaft ausgerichtet ist. Die Handlungsempfehlungen, welche sich an Vorstand und Aufsichtsrat richten, sollen dazu beitragen, Gestaltungsmöglichkeiten mit dem Ziel der Reduktion der Eigenkapitalkosten im Sinne einer wertorientierten Unternehmenssteuerung aufzuzeigen. Dem Argument der Reduzierung der Eigenkapitalkosten kann berechtigt entgegengehalten werden, dass eine qualitativ hochwertige Abschlussprüfung auch zusätzliche *Kosten* verursacht.[1108] Inwiefern dies tatsächlich zutrifft ist nicht Diskussionsgegenstand dieser Arbeit. Für eine abschließende Beurteilung der Umsetzung der Handlungsempfehlungen an Vorstand und Aufsichtsrat sollte jedoch abgewogen werden, ob der Nutzen aus einer bestimmten Ausgestaltung der Abschlussprüfer-Mandanten-Beziehung mögliche zusätzliche Kosten übersteigt. Für zukünftige Forschungsarbeiten kann die Verfolgung eines ganzheitlichen Konzeptes, welches zusätzlich Kostenaspekte berücksichtigt und diese quantifiziert, interessant sein.

Die empirische Analyse und schließlich auch die Handlungsempfehlungen beschränken sich auf die Beurteilung von Qualitätsdimensionen und Qualitätsindikatoren aus Sicht der Eigenkapitalgeber. Auf diese Weise war die *wahrgenommene* Qualität der Abschlussprüfung Gegenstand der Untersuchungen. Aus den Ergebnissen kann demnach nicht abgeleitet werden, wie einzelne Qualitätsindikatoren die tatsächliche Qualität der Abschlussprüfung beeinflussen.

Die empirische Analyse erfolgte auf Basis einer *Stichprobe*, die einen Teil des deutschen Kapitalmarktes abdeckt, der sich insbesondere durch eine hohe Marktkapitalisierung und ein großes Interesse der Öffentlichkeit auszeichnet. Inwiefern eine Übertragbarkeit der Ergebnis-

---

[1108] Aus Sicht der Eigenkapitalgeber werden diese Kosten jedoch – so die Ansicht von *Mandler* (1997): 101 – als vernachlässigbar gering wahrgenommen.

se auf den gesamten deutschen Kapitalmarkt oder darüber hinaus möglich ist, mag angezweifelt werden. Zukünftige Forschungsarbeiten können insoweit einen Beitrag leisten, als sie die empirische Analyse auf den gesamten deutschen Kapitalmarkt ausweiten und die aufgestellten Hypothesen erneut überprüfen. Angeregt durch Gesetzesinitiativen auf europäischer Ebene würde auch eine Ausweitung der Stichprobe auf weitere Länder der europäischen Union Spielraum für zukünftige Forschungsvorhaben liefern, die einen internationalen Vergleich zuließen.

Die Auswahl der Untersuchungsvariablen sowie zahlreicher Kontrollvariablen erfolgte mit großer Sorgfalt. Dennoch kann nicht ausgeschlossen werden, dass die aufgezeigten Effekte auf nicht berücksichtigte *Drittvariablen* zurückzuführen sind.

Literaturverzeichnis

Aaker, David A./Bagozzi, Richard P. (1979): Unobservable Variables in Structural Equation Models with an Application in Industrial Selling. In: Journal of Marketing Research, 16 (2): 147-158.

Abarbanell, Jeffery S./Lanen, William N./Verrecchia, Robert E. (1995): Analysts' Forecasts as Proxies for Investor Beliefs in Empirical Research. In: Journal of Accounting and Economics, 20 (1): 31-60.

Achleitner, Ann-Kristin (2002): Handbuch Investment Banking, 3. Auflage. Wiesbaden: Gabler Verlag.

Adler, Hans/Düring, Walther/Schmaltz, Kurt (1997): Rechnungslegung und Prüfung der Unternehmen – Band 4, 6. Auflage. Stuttgart: Schäffer-Poeschel Verlag.

Adler, Hans/Düring, Walther/Schmaltz, Kurt (2000): Rechnungslegung und Prüfung der Unternehmen – Band 7, 6. Auflage. Stuttgart: Schäffer-Poeschel Verlag.

Adler, Hans/Düring, Walther/Schmaltz, Kurt (2001): Rechnungslegung und Prüfung der Unternehmen – Ergänzungsband zur 6. Auflage. Stuttgart: Schäffer-Poeschel Verlag.

Aiken, Leona S./West, Stephen G. (1998): Multiple Regression: Testing and Interpreting Interactions. Newbury Park, London, New Delhi: Sage Publications.

Altmeppen, Holger (2004): Der Prüfungsausschuss – Arbeitsteilung im Aufsichtsrat. In: Zeitschrift für Unternehmens- und Gesellschaftsrecht, 33 (3/4): 390-415.

Amihud, Yakov/Mendelson, Haim (1986): Asset Pricing and the Bid-Ask Spread. In: Journal of Financial Economics, 17 (2): 223-249.

Anderson, James C./Gerbing, David W. (1991): Predicting the Performance of Measures in a Confirmatory Factor Analysis with a Pretest Assessment of their Substantive Validities. In: Journal of Applied Psychology, 76 (5): 732-740.

Anderson, Kirsten L./Deli, Daniel N./Gillan, Stuart L. (2003): Boards of Directors, Audit Committees, and the Information Content of Earnings. Stand: September 2003. Delaware, Universität. Arbeitspapier. URL: http://papers.ssrn.com/sol3/ papers.cfm?abstract_id=444241, Abruf am 10.12.2012.

Antle, Rick (1982): The Auditor As an Economic Agent. In: Journal of Accounting Research, 20 (2): 503-527.

Antle, Rick (1984): Auditor Independence. In: Journal of Accounting Research, 22 (1): 1-20.

Arbeitskreis Externe Unternehmensrechnung (2009): Anforderungen an die Überwachungsaufgaben von Aufsichtsrat und Prüfungsausschuss nach § 107 Abs. 3 Satz 2 AktG i.d.F. des Bilanzrechtsmodernisierungsgesetzes. In: Der Betrieb, 62 (24): 1279-1282.

Arens, Alvin A./Elder, Randal J./Beasley, Mark S. (2012): Auditing and Assurance Services – An Integrated Approach, 14. Auflage. Boston et al.: Pearson Education Limited.

Arnold, John/Moizer, Peter (1984): A Survey of the Methods Used by UK Investment Analysts to Appraise Investments in Ordinary Shares. In: Accounting and Business Research, 14 (55): 195-208.

Azizkhani, Masoud/Monroe, Gary S./Shailer, Greg (2010): The Value of Big 4 Audits in Australia. In: Accounting and Finance, 50 (4): 743-766.

Backhaus, Klaus (1992): Investitionsgüter-Marketing – Theorieloses Konzept mit Allgemeinheitsanspruch. In: Zeitschrift für betriebswirtschaftliche Forschung, 44 (9): 771-791.

Backhaus, Klaus et al. (2011): Multivariate Analysemethoden – Eine anwendungsorientierte Einführung, 13. Auflage. Berlin, Heidelberg: Springer Verlag.

Baetge, Jörg (1970): Möglichkeiten der Objektivierung des Jahreserfolges. Düsseldorf: Verlagsbuchhandlung des Instituts der Wirtschaftsprüfer. Zugl. Dissertation Universität Münster.

Baetge, Jörg/Thiele, Stefan (2010): Kommentierung zu § 318 HGB, Stand: Oktober 2010 (8. Lfg.). In: *Küting, Karlheinz/Pfitzer, Norbert/Weber, Claus-Peter (Hrsg.)*: Handbuch der Rechnungslegung – Kommentar zur Bilanzierung und Prüfung – Band 3, 5. Auflage, Stand: 11. Lfg.: Stuttgart: Schäffer-Poeschel Verlag.

Baetge, Jörg/Fischer, Thomas R./Sickmann, Eric (2009): Kommentierung zu § 316 HGB, Stand: November 2009 (4. Lfg.). In: *Küting, Karlheinz/Pfitzer, Norbert/Weber, Claus-Peter (Hrsg.)*: Handbuch der Rechnungslegung – Kommentar zur Bilanzierung und Prüfung – Band 3, 5. Auflage, Stand: 11. Lfg.: Stuttgart: Schäffer-Poeschel Verlag.

Baetge, Jörg/Stellbrink, Jörn/Janko, Michael (2011): Kommentierung zu § 317 HGB, Stand: Juli 2011 (12. Lfg.). In: *Küting, Karlheinz/Pfitzer, Norbert/Weber, Claus-Peter (Hrsg.)*: Handbuch der Rechnungslegung – Kommentar zur Bilanzierung und Prüfung – Band 3, 5. Auflage, Stand: 12. Lfg.: Stuttgart: Schäffer-Poeschel Verlag.

Bagozzi, Richard P./Yi, Youjae (1988): On the Evaluation of Structural Equation Models. In: Journal of the Academy of Marketing Research, 16 (1): 74-94.

Bahr, Andreas (2003): Vertrauen in Wirtschaftsprüfer – Konzeptioneller Bezugsrahmen für eine realwissenschaftliche Theorie der Erwartungslücke. Wiesbaden: Gabler Verlag. Zugl. Dissertation Universität Potsdam.

Ballwieser, Wolfgang (1987a): Auditing in an Agency Setting. In: *Bamberg, Günter/Spremann, Klaus (Hrsg.)*: Agency Theory, Information and Incentives. Berlin et al.: Springer Verlag: 327-346.

Ballwieser, Wolfgang (1987b): Kapitalmarkt, Managerinteressen und Rolle des Wirtschaftsprüfers. In: *Schneider, Dieter (Hrsg.)*: Kapitalmarkt und Finanzierung – Jahrestagung des Vereins für Sozialpolitik, Gesellschaft für Wirtschafts- und Sozialwissenschaften in München vom 15.-17. September 1986. Berlin: Duncker & Hublot: 351-362.

Ballwieser, Wolfgang (1997): Chancen und Gefahren einer Übernahme amerikanischer Rechnungslegung – Festschrift zum 70. Geburtstag von Prof. Dr. h.c. Heinrich Beisse. In: *Budde, Wolfgang Dieter/Moxter, Adolf/Offerhaus, Klaus (Hrsg.)*: Handelsbilanzen und Steuerbilanzen. Düsseldorf: IDW Verlag: 25-43.

Ballwieser, Wolfgang (2002): Informations-GoB – auch im Lichte von IAS und US-GAAP. In: Zeitschrift für kapitalmarktorientierte Rechnungslegung, 2 (3): 115-121.

Ballwieser, Wolfgang (2005): Die Ermittlung impliziter Eigenkapitalkosten aus Gewinnschätzungen und Aktienkursen: Ansatz und Probleme. In: *Schneider, Dieter et al. (Hrsg.)*: Kritisches zur Rechnungslegung und Unternehmensbesteuerung – Festschrift zur Vollendung des 65. Lebensjahres von Theodor Siegel. Berlin: Duncker & Humblot: 321-337.

Ballwieser, Wolfgang (2009): Shareholder Value als Element von Corporate Governance. In: Zeitschrift für betriebswirtschaftliche Forschung, 61 (1): 93-101.

Ballwieser, Wolfgang (2011): Unternehmensbewertung – Prozeß, Methoden und Probleme, 3. Auflage. Stuttgart: Schäffer-Poeschel Verlag.

Balsam, Steven/Krishnan, Jagan/Yang, Joon S. (2003): Auditor Industry Specialization and Earnings Quality. In: Auditing, 22 (2): 71-97.

Bamber, E. Michael/Bamber, Linda Smith (2009): Discussion of "Mandatory Audit Partner Rotation, Audit Quality, and Market Perception: Evidence from Taiwan" In: Contemporary Accounting Research, 26 (2): 393-402.

Barnea, Amir/Haugen, Robert A./Senbet, Lemma W. (1985): Agency Problems and Financial Contracting. Englewood Cliffs, New Jersey: Prentice-Hall Incorporated.

Barry, Christopher B./Brown, Stephen J. (1985): Differential Information and Security Market Equilibrium. In: Journal of Financial and Quantitative Analysis, 20 (4): 407-422.

Bauer, Michael (2004): Die Unabhängigkeit des Abschlussprüfers im Zusammenhang mit dem gleichzeitigen Angebot von Beratungsleistungen beim Prüfungsmandanten – Eine empirische Analyse. URL: http://opus.bibliothek.uni-wuerzburg.de/volltexte/2005/1491/pdf/Dissertation_Bauer_UB.pdf, Abruf am 13.02.2013. Zugl. Dissertation Universität Würzburg.

Becker, Hans Paul (2012): Investition und Finanzierung – Grundlagen der betrieblichen Finanzwirtschaft, 5. Auflage. Wiesbaden: Gabler Verlag.

Beckmann, Jürgen (1984): Kognitive Dissonanz – Eine handlungstheoretische Perspektive. Berlin et al.: Springer Verlag. Zugl. Dissertation Universität Mannheim.

Bédard, Jean/Coulombe, Daniel/Courteau, Lucie (2008): Audit Committee, Underpricing of IPOs, and Accuracy of Management Earnings Forecasts. In: Corporate Governance: An International Review, 16 (6): 519-535.

Behn, Bruce K./Choi, Jong-Hag/Kang, Tony (2008): Audit Quality and Properties of Analyst Earnings Forecasts. In: The Accounting Review, 83 (2): 327-349.

Benner, Dietrich (2002): Qualitätsungewißheit bei Gütern mit Vertrauenseigenschaft – Entwicklung und Anwendung eines entscheidungstheoretisch fundierten Analyserahmens. Frankfurt am Main: Peter Lang Verlag. Zugl. Dissertation Universität Hohenheim.

Berndt, Thomas/Offenhammer, Christian/Luckhaupt, Simon (2011): Audit Committee und Abschlussprüfer. In: Zeitschrift für Corporate Governance, 6 (3): 133-141.

Bhushan, Ravi (1989): Firm Characteristics and Analyst Following. In: Journal of Accounting and Economics, 11 (2/3): 255-274.

Bieker, Markus (2006): Ökonomische Analyse des Fair Value Accounting. Frankfurt am Main: Peter Lang Verlag. Zugl. Dissertation Ruhr-Universität Bochum.

Biener, Herbert (1995): Die Erwartungslücke – Eine endlose Geschichte. In: *Lanfermann, Josef (Hrsg.)*: Internationale Wirtschaftsprüfung: Festschrift zum 65. Geburtstag von Professor Dr. Dr. h.c. Hans Havermann. Düsseldorf: IDW Verlag: 38-63.

Bigus, Jochen/Zimmermann, Ruth-Caroline (2009): Quasirentenmodell und Honorare für Abschlussprüfungen in Deutschland – Eine empirische Analyse. In: Zeitschrift für Betriebswirtschaft, 79 (11): 1283-1308.

Birnberg, Jacob G. (2011): A Proposed Framework for Behavioral Accounting Research. In: Behavioral Research in Accounting, 23 (1): 1-43.

Bischof, Stefan (2006): Anhangangaben zu den Honoraren für Leistungen des Abschlussprüfers. In: Die Wirtschaftsprüfung, 59 (11): 705-713.

Bittner, Thomas (1996): Die Wirkung von Investor Relations-Maßnahmen auf Finanzanalysten. Lohmar, Köln: Josef Eul Verlag. Zugl. Dissertation Universität Köln.

Bixby, Michael B. (2003): The Enron/Arthur Andersen Debacle: A Case Study and Legal Implications. Upper Saddle River, New Jersey: Pearson Education.

Bonner, Sarah E./Lewis, Bary L. (1990): Determinants of Auditor Expertise. In: Journal of Accounting Research, 28 (3): 1-20.

Boone, Jeff P./Khurana, Inder K./Raman, K. K. (2008): Audit Firm Tenure and the Equity Risk Premium. In: Journal of Accounting, Auditing & Finance, 23 (1): 115-140.

Botosan, Christine A. (1997): Disclosure Level and the Cost of Equity Capital. In: The Accounting Review, 72 (3): 323-349.

Botosan, Christine A. (2006): Disclosure and the Cost of Capital: What Do We Know? In: Accounting and Business Research. International Accounting Policy Forum, 36 (Sonderheft): 31-40.

Botosan, Christine A./Plumlee, Marlene A. (2005): Assessing Alternative Proxies for the Expected Risk Premium. In: The Accounting Review, 80 (1): 21-53.

Brennan, Michael J./Subrahmanyam, Avanidhar (1995): Investment Analysis and Price Formation in Securities Markets. In: Journal of Financial Economics, 38 (3): 361-381.

Brennan, Michael J./Subrahmanyam, Avanidhar (1996): Market Microstructure and Asset Pricing: On the Compensation for Illiquidity in Stock Returns. In: Journal of Financial Economics, 41 (3): 441-464.

Brennan, Michael J./Chordia, Tarun/Subrahmanyam, Avanidhar (1998): Alternative Factor Specifications, Security Characteristics, and the Cross-Section of Expected Stock Returns. In: Journal of Financial Economics, 49 (3): 345-373.

Brinkmann, Jürgen (2006): Zweckadäquanz der Rechnungslegung nach IFRS – Eine Untersuchung aus deutscher Sicht. Berlin: Erich Schmidt Verlag. Zugl. Dissertation Universität Duisburg-Essen.

Brunner, Antje (1996): Meßkonzepte zur Liquidität auf Wertpapiermärkten. Stand: Oktober 1996. Institut für Kapitalmarktforschung an der Johann Wolfgang Goethe-Universität – Beitrag zur Theorie der Finanzmärkte Nr. 13.

Burton, John C. (1980): A Critical Look at Professionalism and Scope of Services. In: Journal of Accountancy, 74 (4): 48-56.

Cahan, Steven F./Jeter, Debra C./Naiker, Vic (2011): Are all Industry Specialist Auditors the same? In: A Journal of Practice and Theory, 30 (4): 191-222.

Callen, Jeffrey L./Morel, Mindy (2002): The Enron-Andersen Debacle: Do Equity Markets React to Auditor Reputation? Stand: Dezember 2002. Arbeitspapier. URL: http://papers.ssrn.com/sol3/papers.cfm?abstract_id=341440, Abruf am 26.06.2012.

Cassel, Claes/Hackl, Peter/Westlund, Anders H. (1999): Robustness of Partial Least-Squares Method for Estimating Latent Variable Quality Structures. In: Journal of Applied Statistics, 26 (4): 435-446.

Chaney, Paul K./Philipich, Kirk L. (2002): Shredded Reputation: The Cost of Audit Failure. In: Journal of Accounting Research, 40 (4): 1221-1245.

Chang, Lucia S./Most, Kenneth S. (1981): An International Comparison of Investor Uses of Financial Statements. In: The International Journal of Accounting, 16 (1): 43-60.

Chang, Hsihui/Cheng, C. S. Agnes/Reichelt, Kenneth J. (2010): Market Reaction to Auditor Switching from Big 4 to Third-Tier Small Accounting Firms. In: Auditing: A Journal of Practice & Theory, 29 (2): 83-114.

Chen, Hanwen et al. (2008): Effects of Audit Quality on Cost of Equity Capital and Earnings Management: Evidence from China. Stand: August 2008. Arbeitspapier. URL: http://papers.ssrn.com/sol3/papers.cfm?abstract_id=1105539, Abruf am 22.04.2010.

Chi, Wuchun et al. (2009): Mandatory Audit Partner Rotation, Audit Quality, and Market Perception: Evidence from Taiwan. In: Contemporary Accounting Research, 26 (2): 359-391.

Chin, Wynne W. (1998): The Partial Least Squares Approach to Structural Equation Modeling. In: *Marcoulides, George A. (Hrsg.)*: Modern Methods for Business Research. Fullerton: LEA: 295-336.

Chin, Wynne W./Newsted, Peter R. (1999): Structural Equation Modeling Analysis With Small Samples Using Partial Least Squares. In: *Hoyle, Rick H. (Hrsg.)*: Statistical Strategies for Small Sample Research. Thousand Oaks, CA: Sage Publications: 307-341.

Choi, Jong-Hag/Kim, Jeong-Bon/Zang, Yoonseok (2010): Do Abnormally High Audit Fees Impair Audit Quality? In: Auditing: A Journal of Practice & Theory, 29 (2): 115-140.

Christophersen, Timo/Grape, Christian (2007): Die Erfassung latenter Konstrukte mit Hilfe formativer und refelektiver Messmodelle. In: *Albers, Sönke et al. (Hrsg.)*: Methodik der empirischen Forschung, 2. Auflage. Wiesbaden: Gabler Verlag: 103-118.

Chung, Hyeesoo/Kallapur, Sanjay (2003): Client Importance, Nonaudit Services, and Abnormal Accruals. In: The Accounting Review, 78 (4): 931-955.

Claus, James/Thomas, Jacob (2001): Equity Premia as Low as Three Percent? Evidence from Analysts' Earnings Forecasts for Domestic and International Stock Markets. In: Journal of Finance, 56 (5): 1629-1666.

Cohen, Jacob (1988): Statistical Power Analysis for the Behavioural Sciences, 2. Auflage. New York: Lawrence Erlbaum Associates.

Cohen, Jeffrey/Krishnamoorthy, Ganesh/Wright, Arnold M. (2002): Corporate Governance and the Audit Process. In: Contemporary Accounting Research, 19 (4): 573-594.

Coles, Jeffrey L./Loewenstein, Uri (1988): Equilibrium Pricing and Portfolio Composition in the Presence of Uncertain Parameters. In: Journal of Financial Economics, 22 (2): 279-303.

Coles, Jeffrey L./Loewenstein, Uri/Suay, Jose (1995): On Equilibrium Pricing under Parameter Uncertainty. In: The Journal of Financial and Quantitative Analysis, 30 (3): 347-364.

Crasselt, Nils/Nölte, Uwe (2007): Aktienbewertung mit dem Abnormal Earnings Growth Model. In: Finanz Betrieb, 9 (9): 523-531.

Craswell, Allen T./Francis, Jere R./Taylor, Stephen L. (1995): Auditor Brand Name Reputations and Industry Specializations. In: Journal of Accounting and Economics, 20 (3): 297-332.

Craswell, Allen T./Stokes, Donald J./Laughton, Janet (2002): Auditor Independence and Fee Dependence. In: Journal of Accounting and Economics, 33 (2): 253-275.

Damodaran, Aswath (2006): Damodaran on Valuation – Security Analysis for Investment and Corporate Finance, 2. Auflage. Hoboken, New Jersey: John Wiley & Sons, Inc.

Darby, Michael R./Karni, Edi (1973): Free Competition and the Optimal Amount of Fraud. In: Journal of Law and Economics, 16 (1): 67-88.

Daske, Holger (2006): Economic Benefits of Adopting IFRS or US-GAAP – Have the Expected Cost of Equity Capital Really Decreased? In: Journal of Business Finance & Accounting, 33 (3): 329-373.

Daske, Holger/Wiesenbach, Kai (2005a): Eine Evaluierung der Ergebnisse zukunftsorientierter Methoden der Schätzung von Eigenkapitalkosten mittels Analystenbefragung. In: *Daske, Holger (Hrsg.)*: Adopting International Financial Reporting Standards in the European Union – Empirical Essays on Causes, Effects and Economic Consequences. Zugl. Dissertation Universität Frankfurt am Main: 224-252.

Daske, Holger/Wiesenbach, Kai (2005b): Praktische Probleme der zukunftsorientierten Schätzung von Eigenkapitalkosten am deutschen Kapitalmarkt. In: Finanz Betrieb, 7 (6): 407-419.

Daske, Holger/Gebhardt, Günther/Klein, Stefan (2006): Estimating the Expected Costs of Equity Capital Using Analysts' Consensus Forecasts. In: Schmalenbach Business Review, 58 (1): 2-36.

Däumler, Klaus -Dieter/Grabe, Jürgen (2008): Betriebliche Finanzwirtschaft, 9. Auflage. Herne: NWB.

Dausend, Florian/Schmitt, Dirk (2011): Implizite Schätzung der Marktrisikoprämie nach Steuern für den deutschen Kapitalmarkt. In: Corporate Finance biz, 13 (8): 459-469.

Davis, Shawn M./Hollie, Dana (2008): The Impact of Nonaudit Service Fee Levels on Investors' Perception of Auditor Independence. In: Behavioral Research in Accounting, 20 (1): 31-44.

Davis, Larry R./Soo, Billy S./Trompeter, Gregory M. (2009): Auditor Tenure and the Ability to Meet or Beat Earnings Forecasts. In: Contemporary Accounting Research, 26 (2): 517-548.

Davison, Anthony C./Hinkley, David V. (1997 (Nachdruck 2003)): Bootstrap Methods and Their Application. Cambridge: Cambridge University Press.

Day, Judith F. S. (1986): The Use of Annual Reports by UK Investment Analysts. In: Accounting and Business Research, 16 (64): 295-307.

DeAngelo, Linda Elizabeth (1981a): Auditor Independence, "Low Balling", and Disclosure Regulation. In: Journal of Accounting and Economics, 3 (2): 113-127.

DeAngelo, Linda Elizabeth (1981b): Auditor Size and Audit Quality. In: Journal of Accounting and Economics, 3 (3): 183-199.

DeFond, Mark L./Hann, Rebecca N./Hu, Xuesong (2005): Does the Market Value Financial Expertise on Audit Committees of Boards of Directors? In: Journal of Accounting Research, 43 (2): 153-193.

Deutsches Aktieninstitut (2009): Verhalten und Präferenzen deutscher Anleger – Eine Befragung von privaten und institutionellen Anlegern zum Informationsverhalten, zur Dividendenpräferenz und zur Wahrnehmung von Stimmrechten. Studien des Deutschen Aktieninstituts Nr. 42. Frankfurt am Main.

Diamantopoulos, Adamantios/Winklhofer, Heidi M. (2001): Index Construction with Formative Indicators: An Alternative to Scale Development. In: Journal of Marketing Research, 38 (2): 269-277.

Diamond, Douglas W./Verrecchia, Robert E. (1991): Disclosure, Liquidity, and the Cost of Capital. In: Journal of Finance, 46 (4): 1325-1359.

Diehl, Carl-Ulrich (1991): Strukturiertes Prüfungsvorgehen durch risikoorientierte Abschlußprüfung. In: *Schitag Ernst & Young-Gruppe (Hrsg.)*: Aktuelle Fachbeiträge aus Wirtschaftsprüfung und Beratung – Festschrift zum 65. Geburtstag von Hans Luik. Stuttgart: Schäffer-Poeschel Verlag: 187-215.

Dietrich, Nicole (2009): Aktionärsschutz durch Risikomanagement, Abschlussprüfung und Information. Jena: JWV. Zugl. Dissertation Friedrich-Schiller-Universität Jena.

Doll, Rainer (2000): Wahrnehmung und Signalisierung von Prüfungsqualität. Frankfurt am Main: Peter Lang Verlag. Zugl. Dissertation Universität München.

Dörschell, Andreas/Franken, Lars/Schulte, Jörn (2012): Der Kapitalisierungszinssatz in der Unternehmensbewertung – Praxisgerechte Ableitung unter Verwendung der Kapitalmarktdaten, 2. Auflage. Düsseldorf: IDW Verlag.

Drobetz, Wolfgang (2003): Statistische Eigenschaften von Finanzmarkt-Zeitreihen. Stand: Mai 2003. Arbeitspapier. URL: http://www.wwz.unibas.ch/fileadmin/wwz/redaktion/cofi/A._Lehre/A._HS08/F._General_Lecture_Notes/01-01.pdf, Abruf am 28.05.2011.

Drukarczyk, Jochen (2008): Finanzierung, 10. Auflage. Stuttgart: Lucius & Lucius.

Drukarczyk, Jochen/Schüler, Andreas (2009): Unternehmensbewertung, 6. Auflage. München: Franz Vahlen.

Dunn, Kimberly A./Mayew, Brian W. (2004): Audit Firm Industry Specialization and Client Disclosure Quality. In: Review of Accounting Studies, 9 (1): 35-58.

Düsterlho, Jens-Eric von (2003): Das Shareholder-Value-Konzept – Methodik und Anwendung im strategischen Management. Wiesbaden: Deutscher Universitäts-Verlag. Zugl. Dissertation Universität Hamburg.

Dye, Ronald A. (1991): Informationally Motivated Auditor Replacement. In: Journal of Accounting and Economics, 14 (4): 347-374.

Easley, David/O'Hara, Maureen (2004): Information and the Cost of Capital. In: Journal of Finance, 59 (4): 1553-1583.

Easton, Peter D. (2004): PE Ratios, PEG Ratios, and Estimating the Implied Expected Rate of Return on Equity Capital. In: The Accounting Review, 79 (1): 73-95.

Easton, Peter et al. (2002): Using Forecasts of Earnings to Simultaneously Estimate Growth and the Rate of Return on Equity Investment. In: Journal of Accounting Research, 40 (3): 657-674.

Eberl, Markus (2006): Unternehmensreputation und Kaufverhalten – Methodische Aspekte komplexer Strukturmodelle. Wiesbaden: Deutscher Universitäts-Verlag. Zugl. Dissertation Universität München.

Eberl, Markus/Schwaiger, Manfred (2005): Corporate Reputation – Disentangling the Effects on Financial Performance. In: European Journal of Marketing, 39 (7/8): 838-854.

Edwards, Jeffrey R./Bagozzi, Richard P. (2000): On the Nature and Direction of Relationships Between Constructs and Measures. In: Psychological Methods, 5 (2): 155-174.

Edwards, Edgar O./Bell, Philip W. (1961 (Nachdruck 1973)): The Theory and Measurement of Business Income. Berkeley, Los Angeles, London: University of California Press.

Efron, Bradley/Tibshirani, Robert J. (1993): An Introduction to the Bootstrap. New York, London: Chapman & Hall, Inc.

Ellrott, Helmut (2006a): Kommentierung zu § 285 HGB. In: *Ellrott, Helmut et al. (Hrsg.)*: Beck'scher Bilanzkommentar – Handelsbilanz – Steuerbilanz, 6. Auflage. München: Verlag C.H. Beck: 1229-1301.

Ellrott, Helmut (2006b): Kommentierung zu § 314 HGB. In: *Ellrott, Helmut et al. (Hrsg.)*: Beck'scher Bilanzkommentar – Handelsbilanz – Steuerbilanz, 6. Auflage. München: Verlag C.H. Beck: 1789-1806.

Erchinger, Holger/Melcher, Winfried (2009): Zur Umsetzung der HGB-Modernisierung durch das BilMoG: Neuerungen im Hinblick auf die Abschlussprüfung und die Einrichtung eines Prüfungsausschusses. In: Der Betrieb, 62 (19): 91-98.

Erlei, Mathias/Leschke, Martin/Sauerland, Dirk (2007): Neue Institutionenökonomik, 2. Auflage. Stuttgart: Schäffer-Poeschel Verlag.

Ewert, Ralf (1990): Wirtschaftsprüfung und asymmetrische Information. Berlin et al.: Springer Verlag.

Ewert, Ralf (1993): Rechnungslegung, Wirtschaftsprüfung, rationale Akteure und Märkte – Ein Grundmodell zur Analyse der Qualität von Unternehmenspublikationen. In: Zeitschrift für betriebswirtschaftliche Forschung, 45 (9): 715-747.

Ewert, Ralf (1999): Wirtschaftsprüfung und ökonomische Theorie – Ein selektiver Überblick. In: *Richter, Martin (Hrsg.)*: Theorie und Praxis der Wirtschaftsprüfung II – Wirtschaftsprüfung und ökonomische Theorie – Prüfungsmarkt – Prüfungsmethoden – Urteilsbildung. Berlin: Erich-Schmidt-Verlag: 35-99.

Ewert, Ralf (2003): Prüfung, Beratung und externe Rotation: Ökonomische Forschungsergebnisse zur aktuellen Regierungsdebatte im Bereich der Wirtschaftsprüfung. In: Der Konzern, 1 (8): 528-539.

Ewert, Ralf/Stefani, Ulrike (2001): Wirtschaftsprüfung. In: *Jost, Peter-J. (Hrsg.)*: Die Prinzipal-Agenten-Theorie in der Betriebswirtschaftslehre. Stuttgart: Schäffer-Poeschel Verlag: 147-182.

Ewert, Ralf/Wagenhofer, Alfred (2003): Aspekte ökonomischer Forschung in der Rechnungslegung und Anwendung auf Ausschüttungsbemessung und Unabhängigkeit des Prüfers. In: Betriebswirtschaftliche Forschung und Praxis, 55 (6): 603-622.

Ewert, Ralf/Wagenhofer, Alfred (2008): Interne Unternehmensrechnung, 7. Auflage. Berlin, Heidelberg: Springer Verlag.

Fahrmeir, Ludwig et al. (2010): Statistik – Der Weg zur Datenanalyse, 7. Auflage. Berlin Heidelberg: Springer Verlag.

Falk, R. Frank/Miller, Nancy B. (1992): A Primer for Soft Modeling. Akron, Ohio: The University of Akron Press.

Fama, Eugene F. (1970): Efficient Capital Markets – A Review of Theory and Empirical Work. In: Journal of Finance, 25 (2): 383-417.

Fama, Eugene F./French, Keneth R. (1992): The Cross-Section of Expected Stock Returns. In: Journal of Finance, 47 (2): 427-465.

Fama, Eugene F./French, Kenneth R. (1995): Size and Book-to-Market Factors in Earnings and Returns. In: Journal of Finance, 50 (1): 131-155.

Fama, Eugene F./French, Kenneth R. (1997): Industry Costs of Equity. In: Journal of Financial Economics, 43 (2): 153-193.

Faust, Martin (2002): Bestimmung der Eigenkapitalkosten im Rahmen der wertorientierten Unternehmenssteuerung von Kreditinstituten. Marburg: Tectum Verlag. Zugl. Dissertation Universität Bochum.

Ferguson, Andrew/Francis, Jere R./Stokes, Donald J. (2003): The Effects of Firm-Wide and Office-Level Industry Expertise on Audit Pricing. In: The Accounting Review, 78 (2): 429-448.

Ferlings, Josef/Poll, Jens/Schneiß, Ulrich (2007): Aktuelle Entwicklungen im Bereich nationaler und internationaler Prüfungs- und Qualitätssicherungsstandards – Teil 1 – Unter besonderer Berücksichtigung der Prüfung von KMU. In: Die Wirtschaftsprüfung, 60 (3): 101-113.

Festinger, Leon (1978): Theorie der kognitiven Dissonanz. Bern, Stuttgart, Wien: Hans Huber Verlag.

Fieseler, Christian (2008): Die Kommunikation von Nachhaltigkeit – Gesellschaftliche Verantwortung als Inhalt der Kapitalmarktkommunikation. Wiesbaden: VS Verlag. Zugl. Dissertation Universität St. Gallen.

Fishman, Michael J./Hagerty, Kathleen M. (1989): Disclosure Decisions by Firms and the Competition for Price Efficiency. In: Journal of Finance, 44 (3): 633-646.

Fölsing, Philipp (2009): Prüferrotation gegen Betriebsblindheit – Externer Prüferwechsel versus interne Rotation. In: Zeitschrift für Corporate Governance, 4 (1): 32-35.

Fornell, Claes/Bookstein, Fred L. (1982): Two Structural Equation Models: LISREL and PLS Applied to Consumer Exit-Voice Theory. In: Journal of Marketing Research, 19 (4): 440-452.

Fornell, Claes/Cha, Jaesung (1994 (Nachdruck 1995)): Partial Least Squares. In: *Bagozzi, Richard P. (Hrsg.)*: Advanced Methods of Marketing Research. Cambridge, Massachusetts: Blackwell Business: 52-78.

Fornell, Claes/Larcker, David F. (1981): Evaluating Structural Equation Models with Unobservable Variables and Measurement Error. In: Journal of Marketing Research, 18 (1): 39-50.

Förschle, Gerhart/Heinz, Stephan (2012): Kommentierung zu § 318 HGB. In: *Ellrott, Helmut et al. (Hrsg.)*: Beck'scher Bilanzkommentar – Handelsbilanz – Steuerbilanz, 8. Auflage. München: Verlag C.H. Beck: 2027-2050.

Förschle, Gerhart/Kroner, Matthias (2012): Kommentierung zu § 297 HGB. In: *Ellrott, Helmut et al. (Hrsg.)*: Beck'scher Bilanzkommentar – Handelsbilanz – Steuerbilanz, 8. Auflage. München: Verlag C.H. Beck: 1560-1593.

Förschle, Gerhart/Küster, Thomas (2012a): Kommentierung zu § 316 HGB. In: *Ellrott, Helmut et al. (Hrsg.)*: Beck'scher Bilanzkommentar – Handelsbilanz – Steuerbilanz, 8. Auflage. München: Verlag C.H. Beck: 1971-1977.

Förschle, Gerhart/Küster, Thomas (2012b): Kommentierung zu § 322 HGB. In: *Ellrott, Helmut et al. (Hrsg.)*: Beck'scher Bilanzkommentar – Handelsbilanz – Steuerbilanz, 8. Auflage. München: Verlag C.H. Beck: 2159-2197.

Foscht, Thomas/Swoboda, Bernhard (2011): Käuferverhalten – Grundlagen – Perspektiven – Anwendungen, 4. Auflage. Wiesbaden: Gabler Verlag.

Förschle, Gerhart/Almeling, Christopher/Schmidt, Stefan (2012): Kommentierung zu § 317 HGB. In: *Ellrott, Helmut et al. (Hrsg.)*: Beck'scher Bilanzkommentar – Handelsbilanz – Steuerbilanz, 8. Auflage. München: Verlag C.H. Beck: 1977-2027.

Francis, Jere R. (2011): A Framework for Understanding and Researching Audit Quality. In: Auditing: A Journal of Practice & Theory, 30 (2): 125-152.

Francis, Jere R./Ke, Bin (2006): Disclosure of Fees Paid to Auditors and the Market Valuation of Earnings Surprises. In: Review of Accounting Studies, 11 (4): 495-523.

Francis, Jere R./Khurana, Inder K./Pereira, Raynolde (2005): Disclosure Incentives and Effects on Cost of Capital Around the World. In: The Accounting Review, 80 (4): 1125-1162.

Francis, Jere R./Richard, Chrystelle/Vanstraelen, Ann (2009): Assessing France's Joint Audit Requirement: Are Two Heads Better than One? In: Auditing: A Journal of Practice & Theory, 28 (2): 36-63.

Francis, Jennifer et al. (2005): The Market Pricing of Accruals Quality. In: Journal of Accounting and Economics, 39 (2): 295-327.

Franke, Günter/Hax, Herbert (2009): Finanzwirtschaft des Unternehmens und Kapitalmarkt, 6. Auflage. Berlin, Heidelberg: Springer Verlag.

Franke, Günter/Laux, Helmut (1970): Der Wert betrieblicher Informationen für Aktionäre. In: Neue Betriebswirtschaft und betriebswirtschaftliche Datenverarbeitung, 23 (7): 1-8.

Frankel, Richard M./Johnson, Marilyn F./Nelson, Karen K. (2002): The Relation Between Auditors' Fees for Nonaudit Services and Earnings Management. In: The Accounting Review, 77 (Supplement 2002): 71-105.

Freeman, R. Edward (1984): Strategic Management – A Stakeholder Approach. Boston et al.: Pitman.

Freidank, Carl-Christian (2007): Internes Kontrollsystem. In: *Freidank, Carl-Christian/Lachnit, Laurenz/Tesch, Jörg (Hrsg.)*: Vahlens Großes Auditing Lexikon. München: C. H. Beck Verlag: 699-702.

Frenz, Walter (2011): Europarecht. Heidelberg et al.: Springer Verlag.

Frey, Dieter (1981): Informationssuche und Informationsbewertung bei Entscheidungen. Bern, Stuttgart, Wien: Verlag Hans Huber. Zugl. Habilitationsschrift Universität Mannheim.

Friedrich, Nico (2007): Die Rolle von Analysten bei der Bewertung von Unternehmen am Kapitalmarkt – Das Beispiel Telekommunikationsindustrie. Lohmar, Köln: Josef Eul Verlag. Zugl. Dissertation Universität Gießen.

Fritsch, Michael (2011): Marktversagen und Wirtschaftspolitik – Mikroökonomische Grundlagen staatlichen Handelns, 8. Auflage. München: Verlag Franz Vahlen.

Fritz, Wolfgang/Möllenberg, Antje/Dees, Heiko (2005): Erfolgsfaktoren von Internet-Auktionen – Eine empirische Analyse mit PLS. In: *Bliemel, Friedhelm et al. (Hrsg.)*: Handbuch PLS-Pfadmodellierung – Methode, Anwendung, Praxisbeispiele. Stuttgart: Schäffer-Poeschel Verlag: 255-274.

Füssel, Julia (2010): Lernstrategien des Wirtschaftsprüfers für die Fortbildung in IFRS. Wiesbaden: Gabler Verlag. Zugl. Dissertation Freie Universität Berlin.

Garvin, David A. (1984): What Does "Product Quality" Really Mean? In: Sloan Management Review, 26 (1): 25-43.

Gebhardt, William R./Lee, Charles M. C./Swaminathan, Bhaskaran (2001): Toward an Implied Cost of Capital. In: Journal of Accounting Research, 39 (1): 135-176.

Geisser, Seymour (1975): The Predictive Sample Reuse Method with Applications. In: Journal of the American Statistical Association, 70 (350): 320-328.

Gelhausen, Hans Friedrich/Fey, Gerd/Kämpfer, Georg (2009): Rechnungslegung und Prüfung nach dem Bilanzrechtsmodernisierungsgesetz – Kommentar. Düsseldorf: IDW Verlag.

Ghosh, Aloke/Moon, Doocheol (2005): Auditor Tenure and Perceptions of Audit Quality. In: The Accounting Review, 80 (2): 585-612.

Ghosh, Aloke (Al)/Kallapur, Sanjay/Moon, Doocheol (2009): Audit and Non-Audit Fees and Capital Market Perceptions of Auditor Independence. In: Journal of Accounting and Public Policy, 28 (5): 369-385.

Gierga, Ralph L. (2008): Freiwillige Publizität und Eigenkapitalkosten – Die Auswirkungen freiwilliger Unternehmenspublizität auf die Eigenkapitalkosten am Beispiel börsennotierter Unternehmen in Deutschland. Marburg: Tectum Verlag. Zugl. Dissertation Universität Marburg.

Gödde, Dominika (2010): Integration von Goodwill-Bilanzierung und wertorientierter Unternehmenssteuerung – Empirische Analyse der Einflussfaktoren und Performance-Auswirkungen. Wiesbaden: Gabler Verlag. Zugl. Dissertation Universität Köln.

Gode, Dan/Mohanram, Partha (2003): Inferring the Cost of Capital Using the Ohlson-Juettner Model. In: Review of Accounting Studies, 8 (8): 399-431.

Gordon, Joseph R./Gordon, Myron J. (1997): The Finite Horizon Expected Return Model. In: Financial Analysts Journal, 53 (3): 52-61.

Gordon, Myron J./Shapiro, Eli (1956): Capital Equipment Analysis: The Required Rate of Profit. In: Management Science, 3 (1): 102-110.

Gräfer, Horst/Schiller, Bettina/Rösner, Sabrina (2011): Finanzierung – Grundlagen, Institutionen, Instrumente und Kapitalmarkttheorie, 7. Auflage. Berlin: Erich Schmidt

Gramling, Audrey A./Stone, Dan N. (2001): Audit Firm Industry Expertise: A Review and Synthesis of Archival Literature. In: Journal of Accounting Literature, 20 (1): 1-29.

Grönroos, Christian (1982): Strategic Management and Marketing in the Service Sector. Helsingfors: Swedish School of Economics and Business Administration.

Grönroos, Christian (1983): Innovative Marketing Strategies and Organization Structures for Service Firms. In: *Berry, Leonhard L./Shostak, G. Lynn/Upah, Gregory D. (Hrsg.)*: Emerging Perspectives on Services Marketing. Chicago, Illinois: American Marketing Association: 9-21.

Grönroos, Christian (1984): A Service Quality Model and its Marketing Implications. In: European Journal of Marketing, 18 (4): 36-44.

Groß-Engelmann, Markus (1999): Kundenzufriedenheit als psychologisches Konstrukt – Bestandsaufnahme und emotionstheoretische Erweiterung bestehender Erklärungs- und Meßmodelle. Lohmar: Josef Eul Verlag. Zugl. Dissertation Universität zu Köln.

Grothe, Jörn (2005): Branchenspezialisierung von Wirtschaftsprüfungsgesellschaften im Rahmen der Jahresabschlussprüfung. Düsseldorf: IDW-Verlag. Zugl. Dissertation Universität Ulm.

Gsell, Hannes (2011): Estimation of the Expected Market Risk Premium for Corporate Valuations. Frankfurt am Main: Peter Lang Verlag. Zugl. Dissertation Universität Ulm.

Guay, Wayne/Kothari, S. P./Shu, Susan (2011): Properties of Implied Cost of Capital Using Analysts' Forecasts. In: Australian Journal of Management, 36 (2): 125-149.

Gul, Ferdinand A./Fung, Simon Yu Kit/Jaggi, Bikki (2009): Earnings Quality – Some Evidence on the Role of Auditor Tenure and Auditors' Industry Expertise. In: Journal of Accounting and Economics, 47 (3): 265-287.

Habersack, Mathias (2008): Kommentierung zu § 111 AktG. In: *Goette, Wulf/Habersack, Mathias (Hrsg.)*: Münchener Kommentar zum Aktiengesetz – Band 2, 3. Auflage. München: Verlag C.H. Beck: 1060-1130.

Haenlein, Michael/Kaplan, Andreas M. (2004): A Beginner's Guide to Partial Least Squares Analysis. In: Understanding Statistics, 3 (4): 283-397.

Hail, Luzi (2002): The Impact of Voluntary Corporate Disclosures on the Ex-Ante Cost of Capital for Swiss Firms. In: European Accounting Review, 11 (4): 741-773.

Hail, Luzi/Leuz, Christian (2006): International Differences in the Cost of Equity Capital: Do Legal Institutions and Securities Regulation Matter? In: Journal of Accounting Research, 44 (3): 485-531.

Haller, Peter/Bernais, Nina (2005): Enforcement und BilKoG – Grundlagen der Überwachung von Unternehmensberichten und Bilanzkontrollgesetz. Berlin: Erich Schmidt Verlag.

Handa, Puneet/Linn, Scott C. (1993): Arbitrage Pricing with Estimation Risk. In: Journal of Financial & Quantitative Analysis, 28 (1): 81-100.

Hansen, Felix (2009): Wachsamkeit in der industriellen Beschaffung – Dimensionen, Determinanten und Konsequenzen. Wiesbaden: Gabler. Zugl. Dissertation Technische Universität Kaiserslautern.

Harmon-Jones, Eddi/Judson Mills (1999): An Introduction to Cognitive Dissonance Theory and an Overview of Current Perspectives on the Theory. In: *Harmon-Jones, Eddi/Judson Mills (Hrsg.)*: Cognitive Dissonance – Progress on a Pivotal Theory in Social Psychology. Washington D.C.: American Psychological Association: 3-21.

Harris, Lawrence E. (1990): Liquidity, Trading Rules, and Electronic Trading Systems. New York: Leonard N. Stern School of Business, New York University.

Hartgraves, Al (2004): Andersen's Role in Enron's Failure. In: Die Betriebswirtschaft, 64 (3): 753-771.

Hartmann-Wendels, Thomas (1991): Rechnungslegung der Unternehmen und Kapitalmarkt aus informationsökonomischer Sicht. Heidelberg: Physica-Verlag. Zugl. Habilitationsschrift Universität zu Köln.

Hartmann-Wendels, Thomas (2001): Finanzierung. In: *Jost, Peter-J. (Hrsg.)*: Die Prinzipal-Agenten-Theorie in der Betriebswirtschaftslehre. Stuttgart: Schäffer-Poeschel Verlag: 117-146.

Häußler, Matthias (2008): Unternehmenspublizität und Kapitalkosten. Hamburg: Verlag Dr. Kovač. Zugl. Dissertation Universität Karlsruhe.

Hax, Georg (1998): Informationsintermediation durch Finanzanalysten – Eine ökonomische Analyse. Frankfurt am Main: Europäischer Verlag der Wissenschaften. Zugl. Dissertation Johann Wolfgang Goethe-Universität

Hay, David C./Knechel, W. Robert/Wong, Norman (2006): Audit Fees – A Meta-analysis of the Effect of Supply and Demand Attributes. In: Contemporary Accounting Research, 23 (1): 141-191.

Hayes, Rick Stephan (2005): Principles of Auditing – An Introduction to International Standards on Auditing, 2. Auflage. Harlow: Prentice Hall.

Healy, Paul M./Palepu, Krishna G. (2001): Information Asymmetry, Corporate Disclosure, and the Capital Markets: A Review of the Empirical Disclosure Literature. In: Journal of Accounting and Economics, 31 (1): 405-440.

Hell, Christoph/Küster, Wolfgang (2010): Kommentierung zu § 322 HGB, Stand: Oktober 2010 (8. Lfg.). In: *Küting, Karlheinz/Pfitzer, Norbert/Weber, Claus-Peter (Hrsg.)*: Handbuch der Rechnungslegung – Kommentar zur Bilanzierung und Prüfung – Band 3, 5. Auflage, Stand: 11. Lfg: Stuttgart: Schäffer-Poeschel Verlag.

Helm, Sabrina (2005): Entwicklung eines formativen Messmodells für das Konstrukt Unternehmensreputation. In: *Bliemel, Friedhelm et al. (Hrsg.)*: Handbuch PLS-Pfadmodellierung – Methode, Anwendung, Praxisbeispiele. Stuttgart: Schäffer-Poeschel Verlag: 241-254.

Helm, Sabrina (2011): Corporate Reputation – An Introduction to a Complex Construct. In: *Helm, Sabrina/Liehr-Gobbers, Kerstin/Storck, Christopher (Hrsg.)*: Reputation Management. Heidelberg et al.: Springer Verlag: 3-20.

Henseler, Jörg/Ringle, Christian M./Sinkovics, Rudolf R. (2009): The Use of Partial Least Squares Path Modelling in International Marketing. In: *Sinkovics, Rudolf R./Ghauri, Pervez N. (Hrsg.)*: Advances in International Marketing – New Challenges to International Marketing. Bingley: Emerald JAI Press: 277-319.

Herkendell, Anja (2007): Regulierung der Abschlussprüfung – Eine Wirksamkeitsanalyse zur Wiedergewinnung des öffentlichen Vertrauens. Wiesbaden: Gabler Verlag. Zugl. Dissertation Universität Bochum.

Herrmann, Andreas/Huber, Frank/Kressmann, Frank (2006): Varianz- und kovarianzbasierte Strukturgleichungsmodelle – Ein Leitfaden zu deren Spezifikation, Schätzung und Beurteilung. In: Zeitschrift für betriebswirtschaftliche Forschung, 58 (58): 34-66.

Hillmer, Matthias (1993): Kausalanalyse makroökonomischer Zusammenhänge mit latenten Variablen – Mit einer empirischen Untersuchung des Transmissionsmechanismus monetärer Impulse. Heidelberg: Physica-Verlag. Zugl. Dissertation Universität Karlsruhe.

Hitz, Jörg-Markus (2005): Rechnungslegung zum fair value – Konzeption und Entscheidungsnützlichkeit. Frankfurt am Main: Peter Lang Verlag. Zugl. Dissertation Universität Köln.

Hogan, Chris E./Jeter, Debra C. (1999): Industry Specialization by Auditors. In: Auditing, 18 (1): 1-17.

Holzborn, Timo/Israel, Alexander (2008): Die Neustrukturierung des Finanzmarktrechts durch das Finanzmarktrichtlinienumsetzungsgesetz (FRUG). In: Neue Juristische Wochenschrift, 61 (12): 791-796.

Homburg, Christian/Giering, Annette (1996): Konzeptualisierung und Operationalisierung komplexer Konstrukte – Ein Leitfaden für die Marketingforschung. In: Marketing ZFP – Journal of Research and Management, 18 (1): 5-24.

Honegger, Urs (2012): Kommunikation mit dem Prüfer erhöht die Qualität des Jahresabschlusses. In: Zeitschrift für Internationale Rechnungslegung, 7 (7/8): 263-265.

Hope, Ole-Kristian et al. (2009): Impact of Excess Auditor Remuneration on the Cost of Equity Capital around the World. In: Journal of Accounting, Auditing & Finance, 24 (2): 177-210.

Hopt, Klaus J. (1975): Der Kapitalanlegerschutz im Recht der Banken – Gesellschafts-, bank- und börsenrechtliche Anforderungen an das Beratungs- und Verwaltungsverhalten der Kreditinstitute. München: Verlag C.H. Beck. Zugl. Habilitationsschrift Universität München.

Huber, Frank et al. (2007): Kausalmodellierung mit Partial Least Squares. Wiesbaden: Gabler Verlag.

Hüffer, Uwe (2012): Aktiengesetz, 10. Auflage. München: Verlag C.H. Beck.

Hulle, Karel van (1996): Grünbuch der Europäischen Kommission: Rolle, Stellung und Haftung des Abschlußprüfers in der Europäischen Union. In: WPK-Mitteilungen, 35 (4): 279-296.

Hülsmann, Christoph (2005): Stärkung der Abschlussprüfung durch das Bilanzrechtsreformgesetz – Neue Bestimmungen zur Trennung von Beratung und Prüfung. In: Deutsches Steuerrecht, 43 (4): 166-172.

Jaccard, James/Turrisi, Robert (2003): Interaction Effects in Multiple Regression, 2. Auflage. Thousand Oaks, London, New Delhi: Sage Publications.

Jähnchen, Sven (2009): Kapitalkosten von Versicherungsunternehmen – Fundamentale Betafaktoren als ein Erklärungsbeitrag zur Erfassung der Renditeforderungen der Eigenkapitalgeber. Wiesbaden: Gabler Verlag. Zugl. Dissertation Universität Freiburg.

Jaklin, Philipp (2011): Kritik an Unternehmensberatung – Frontalangriff auf Wirtschaftsprüfer. In: Financial Times Deutschland,

Jamin, Gösta (2006): Der Residualgewinnansatz in der fundamentalen Aktienbewertung. Frankfurt am Main: Peter Lang Verlag. Zugl. Dissertation Universität Würzburg.

Jany, Jens (2011): Die Qualität von Abschlussprüfungen im Kontext der Haftung, Größe und Spezialisierung von Prüfungsgesellschaften. Köln: Josef Eul Verlag. Zugl. Dissertation Universität Duisburg-Essen.

Jarvis, Cheryl Burke/Mackenzie, Scott B./Podsakoff, Philip M. (2003): A Critical Review of Construct Indicators and Measurement Model Misspecification in Marketing and Consumer Research. In: Journal of Consumer Research, 30 (2): 199-218.

Jenkins, J. Gregory/Krawczyk, Kathy (2003): Disclosure of Nonaudit Services Fees: Perceptions of Investors and Accounting Professionals. In: The Journal of Applied Business Research, 19 (4): 73-79.

Johnson, E./Khurana, Inder K./Reynolds, J. Kenneth (2002): Audit-Firm Tenure and the Quality of Financial Reports. In: Contemporary Accounting Research, 19 (4): 637-660.

Junc, Lars (2010): Corporate-Compliance-Berichterstattung in Deutschland – Eine theoretische und empirische Analyse. Wiesbaden: Gabler. Zugl. Dissertation Universität Duisburg-Essen.

Kaas, Klaus Peter (1992): Kontraktgütermarketing als Kooperation zwischen Prinzipalen und Agenten. In: Zeitschrift für betriebswirtschaftliche Forschung, 44 (10): 884-901.

Kempf, Alexander (1998): Was messen Liquiditätsmaße? In: Die Betriebswirtschaft, 58 (3): 299-311.

Kempf, Alexander (1999): Wertpapierliquidität und Wertpapierpreise. Wiesbaden: Gabler Verlag. Zugl. Habilitationsschrift Universität Mannheim.

Khurana, Inder K./Raman, K. K. (2004): Litigation Risk and the Financial Reporting Credibility of Big 4 versus Non-Big 4 Audits: Evidence from Anglo-American Countries. In: The Accounting Review, 79 (2): 473-495.

Khurana, Inder K./Raman, K. K. (2006): Do Investors Care about the Auditor's Economic Dependence on the Client? In: Contemporary Accounting Research, 23 (4): 977-1016.

Kinney, William R., Jr./Libby, Robert (2002): The Relation between Auditors' Fees for Nonaudit Services and Earnings Management: Discussion. In: The Accounting Review, 77 (Supplement): 107-114.

Kirstein, Sandra (2009): Unternehmensreputation – Corporate Social Responsibility als strategische Option für deutsche Automobilhersteller. Wiesbaden: Gabler Verlag. Zugl. Dissertation Universität Hohenheim.

Kitschler, Roland (2005): Abschlussprüfung, Interessenkonflikt und Reputation – Eine ökonomische Analyse. Wiesbaden: Deutscher Universitäts-Verlag. Zugl. Dissertation Universität Marburg.

Klein, Benjamin/Leffler, Keith B. (1981): The Role of Market Forces in Assuring Contractual Performance. In: Journal of Political Economy, 89 (4): 615-641.

Kloster, Ulrich (1988): Kapitalkosten und Investitionsentscheidungen – Eine finanzierungstheoretische und empirische Untersuchung. Frankfurt am Main: Peter Lang Verlag. Zugl. Dissertation Universität Essen.

Knechel, W. Robert/Naiker, Vic/Pacheco, Gail (2007): Does Auditor Industry Specialization Matter? Evidence from Market Reaction to Auditor Switches. In: Auditing: A Journal of Practice & Theory, 26 (1): 19-45.

Koch, Joachim (2005): Rechnungswesenbasierte Verfahren der Aktienbewertung – Theoretische und empirische Untersuchung des Residualgewinnmodells. Wiesbaden: Gabler Verlag. Zugl. Dissertation Wissenschaftliche Hochschule für Unternehmensführung Vallendar.

Köhler, Annette G. et al. (2010): Prüfungshonorare in Deutschland – Determinanten und Implikationen. In: Zeitschrift für Betriebswirtschaft, 80 (1): 5-29.

Köhler, Annette G./Merkt, Hanno/Böhm, Wolfgang P. (2009): Evaluation of the Possible Adoption of International Standards on Auditing (ISAs) in the EU Markt/2007/15/F – Study on International Standards on Auditing. URL: http://duepublico.uni-duisburg-essen.de/servlets/DocumentServlet?id=21502, Abruf am 02.01.2012.

Kornmeier, Martin (2007): Wissenschaftstheorie und wissenschaftliches Arbeiten – Eine Einführung für Wirtschaftswissenschaftler. Heidelberg: Physica-Verlag.

Kothari, S. P. (2001): Capital Markets Research in Accounting In: Journal of Accounting and Economics, 31 (1-3): 105-231.

Kozikowski, Michael/Röhm-Kottmann, Mariella (2012): Kommentierung zu § 324 HGB. In: *Ellrott, Helmut et al. (Hrsg.)*: Beck'scher Bilanzkommentar – Handelsbilanz – Steuerbilanz, 8. Auflage. München: Verlag C.H. Beck: 2239-2248.

Kozikowski, Michael/Schubert, Wolfgang J. (2012): Kommentierung zu § 249 HGB – Kapitel A bis E. In: *Ellrott, Helmut et al. (Hrsg.)*: Beck'scher Bilanzkommentar – Handelsbilanz – Steuerbilanz, 8. Auflage. München: Verlag C.H. Beck: 243-310.

Krafft, Manfred/Götz, Oliver/Liehr-Gobbers, Kerstin (2005): Die Validierung von Strukturgleichungsmodellen mit Hilfe des Partial-Least-Squares (PLS)-Ansatzes. In: *Bliemel, Friedhelm et al. (Hrsg.)*: Handbuch PLS-Pfadmodellierung – Methode, Anwendung, Praxisbeispiele. Stuttgart: Schäffer-Poeschel Verlag: 71-86.

Kraßnig, Ulrich (2009): Aufsichtsrat meets Abschlussprüfer – Kommunikativer Kontakt und laufender Informationsaustausch. In: Aufsichtsrat aktuell, 6 (5): 14-22.

Kremer, Thomas (2010a): 5. Aufsichtsrat – I. Vorbemerkungen. In: *Ringleb, Henrik-Michael et al. (Hrsg.)*: Kommentar zum Deutschen Corporate Governance Kodex, 4. Auflage. München: Verlag C.H. Beck: 259-260.

Kremer, Thomas (2010b): 5. Aufsichtsrat – VII. Prüfungsausschuss. In: *Ringleb, Henrik-Michael et al. (Hrsg.)*: Kommentar zum Deutschen Corporate Governance Kodex, 4. Auflage. München: Verlag C.H. Beck: 278-284.

Kremer, Thomas (2010c): 7. Rechnungslegung und Abschlussprüfung – IX. Offenlegungsvereinbarung/Redepflicht. In: *Ringleb, Henrik-Michael et al. (Hrsg.)*: Kommentar zum Deutschen Corporate Governance Kodex, 4. Auflage. München: Verlag C.H. Beck: 357-358.

Kremer, Thomas (2010d): 7. Rechnungslegung und Abschlussprüfung – VIII. Prüfungsauftrag und Honorarvereinbarung. In: *Ringleb, Henrik-Michael et al. (Hrsg.)*: Kommentar zum Deutschen Corporate Governance Kodex, 4. Auflage. München: Verlag C.H. Beck: 356-357.

Krishnan, Jayanthi/Sami, Heibatollah/Zhang, Yinqi (2005): Does the Provision of Nonaudit Services Affect Investor Perceptions of Auditor Independence? In: Auditing: A Journal of Practice & Theory, 24 (2): 111-135.

Kroeber-Riel, Werner/Weinberg, Peter/Gröppel-Klein, Andrea (2009): Konsumentenverhalten, 9. Auflage. München: Franz Vahlen.

Kübler, Friedrich/Assmann, Heinz-Dieter (2006): Gesellschaftsrecht – Die privatrechtlichen Ordnungsstrukturen und Regelungsprobleme von Verbänden und Unternehmen, 6. Auflage. Heidelberg: C. F. Müller Verlag.

Kuhner/Päßler (2011): Kommentierung zu § 321 HGB, Stand: April 2011 (11. Lfg.). In: *Küting, Karlheinz/Pfitzer, Norbert/Weber, Claus-Peter (Hrsg.)*: Handbuch der Rechnungslegung – Kommentar zur Bilanzierung und Prüfung – Band 3, 5. Auflage, Stand: 11. Lfg.: Stuttgart: Schäffer-Poeschel Verlag.

Küting, Karlheinz/Lauer, Peter (2011): Die Jahresabschlusszwecke nach HGB und IFRS – Polarität oder Konvergenz? In: Der Betrieb, 64 (36): 1985-1991.

Küting, Karlheinz/Weber, Claus-Peter (2012): Der Konzernabschluss – Praxis der Konzernrechnungslegung nach HGB und IFRS, 13. Auflage. Stuttgart: Schäffer-Poeschel Verlag.

Küting, Karlheinz/Pfitzer, Norbert/Weber, Claus-Peter (2009): Das neue deutsche Bilanzrecht – Handbuch zur Anwendung des Bilanzrechtsmodernisierungsgesetzes, 2. Auflage. Stuttgart: Schäffer-Poeschel Verlag.

Kutner, Michael H. et al. (2005): Applied Linear Statistical Models, 5. Auflage. New York: McGraw-Hill/Irwin.

La Porta, Rafael et al. (1998): Law and Finance. In: Journal of Political Economy, 106 (6): 1113-1155.

Lakonishok, Josef/Shleifer, Andrei/Vishny, Robert W. (1994): Contrarian Investment, Extrapolation, and Risk. In: Journal of Finance, 49 (5): 1541-1578.

Lance, Charles E. (1988): Residual Centering, Exploratory and Confirmatory Moderator Analysis, and Decomposition of Effects in Path Models Containing Interactions. In: Applied Psychological Measurement, 12 (2): 163-175.

Lang, Mark H./Lundholm, Russell J. (1996): Corporate Disclosure Policy and Analyst Behavior. In: The Accounting Review, 71 (4): 467-492.

Lange, Stefan (1994): Die Kompatibilität von Abschlußprüfung und Beratung – Eine ökonomische Analyse. Frankfurt am Main: Peter Lang Verlag. Zugl. Dissertation Universität Frankfurt am Main.

Laux, Helmut/Gillenkirch, Robert M./Schenk-Mathes, Heike Y. (2012): Entscheidungstheorie, 8. Auflage. Berlin: Springer Verlag.

Leffson, Ulrich (1987): Die Grundsätze ordnungsmäßiger Buchführung, 7. Auflage. Düsseldorf: IDW-Verlag.

Leffson, Ulrich (1988): Wirtschaftsprüfung, 4. Auflage. Wiesbaden: Gabler Verlag.

Lehmann, Bruce N. (1990): Residual Risk Revisited. In: Journal of Econometrics, 45 (1/2): 71-97.

Leippe, Britta (2002): Die Bilanzierung von Leasinggeschäften nach deutschem Handelsrecht und US-GAAP – Darstellung und Zweckmäßigkeitsanalyse. Frankfurt am Main: Peter Lang Verlag. Zugl. Dissertation Universität Bochum.

Lenz, Hansrudi/Bauer, Michael (2004): Prüfungs- und Beratungshonorare von Abschlussprüfern deutscher börsennotierter Aktiengesellschaften. In: Die Wirtschaftsprüfung, 57 (18): 985-998.

Lenz, Hansrudi/Ostrowski, Markus (1999): Der Markt für Abschlußprüfungen bei börsennotierten Aktiengesellschaften. In: Die Betriebswirtschaft, 59 (3): 397-411.

Lenz, Hanrsurdi/Möller, Manuela/Höhn, Balthasar (2006): Offenlegung der Honorare für Abschlussprüferleistungen im Geschäftsjahr 2005 bei DAX-Unternehmen. In: Betriebs-Berater, 61 (33): 1787-1794.

Lim, Chee-Yeow/Tan, Hun-Tong (2008): Non-audit Service Fees and Audit Quality: The Impact of Auditor Specialization. In: Journal of Accounting Research, 46 (1): 199-246.

Lim, Chee-Yeow/Tan, Hun-Tong (2010): Does Auditor Tenure Improve Audit Quality? Moderating Effects of Industry Specialization and Fee Dependence. In: Contemporary Accounting Research, 27 (3): 923-957.

Lin, Jerry W./Hwang, Mark I. (2010): Audit Quality, Corporate Governance, and Earnings Management: A Meta-Analysis. In: International Journal of Auditing, 14 (1): 57-77.

Lindemann, Jens (2006): Kapitalmarktrelevanz der Rechnungslegung – Konzepte, Methodik und Ergebnisse empirischer Forschung. In: Zeitschrift für Betriebswirtschaft, 76 (10): 967-1003.

Link, Robert (2006): Abschlussprüfung und Geschäftsrisiko. Wiesbaden: Gabler Verlag. Zugl. Dissertation Universität Frankfurt am Main.

Little, Todd D./Bovaird, K.James A./Widaman, Keith F. (2006): On the Merits of Orthogonalizing Powered and Product Terms: Implications for Modeling Interactions among Latent Variables. In: Structural Equation Modeling, 13 (4): 497-519.

Lohmöller, Jan-Bernd (1989): Latent Variable Path Modeling with Partial Least Squares. New York: Springer Verlag.

Lorenz, Henning (1997): Entscheidungsverhalten prüfungspflichtiger Kapitalgesellschaften bei der Auswahl ihres Abschlussprüfers. München: Verlag V. Florenz. Zugl. Dissertation Universität Erlangen-Nürnberg.

Lücke, Wolfgang (1955): Investitionsrechnungen auf der Grundlage von Ausgaben oder Kosten? In: Zeitschrift für handelswissenschaftliche Forschung, 7 (3): 310-324.

MacKenzie, Scott B./Podsakoff, Philip M./Jarvis, Cheryl Burke (2005): The Problem of Measurement Model Misspecification in Behavioral and Organizational Research and Some Recommended Solutions. In: Journal of Applied Psychology, 90 (4): 710-730.

Magee, Robert P./Tseng, Mei-Chiun (1990): Audit Pricing and Independence. In: The Accounting Review, 65 (2): 315-336.

Maletta, Mario/Wright, Arnold (1996): Audit Evidence Planning: An Examination of Industry Error Characteristics. In: Auditing, 15 (1): 71-86.

Malkiel, Burton G./Xu, Yexiao (1997): Risk and Return Revisited. In: The Journal of Portfolio Management, 23 (3): 9-14.

Mandler, Udo (1997): Kundenbindung und Vertrauen in die Beziehung zwischen Wirtschaftsprüfer und Mandant – Ko-Referat. In: *Richter, Martin (Hrsg.)*: Theorie und Praxis der Wirtschaftsprüfung – Abschlussprüfung, Interne Revision, kommunale Rechnungsprüfung. Berlin: Erich Schmidt Verlag: 97-108.

Mansi, Sattar A./Maxwell, William F./Miller, Darius P. (2004): Does Auditor Quality and Tenure Matter to Investors? Evidence from the Bond Market. In: Journal of Accounting Research, 42 (4): 755-793.

Marbacher, Lukas (2000): Risikoorientierte Prüfung – ein Muss. In: Der Schweizer Treuhänder, 74 (11): 1179-1184.

Marten, Kai-Uwe (1999): Qualität von Wirtschaftsprüferleistungen – Eine empirische Untersuchung des deutschen Marktes für Wirtschaftsprüferleistungen. Düsseldorf: IDW-Verlag. Zugl. Habilitationsschrift Universität Augsburg.

Marten, Kai-Uwe/Quick, Reiner/Ruhnke, Klaus (2006): Lexikon der Wirtschaftsprüfung – Nach nationalen und internationalen Normen. Stuttgart: Schäffer-Poeschel.

Marten, Kai-Uwe/Quick, Reiner/Ruhnke, Klaus (2011): Wirtschaftsprüfung – Grundlagen des betriebswirtschaftlichen Prüfungswesen nach nationalen und internationalen Normen, 4. Auflage. Stuttgart: Schäffer-Poeschel Verlag.

Marx, Susanne (2002): Unabhängige Abschlussprüfung und Beratung – Grenzen des Full-Service-Konzepts moderner Wirtschaftsprüfungsgesellschaften nach deutschem, europäischem und US-amerikanischem Recht. Baden-Baden: Nomos Verlagsgesellschaft. Zugl. Dissertation Universität Heidelberg.

Mast, Claudia (2010): Unternehmenskommunikation, 4. Auflage. Stuttgart: Lucius&Lucius.

Mayhew, Brian W./Wilkins, Michael S. (2003): Audit Firm Industry Specialization as a Differentiation Strategy: Evidence from Fees Charged to Firms Going Public. In: Auditing, 22 (2): 33-52.

Melcher, Thorsten/Nimwegen, Sebastian (2010): Das Zusammenwirken von Aufsichtsrat und Abschlussprüfer zur Vermeidung und Aufdeckung von Fraud. In: Zeitschrift für Corporate Governance, 5 (2): 87-93.

Merkt, Hanno (2001): Unternehmenspublizität – Offenlegung von Unternehmensdaten als Korrelat der Marktteilnahme. Tübingen: Mohr Siebeck. Zugl. Habilitationsschrift Universität Hamburg.

Mertenskötter, Mirko (2011): Qualität, Vertrauen und Akzeptanz im Kontext der Internen Revision. Köln: Josef Eul Verlag. Zugl. Dissertation Universität Duisburg-Essen.

Milla, Aslan/Rohatschek, Roman (2010): Neue Verantwortung für Abschlussprüfer und Aufsichtsrat. In: Zeitschrift für Internationale Rechnungslegung, 5 (3): 93-96.

Modigliani, Franco/Miller, Merton H. (1958): The Cost of Capital, Corporation Finance and the Theory of Investment. In: American Economic Review, 48 (3): 261-297.

Möller, Hans Peter/Hüfner, Bernd (2002): Zur Bedeutung der Rechnungslegung für den deutschen Aktienmarkt – Begründung, Messprobleme und Erkenntnisse empirischer Forschung. In: Jahrbuch für Controlling und Rechnungswesen, 14: 405-462.

Möller, Manuela/Höllbacher, Alexander (2009): Die deutsche Börsen- und Indexlandschaft und der Markt für Abschlussprüfungen. In: Die Betriebswirtschaft, 69 (6): 647-678.

Möller, Hans Peter/Hüfner, Bernd/Kavermann, Markus (2004): Zur Aktienmarktentwicklung „international anerkannter" Rechnungslegung in Deutschland. In: *Wildemann, Horst (Hrsg.)*: Organisation und Personal – Festschrift für Rolf Bühner. München: TCW, Tranfer-Centrum: 817-843.

Müller, Katrin (2006): Die Unabhängigkeit des Abschlussprüfers – Eine kritische Analyse der Vorschriften in Deutschland im Vergleich zu den Vorschriften der Europäischen Union, der IFAC und in den USA. Wiesbaden: Deutscher Universitätsverlag. Zugl. Dissertation Universität Frankfurt am Main.

Naumann, Klaus-Peter (2012): Abschnitt A: Der Beruf des Wirtschaftsprüfers. In: *IDW (Hrsg.)*: WP Handbuch 2012 – Wirtschaftsprüfung, Rechnungslegung, Beratung – Band 1, 14. Auflage. Düsseldorf: IDW Verlag: 1-224.

Naumann, Klaus Peter (2012): Abschnitt B: Berufsorganisationen. In: *IDW (Hrsg.)*: WP Handbuch 2012 – Wirtschaftsprüfung, Rechnungslegung, Beratung – Band 1, 14. Auflage. Düsseldorf: IDW Verlag: 225-246.

Naumann, Klaus-Peter/Feld, Klaus-Peter (2006): Die Transformation der neuen Abschlussprüferrichtlinie – Erwartungen des Berufsstands der Wirtschaftsprüfer an den deutschen Gesetzgeber. In: Die Wirtschaftsprüfung, 59 (14): 873-885.

Nelson, Phillip (1970): Information and Consumer Behavior. In: Journal of Political Economy, 78 (2): 311.

Niehus, Rudolf J. (1993): Die Qualitätskontrolle der Abschlußprüfung. Düsseldorf: IDW Verlag. Zugl. Dissertation Universität Köln.

Niehus, Rudolf J. (2002): Corporate Governance: Das Honorar und der Abschlussprüfer – Stärkung der Unabhängigkeit durch Offenlegung? In: Die Wirtschaftsprüfung, 55 (12): 616-625.

Nix, Petra (2000): Die Zielgruppe von Investor Relations. In: *Deutscher Investor Relations Kreis e.V. (Hrsg.)*: Investor Relations – Professionelle Kapitalmarktkommunikation. Wiesbaden: Gabler Verlag: 35-43.

Nölte, Uwe (2008): Managementprognosen, Analystenschätzungen und Eigenkapitalkosten – Empirische Analysen am deutschen Kapitalmarkt. URL: http://www-brs.ub.ruhr-uni-bochum.de/netahtml/HSS/Diss/NoelteUwe/diss.pdf, Abruf am 11.02.2010. Zugl. Dissertation Ruhr-Universität Bochum.

Nölte, Uwe (2009): Determinanten des Informationsgehalts von Managementprognosen – Eine empirische Untersuchung anhand der DAX und MDAX-Unternehmen. In: Zeitschrift für Betriebswirtschaft, 79 (11): 1229-1257.

Nonnenmacher, Rolf/Pohle, Klaus/Werder, Axel von (2009): Aktuelle Anforderungen an Prüfungsausschüsse. In: Der Betrieb, 62 (27): 1447-1454.

Ohlson, James A. (1995): Earnings, Book Values, and Dividends in Equity Valuation. In: Contemporary Accounting Research, 11 (2): 661-687.

Ohlson, James A. (2005): On Accounting-Based Valuation Formulae. In: Review of Accounting Studies, 10 (2/3): 323-347.

Ohlson, James A./Juettner-Nauroth, Beate E. (2005): Expected EPS and EPS Growth as Determinants of Value. In: Review of Accounting Studies, 10 (2/3): 349-365.

Orth, Christian (2000): Abschlussprüfung und Corporate Governance – Vom Financial Audit zum Business Audit vor dem Hintergrund der Erwartungslücke. Wiesbaden: Gabler Verlag. Zugl. Dissertation Universität Mannheim.

Oser, Peter/Holzwarth, Jochen (2006): Kommentierung zu § 285 Satz 1 Nr. 17 HGB, Stand: November 2006 (2. Lfg.). In: *Küting, Karlheinz/Pfitzer, Norbert/Weber, Claus-Peter (Hrsg.)*: Handbuch der Rechnungslegung – Kommentar zur Bilanzierung und Prüfung – Band 3, 5. Auflage, Stand: 2. Lfg.: Stuttgart: Schäffer-Poeschel Verlag.

Oser, Peter/Holzwarth, Jochen (2011): Kommentierung zu § 285 Satz 1 Nr. 17 HGB, Stand: April 2011 (11. Lfg.). In: *Küting, Karlheinz/Pfitzer, Norbert/Weber, Claus-Peter (Hrsg.)*: Handbuch der Rechnungslegung – Kommentar zur Bilanzierung und Prüfung – Band 3, 5. Auflage, Stand: 15. Lfg.: Stuttgart: Schäffer-Poeschel Verlag.

Ostrowski, Markus (2003): Kapitalmarkt und Wirtschaftsprüfer – Eine empirische Analyse der Wahl des Prüfers bei IPO-Unternehmen und der Kapitalmarktreaktionen auf die Prüferwahl. Frankfurt am Main: Peter Lang Verlag. Zugl. Dissertation Universität Würzburg.

Ostrowski, Markus/Söder, Björn H. (1999): Der Einfluß von Beratungsaufträgen auf die Unabhängigkeit des Jahresabschlußprüfers. In: Betriebswirtschaftliche Forschung und Praxis, 51 (5): 554-564.

Paulitschek, Patrick (2009): Aufsicht über den Berufsstand der Wirtschaftsprüfer in Deutschland – Eine agencytheoretische Analyse. Wiesbaden: Gabler Verlag. Zugl. Dissertation Universität Ulm.

Payne, Jeff. L. (2008): The Influence of Audit Firm Specialization on Analysts' Forecast Errors. In: Auditing: A Journal of Practice & Theory, 27 (2): 109-136.

Peemöller, Volker H. (2012): Gebührenordnung für Abschlussprüfer – Ein Ansatz zur Qualitätssicherung. In: WPK Magazin, 51 (1): 37-42.

Peemöller, Volker H./Keller, Bernd (1997): Bestandsaufnahme zum EU-Grünbuch über Rolle, Stellung und Haftung des Abschlußprüfers in der Europäischen Union. In: Deutsches Steuerrecht, 35 (22/23): 895-896.

Peemöller, Volker H./Oberste-Padtberg, Stefan (2001): Unabhängigkeit des Abschlussprüfers – Internationale Entwicklungen. In: Deutsches Steuerrecht, 40 (42): 1813-1820.

Penman, Stephen H. (2010): Financial Statement Analysis and Security Valuation, 4. Auflage. Boston et al.: McGraw-Hill.

Perridon, Louis/Steiner, Manfred/Rathgeber, Andreas (2012): Finanzwirtschaft der Unternehmung, 16. Auflage. München: Franz Vahlen.

Petersen, Karl/Zwirner, Christian (2008): Angabepflicht der Honoraraufwendungen für den Abschlussprüfer – Theoretische und empirische Betrachtung der Offenlegungserfordernisse zur Stärkung der Prüferunabhängigkeit. In: Die Wirtschaftsprüfung, 61 (7): 279-290.

Petersen, Karl/Zwirner, Christian/Boecker, Corinna (2010): Der Wirtschaftsprüfungsmarkt in Deutschland – Ergebnisse einer Analyse in DAX, MDAX, SDAX und TecDAX. In: Zeitschrift für internationale und kapitalmarktorientierte Rechnungslegung, 10 (4): 217-224.

Pfitzer, Norbert/Orth, Christian/Hettich, Natalie (2004): Stärkung der Unabhängigkeit des Abschlussprüfers? – Kritische Würdigung des Referentenentwurfs zum Bilanzrechtsreformgesetz. In: Deutsches Steuerrecht, 42 (8): 328-336.

Pfitzer, Norbert/Oser, Peter/Orth, Christian (2004): Offene Fragen und Systemwidrigkeiten des Bilanzrechtsreformgesetzes (BilReG). In: Der Betrieb, 57 (49): 2593-2602.

Pfitzer, Norbert/Oser, Peter/Orth, Christian (2005a): Deutscher Corporate Governance Kodex – Ein Handbuch für Entscheidungsträger, 2. Auflage. Stuttgart: Schäffer-Poeschel Verlag.

Pfitzer, Norbert/Oser, Peter/Orth, Christian (2005b): Reform des Aktien-, Bilanz- und Aufsichtsrechts – BilReG, BilKoG, APAG, AnSVG, UMAG sowie weitere Reformgesetze. Stuttgart: Schäffer-Poeschel Verlag.

Pietzsch, Luisa (2004): Bestimmungsfaktoren der Analysten-Coverage – Eine empirische Analyse für den deutschen Kapitalmarkt. Bad Soden: Uhlenbruch. Zugl. Dissertation European Business School.

Pike, Richard/Meerjanssen, Johannes/Chadwick, Leslie (1993): The Appraisal of Ordinary Shares by Investment Analysts in the UK and Germany. In: Accounting and Business Research, 23 (92): 489-499.

Plendl, Martin (2012): Abschnitt Q: Das Prüfungsergebnis. In: *IDW (Hrsg.)*: WP Handbuch 2012 – Wirtschaftsprüfung, Rechnungslegung, Beratung – Band 1, 14. Auflage. Düsseldorf: IDW Verlag: 2005-2398.

Plumlee, Marlene A./Botosan, Christine A. (2007): Are Information Attributes Priced? Stand: Januar 2007. Arbeitspapier. URL: http://papers.ssrn.com/sol3/papers.cfm?abstract_id=475222, Abruf am 25.10.2012.

Porter, Michael E. (2008): Wettbewerbsstrategie (Competitive Strategy) – Methoden zur Analyse von Branchen und Konkurrenten, 11. Auflage. Frankfurt, New York: Campus Verlag.

Porter, Michael E. (2010): Wettbewerbsvorteile (Competitive Advantage) – Spitzenleistungen erreichen und behaupten, 7. Auflage. Frankfurt, New York: Campus Verlag.

Pratt, Shannon P./Grabowski, Roger J. (2010): Cost of Capital – Applications and Examples, 4. Auflage. Hoboken, New Jersey: John Wiley & Sons.

Preinreich, Gabriel A. D. (1937a): Goodwill in Accountancy. In: Journal of Accountancy, 31 (1): 28-50.

Preinreich, Gabriel A. D. (1937b): Valuation and Amortization. In: The Accounting Review, 12 (3): 209.

Preinreich, Gabriel A. D. (1939): Economic Theories of Goodwill. In: Journal of Accountancy, 33 (9): 169-180.

Preston, Lee E./Sapienza, Harry J. (1990): Stakeholder Management and Corporate Performance. In: Journal of Behavioral Economics, 19 (4): 361-375.

Quick, Reiner (1998): Prüfungsrisikomodelle. In: Wirtschaftswissenschaftliches Studium, 27 (5): 244-248.

Quick, Reiner (2002): Abschlussprüfung und Beratung: Zur Vereinbarkeit mit der Forderung nach Urteilsfreiheit. In: Die Betriebswirtschaft, 62 (6): 622-643.

Quick, Reiner (2004): Externe Pflichtrotation – Eine adäquate Maßnahme zur Stärkung der Unabhängigkeit des Abschlussprüfers. In: Die Betriebswirtschaft, 64 (4): 487-508.

Quick, Reiner (2006): Prüfung, Beratung und Unabhängigkeit des Abschlussprüfers – Eine Analyse der neuen Unabhängigkeitsnormen des HGB im Lichte empirischer Forschungsergebnisse. In: Betriebswirtschaftliche Forschung und Praxis, 58 (1): 42-61.

Quick, Reiner/Ungeheuer, Sandra (2000): Tätigkeitsfelder und Berufsaufsicht des italienischen Revisore Contabile. In: Wirtschaftsprüferkammer-Mitteilungen, 39 (1): 18-29.

Quick, Reiner/Warming-Rasmussen, Bent (2005): The Impact of MAS on Perceived Auditor Independence – Some Evidence from Denmark. In: Accounting Forum, 29 (2): 137-168.

Quick, Reiner/Warming-Rasmussen, Bent (2007): Unabhängigkeit des Abschlussprüfers – Zum Einfluss von Beratungsleistungen auf Unabhängigkeitswahrnehmungen von Aktionären. In: Zeitschrift für Betriebswirtschaft, 77 (10): 1007-1033.

Quick, Reiner/Wiemann, Daniela (2011): Zum Einfluss der Mandatsdauer des Abschlussprüfers auf die Prüfungsqualität. In: Zeitschrift für Betriebswirtschaft, 81 (9): 915-943.

Quick, Reiner/Höller, Florian/Koprivica, Rasmus (2008): Prüfungsausschüsse in deutschen Aktiengesellschaften – Eine Analyse der Transparenz der Prüfungsausschuss-Tätigkeiten. In: Zeitschrift für Corporate Governance, 3 (1): 25-35.

Radinger, Manfred/Schweiger, Fritz (1994): Die Bedeutung der Rechnungslegungsinformationen aus der Sicht eines Analysten. In: *Pernsteiner, Helmut (Hrsg.)*: Rechnungslegung und Börse. Wien: Linde Verlag: 247-257.

Raghunandan, K. (2003): Nonaudit Services and Shareholder Ratification of Auditors. In: Auditing: A Journal of Practice & Theory, 22 (1): 155-163.

Rappaport, Alfred (1994): Shareholder Value – Wertsteigerung als Maßstab für die Unternehmensführung. Stuttgart: Schäffer-Poeschel Verlag.

Rappaport, Alfred (1999): Shareholder Value – Ein Handbuch für Manager und Investoren, 2. Auflage. Stuttgart: Schäffer-Poeschel Verlag.

Räth, Norbert (2009): Rezessionen in historischer Betrachtung. In: Statistisches Bundesamt – Wirtschaft und Statistik, 60 (3): 203-208.

Rausch, Benjamin (2008): Unternehmensbewertung mit zukunftsorientierten Eigenkapitalkostensätzen – Möglichkeiten und Grenzen der Schätzung von Eigenkapitalkostensätzen ohne Verwendung historischer Renditen. Wiesbaden: Gabler Verlag. Zugl. Dissertation Universität Frankfurt.

Redmayne, Nives Botica/Bradburry, Michael E./Cahan, Steven F. (2011): The Association between Audit Committees and Audit Fees in the Public Sector. In: International Journal of Auditing, 15 (2): 301-315.

Reese, Raimo (2005): Alternative Modelle zur Schätzung der erwarteten Eigenkapitalkosten – Eine empirische Untersuchung für den deutschen Aktienmarkt. Stand: Dezember 2005. Ludwig-Maximilians-Universität München – Münchner Betriebswirtschaftliche Beiträge Nr. 2005-06. Arbeitspapier. URL: http://www.bwl.uni-muenchen.de/forsch ung/diskus_beitraege/workingpaper/3770.pdf, Abruf am 22.04.2010.

Reese, Raimo (2007): Schätzung von Eigenkapitalkosten für die Unternehmensbewertung. Frankfurt am Main: Peter Lang Verlag. Zugl. Dissertation Universität München.

Reichelt, Kenneth J./Wang, Dechun (2010): National and Office-Specific Measures of Auditor Industry Expertise and Effects on Audit Quality. In: Journal of Accounting Research, 48 (3): 647-686.

Reichert, Jörg (2007): Das Residual-Income-Model – Eine kritische Analyse. Frankfurt am Main: Peter Lang Verlag. Zugl. Dissertation Universität München.

Richter, Martin (2004): Prüfungen als Vertrauensgüter. In: *Döring, Ulrich/Kußmaul, Heinz (Hrsg.)*: Spezialisierung und Internationalisierung – Entwicklungstendenzen der deutschen Betriebswirtschaftslehre – Festschrift für Prof. Dr. Dr. h.c. mult. Günter Wöhe zum 80. Geburtstag am 2. Mai 2004. München: Verlag Franz Vahlen: 217-238.

Ringle, Chrisitan M. (2004): Gütemaße für den Partial Least Squares – Ansatz zur Bestimmung von Kausalmodellen. Stand: Februar 2004. Universität Hamburg – Industrielles Management Nr. 16. Arbeitspapier. URL: http://www.econbiz.de/archiv/ hh/uhh/iindustrie/guetemasse_pls-ansatz_kausalmodelle.pdf, Abruf am 13.02.2013.

Ringle, Christian Marc/Spreen, Florentine (2007): Beurteilung der Ergebnisse von PLS-Pfadanalysen. In: Wirtschaftswissenschaftliches Studium, 36 (2): 211-216.

Ringle, Christian M./Wende, Sven/Will, Alexander (2005): SmartPLS 2.0 (M3) Beta Software. Hamburg. URL: http://www.smartpls.com.

Ruffert, Matthias (2011): Kommentierung zu Artikel 288 AEUV. In: *Calliess, Christian/Ruffert, Matthias (Hrsg.)*: EUV/AEUV – Das Verfassungsrecht der Europäischen Union mit Europäischer Grundrechtscharta, 4. Auflage. München: Verlag C.H. Beck: 2441-2480.

Ruhnke, Klaus (2000): Normierung der Abschlussprüfung. Stuttgart: Schäffer-Poeschel Verlag. Zugl. Habilitationsschrift Universität Duisburg.

Ruhnke, Klaus (2002): Geschäftsrisikoorientierte Abschlussprüfung – Revolution im Prüfungswesen oder Weiterentwicklung des risikoorientierten Prüfungsansatzes? In: Der Betrieb, 55 (9): 437-443.

Ruhnke, Klaus (2003): Nutzen von Abschlussprüfungen: Bezugsrahmen und Einordnung empirischer Studien. In: Zeitschrift für betriebswirtschaftliche Forschung, 55 (3): 250-280.

Ruhnke, Klaus (2006): Business Risk Audits – State of the Art und Entwicklungsperspektiven. In: Journal für Betriebswirtschaft, 56 (4): 189-218.

Ruhnke, Klaus/Deters, Eric (1997): Die Erwartungslücke bei der Abschlussprüfung. In: Zeitschrift für Betriebswirtschaft, 67 (9): 923-945.

Ruhnke, Klaus/Schmiele, Catharina/Schwind, Jochen (2010): Die Erwartungslücke als permanentes Phänomen der Abschlussprüfung – Definitionsansatz, empirische Untersuchung und Schlussfolgerungen. In: Zeitschrift für betriebswirtschaftliche Forschung, 62 (4): 394-421.

Runow, Herbert (1982): Zur Theorie und Messung der Verbraucherzufriedenheit. Frankfurt am Main: Barudio & Hess Verlag. Zugl. Dissertation Johann Wolfgang Goethe-Universität Frankfurt am Main.

Saelzle, Rainer/Kronner, Markus (2004): Die Informationsfunktion des Jahresabschlusses – Dargestellt am sogenannten „impairment-only-Ansatz". In: Die Wirtschaftsprüfung, 57 (Sonderheft): S154- S165.

Sattler, Matthias (2011): Vereinbarkeit von Abschlussprüfung und Beratung. Wiesbaden: Gabler Verlag. Zugl. Dissertation Universität Darmstadt.

Schaefer, Christina (2004): Steuerung und Kontrolle von Investitionsprozessen – Theoretischer Ansatz und Konkretisierung für das öffentliche Beteiligungscontrolling. Wiesbaden: Deutscher Universitäts-Verlag. Zugl. Habilitation Universität Hamburg.

Scheffler, Eberhard (2004): Aufsichtsrat und Abschlussprüfer. In: *Freidank, Carl-Christian (Hrsg.)*: Reform der Rechnungslegung und Corporate Governance in Deutschland und Europa. Wiesbaden: Deutscher Universitäts-Verlag/GWV Fachverlag GmbH: 269-287.

Schendera, Christian F. G. (2007): Datenqualität mit SPSS. München, Wien: Oldenbourg Verlag.

Schindler, Joachim (2012): Abschnitt R: Prüfungstechnik. In: *IDW (Hrsg.)*: WP Handbuch 2012 – Wirtschaftsprüfung, Rechnungslegung, Beratung – Band 1, 14. Auflage. Düsseldorf: IDW Verlag: 2399-2663.

Schmidt, Stefan (2005): Geschäftsverständnis, Risikobeurteilungen und Prüfungshandlungen des Abschlussprüfers als Reaktion auf beurteilte Risiken. In: Die Wirtschaftsprüfung, 58 (16): 873-887.

Schmidt, Stefan (2008): Abschnitt Q: Qualitätssicherung in der Wirtschaftsprüferpraxis. In: *IDW (Hrsg.)*: WP Handbuch 2008 – Wirtschaftsprüfung, Rechnungslegung, Beratung – Band 2, 13. Auflage. Düsseldorf: IDW Verlag: 1219-1395.

Schmidt, Stefan (2012a): Kommentierung zu § 319 HGB. In: *Ellrott, Helmut et al. (Hrsg.)*: Beck'scher Bilanzkommentar – Handelsbilanz – Steuerbilanz, 8. Auflage. München: Verlag C.H. Verlag C.H. Beck: 2055-2080.

Schmidt, Stefan (2012b): Kommentierung zu § 319a HGB. In: *Ellrott, Helmut et al. (Hrsg.)*: Beck'scher Bilanzkommentar – Handelsbilanz – Steuerbilanz, 8. Auflage. München: Verlag C.H. Beck: 2080-2091.

Schmidt-Tank, Stephan (2005): Indexeffekte am europäischen Kapitalmarkt – Eine Analyse aus Perspektive börsennotierter Unternehmen. Wiesbaden: Gabler Verlag. Zugl. Dissertation Europäische Wirtschaftshochschule Berlin.

Schmidt-Versteyl, Michael (2008): Durchsetzung ordnungsgemäßer Rechnungslegung in Deutschland – Enforcement nach dem Bilanzkontrollgesetz. Berlin: Erich Schmidt Verlag. Zugl. Dissertation Universität Bielefeld.

Schmidt, Friedrich/Trede, Mark (2006): Finanzmarktstatistik. Berlin, Heidelberg: Springer Verlag.

Schmidt, Reinhard H./Terberger, Eva (1997): Grundzüge der Investitions- und Finanzierungstheorie, 4. Auflage. Wiesbaden: Gabler Verlag.€

Schneider, Dieter (1992): Investition, Finanzierung und Besteuerung, 7. Auflage. Wiesbaden: Gabler Verlag.

Scholderer, Joachim/Balderjahn, Ingo (2006): Was unterscheidet harte und weiche Strukturgleichungsmodelle nun wirklich? Ein Klärungsversuch zur LISREL-PLS-Frage. In: Marketing ZFP – Journal of Research and Management, 28 (1): 57-70.

Schönbrodt, Bernd (1981): Erfolgsprognosen mit Bilanzkennzahlen. Frankfurt am Main: Peter Lang Verlag. Zugl. Dissertation Universität Augsburg.

Schreiber, Stefan M. (2000): Das Informationsverhalten von Wirtschaftsprüfern. Wiesbaden: Deutscher Universitätsverlag. Zugl. Dissertation Universität Potsdam.

Schröder, Meinhard (2012): Kommentierung zu Artikel 288 AEUV. In: *Streinz, Rudolf (Hrsg.)*: Beck'sche Kurzkommentare – EUV/AEUV – Vertrag über die Europäische Union und Vertrag über die Arbeitsweise der Europäischen Union, 2. Auflage. München: Verlag C.H. Beck: 2411-2456.

Seibel, Karsten (2010): KPMG muss jetzt mal bei sich selber sparen. URL: http://www.welt.de/110014119, Abruf am 09.12.2012.

Severus, Julia (2007): Jahresabschlussprüfung in Form eines Joint Audit's – Eine fallstudienbasierte Wirkungsanalyse. Wiesbaden: Gabler Verlag. Zugl. Dissertation Universität Innsbruck.

Simunic, Dan A./Stein, Michael T. (1987): Product Differentiation in Auditing – Auditor Choice in the Market for Unseasoned New Issues. Vancouver: The Canadian Certified General Accountants' Research Foundation.

Sipple, Benedikt/Glemser, Matthias (2012): Die Rotation des Abschlussprüfers im europäischen Vergleich. In: Die Wirtschaftsprüfung, 65 (16): 875-881.

Spindler, Gerald/Kasten, Roman A. (2007): Änderungen des WpHG durch das Finanzmarktrichtlinie-Umsetzungsgesetz (FRUG). In: Wertpapiermitteilungen – Zeitschrift für Wirtschafts- und Bankenrecht, 61 (27): 1245-1249.

Spremann, Klaus (1988): Reputation, Garantie, Information. In: Zeitschrift für Betriebswirtschaft, 58 (5/6): 613-629.

Spremann, Klaus (1990): Asymmetrische Information. In: Zeitschrift für Betriebswirtschaft, 60 (5/6): 561-586.

Standard & Poor's (2012): GICS®. URL: http://www.standardandpoors.com/indices/gics/en/eu, Abruf am 01.06.2012.

Stanzel, Matthias (2007): Qualität des Aktienresearchs von Finanzanalysten – Eine theoretische und empirische Untersuchung der Gewinnprognosen und Aktienempfehlungen am deutschen Kapitalmarkt 1. Auflage. Wiesbaden: Gabler Verlag. Zugl. Dissertation Universität Gießen.

Steckel, Rudolf/Severus, Julia (2011): Internationale Prüfungsstandards – International Standards on Auditing – Eine Einführung, 4. Auflage. Wien: LexisNexis.

Steenkamp, Jan-Benedict E.M. (1990): Conceptual Model of the Quality Perception Process. In: Journal of Business Research, 21 (4): 309-333.

Stefani, Ulrike (2002): Abschlussprüfung, Unabhängigkeit und strategische Interdependenzen – Eine ökonomische Analyse institutioneller Reformen zur Steigerung der Prüfungsqualität. Stuttgart: Schäffer-Poeschel Verlag. Zugl. Dissertation Johann Wolfgang Goethe-Universität Frankfurt am Main.

Steiner, Bertram (1991): Der Prüfungsbericht des Abschlußprüfers – Bedeutung, Inhalt und Entwicklung eines „adressatenbezogenen" Prüfungsberichts gemäß § 321 HGB als Grundlage für Unternehmenskontrolle und -führung – zugleich ein Plädoyer für eine prüfungsbezogene Beratung durch den Abschlußprüfer. Köln: Verlag Dr. Otto Schmidt KG. Zugl. Dissertation Bundeswehruniversität München.

Steiner, Eberhard/Orth, Jessika/Schwarzmann, Winfried (2010): Konzernrechnungslegung nach HGB und IFRS. Stuttgart: Schäffer-Poeschel Verlag.

Steiner, Manfred/Bruns, Christoph/Stöckl, Stefan (2012): Wertpapiermanagement – Professionelle Wertpapieranalyse und Portfoliostrukturierung, 10. Auflage. Stuttgart: Schäffer Poeschel.

Steinhauer, Leif (2007): Die Objektivierung des kapitalmarktorientierten Value Reporting. Lohmar, Köln: Josef Eul Verlag. Zugl. Dissertation Universität Hannover.

Stiglitz, Joseph (1984): Information, Screening, and Welfare. In: *Boyer, Marcel/Kihlstrom, Richard E. (Hrsg.)*: Bayesian Models in Economic Theory. Amsterdam, New York, Oxford: North-Holland: 209-239.

Stone, M. (1974): Cross-Validatory Choice and Assessment of Statistical Predictions. In: Journal of the Royal Statistical Society. Series B (Methodological), 36 (2): 111-147.

Streim, Hannes/Bieker, Marcus/Leippe, Britta (2001): Anmerkungen zur theoretischen Fundierung der Rechnungslegung nach International Accounting Standards. In: *Stützel, Wolfgang (Hrsg.)*: Moderne Konzepte für Finanzmärkte, Beschäftigung und Wirtschaftsverfassung. Tübingen: Mohr Siebeck: 177-206.

SWA Frankfurt (2012): ThyssenKrupp tauscht Abschlussprüfer aus – PwC macht nach Ausschreibung das Rennen. In: Börsenzeitung, 08.09.2010, (174): 10.

Tabachnick, Barbara G./Fidell, Linda S. (2007): Using Multivariate Statistics, 5. Auflage. Boston et al.: Pearson International Edition.

Teoh, Siew Hong/Wong, T. J. (1993): Perceived Auditor Quality and the Earnings Response Coefficient. In: The Accounting Review, 68 (2): 346-366.

Theisen, Manuel René (1994): Notwendigkeit, Chancen und Grenzen der Zusammenarbeit von Wirtschaftsprüfer und Aufsichtsrat. In: Die Wirtschaftsprüfung, 47 (24): 809-820.

Thiergard, Jens (2007): Risikoorientierter Prüfungsansatz. In: *Freidank, Carl-Christian/ Lachnit, Laurenz/Tesch, Jörg (Hrsg.)*: Vahlens Großes Auditing Lexikon. München: Verlag C.H. Beck: 1187-1189.

Thinggard, Frank/Kiertzner, Lars (2008): Determinants of Audit Fees: Evidence from a Small Capital Market with a Joint Audit Requirement. In: International Journal of Auditing, 12 (2): 141-158.

Tiedje, Jürgen (2006): Die neue EU-Richtlinie zur Abschlussprüfung. In: Die Wirtschaftsprüfung, 59 (9): 593-605.

Titman, Sheridan/Trueman, Brett (1986): Information Quality and the Valuation of New Issues. In: Journal of Accounting and Economics, 8 (2): 159-172.

Tukey, John W. (1962): The Future of Data Analysis. In: The Annals of Mathematical Statistics, 33 (1): 1-67.

United States General Accounting Office (GAO) (2003): Public Accounting Firms – Required Study on the Potential Effects of Mandatory Audit Firm Rotation.

Uzik, Martin (2004): Berücksichtigung der Informationsunsicherheitsprämie im Capital Asset Pricing Model. Köln: Josel Eul Verlag. Zugl. Dissertation Bergische Universität Wuppertal.

Velte, Patrick (2009a): Die Erwartungslücke im Rahmen der externen Abschlussprüfung. In: Wirtschaftswissenschaftliches Studium, 38 (9): 481-483.

Velte, Patrick (2009b): Die Vereinbarung des Prüferhonorars durch Aufsichtsrat und Abschlussprüfer als Element der Corporate Governance – Eine normative und empirische Bestandsaufnahme für den deutschen Kapitalmarkt. In: Die Wirtschaftsprüfung, 62 (24): 1229-1233.

Velte, Patrick (2010a): Der deutsche Prüfungsausschuss nach dem BilMoG und dem VorstAG. In: Zeitschrift für kapitalmarktorientierte Rechnungslegung, 10 (9): 429-433.

Velte, Patrick (2010b): Stewardship-Theorie. In: Zeitschrift für Planung und Unternehmenssteuerung, 20 (3): 285-293.

Velte, Patrick (2012): Stärkung der Qualität der Abschlussprüfung durch die externe Rotationspflicht? Eine Reflexion der empirischen Prüfungsforschung vor dem Hintergrund des Verordnungsentwurfs der EU-Kommission vom 30.11.2011. In: Die Wirtschaftsprüfung, 65 (6): 317-323.

Verleyen, Isabelle/De Beelde, Ignace (2011): International Consistency of Auditor Specialization. In: International Journal of Auditing, 15 (15): 275 - 287.

Vilares, Manuel J./Almeida, Maria H./Coelho, Pedro S. (2010): Comparison of Likelihood and PLS Estimators for Structural Equation Modeling: A Simulation with Customer Satisfaction Data. In: *Esposito Vinzi, Vincenzo et al. (Hrsg.)*: Handbook of Partial Least Squares – Concepts, Methods and Applications. Heidelberg et al.: Springer Verlag: 289-305.

Volkart, Rudolf (1998): Umsetzung des Kapitalkostenkonzeptes mit dem WACC-Ansatz. In: Der Schweizer Treuhänder, 72 (8): 759-764.

Vollbrecht, Oliver (2006): Investor Relations. In: *Schlienkamp, Christoph/Müller, Michael/Gumbart, Roland (Hrsg.)*: Kapitalmarktstrategie – Erfolgsfaktoren für börsennotierte Gesellschaften. Wiesbaden: Gabler Verlag: 133-161.

Wagenhofer, Alfred (2004): Accounting and Economics: What We Learn from Analystical Models in Financial Accounting and Reporting. In: *Leuz, Christian/Paff, Dieter/Hopwood, Anthony (Hrsg.)*: The Economics and Politics of Accounting. New York: Oxford University Press: 5-31.

Wagenhofer, Alfred/Ewert, Ralf (2007): Externe Unternehmensrechnung, 2. Auflage. Berlin, Heidelberg, New York: Springer Verlag.

Watkins, Ann L./Hillison, William/Morecroft, Susan E. (2004): Audit Quality – A Synthesis of Theory and Empirical Evidence. In: Journal of Accounting Literature, 23 (1): 153-193.

Watts, Ross L./Zimmerman, Jerold L. (1986): Positive Accounting Theory. Englewood Cliffs, New Jersey: Prentice-Hall.

Weiber, Rolf/Mühlhaus, Daniel (2010): Strukturgleichungsmodellierung – Eine anwendungsorientierte Einführung in die Kausalanalyse mit Hilfe von AMOS, SmartPLS und SPSS. Heidelberg et al.: Springer Verlag.

Weißenberger, Barbara E. (1997a): Kundenbindung und Vertrauen in die Beziehung zwischen Wirtschaftsprüfer und Mandant: Eine informationsökonomische Analyse. In: *Richter, Martin (Hrsg.)*: Theorie und Praxis der Wirtschaftsprüfung – Abschlussprüfung, Interne kommunale Revision, kommunale Rechnungsprüfung. Berlin: Erich Schmidt Verlag: 71-95.

Weißenberger, Barbara E. (1997b): Wider die erzwungene Rotation des Abschlussprüfers – Eine institutionenökonomische Analyse der Regelung zum Prüferwechsel innerhalb des Referentenentwurfs zum KonTraG. In: Betriebs-Berater, 52 (45): 2315-2331.

Welge, Martin K./Eulerich, Marc (2012): Corporate-Governance-Management – Theorie und Praxis der guten Unternehmensführung. Wiesbaden: Gabler Verlag.

Werder, Axel von (2010a): 1. Präambel – Adressaten des Kodex. In: *Ringleb, Henrik-Michael et al. (Hrsg.)*: Kommentar zum Deutschen Corporate Governance Kodex, 4. Auflage. München: Verlag C.H. Beck: 63-68.

Werder, Axel von (2010b): 3. Zusammenwirken von Vorstand und Aufsichtsrat – I. Zusammenarbeit zum Wohle des Unternehmens. In: *Ringleb, Henrik-Michael et al. (Hrsg.)*: Kommentar zum Deutschen Corporate Governance Kodex, 4. Auflage. München: Verlag C.H. Beck: 113-118.

Werder, Axel von/Talaulicar, Till (2005): Kodex-Report 2005: Die Akzeptanz der Empfehlungen und Anregungen des Deutschen Corporate Governance Kodex. In: Der Betrieb, 58 (16): 841-846.

Werder, Axel von/Talaulicar, Till (2006): Kodex-Report 2006: Die Akzeptanz der Empfehlungen und Anregungen des Deutschen Corporate Governance Kodex. In: Der Betrieb, 59 (16): 849-856.

Werder, Axel von/Talaulicar, Till (2007): Kodex-Report 2007: Die Akzeptanz der Empfehlungen und Anregungen des Deutschen Corporate Governance Kodex. In: Der Betrieb, 60 (16): 869-875.

Werder, Axel von/Talaulicar, Till (2008): Kodex-Report 2008: Die Akzeptanz der Empfehlungen und Anregungen des Deutschen Corporate Governance Kodex. In: Der Betrieb, 61 (16): 825-832.

Werder, Axel von/Talaulicar, Till (2009): Kodex-Report 2009: Die Akzeptanz der Empfehlungen und Anregungen des Deutschen Corporate Governance Kodex. In: Der Betrieb, 62 (14): 689-696.

Werder, Axel von/Talaulicar, Till (2010): Kodex Report 2010: Die Akzeptanz der Empfehlungen und Anregungen des Deutschen Corporate Governance Kodex. In: Der Betrieb, 63 (16): 853-861.

Wermke, Matthias/Kunke-Razum, Kathrin/Scholze-Stubenrecht, Werner (Hrsg.) (2010): Duden – Das Fremdwörterbuch – Band 5, 10. Auflage. Mannheim, Zürich: Dudenverlag.

Wichels, Daniel (2002): Gestaltung der Kapitalmarktkommunikation mit Finanzanalysten. Wiesbaden: Deutscher Universitäts-Verlag. Zugl. Dissertation European Business School Oestrich-Winkel.

Wiedmann, Harald (1993): Der risikoorientierte Prüfungsansatz. In: Die Wirtschaftsprüfung, 46 (1/2): 13-25.

Wiemann, Daniela (2011): Prüfungsqualität des Abschlussprüfers – Einfluss der Mandatsdauer auf die Bilanzpolitik beim Mandanten 1. Auflage. Wiesbaden: Gabler Verlag. Zugl. Dissertation Technische Universität Darmstadt.

Wild, Andreas (2010): Fee Cutting and Fee Premium of German Auditors. In: Die Betriebswirtschaft, 70 (6): 513-527.

Williams, John Burr (1938 (Dritter Nachdruck 1964)): The Theory of Investment Value. Amsterdam: North-Holland Publishing Company.

Winkeljohann, Norbert/Lawall, Lars (2012): Kommentierung zu § 267 HGB. In: *Ellrott, Helmut et al. (Hrsg.)*: Beck'scher Bilanzkommentar – Handelsbilanz – Steuerbilanz, 8. Auflage. München: Verlag C.H. Beck: 915-926.

Winkeljohann, Norbert/Poullie, Michael (2012): Kommentierung zu § 321 HGB. In: *Ellrott, Helmut et al. (Hrsg.)*: Beck'scher Bilanzkommentar – Handelsbilanz – Steuerbilanz, 8. Auflage. München: Verlag C.H. Beck: 2108-2154.

Winkeljohann, Norbert/Schellhorn, Mathias (2012): Kommentierung zu § 264 HGB – Kapitel A bis E. In: *Ellrott, Helmut et al. (Hrsg.)*: Beck'scher Bilanzkommentar – Handelsbilanz – Steuerbilanz, 8. Auflage. München: Verlag C.H. Beck: 762-783.

Winkler, Herwig/Slamanig, Michael (2009): Generische und hybride Wettbewerbsstrategien im Überblick. In: Wirtschaftswissenschaftliches Studium, 38 (11): 546-552.

Wiswede, Günter (2012): Einführung in die Wirtschaftspsychologie, 5. Auflage. München, Basel: Ernst Reinhardt Verlag.

Wittmann, Waldemar (1959): Unternehmung und unvollkommene Information – Unternehmerische Voraussicht – Ungewißheit und Planung. Köln, Opladen: Westdeutscher Verlag.

Wolz, Matthias (1996): Die Krisenwarnfunktion des Abschlußprüfers. Wiesbaden: Gabler Verlag. Zugl. Dissertation Universität Mannheim.

Woodward, Susan/Alchian, Armen A. (1988): The Firm is Dead – Long Live the Firm – A Review of Oliver E. Williamson's The Economic Institutions of Capitalism. In: Journal of Economic Literature, 26 (1): 65.

Wooldridge, Jeffrey M. (2006): Introductory Econometrics – A Modern Approach, 3. Auflage. Australia et al.: Thomson South-Western.

WPK (2008): Anbieterstruktur, Mandatsverteilung und Abschlussprüferhonorare im Wirtschaftsprüfungsmarkt 2007. In: WPK Magazin, 47 (4): 14-22.

Wright, Sally/Wright, Arnold M. (1997): The Effect of Industry Experience on Hypothesis Generation. In: Behavioral Research in Accounting, 9: 273-294.

Wulf, Inge (2010): Kommentierung zu § 285 HGB T. Art und Höhe der Honorare des Abschlussprüfers (Nr.17), Stand: Januar 2010 (31. Lfg.). In: *Baetge, Jörg/Kirsch, Hans-Jürgen/Thiele, Stefan (Hrsg.)*: Bilanzrecht – Handelsrecht mit Steuerrecht und den Regelungen des IASB, Stand: 45. Lfg.: Bonn, Berlin: Stotax, Stollfuß Medien.

Wysocki, Klaus von (2003): Wirtschaftliches Prüfungswesen – Band 3: Prüfungsgrundsätze und Prüfungsverfahren nach den nationalen und internationalen Prüfungsstandards – Materialien zur Vorbereitung auf die Berufsexamina wirtschaftsprüfender und -beratender Berufe. München, Wien: R. Oldenbourg Verlag.

Zaeh, Philipp E. (2007): Prüfungsrisikomodelle. In: *Freidank, Carl-Christian/Lachnit, Laurenz/Tesch, Jörg (Hrsg.)*: Vahlens Großes Auditing Lexikon. München: Verlag C.H. Beck: 1106-1109.

Zhang, X. Frank (2006): Information Uncertainty and Analyst Forecast Behaviour. In: Contemporary Accounting Research, 23 (2): 565-590.

Zimmer, Daniel (1996): Internationales Gesellschaftsrecht – Das Kollisionsrecht der Gesellschaften und sein Verhältnis zum Internationalen Kapitalmarktrecht und zum Internationalen Unternehmensrecht. Heidelberg: Verlag Recht und Wirtschaft GmbH. Zugl. Habilitationsschrift Universität Göttingen.

Zimmermann, Peter (1997): Schätzung und Prognose von Betawerten: Eine Untersuchung am deutschen Aktienmarkt. Bad Soden/Ts.: Uhlenbruch. Zugl. Dissertation Universität München.

Zimmermann, Ruth-Caroline (2006): Gestaltungsspielräume bei Veröffentlichung von Abschlussprüferhonoraren im Rahmen des BilReG. In: Zeitschrift für internationale und kapitalmarktorientierte Rechnungslegung, 6 (4): 273-276.

Zimmermann, Ruth-Caroline (2008): Abschlussprüfer und Bilanzpolitik der Mandanten – Eine empirische Analyse des deutschen Prüfungsmarktes. Wiesbaden: Gabler Verlag. Zugl. Dissertation Universität Osnabrück.

Verzeichnis sonstiger Quellen

Bundesrat (1997): Gesetzentwurf Bundesregierung – Entwurf eines Gesetzes zur Kontrolle und Transparenz im Unternehmensbereich (KonTraG). In: Bundesrat-Drucksache 872/97.

Bundestag (1998): Gesetzentwurf der Bundesregierung – Entwurf eines Gesetzes zur Kontrolle und Transparenz im Unternehmensbereich (KonTraG). In: Bundestag-Drucksache 13/9712.

Bundestag (2004a): Beschlussempfehlung und Bericht des Rechtsausschusses (6. Ausschuss) zu dem Gesetzentwurf der Bundesregierung – Drucksache 15/3419 – Entwurf eines Gesetzes zur Einführung internationaler Rechnungslegungsstandards und zur Sicherung der Qualität der Abschlussprüfung (Bilanzrechtsreformgesetz – BilReG). In: Bundestag-Drucksache 15/4054.

Bundestag (2004b): Entwurf eines Gesetzes zur Einführung internationaler Rechnungslegungsstandards und zur Sicherung der Qualität der Abschlussprüfung (Bilanzrechtsreformgesetz – BilReG). In: Bundestag-Drucksache 15/3419.

Bundestag (2008): Entwurf eines Gesetzes zur Modernisierung des Bilanzrechts (Bilanzrechtsmodernisierungsgesetz – BilMoG). In: Bundestag-Drucksache 16/10067.

Bundestag (2009): Beschlussempfehlung und Bericht des Rechtsauschusses (6. Ausschuss) zu dem Gesetzesentwurf der Bundesregierung – Drucksache 16/10067 – Entwurf eines Gesetzes zur Modernisierung des Bilanzrechts (Bilanzrechtsmodernisierungsgesetz – BilMoG). In: Bundestag-Drucksache 16/12407.

Bundestag (2010): Gesetzentwurf der Bundesregierung Entwurf eines Gesetzes zur Stärkung des Anlegerschutzes und Verbesserung der Funktionsfähigkeit des Kapitalmarkts (Anlegerschutz- und Funktionsverbesserungsgesetz). In: Bundestag-Drucksache 17/3628.

Deutsche Börse (2010): Historical Index Compositions of the Equity- and Strategy Indices of Deutsche Börse. URL: http://www.dax-indices.com/DE/MediaLibrary/Document/His torical_Index_Compositions_3_19.pdf, Abruf am 11.10.2010.

Deutsche Börse (2011a): Die Frankfurter Wertpapierbörse. URL: http://deutsche-boerse.com/ dbag/dispatch/de/listcontent/gdb_navigation/about_us/20_FWB_Frankfurt_Stock_Exc hange/page0_DB_SP_FWB-Portrait.htm?teaser=FWBFrankfurterWertpapierb%C3% B6rse, Abruf am 26.01.2012.

Deutsche Börse (2011b): Gesetzliche Marktsegmente. URL: http://deutsche-boerse.com/dbag/ dispatch/de/kir/gdb_navigation/xlc/250_Market_Structure/05_markets, Abruf am 26.01.2012.

Deutsche Börse (2012): Leitfaden zu den Aktienindizes der Deutschen Börse – Version 6.17. URL: http://www.dax-indices.com/DE/MediaLibrary/Document/Equity_L_6_17_d. pdf, Abruf am 30.11.2012.

Ernst & Young (2004): Geschäftsbericht 1. Juli 2003 - 30. Juni 2004. URL: http://www.ey. com/Publication/vwLUAssets/Geschaeftsbericht_2004/$FILE/EY_Geschaeftsbericht_ 2004.pdf, Abruf am 13.02.2013.

Europäische Kommission (2002a): Commission Recommendation of 16 May 2002 – Statutory Auditors' Independence in the EU: A Set of Fundamental Principles (2002/590/EC). In: Amtsblatt der Europäischen Gemeinschaften L 191: 22-57.

Europäische Kommission (2002b): Empfehlung der Kommission vom 16. Mai 2002 – Unabhängigkeit des Abschlussprüfers in der EU – Grundprinzipien (2002/590/EG). In: Amtsblatt der Europäischen Gemeinschaften L 191: 22-57.

Europäische Kommission (2010): Grünbuch – Weiteres Vorgehen im Bereich der Abschlussprüfung: Lehren aus der Krise. In: KOM(2010) 561 endgültig.

IAASB (2012): Staff Questions & Answers – Professional Skepticism in an Audit of Financial Statements. URL: http://www.ifac.org/sites/default/files/publications/files/IAASB%20 Professional%20Skepticism%20QandA-final.pdf, Abruf am 19.10.2012.

IAASB (2013a): Auditor Reporting Project. URL: http://www.ifac.org/auditing-assurance/pro jects/auditor-reporting, Abruf am 24.02.2013.

IAASB (2013b): A Framework for Audit Quality. URL: http://www.ifac.org/sites/default/files/ publications/files/20130115-IAASB_Audit_Quality_Framework_Consultation_Paper-FINAL.pdf, Abruf am 14.02.2013.

IAASB (2013c): IAASB Meeting, Brussels, 12.-14. Februar 2013 – Agenda Item 2 – Auditor Reporting. URL: http://www.ifac.org/sites/default/files/meetings/files/20130212-IAA SB-Agenda_Item_2-Auditor_Reporting-Cover-final.pdf, Abruf am 24.02.2013.

IDW (2004a): IDW Stellungsnahme: Referentenentwurf eines Gesetzes zur Einführung internationaler Rechnungslegungsstandards und zur Sicherung der Qualität der Abschlussprüfung (Bilanzrechtsreformgesetz - BilReG). In: Die Wirtschaftsprüfung, 57 (4): 143-152.

IDW (2004b): Presseinformation 02/04 vom 16. März 2004 – IDW zum Entwurf der 8. EU-Richtlinie (Abschlussprüferrichtlinie). URL: www.idw.de/idw/download/Presseinfo_0 2_04.pdf?id=383238&property=Datei, Abruf am 13.02.2013.

IDW (2010b): Stellungnahme – Grünbuch: „Weiteres Vorgehen im Bereich der Abschlussprüfung: Lehren aus der Krise" (KOM(2010) 561 endgültig). URL: http://www.idw. de/idw/portal/d603688, Abruf am 13.06.2012.

IDW (2012): IDW Positionspapier zur Zusammenarbeit zwischen Aufsichtsrat und Abschussprüfer. In: Fachnachrichten des IDW, 22 (6): 339-346.

Lünendonk (2012): Lünendonk®-Liste 2012: Führende Wirtschaftsprüfungs- und Steuerberatungs-Gesellschaften in Deutschland URL: http://luenendonk-shop.de/out/ pictures/0/lue_wp_listeundpi_2012_f0207121%282%29_fl.pdf, Abruf am 12.12.2012.

Statistisches Bundesamt (2012): Volkswirtschaftliche Gesamtrechnung – Bruttoinlandsprodukt ab 1970 – Vierteljahres- und Jahresergebnisse. URL: https://www.destatis.de/ DE/ZahlenFakten/GesamtwirtschaftUmwelt/VGR/Inlandsprodukt/Tabellen/Bruttoinla ndVierteljahresdaten.xls?__blob=publicationFile, Abruf am 17.09.2012.

WPK (2012): Begründung zu den einzelnen Vorschriften der Satzung der Wirtschaftsprüferkammer. In: Satzung der Wirtschaftsprüferkammer über die Rechte und Pflichten bei der Ausübung der Berufe des Wirtschaftsprüfers und des vereidigten Buchprüfers (Berufssatzung für Wirtschaftsprüfer/vereidigte Buchprüfer – BS WP/vBP): 28-92. URL: http://www.wpk.de/pdf/bs-wpvbp.pdf, Abruf am 11.12.2012.

Verzeichnis der Gesetze und sonstigen Normen

Europäische Normen:

AEUV (2008): Vertrag über die Arbeitsweise der Europäischen Union (konsolidierte Fassung). In: Amtsblatt der Europäischen Union (C115): 47-199.

Europäische Kommission (2011a): Vorschlag für eine Richtlinie des Europäischen Parlaments und des Rates zur Änderung der Richtlinie 2006/43/EG über Abschlussprüfungen von Jahresabschlüssen und konsolidierten Abschlüssen. In: KOM(2011) 778 endgültig.

Europäische Kommission (2011b): Vorschlag für Verordnung des Europäischen Parlaments und des Rates über spezifische Anforderungen der Abschlussprüfung bei Unternehmen von öffentlichem Interesse. In: KOM(2011) 779 endgültig.

Europäisches Parlament und Rat (2006): Richtlinie 2006/43/EG des Europäischen Parlaments und des Rates vom 17. Mai 2006 über Abschlussprüfungen von Jahresabschlüssen und konsolidierten Abschlüssen, zur Änderung der Richtlinien 78/660/EWG und 83/349/EWG des Rates und zur Aufhebung der Richtlinie 84/253/EWG des Rates. In: Amtsblatt der Europäischen Union L157: 87-107.

IAS-Verordnung (2002): Verordnung (EG) Nr. 1606/2002 des Europäischen Parlaments und des Rates vom 19. Juli 2002 betreffend die Anwendung internationaler Rechnungslegungsstandards In: Amtsblatt der europäischen Union (L243): 1-4.

Rat der Europäischen Gemeinschaften (1984): Achte Richtlinie 84/253/EWG des Rates vom 10. April 1984 aufgrund von Artikel 54 Absatz 3 Buchstabe g) des Vertrages über die Zulassung der mit der Pflichtprüfung der Rechnungslegungsunterlagen beauftragten Personen. In: Amtsblatt der Europäischen Gemeinschaften L126: 20-26.

Internationale Normen:

Framework for IESPA (2010): Framework for International Education Standards for Professional Accountants. In: Handbook of International Education Pronouncements: 9-20. URL: http://www.ifac.org/sites/default/files/publications/files/handbook-of-international-e-2.pdf; Abruf am: 19.12.2012.

Glossary of Terms (2012). In: Handbook of International Quality Control, Auditing Review, Other Assurance and Related Services Pronouncements: 14-36.

IAS 1 (2008): Darstellung des Abschlusses. In: Amtsblatt der Europäischen Union (L320): 5-21.

IAS 16 (2008): Sachanlagen. In: Amtsblatt der Europäischen Union (L320): 72-82.

IAS 38 (2008): Immaterielle Vermögenswerte. In: Amtsblatt der Europäischen Union (L320): 252-269.

IAS 7 (2008): Kapitalflussrechnungen. In: Amtsblatt der Europäischen Union (L320): 27-33.

IASB (2010): Conceptual Framework for Financial Reporting 2010.

IASCF (1989): Framework for the Preparation and Presentation of Financial Statements.

IESBA Code (2012): International Ethics Standards Board for Accountants. In: Handbook of the Code of Ethics for Professional Accountants. URL: http://www.ifac.org/sites/default/files/publications/files/2012-IESBA-Handbook.pdf, Abruf am 19.12.2012.

IFAC (2011): International Standards on Auditing (ISA) – IDW Textausgabe Englisch-Deutsch. Düsseldorf: IDW Verlag.

IFRS 8 (2008): Geschäftssegmente. In: Amtsblatt der Europäischen Union (L320): 432-438.

ISA 200 (2012): Overall Objectives of the Independent Auditor and the Conduct of an Audit in Accordance with International Standards on Auditing. In: Handbook of International Quality Control, Auditing Review, Other Assurance, and Related Services Pronouncements: 72-100.

ISA 315 (2012): Identifying and Assessing the Risks of Material Misstatement through Understanding the Entity and Its Environment. In: Handbook of International Quality Control, Auditing Review, Other Assurance, and Related Services Pronouncements: 265-314.

ISA 700 (2012): Forming an Opinion and Reporting on Financial Statements. In: Handbook of International Quality Control, Auditing Review, Other Assurance, and Related Services Pronouncements: 656-684.

ISQC 1 (2012): Quality Control for Firms that perform Audits and Reviews of Financial Statements, and other Assurance and Related Services Engagements. In: Handbook of International Quality Control, Auditing Review, Other Assurance, and Related Services Pronouncements: 37-71.

Preface (2012): Preface to the International Quality Control, Auditing Review, Other Assurance, and Related Services Pronouncements (2012). In: Handbook of International Quality Control, Auditing Review, Other Assurance, and Related Services Pronouncements: 9-13.

Preface SMO (2012): Preface of the Statements of Membership. In: Statements of Membership Obligations 1-7 (Revised): 4-7. URL: https://www.ifac.org/sites/default/files/publications/files/Statements-of-Membership-Obligations-1-7-Revised.pdf, Abruf am19.12.2012.

SMO (2012): Statements of Membership Obligations 1-7 (Revised). URL: https://www.ifac.org/sites/default/files/publications/files/Statements-of-Membership-Obligations-1-7-Revised.pdf, Abruf am19.12.2012.

Deutsche Normen:

AktG (2012): Aktiengesetz vom 06.09.1965 (In: BGBl. I: 1089-1184), zuletzt geändert durch Artikel 3 des Gesetzes vom 20.12.2012. In: BGBl. I: 2751-2755.

Anlegerschutz- und Funktionsverbesserungsgesetz (2011): Gesetz zur Stärkung des Anlegerschutzes und Verbesserung der Funktionsfähigkeit des Kapitalmarkts (Anlegerschutz- und Funktionsverbesserungsgesetz) vom 05.04.2011. In: BGBl. I: 538-548.

BARefG (2007): Gesetz zur Stärkung der Berufsaufsicht und zur Reform berufsrechtlicher Regelungen in der Wirtschaftsprüferordnung (Berufsaufsichtsreformgesetz) vom 03.09.2007. In: BGBl. I: 2178-2192.

BilMoG (2009): Gesetz zur Modernisierung des Bilanzrechts (Bilanzrechtsmodernisierungsgesetz) vom 25.05.2009. In: BGBl. I: 1102-1137.

BilReG (2004): Gesetz zur Einführung internationaler Rechnungslegungsstandards und zur Sicherung der Qualität der Abschlussprüfung Bilanzrechtsreformgesetz (Bilanzrechtsreformgesetz) vom 04.12.2004. In: BGBl.: 3166-3182.

BörsG (2012): Börsengesetz vom 16.07.2007 (In: BGBl. I: 1330-1351), zuletzt geändert durch Artikel 2 des Gesetzes vom 06.11.2012. In: BGBl. I: 2286.

BörsG i.d.F. des Vierten Finanzmarktförderungsgesetzes mit weiteren Änderungen (2002): Börsengesetz vom 22.06.1896 (RGBl. 1896: 157) in der Fassung des Gesetzes zur weiteren Fortentwicklung des Finanzplatzes Deutschland (Viertes Finanzmarktförderungsgesetz) vom 21.06.2002. In: BGBl. I: 2010-2072.

BS WP/vBP (2012): Satzung der Wirtschaftsprüferkammer über die Rechte und Pflichten bei der Ausübung der Berufe des Wirtschaftsprüfers und des vereidigten Buchprüfers (Berufssatzung für Wirtschaftsprüfer/vereidigte Buchprüfer – BS WP/vBP). In. URL: http://www.wpk.de/pdf/bs-wpvbp.pdf, Abruf am 11.12.2012.

DCGK (2012): Deutscher Corporate Governance Kodex. URL: http://www.corporate-governance-code.de/ger/download/kodex_2012/D_CorGov_Endfassung_Mai_2012.pdf, Abruf am: 14.12.2012.

HGB (2012): Handelsgesetzbuch vom 10.5.1897 (RGBl.: 219) in der im Bundesgesetzblatt Teil III, Gliederungsnummer 4100-1, veröffentlichten bereinigten Fassung, zuletzt geändert durch Artikel 1 des Gesetzes vom 20.12.2012. In: BGBl. I: 2751-2755.

HGB i.d.F. des BilReG (2004): Handelsgesetzbuch vom 10.5.1897 (RGBl.: 219) in der im Bundesgesetzblatt Teil III, Gliederungsnummer 4100-1, veröffentlichten bereinigten Fassung, zuletzt geändert durch das BilReG vom 04.12.2004. In BGBl. I: 3166-3182.

HGBEG (2012): Einführungsgesetz zum Handelsgesetzbuch vom 10.05.1897 (RGBl.: 437) in der im Bundesgesetzblatt Teil III, Gliederungsnummer 4101-1, veröffentlichten bereinigten Fassung, zuletzt geändert durch Artikel 2 des Gesetzes vom 20.12.2012. In: BGBl. I: 2751.

HGrG (2010): Gesetz über die Grundsätze des Haushaltsrechts des Bundes und der Länder (Haushaltsgrundsätzegesetz) vom 19.08.1969 (In: BGBl. I: 1273-1283), zuletzt geändert durch Artikel 1 des Gesetzes vom 27.05.2010. In: BGBl. I: 671.

IDW (2005): IDW Rechnungslegungshinweis: Anhangangaben nach § 285 Satz 1 Nr. 17 HGB bzw. § 314 Abs. 1 Nr. 9 HGB über das Abschlussprüferhonorar (IDW RH HFA 1.006). Stand: 18.10.2005. In: Die Wirtschaftsprüfung, 58 (22): 1232-1234.

IDW (2010a): IDW Stellungnahme zur Rechnungslegung: Anhangangaben nach §§ 285 Nr. 17, 314 Abs. 1 Nr. 9 HGB über das Abschlussprüferhonorar (IDW RS HFA 36). In: Fachnachrichten des IDW, 20 (6): 245-247.

IDW PS 200 (2000): Ziele und allgemeine Grundsätze der Durchführung von Abschlußprüfungen. Stand: 28.06.2000. In: Die Wirtschaftsprüfung 2000, 53 (15): 706-723.

IDW PS 201 (2009): Rechnungslegungs- und Prüfungsgrundsätze für die Abschlussprüfung. Stand: 09.09.2009. In: FN-IDW 2008, 18 (4): 172-177 und zuletzt geändert in: FN-IDW 2009, 19 (11): 533-534.

IDW PS 208 (2010): Zur Durchführung von Gemeinschaftsprüfungen (Joint Audit). Stand: 24.11.2010. In: Die Wirtschaftsprüfung 1999, 52 (17): 704-716 und zuletzt geändert in: FN-IDW 2011, 21 (2): 113.

IDW PS 220 (2009): Beauftragung des Abschlussprüfers. Stand: 09.09.2009. In: Die Wirtschaftsprüfung 2001, 54 (17): 895-898 zuletzt geändert in: FN-IDW 2009, 19 (11): 535-536.

IDW PS 230 (2005): Kenntnisse über die Geschäftstätigkeit sowie das wirtschaftliche und rechtliche Umfeld des zu prüfenden Unternehmens im Rahmen der Abschlussprüfung. Stand: 08.12.2005. In: FN-IDW 2000, 53 (9): 460-468 zuletzt geändert in: FN-IDW 2006, 16 (1-2): 1-17.

IDW PS 250 (2010): Wesentlichkeit im Rahmen der Abschlussprüfung. Stand: 12.12.2012. In: FN-IDW 2003, 13 (9): 441-444 zuletzt geändert in: FN-IDW 2013, 23 (1): 4-11.

IDW PS 261 (2012): Feststellung und Beurteilung von Fehlerrisiken und Reaktionen des Abschlussprüfers auf die beurteilten Fehlerrisiken. Stand: 01.03.2012. In: FN-IDW 2012, 22 (4): 239-255.

IDW PS 300 (2006): Prüfungsnachweise im Rahmen der Abschlussprüfung. In: FN-IDW 2006, 16 (11): 727-736.

IDW PS 400 (2010): Grundsätze für die ordnungsmäßige Erteilung von Bestätigungsvermerken bei Abschlussprüfungen. In: FN-IDW 2010, 20 (12): 537-565 zuletzt geändert in FN-IDW 2013, 23 (1): 11.

IDW PS 450 (2012): Grundsätze ordnungsmäßiger Berichterstattung bei Abschlussprüfungen. Stand: 01.03.2012. In: FN-IDW 2009, 19 (11): 541-543 zuletzt geändert in: FN-IDW 2012, 22 (4): 256-257.

IDW PS 460 (2009): Arbeitspapiere des Abschlussprüfers. Stand: 09.09.2009. In: FN-IDW 2008, 18 (4): 178-183 zuletzt geändert in: FN-IDW 2009, 19 (11): 543-544.

IDW PS 470 (2012): Grundsätze für die Kommunikation des Abschlussprüfers mit dem Aufsichtsorgan. Stand: 01.03.2012. In: FN-IDW 2003, 13 (6): 270-273 zuletzt geändert in: FN-IDW 2012, 22 (4): 257.

IDW-Satzung (2005): Satzung des Instituts der Wirtschaftsprüfer in Deutschland e.V. in der Fassung der auf dem 27. Wirtschaftsprüfertag am 19.09.2005 in Neuss beschlossenen Satzungsänderung. URL: http://www.idw.de/idw/portal/d626212, Abruf am 14.12.2012.

KonTraG (1998): Gesetz zur Kontrolle und Transparenz im Unternehmensbereich (KonTraG) vom 27.04.1998. In: BGBl. I: 786-794.

KWG (2013): Gesetz über das Kreditwesen (Kreditwesengesetz) vom 09.09.1998 (In: BGBl. I: 2776-2819), zuletzt geändert durch zuletzt geändert durch Art. 1 des Gesetzes vom 13.02.2013. In: BGBl. I: 174.

MaBV (2012): Verordnung über die Pflichten der Makler, Darlehensvermittler, Bauträger und Baubetreuer (Makler- und Bauträgerverordnung) vom 07.11.1990 (In: BGBl. I: 2486-2486), zuletzt geändert durch Artikel 2 der Verordnung vom 02.05.2012. In: BGBl. I: 1006.

PublG (2011): Gesetz über die Rechnungslegung von bestimmten Unternehmen und Konzernen vom 15.08.1969 (In: BGBl. I: 1189-1199), zuletzt geändert durch Artikel 2 Absatz 47 des Gesetzes vom 22.12.2011. In: BGBl. I: 3044.

StBerG (2011): Steuerberatungsgesetz in der Fassung der Bekanntmachung vom 4. November 1975 (In: BGBl. I: 2735-2768), zuletzt geändert durch Artikel 19 des Gesetzes vom 06.12.2011. In: BGBl. I: 2515.

VAG (2012): Gesetz über die Beaufsichtigung der Versicherungsunternehmen (Versicherungsaufsichtsgesetz) vom 17.12.1992 (In: BGBl. I: 2-37), zuletzt geändert durch Artikel 16 des Gesetzes vom 05.12.2012. In: BGBl. I: 2418.

VO 1/2006 (2006): Gemeinsame Stellungnahme der WPK und des IDW: Anforderungen and die Qualitätssicherung in der Wirtschaftsprüferpraxis. In. Die Wirtschaftsprüfung 2006, 59 (9): 629-651.

WpHG (2012): Wertpapierhandelsgesetz in der Fassung der Bekanntmachung vom 09.09.1998 (In: BGBl. I: 2708-2725), zuletzt geändert durch Artikel 3 des Gesetzes vom 05.12.2012. In: BGBl. I: 2415.

WpHG i.d.F. des Transparenzrichtlinie-Umsetzungsgesetz (2007): Wertpapierhandelsgesetz vom 09.09.1998 (In: BGBl. I: 2708-2725), zuletzt geändert durch das Gesetz zur Umsetzung der Richtlinie 2004/109/EG des Europäischen Parlaments und des Rates vom 15. Dezember 2004 zur Harmonisierung der Transparenzanforderungen in Bezug auf Informationen über Emittenten, deren Wertpapiere zum Handel auf einem geregelten Markt zugelassen sind, und zur Änderung der Richtlinie 2001/34/EG (Transparenzrichtlinie-Umsetzungsgesetz) vom 05.01.2007. In: BGBl. I: 10-32.

WPO (2011): Gesetz über eine Berufsordnung der Wirtschaftsprüfer (Wirtschaftsprüferordnung) vom 05.11.1975 (In: BGBl. I: 2803-2832), zuletzt geändert durch das Gesetz vom 06.12.2011. In: BGBl. I: 2515.

Springer Gabler RESEARCH

„Auditing and Accounting Studies"
Herausgeber: Prof. Dr. Annette Köhler, Prof. Dr. Kai-Uwe Marten,
Prof. Dr. Klaus Ruhnke, Prof. Dr. Matthias Wolz, Prof. Dr. Reiner Quick
zuletzt erschienen:

Ilka Canitz
Das Aussagenkonzept der IFAC
Eine theoretische und empirische Analyse der Eignung des Aussagenkonzepts
für die Prüfung der Schuldenkonsolidierung und der Zwischenergebniseliminierung
2013. XXVI, 433 S., 10 Abb., Br. € 69,99
ISBN 978-3-658-02945-6

Julia Füssel
Lernstrategien des Wirtschaftsprüfers für die Fortbildung in IFRS
Eine theoretische und empirische Analyse
2010. XXVIII, 370 S., 63 Abb., 4 Tab., Br. € 59,95
ISBN 978-3-8349-2354-7

Christian Huschke
Immobilienbewertung im Kontext der IFRS
Eine deduktive und empirische Untersuchung der Vorziehenswürdigkeit
alternativer Heuristiken hinsichtlich Relevanz und Zuverlässigkeit bei der
Fair Value-Ermittlung von Investment Properties
2008. XXV, 364 S., 18 Abb., 10 Tab., Br. € 55,90
ISBN 978-3-8350-0957-8

Patrick Paulitschek
Aufsicht über den Berufsstand der Wirtschaftsprüfer in Deutschland
Eine agencytheoretische Analyse
2009. XXXI, 263 S., 16 Abb., 4 Tab., Br. € 49,90
ISBN 978-3-8349-1482-8

Matthias Sattler
Vereinbarkeit von Abschlussprüfung und Beratung
2010. XXXIII, 499 S., 11 Abb., 70 Tab., Br. € 69,95
ISBN 978-3-8349-2432-2

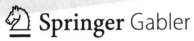

Änderungen vorbehalten. Stand: September 2013. Erhältlich im Buchhandel oder beim Verlag.
Abraham-Lincoln-Str. 46 . 65189 Wiesbaden . www.springer-gabler.de

Druck: KN Digital Printforce GmbH · Schockenriedstraße 37 · 70565 Stuttgart